관광자원해설

한권으로 끝내기

끝까지 책임진다! 시대에듀!

QR코드를 통해 도서 출간 이후 발견된 오류나 개정법령, 변경된 시험 정보, 최신기출문제, 도서 업데이트 자료 등이 있는지 확인해 보세요! **시대에듀 합격 스마트 앱**을 통해서도 알려 드리고 있으니 구글 플레이나 앱 스투어에서 다운받아 사용하세요. 또한, 파본 도서인 경우에는 구입하신 곳에서 교환해 드립니다.

편집진행 윤승일 · 장민영 | **표지디자인** 현수빈 | **본문디자인** 김예슬 · 임창규

2026 시대에듀 관광통역안내사
필기 2과목 관광자원해설 한권으로 끝내기

Always with you

사람의 인연은 길에서 우연하게 만나거나 함께 살아가는 것만을 의미하지는 않습니다.
책을 펴내는 출판사와 그 책을 읽는 독자의 만남도 소중한 인연입니다.
시대에듀는 항상 독자의 마음을 헤아리기 위해 노력하고 있습니다. 늘 독자와 함께하겠습니다.

저 자 시대관광교육연구소

시대관광교육연구소는 관광종사원을 꿈꾸는 수험생 여러분들을 위해 시대에듀(시대고시기획)에서 야심차게 구성한 관광 전문 연구진입니다. 관광교육에 대한 25년 전통과 경험을 바탕으로 수험생 여러분의 쉽고 빠른 합격을 위해 밤낮으로 연구에 매진하고 있습니다.

자격증 · 공무원 · 금융/보험 · 면허증 · 언어/외국어 · 검정고시/독학사 · 기업체/취업
이 시대의 모든 합격! 시대에듀에서 합격하세요!
www.youtube.com ➜ 시대에듀 ➜ 구독

머리말 STRUCTURES

관광문화산업은 나라를 지탱하는 국가의 주요 산업입니다. 풍요로운 생활과 정보통신의 발달로 개인의 여가시간이 늘어남에 따라 현대인들은 양질의 삶을 추구하고 있습니다. 특히 지구촌 일일생활권 시대가 다가옴으로써 관광문화산업의 비중은 점차 확대되었고, 선진국들은 차세대 지식기반 중점사업으로 선정하여 발전해 왔습니다.

우리나라도 21세기 국가 기간산업으로 관광산업에 집중적으로 투자하여 '관광 한국' 시대를 대비해 홍보와 투자를 아끼지 않고 있습니다. 반만년의 유구한 역사를 지닌 우리나라는 유명한 사적지와 풍부한 관광자원을 집중적으로 육성해 세계 속의 문화 관광 국가로 도약하는 기틀을 마련하고 있으며, 세계 여러 나라에서는 홍보와 마케팅을 통해 관광객을 유치하고자 끝없는 전쟁을 하고 있다고 해도 과언이 아닙니다. 따라서 세계 각지에서 들어오는 관광객들을 안내하고 정해진 시간 내에 효율적으로 관광할 수 있도록 돕는 우수한 안내자가 절대적으로 필요하므로 관광종사원은 한 나라의 민간 외교관에 견줄 수 있는 중요한 위치에 있습니다.

지난 몇 년간 침체되었던 관광산업은 점차 제자리를 찾는 단계를 지나 활기를 되찾았습니다. 이에 저희 편저자 일동은 관광종사원의 양성을 위해 본 도서를 개정출간하게 되었습니다.

방대한 이론에 대한 학습의 부담감을 줄일 수 있도록 알차면서도 최대한 간결하게 구성하였습니다. 이 책의 특징은 다음과 같습니다.

도서의 특징

❶ 관광자원해설 과목의 기초적인 이론과 실제 응용 분야를 한 권에 아우르고 있습니다.
❷ 파트마다 핵심 실전 문제와 상세한 해설을 수록하여 실력점검은 물론 반복학습까지 할 수 있도록 하였습니다.
❸ 실전 감각을 익힐 수 있도록 5개년(2021~2025) 실제 기출문제를 수록하였습니다.
❹ 출제 경향을 쉽게 알 수 있도록 출제 키워드를 특별부록으로 수록하였습니다

이 책이 여러분들의 꿈을 이루는 데 좋은 길잡이가 될 수 있기를 바라며, 관광종사원 시험을 준비하는 모든 수험생 여러분들의 합격을 진심으로 기원합니다. 그와 더불어 수험생 여러분의 인생이 늘 새로운 희망과 모험들로 가득하기를 기원합니다.

편저자 올림

이 책의 구성 STRUCTURES

다양한 학습 장치로 더 쉽고, 더 깊게 이해하는

핵심 이론

▶ 중요한 이론 옆에는 표를, 빈출되는 개념 옆에는 기출 연도를 표기하였습니다.

▶ 보조단에는 학습에 도움이 되는 추가 설명과 생동감 있는 학습이 가능하도록 삽화가 수록되어 있습니다.

▶ 이론과 더불어 심화 학습을 할 수 있도록 '더 알아보기' 박스를 수록하여 심도 있게 학습할 수 있습니다.

핵심 실전 문제

▶ 이론 뒤에 수록한 핵심 실전 문제를 풀어보며 이론을 복습하고 실력을 점검할 수 있습니다.

▶ 출제 가능성이 높은 다양한 유형의 문제와 상세한 해설로 학습의 부족함을 채우고 시험에 빈틈없이 대비할 수 있습니다.

합격의 공식 Formula of pass | 시대에듀 www.sdedu.co.kr

5개년(2021~2025)
실제 기출문제

▶ 자격증 시험을 준비하면서 실제 기출문제를 풀어보는 것만큼 효율적인 학습법은 없습니다. 친절한 해설이 더해진 5개년 실제 기출문제를 통해 실제 출제 경향을 파악할 수 있습니다.

▶ 법령 개정 사항 및 출제상의 오류 등도 함께 실어 학습에 제동을 거는 요소들을 배제하였습니다.

벼락합격 Booster
관광자원해설 기출족보

▶ 실제 기출문제에서 핵심 키워드만 압축한 소책자를 제공합니다. 출제 키워드와 정답 키워드를 함께 실었습니다.

▶ 이동할 때, 시험장에서 대기할 때 등의 자투리 시간에 활용하시면 더욱 좋습니다.

자격 시험 안내 INFORMATION

◆ 자격 개요

관광도 하나의 산업으로서 국가 경제에 미치는 영향이 크다는 판단하에 문화체육관광부에서 실시하는 통역 분야의 유일한 국가 공인 자격으로서 외국인 관광객에게 국내 여행안내 및 한국의 문화를 소개하는 역할을 함

◆ 시험 진행

구 분	개 요
시행처	• 주관 : 문화체육관광부　　　• 시행 : 한국산업인력공단
응시자격	제한 없음
직무적합진단	• Q-net(www.q-net.or.kr) 자격별 홈페이지에서 접수 • 인터넷 원서접수 시 최근 6개월 이내에 촬영한 탈모 상반신 사진(JPG, JPEG)을 파일로 첨부하여 인터넷 회원가입 후 접수 • 원서접수 마감 시까지 접수 완료 및 응시 수수료를 결제 완료하고 수험표 출력 • 제1 · 2차 시험 동시 접수에 따라 제2차 시험에만 응시하는 경우에도 해당 기간에 접수

◆ 시험 과목 및 시간

구 분	1차 필기					2차 면접	
	과목	배점 비율	문항 수	시험 시간		평가 사항	시험 시간
				일반 응시	과목 면제		
관광 통역 안내사	국 사	40	25	09:30~11:10 (100분)		• 국가관 · 사명감 등 정신 자세 • 전문 지식과 응용 능력 • 예의 · 품행 및 성실성 • 의사발표의 정확성과 논리성	1인당 10~15분 내외
	관광자원해설	20	25				
	관광법규	20	25				
	관광학개론	20	25				
국내 여행 안내사	국 사	30	15	09:30~11:10 (100분)		• 국가관 · 사명감 등 정신 자세 • 전문 지식과 응용 능력 • 예의 · 품행 및 성실성 • 의사발표의 정확성과 논리성	1인당 5~10분 내외
	관광자원해설	20	10				
	관광법규	20	10				
	관광학개론	30	15				

시험 일정 및 장소

자격명	1차 필기	2차 면접
관광통역안내사	09. 06(토)	11. 15(토) ~ 11. 16(일)
	서울, 부산, 대구, 인천, 대전, 제주	
국내여행안내사	11. 01(토)	12. 13(토)
	서 울	서울, 부산, 대구, 인천, 광주, 대전, 경기, 제주

※ 2026년 시험일이 공고되지 않아 2025년 정보를 수록하였습니다. 시행일 및 시행장소, 시험 규정 등의 자세한 내용은 시험일 전에 큐넷 홈페이지(www.q-net.or.kr)를 확인하십시오.

합격자 결정 기준

구 분	내 용
1차 필기	매 과목 4할 이상, 전 과목의 점수가 배점 비율로 환산하여 6할 이상을 득점한 자
2차 면접	총점의 6할 이상을 득점한 자

시험 합격 및 자격 취득 현황

연 도	1차 필기			2차 면접		
	응시(명)	합격(명)	합격률(%)	응시(명)	합격(명)	합격률(%)
2024	1,867	1,277	68.4	1,475	1,114	75.5
2023	1,629	1,033	63.4	1,184	770	65.0
2022	1,498	947	63.2	1,110	790	71.2
2021	1,574	997	63.3	1,319	881	66.8
2020	2,358	1,676	71.1	1,992	1,327	66.6

자격 시험 안내 INFORMATION

◆ 시험 응시에 필요한 공인 어학 성적

언 어	어학 시험	기준 점수
영 어	토플(TOEFL) PBT	584점 이상
	토플(TOEFL) IBT	81점 이상
	토익(TOEIC)	760점 이상
	텝스(TEPS)	372점 이상
	지텔프(G-TELP)	레벨2 74점 이상
	플렉스(FLEX)	776점 이상
	아이엘츠(IELTS)	5점 이상
일본어	일본어능력시험(JPT)	740점 이상
	일본어검정시험(日検, NIKKEN)	750점 이상
	플렉스(FLEX)	776점 이상
	일본어능력시험(JLPT)	N1 이상
중국어	한어수평고시(HSK)	5급 이상
	플렉스(FLEX)	776점 이상
	실용중국어시험(BCT) (B)	181점 이상
	실용중국어시험(BCT) (B)L&R	601점 이상
	중국어실용능력시험(CPT)	750점 이상
	대만중국어실용능력시험(TOCFL)	5급(유리) 이상
프랑스어	플렉스(FLEX)	776점 이상
	델프/달프(DELF/DALF)	델프(DELF) B2 이상
독일어	플렉스(FLEX)	776점 이상
	괴테어학검정시험(Goethe Zertifikat)	B1(ZD) 이상
스페인어	플렉스(FLEX)	776점 이상
	델레(DELE)	B2 이상
러시아어	플렉스(FLEX)	776점 이상
	토르플(TORFL)	1단계 이상
이탈리아어	칠스(CILS)	레벨2-B2(Livello Due-B2) 이상
	첼리(CELI)	첼리(CELI) 3 이상
태국어, 베트남어, 말레이·인도네시아어, 아랍어	플렉스(FLEX)	600점 이상

※ 공인 어학 성적 기준은 시행처 사정에 따라 변경될 수 있으므로 접수 전 해당 회차 시험공고를 반드시 확인하시기 바랍니다.
※ 프랑스어(불어) 텔프/달프(DELF/DALF) 어학성적도 2026년부터 다른 외국어시험성적과 동일하게 법령에서 정한 외국어능력검정시험 인정기간(5년) 적용합니다.
※ 국내여행안내사는 해당 사항 없습니다.

출제 경향 분석 STRATEGY

제2과목 관광자원해설

출제 경향

관광자원해설은 관광통역안내사로서 업무 수행에 필요한 기본 소양과 역량을 합리적·객관적으로 검증하고, 향후 실무에 적용할 수 있는 문제가 출제됩니다. 현장성 높은 문제와 비교적 쉬운 문제가 혼합되어 출제되며, 변화하는 관광자원의 트렌드를 반영한 문제가 출제되기도 합니다.

관광자원의 이해, 관광자원의 해설, 자연관광자원, 문화관광자원, 복합형 관광자원 등에서 문제가 출제되며, 이 중에서도 '문화관광자원'의 출제비율이 52%로 가장 높습니다.

이 도표는 최근 5개년(2021~2025) 관광자원해설 과목 출제 비중을 교재의 단원별로 산출한 것으로 출제 비중을 한눈에 파악할 수 있습니다. 이를 참고하여 2026년 시험을 준비하시기를 바랍니다.

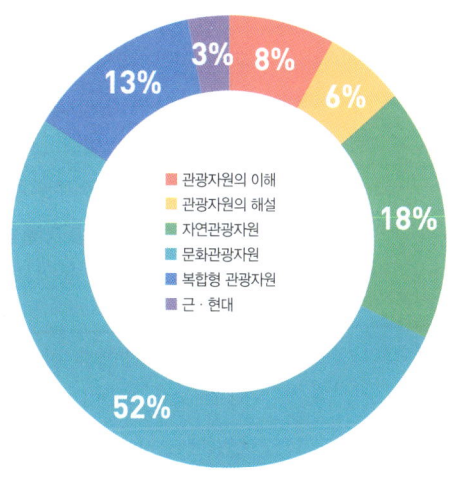

2021년~2025년 관광통역안내사 관광자원해설 출제 비중

학습법

관광자원해설은 출제의 범위가 방대하여서 수험생이 어렵게 느끼는 과목 중 하나입니다. 하지만 우리나라의 자연자원, 문화자원 등 '한 번쯤 들어 본', '이전에 다녀와 본' 소재가 다수 출제되니 그만큼 쉽게 학습할 수 있고 하나씩 알아가는 재미도 있습니다.

특히 '문화관광자원'의 출제 비중이 매우 높으므로 주의 깊게 학습해야 하며, 유네스코 등재 문화유산이나 한국의 슬로시티, 지역축제, 지역별 유산·유물 등은 시험에 자주 나오는 주제이므로 반드시 알아두어야 합니다. 관광지입 소식은 시시각각 변하므로 국가유산청(www.khs.go.kr)이나 뉴스 및 포털사이트 등에서 관련 뉴스를 꾸준히 살펴보는 것을 권장합니다.

합격 수기 REVIEW

"정독과 회독, 시대에듀가 이끌어 준 합격"

작성자 김*희

시대에듀 책을 구매하고 웹사이트에서 인강을 등록하면서 합격수기 등록 페이지를 발견하였어요. 그때 나도 꼭 합격해서 합격수기를 써야지 하는 마음을 먹었는데 이렇게 합격수기를 쓰는 날이 오게 되었네요.

관광통역안내사에 대해 검색해보던 중 우연히 관통사 관련 카페에서 시대에듀의 책이 좋다는 글을 보게 되어 무작정 4권 시리즈를 사서 4월부터 필기공부를 시작했습니다. 관광이나 국사나 관련 지식이 전무한 상태에서 책을 보려니 너무 어렵고 이해가 안 되면 암기를 못 하는 스타일이어서 인강도 등록하게 되었습니다.
인강 등록은 정말 탁월한 선택이었어요. 무슨 말인지 전혀 이해되지 않던 내용이 머릿속으로 쏙쏙 들어오는 느낌이었습니다.

4월부터 시대에듀 필기 4과목 기본서를 인강과 함께 들으며 7월 말까지 완강을 한 번 끝냈습니다. 직장과 공부를 병행하며 완강하는 데 무려 4개월이라는 시간이 걸렸네요.

7월 말 완강하고 기본서에 있는 기출문제를 풀어봤는데 결과는 반타작하는 것도 힘든 상태였어요. 발등에 불이 떨어진 위기감을 느껴 최종모의고사 문제집을 구매해서 실제 시험 보는 것처럼 시간도 재고 문제를 풀었습니다. 인강도 여러 번 반복해서 들으면 좋다고 해서 8월에는 고배속으로 설정하고 인강을 2~3번 돌려 반복해서 들었던 거 같아요. 걸어다닐 때도 운전할 때도 청소할 때도 계속 인강을 틀어 놓았습니다.

시대에듀 책으로 시험 직전에는 문제를 보면 답이 탁 튀어나올 정도로 마무리가 되었고 그 결과 국사는 두 개 틀리고 총 86.4점으로 무난히 필기에 합격했습니다.

자격증 시험에 합격할 수 있게 많은 도움을 준 시대에듀에 너무 감사드립니다. 또 다른 자격증 준비도 시대고시와 함께하기를 기대합니다.^^

합격의 공식 Formula of pass | 시대에듀 www.sdedu.co.kr

"핵심만 쏙쏙! 강의와 함께한 합격을 향한 여정"

작성자 양*예

안녕하세요, 관광통역안내사(영어) 최종 합격 경험과 시대에듀 인강 후기를 남기고자 글을 씁니다.

저는 필기 시험 준비를 시대에듀의 관광종사원 인강으로 독학하였습니다. 이후에 강의료가 아깝지 않도록 제대로 덕을 보자는 생각으로 기본 진도 강의는 2회씩 수강하였습니다. 그리고 문제 풀이와 이외의 강의는 한 번씩 들으며 잘 알지 못했던 부분의 설명만 정리해 두었습니다.

강사님들께서 핵심 부분을 잘 짚어 주시니, 설명해 주신 부분을 잘 정리하고 충분히 암기하고, 문제를 풀며 그 외의 조금 더 깊은 지식이 나오면 연결하여서 추가로 암기하시면 됩니다. 강의를 부지런히 수강하시고 본인의 스타일에 맞게 정리하시고, 문제집의 문제를 반복적으로 풀며 암기하시면 필기 합격할 수 있으시리라 봅니다! 저는 개인적으로 시대에듀 인강의 도움을 충분히 받았기에, 미래의 관광통역안내사 여러분들께도 망설임 없이 추천해 드립니다!

짧게 면접 이야기도 드리자면, 저는 면접도 독학하였습니다. 여건이 되지 않아 스터디도 제대로 하지 못하였습니다. 우선 책으로는 시대에듀의 관광통역안내사 2차 면접 핵심기출을 사용하였습니다. 처음은 이 책의 질문 정도는 내 것으로 만들어야겠다는 생각으로 책 대부분을 암기하였고, 2회 암기 때에는 제가 자주 사용하는 영어 표현, 단어로 재구성하여 간단하고 쉽게 답안을 짜면서 자연스럽게 답하며 연습했습니다. 그렇게 전체 반복을 여러 번 하고 나서, 책을 무작위로 펴 나오는 질문에 답하는 연습을 하였습니다. 그 이후엔 인터넷에 검색하여 책에 실려 있지 않은 다른 기출 질문을 찾아보았습니다. 그 결과 합격이라는 쾌거를 이루었습니다.

이 후기를 보고 계신 미래의 관광통역안내사 여러분의 최종 합격을 기원합니다!

❖ 본 후기는 시대에듀 홈페이지 합격자 수기 게시판에 남겨주신 내용을 재구성한 것입니다.

이 책의 차례 CONTENTS

특별부록
벼락합격 Booster 관광자원해설 기출족보

제1장 관광자원의 이해
제1절 관광자원의 개념 … 3
제2절 관광자원의 분류 … 10
핵심 실전 문제 … 23

제2장 관광자원의 해설
제1절 관광자원해설의 개념 및 목적 … 33
제2절 관광자원해설기법의 분류 … 35
핵심 실전 문제 … 42

제3장 자연관광자원
제1절 자연과 관광 … 49
제2절 산지 및 동굴관광자원 … 77
제3절 하천 및 해안관광자원 … 88
제4절 온천관광자원 … 100
핵심 실전 문제 … 113

제4장 문화관광자원
제1절 문화와 국가유산 … 141
제2절 문화유산 … 151
제3절 자연유산 … 196
제4절 무형유산 … 205
제5절 박물관 … 227
핵심 실전 문제 … 234

제5장 복합형 관광자원
제1절 산업적 관광자원 … 285
제2절 사회적 관광자원 … 299
제3절 위락 관광자원 … 310
핵심 실전 문제 … 322

제6장 5개년 실제 기출문제
2021년 실제 기출문제 … 357
2022년 실제 기출문제 … 363
2023년 실제 기출문제 … 369
2024년 실제 기출문제 … 376
2025년 실제 기출문제 … 382

2026 관광통역안내사 필기 2과목 관광자원해설

PART 1
관광자원의 이해

CHAPTER 01 관광자원의 개념
CHAPTER 02 관광자원의 분류
핵심 실전 문제

관광자원의 이해 중요도 ★☆☆

출제 키워드

- 관광자원의 개념적 특성
- 관광자원의 분류
- 관광자원의 유형과 유형별 특징
- 관광자원의 가치결정요인
- 관광자원의 일반적 특성

관광통역안내사 관광자원해설 기출 빈도표

출제 영역	2025년	2024년	2023년	2022년	2021년
관광자원의 이해	1	1	5	2	1
관광자원의 해설	1	2	2	1	1
자연관광자원	7	3	3	6	4
문화관광자원	14	14	12	12	13
복합형 관광자원	1	3	2	4	6
기타 및 통합 문제	1	2	1	–	–
합 계	25	25	25	25	25

- '제1장 관광자원의 이해'에서는 관광자원의 개념과 특성을 이해하고, 분류 유형별 개념과 특징 등을 학습합니다.
- 다른 영역에 비해 출제빈도가 높은 편은 아니지만 관광자원해설 과목을 학습하는 데 기초가 되는 부분입니다. 관광자원의 개념과 분류에 대한 출제 비중이 높은 편으로 해당 부분을 숙지하도록 합니다.

PART 01 관광자원의 이해

01 관광자원의 개념

1 자원의 개념

1. 자원의 정의

(1) 자원의 일반적 의미

자원이란 과거에는 석유·석탄·식량·광물 등 자연에서 얻을 수 있는 자연자원, 그중에서도 형태를 가지고 있는 유형재만을 일컫는 경향이 있었으나, 오늘날에는 형태를 가지지 않은 무형재 역시 자원으로 인정받고 있으며, 더 나아가 인간의 행복을 증진시키는 모든 재료를 의미하는 수준으로 발전하고 있다.

> **자 원**
> 생태계 내에서 물리적 세계와 인간적 세계의 상호작용 결과로서 시간·공간·기술의 세 가지 요인에 의한 경제행위의 성과이다.

(2) 자원에 관련된 학자들의 정의

① 짐머만(E. S. Zimmermann) : "존재하는 것 자체가 아니라 산출되는 것(Resources are not ; They become)"이며 "존재하는 요소들이 인간욕구를 충족시켜 줄 수 있는 잠재력에 의해 평가됨으로써 자원이 될 수 있다"고 하였다. 결국 자원이란 "생산의 재료로 쓰임으로써 인간의 욕구를 채워 줄 수 있는 모든 것"으로 볼 수 있다는 것이다.

② 오리오단(T. O'Riordan) : "사회적·정치적·경제적·제도적 구조로 인해 부과된 여러 제약 내에서 오랫동안 가치를 지닌 것으로, 인간에 의해 평가된 환경의 속성", 즉 생산의 수단 또는 사회적으로 가치 있는 목표의 달성을 위해 창조적 이용이라는 기능을 지니고 있을 때 자원이라고 할 수 있다.

③ 채프먼(J. D. Chapman) : "물리적 세계의 전부도, 인간 세계의 전부도 아닌 양자의 상호작용 결과"로, 자원은 공간성(Space), 시간성(Time), 그리고 기술(Technology)의 세 가지 요인에 의한 상호작용의 결과로 산출된다.

④ 박석희 : "자연이 준 것으로서, 기술의 발달, 시간의 흐름, 소득의 증가 등에 따라 변화하고, 양적·질적·기술적 측면에서 경제성이 있으면서 인간의 욕구를 충족시킬 수 있는 것으로 환경과 생태계를 파괴하지 않는 범위에서 이용되어야 하는 것"이라고 규정하고 있다.

> **자원(Resource)의 어원**
> 라틴어의 'Re-surgere'에서 비롯되어 영어의 'Resource'가 되었다. 자원의 사전적 의미는 인간생활 및 경제생활에 이용되는 물적 자료 및 노동력, 기술의 총칭을 말하며, 일반적으로 자산을 만드는 원재료 및 시설로서 지연과 노동력을 지칭한다.

> **자원의 개념요소**
> • 관광의 이동형태
> • 관광의 목적
> • 관광의 사회적 현상

2. 자원의 속성 25 기출

자원이란 협의의 관점에서 보면 자연에 의해 주어지는 것뿐일 수 있으나, 광의의 관점에서 보면 기술의 발전에 따라 생산에 이용되는 것까지 포함하므로 다음의 4가지로 제시할 수 있다.

(1) 자연의 속성을 띠고 있을 것

(2) 기술의 발달·시간의 흐름·소득의 증가·기호의 변화에 의해 변화할 소지가 있을 것

(3) 경제성을 띠고 있을 것

(4) 인간의 욕구를 충족시킬 수 있을 것

3. 자원의 분류

(1) 인간욕구의 충족을 위해 소비되는 자원
　① 천연자원 : 토지, 광물, 산림, 물, 야생조수, 어류 등
　② 인공자원 : 공장, 주택, 댐, 발전소의 기계·설비, 자연개조 등
　③ 인적자원 : 노동력, 기능, 숙련, 의욕 등

(2) 비소비적 자원(생산 과정에 제약을 가하는 것)
　① 기후·지형 : 생산 환경을 결정하는 것
　② 생산 기술 : 과거로부터 현재까지 발달한 생산 기술
　③ 제도·조직 : 조직적 생산의 기반이 되는 것으로, 생산과 소비를 연결하는 것
　④ 문화자원 : 국민성, 도덕, 윤리, 관습, 종교, 정책, 건강 등

2 관광자원의 개념

1. 관광자원(Tourism Resources)의 정의

관광자원은 관광객의 관광욕구의 대상이자 관광행동의 목표가 되어 관광객을 흡인하는 데 기여하는 유·무형의 일체로 관광의 주체인 관광객으로 하여금 관광 동기나 욕구를 충족시키고, 나아가서는 관광행동을 일으키는 유·무형의 관광대상을 말한다. 다시 말해 관광객에 대하여 매력성과 유인성을 띠는 것이라고 할 수 있다. 이러한 관광자원은 관광산업에서는 경제적 가치를 띠게 되며 관광객에게는 관광의 목적물인 관광대상이 된다.

> **관광의 어원**
> - **동양의 어원** : 주나라 때의 「역경」(觀國之光)
>   → 그 나라의 풍속, 제도, 문물 등을 시찰하고 견문을 넓힌다는 뜻
> - **서양의 어원** : 1811년 영국의 스포츠 월간잡지 「The Sporting Magazine」에서 처음 사용

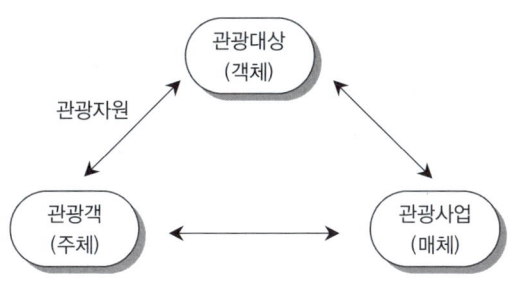

〈관광구조상 관광자원의 위치〉

> **관광자원의 개념요소**
> - 관광자원의 목적
> - 관광자원의 대상 범위
> - 관광자원의 기본적인 성격
> - 관광자원의 가치성

(1) 광의의 관광자원

인간의 관광욕구의 대상이 되고 관광행동을 충족시켜주는 가치를 띠는 유·무형의 모든 자원, 즉 자연적·문화적·사회적·산업적·위락적 자원을 말한다.

(2) 협의의 관광자원

인간의 관광동기를 충족시켜 줄 수 있는 생태계 내의 유·무형의 자원으로서 보존·보호하지 않으면 그 가치를 상실하거나 감소할 성질을 띠고 있는 자원을 말한다.

2. 관광자원의 정의 기준

(1) 범위의 설정기준이 있어야 한다.

관광자원은 관광객 활동을 위한 자연적·인문적 대상의 총체로서 관광자원의 범위 설정기준에 따라 다양하게 존재한다.

(2) 다른 자원과 구별되는 특성이 있어야 한다. 22 기출

관광자원은 매력성과 유인성을 띠는 소재적 자원으로서 개발 및 보호·보존의 필요성이 있으며, 또한 비소모성과 비이동성 등의 특성을 띠고, 관광객의 가치변화에 따라 범위의 다양성을 띤다.

▶ 관광자원의 정의를 규정짓기 위한 내용
- 관광객의 관광욕구와 동기를 충족시켜 줄 수 있는 관광행동의 목적물일 것
- 자연적·인문적, 유·무형의 모든 자원일 것
- 교훈적·위락적·문화적 가치가 있으며, 매력성·자력성을 지닌 소재적 자원일 것
- 관광의 객체로서 보존·보호의 바탕 아래 개발할 수 있을 것

(3) 관광객을 위한 가치가 존재하여야 한다.

관광자원이란 관광객의 동기와 욕구를 일으키고 충족시킬 수 있는 대상이어야 한다는 것을 본질로 삼고 있다. 이러한 정의는 추상적인 면이 있으나 관광자원의 목적을 강조한 것이다.

더 알아보기 국내·외 학자들의 관광자원에 대한 정의

학 자	관광자원의 정의
이장춘	인간의 관광동기를 충족시켜 줄 수 있는 생태계 내의 유·무형의 제 자원으로서 보호·보존하지 않으면 가치를 상실하거나 감소할 성질을 내포하고 있는 자원
안종윤	관광대상이 될 수 있는 소재로서 이것을 개발함으로써 관광의 대상으로 삼을 수 있으며 보존·보호하지 않으면 훼손되고 감소되는 자원
김진섭	관광객으로 하여금 관광행동을 일으키게 하는 것이기 때문에 관광객에 대하여 매력과 유인성을 가지며, 목적과 형태에 따라 다양하고, 그 범위는 비한정적이며, 또한 자연적 파괴나 인위적 파손을 입기 쉬우므로 보호가 필요. 자연 그대로의 관광자원과 인공적으로 개발된 관광자원으로 구분됨
이 근	인간의 관광욕구와 동기를 충족시켜 줄 수 있는 자연적·인문적 대상의 총체로서 매력성과 자력성을 지니고 있는 소재적 자원
박석희	관광객의 관광동기나 관광행동을 유발하게끔 매력과 유인성을 지니고 있으면서 관광활동을 원활히 하기 위해 필요한 제반요소이며, 보존·보호가 필요. 관광자원이 지닌 가치는 관광객과 시대에 따라 변화되며 비소모성·비이동성 자원
김홍운	관광객 욕구나 동기를 일으키는 매력성과 관광행동을 유발시키는 유인성을 갖고 있으며, 개발을 통하여 관광대상이 되고, 자연과 인간의 상호작용의 결과. 자원의 범위는 자연 및 인문자원과 유·무형의 자원으로 범위가 넓으며, 사회구조와 시대에 따라 달라져 보호 또는 보존이 필요
쓰다 (津田昇)	관광의 주체인 관광객이 관광동기 내지 관광의욕의 목적물로 삼는 관광대상
고타니 (小谷達男)	관광상의 제효과를 창출하는 원천으로서 개발의 대상이 될 만한 가치가 있는 물체
김정배, 정승일	관광의 주체인 관광객으로 하여금 관광동기나 의욕을 충족시키고, 나아가 관광행동을 일으키게 하는 목적물로서 유·무형의 관광대상

3 관광자원의 특성과 가치결정요인

1. 관광자원의 개념적 특성 〔중요〕 14 16 17 21 22 23 〔기출〕

(1) 범위의 다양성

관광자원은 유·무형자원, 자연 및 인문자원 등 그 범위가 다양하다.

(2) 유인성

관광객의 관광행동을 끌어들이는 유인성을 띠고 있다.

(3) 매력성

① 관광객의 관광동기 또는 욕구를 일으키는 매력성을 띠고 있다.
② 관광자원의 매력성이란 관광욕구를 가진 사람의 마음을 끌 수 있는 힘을 지닌 것을 의미한다.
③ 관광자원의 매력성은 원시적인 자연미(Natural Beauty), 신기함(Novelty), 특이성(Uniqueness), 보양성(Invigoration) 등과 같이 관광객의 욕구에 따라 다양하게 나타난다. 예를 들면 설악산, 지리산 등과 같이 풍부한 자연경관이 있거나, 제주도처럼 신비로움이 깃들어 있는 곳도 관광객을 유인할 수 있는 매력성을 띠고 있다고 볼 수 있다.

(4) 가치의 변화

① 관광자원은 시대나 사회구조에 따라서 그 가치를 달리한다.
② 관광자원은 관광객에 의하여 지속적으로 선호, 이용, 선택, 소비될 때 가치를 평가받을 수 있다. 이러한 관광자원은 관광객의 유형에 따라 가치가 다르고, 시간이 경과함에 따라 범위가 변화할 수 있다.

(5) 개발요구성

① 관광자원은 개발을 통해 관광대상이 된다.
② 개발(Development)이란 일반적으로 현재보다 진보된 상태나 과정을 의미하는 것으로, 좋지 않은 상태에서 바람직한 상태로 변화하는 목표지향적·가치지향적인 변화이다.
③ 관광자원은 단순히 자연적 소산의 상태만으로도 관광객의 욕구를 충족시킬 수 있지만, 관광자원으로서의 가치가 발현되기 위해서는 일정 수준의 개발이 필요하다.

▶ 관광자원의 일반적 특성
　　　　　　　23 24 25 〔기출〕
• 비소모성
• 비이동성
• 유인성
• 가변성
• 경제성
• 희소성
• 다양성
• 보존성

(6) 보존과 보호의 필요성
① 관광자원은 보존과 보호를 필요로 한다.
② 관광자원은 관광욕구 충족 및 관광경험의 질을 유지·향상하기 위해서 보존·보호되어야 한다.
③ 관광자원은 천연자원과는 달리 보존·보호하지 않을 때는 관광객의 계속적인 이용에 따라 관광자원으로서의 가치가 상실되거나 저하될 위험이 있다.

(7) 자연과 인간의 상호작용
관광자원은 자연과 인간의 상호작용의 결과이다.

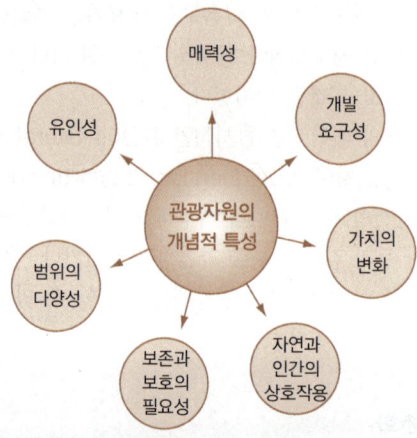

〈관광자원의 개념적 구성요소〉

2. 관광자원의 가치결정요인 23 기출

(1) 접근성(Accessibility)
① 접근성은 관광객의 거주지에서 목적지까지의 근접성에 근거한 개념으로 관광객의 행동에 큰 영향을 준다.
② 보통 관광객은 물리적인 거리보다는 시간과 비용에 의한 경제적 거리, 나아가서는 관광동기에 따른 심리적인 거리에 의해서 관광자원에 접근하게 된다.

(2) 매력성(Attractiveness)
관광객을 유인할 수 있는 흡인력으로 다양한 자원들이 집중되어 있을수록 매력성이 커지게 된다.

(3) 이미지(Image)

① 한 사람 또는 집단이 대상에 대해 품고 있는 일련의 신념으로서 관광객의 관광지에 대한 이미지는 그들의 여행참여를 유도하는 커다란 동인의 역할을 하게 된다.
② 관광객은 관광지에 의해 이미지를 확인하는 것이 아니고, 이미지에 근거하여 관광지를 확인하고자 여행하는 것이라 할 수 있다.

(4) 관광시설(Tourism Facilities)

① 관광시설 자체는 단독적인 관광객 유인대상이 되지는 못하지만 관광자원으로서의 가치를 향상하는 역할을 한다.
② 관광시설의 종류에는 숙박시설·유원시설·식당시설·휴게시설·관광안내시설 등이 포함된다.

(5) 하부구조(= 기반시설, Infrastructure)

① 관광객이 관광지나 관광자원에 접근하는 데 이용되는 교통수단과 시설, 그리고 관광지에서 관광편의를 제공하는 전기·통신시설, 상하수도 시설, 의료시설 등이 해당된다.
② 관광시설과 마찬가지로 관광여행의 주된 목적은 아니지만 관광객에게 가장 기초적인 편의를 제공한다.

> **관광시설의 종류**
> - 교통시설
> - 숙박시설
> - 휴게시설
> - 식당시설
> - 레크리에이션 관련시설
> - 관광정보시설
> - 스포츠시설
> - 환경위생시설
> - 문화 및 예술시설

더 알아보기 | 관광자원의 기능

- 주체인 관광자 유인
- 관광자원 유형별 관광시장 세분화
- 관광자와 관광지역주민 간의 상호작용
- 관광수요에 따른 공급
- 자연적·문화적 환경보존 및 보호

02 관광자원의 분류

1 관광자원의 분류 방법 25 기출

1. 존재형태에 따른 분류 17 기출

관광자원을 존재형태에 따라 크게 유형관광자원과 무형관광자원으로 구분하고, 거기에 세부항목을 설정한 시도이다.

(1) 유형관광자원

유 형		내 용
유형 관광 자원	자연 관광자원	• 위치 : 대륙관계성, 해양관계성, 접근성, 거리 • 기후 : 기온, 강수량, 바람, 일조일수, 안개일수, 쾌청일수 • 지형 : 산악, 하천, 해안, 호수, 약수, 온천, 동굴, 지구대, 사구, 석굴 • 동물 : 희귀동물, 천연기념물 • 식생 : 희귀식물, 천연기념물
	인문 관광자원	• 문화관광자원 : 국가유산(미술품, 공예품, 조각품, 건축물, 교량), 인위적으로 개발한 보양지, 휴양지 • 산업관광자원 : 산업시설, 댐 등
무형 관광 자원	인적 관광자원	국민성, 풍속, 습관, 전통적인 고유기술, 언어, 인심, 예절
	비인적 관광자원	고유종교, 철학, 사상체계, 역사, 제도 및 문학

2. 형성원인에 따른 분류

관광자원을 자연관광자원과 인문관광자원으로 유형화한다.

3. 자원특성에 따른 분류 20 기출

자원특성에 따라 자연적 관광자원과 문화적 관광자원, 사회적 관광자원, 산업적 관광자원 등으로 유형화한다.

4. 이용형태에 따른 분류

동적 이용자원과 정적 이용자원으로 구분한다.

▶ **관광자원의 분류 목적**
• **자원의 특성유지** : 동질의 자원을 한 종류로 묶어 이용 및 보전에 효율성을 꾀함
• **관광동기 및 욕구충족의 효율화** : 자원의 개발 및 이용에 특성(개성) 부여

▶ **관광자원의 분류 대상**
현재 관광자원으로서 그 가치를 인정받고 있는 각종 환경요인 및 요소뿐만 아니라, 지금까지 관광활동에 영향을 미치지 못한 모든 환경요인 및 요소를 포함한다.

▶ **인문관광자원**
인간의 기술 및 자본 투입에 의해 계획적으로 개발이 이루어진다는 점에서 자연관광자원과 구별된다.

2 관광행동특성에 의한 분류 19 기출

1. 건(C. A. Gunn)의 분류
관광객의 행동패턴에 의하여 분류하는 것으로 건(Gunn)은 주유형 관광자원과 체재형 관광자원으로 구분하고 있다.

(1) 주유형 관광자원(Tour Attractions)
숙박하지 않는 장소를 이동하며 보고 즐기는 자원으로서 주변경관, 친구, 친척, 축제, 토속음식, 쇼핑센터, 도시 등을 들 수 있다.

(2) 체재형 관광자원(Destination Attractions)
숙박지역 내 또는 주변에서 보고 즐길 수 있는 관광자원으로 휴양지, 캠프장, 해안, 관광목장 등을 들 수 있다.

> **건(Gunn)의 자원분류의 특징**
> 자연이나 문화자원이 일정한 토지이용단위로 개발되지 않고서는 그 자체의 매력을 충분히 발휘하지 못한다는 사실에 착안하고 있다. 그런데 개별자원을 여기에 포함시킨다면 지역이 방대해질 경우 분류가 난잡해질 뿐만 아니라 모두 포함시킬 수도 없는 제약이 발생한다.

> **주유형 관광의 특징**
> • 수려한 볼거리
> • 맛있는 음식
> • 재미있는 놀이 추구
> • 상대적으로 낮은 연령층

2. 관광객 행동단계

(1) 가 정
어떤 관광혜택이 있는가를 가정한다. → 관광객은 선택의 주체가 됨

(2) 참 여
실제로 어떤 관광체험에 참여한다. → 관광행동과 밀접한 관계가 있음

(3) 평 가
가정단계가 실제적인 체험에서 얼마나 재강화되었는지 평가한다.

3 관광시장특성에 의한 분류 19 25 기출

1. 이용자 중심형(User-oriented Areas)
(1) 일과 후에 쉽게 접근할 수 있는 소규모 공간 또는 인조물로서 지역주민의 일상생활권에 위치하여 이용자의 활동이 중심이 되는 지역이다.
(2) 지역주민의 일상적 여가시간에 이용이 가능한 위치와 적절한 시설의 구비가 일차적으로 중요하며, 도시공원, 놀이터, 실내 수영장 등이 해당된다.

> **시장특성에 의한 분류**
>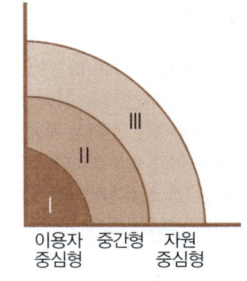

2. 중간형(Intermediate Areas)

(1) 거주지에서 1~2시간 정도 소요되는 거리에 위치하면서 이용자 활동과 자연자원 매력도가 대등한 조건을 갖는 지역이다.

(2) 일일 또는 주말에 이용 가능한 야유회·낚시·등산 등의 자연관광지나 볼거리·즐길거리·놀거리 등이 제공되는 놀이공원 등의 지역이다.

3. 자원 중심형(Resource-oriented Areas)

(1) 관광활동에 주안점을 두기보다는 자원의 질(Quality)을 우선적으로 고려하는 지역으로 자원의 질적 가치와 매력을 보존·보호하는 지역이다.

(2) 비교적 지역민 거주지와는 원거리에 위치하고 있으며, 주로 공원법으로 규정하여 보호하고 있는 산림·야생지 등 또는 주요 역사 유물·유적지가 자리한 지역이다.

[클로슨의 관광자원 분류]

구 분	이용자 중심형	중간형	자원 중심형
일반적 입지	이용지역 근접	중간거리에 위치	매력있는 자원지역
이용시기	일과 후	1일, 주말	정기휴가
활동유형	게임(골프, 테니스, 수영, 피크닉, 도보, 승마, 동물원, 놀이터)	캠핑, 피크닉, 하이킹, 수영, 사냥, 낚시	과학적·역사적 흥미대상의 구경, 하이킹, 캠핑, 낚시, 사냥
지역규모	일백~수백에이커	수백~수천에이커	수천에이커 이상
관리유형	도시, 지방정부, 민간	국가, 지방정부, 민간	국 가

4 자원의 가시성에 의한 분류 19 기출

1. 유형관광자원(Visible Tourism Resources)
하나의 현상으로서 우리의 시각을 통하여 접근할 수 있는 관광자원을 의미한다.

2. 무형관광자원(Invisible Tourism Resources)
하나의 현상으로서 우리의 시각을 통하여 접근할 수 없는 관광자원을 의미한다.

▶ 에이커(ac)
야드파운드법에 의한 면적의 단위로, 1에이커는 약 4,047m²이다.

▶ 우리나라 관광자원의 분류 방식
통일적이고 합리적인 기준에 의해서 분류하기보다는 관광자원들이 띠고 있는 특성을 대상으로 공통적인 것을 상식적인 수준에서 정리·분류하는 것이다. 이러한 분류방식은 한정적이고 실무적이다. 이를 기반으로 관광자원을 분류하면 자연관광자원, 인문관광자원, 복합관광자원으로 구분할 수 있다.

더 알아보기 한국관광공사의 관광자원 분류(1983) [25] 기출

유형	구성요소
유형 관광자원	• 자연적 관광자원(천연자원, 천문자원, 동식물) • 문화적 관광자원(고고학적 유적, 사적, 사찰공원) • 사회적 관광자원(풍속, 행사, 생활, 예술, 교육, 스포츠) • 산업적 관광자원(공업단지, 유통단지, 광업소, 농장, 목장, 백화점) • 관광레크리에이션자원(캠프장, 수영장, 놀이시설, 어린이공원)
무형 관광자원	• 인적 관광자원(국민성, 풍속, 관습, 예절) • 비인적 관광자원(고유종교, 사상, 철학, 역사, 가곡, 음악)

5 관광지역특성에 따른 분류

미국 옥외 레크리에이션 자원평가위원회(ORRRC ; Outdoor Recreation Resource Review Commission)는 레크리에이션 자원을 물리적 자원, 지역특성, 개발과 관리의 실태, 이용정도, 예상행동 패턴 등에 근거하여 고밀도 위락지역, 일반옥외 위락지역, 자연환경지역, 독특한 자연지역, 원시지역, 역사·문화적 지역으로 나누고 있다.

1. 고밀도 위락지역(High-density Recreation Areas)

집중적인 개발지역으로 대규모 이용을 위해 운영되며, 주로 대도시권과 가까이 있다.

2. 일반옥외 위락지역(General Outdoor Recreation Areas)

특정한 레크리에이션 이용 활동에 다양하게 개발된 지역으로 보통 대도시권에서 어느 정도 떨어져 있다.

3. 자연환경지역(Natural Environment Areas)

자연환경 내에서 레크리에이션 활동에 알맞게 개발된 지역으로 복합적인 레크리에이션을 할 수 있다.

4. 독특한 자연지역(Unique Natural Areas)

뛰어난 경관미와 자연적 불가사의를 띠고 있어 과학적 중요성이 있는 자원이다.

▶ ORRRC의 분류 방식

관광자원을 하나의 분광체(= 스펙트럼)로 분석하려는 것으로, 하나의 관광자원 및 관광활동에서 경험하거나 파생될 수 있는 다양한 관광경험에 따라 관광자원을 분류해 놓은 것이다.

▶ ORRRC 분류의 특징

• 장점 : 자원의 특성에 근거한 시설 및 활동의 종류를 추출함으로써 관광자의 이용유형에 접근하고 있다.
• 단점 : 자원의 개발계획 수립을 위하여 1차적으로 묶어주는 구실만 할 뿐 체계화하지 못하고 있다. 고밀도 위락지역에서 원시지역까지는 분광체적 성격을 지니고 있으나, 마지막 유형인 역사·문화적 지역은 동일한 선상에 놓일 수 없는 한계가 있다.

▶ 실외(옥외·야외)레크리에이션의 정의

신체적 혹은 정신적 안녕과 즐거움을 기본 목적으로 하여 자연적 배경을 특징으로 한, 상대적으로 비도시적 환경에서 이루어지는 여가 활동(ORRRC, 1962)이다.

▶ 야외 휴양의 요구도 증가요인
- 인구의 도시집중
- 고밀도 사회 → 부단한 긴장의 연속
- 소득의 향상
- 여가의 증대

5. 원시지역(Primitive Areas)

도로가 없으며, 자연 그대로의 상태를 지닌 지역으로 야생경험을 제공할 수 있을 만큼 대규모적이고 원거리에 위치해 있다.

6. 역사·문화적 지역(Historic and Cultural Sites)

중요한 역사적·문화적 중요성을 지닌 장소로서 고고학적 유적지, 주요 유물·유적 등이 해당된다.

▶ 하이킹

심신의 단련과 수양을 목적으로 해변이나 산야로 도보여행(Walking)을 하는 일을 의미했으나 최근에는 일상생활에서 교외로 벗어나는 산책, 나들이에서부터 가벼운 등산 등 야외활동을 널리 하이킹이라 한다.

▶ 캠핑

주로 1박 이상 도시를 떠나 야외활동을 통해 자연을 배우고 신체를 단련하는 야외레크리에이션 활동이다. 최근에는 캠핑카 등을 이용하는 오토캠핑(Automobile과 Camping의 합성어)도 인기 있다.

더 알아보기 ORRRC의 관광자원 분류(1962)

구분	특징	시설·활동	입지	이용시기	비고
고밀도 위락 지역	• 대단위 투자가 필요 • 행락활동의 범위가 다양 • 집약적 개발	도로망, 주차지구, 일광욕, 해수욕장, 인공호수, 운동장, 음주지역	대도시와 인접하고 도시공원 내에 위치	1일 및 주말 이용 (연중 이용)	대부분 도·시 또는 국가관리의 형태
일반 옥외 위락 지역	• 이용밀도가 고밀도위락지역보다 낮음 • 규모와 활동 유형이 큼 • 덜 집약적	캠핑, 피크닉, 낚시, 등반, 야외운동	공원 및 산림지, 스키장, 계곡, 호수, 해안, 수렵지	주말, 휴가	민간과 공공기관이 대등하게 운영 및 관리
자연 환경 지역	• 통상 자연을 있는 그대로 즐길 수 있음 • 대규모	하이킹, 수렵, 캠핑, 피크닉	도립공원, 국립공원	주말, 휴가	• 민간소유의 개발이 권장됨 • 대부분 공공소유지
독특한 자연 지역	• 경관이 수려한 지역 • 자연경관이 특별히 유명한 지역	관광, 관찰, 학습과 같은 소극적 행락 활동	경관, 명소	주말, 휴가	경관적 가치를 갖는 동일한 지역을 관리하는 공공기구가 필요함
원시 지역	• 전인미답 • 자연자체 • 야생 상태	사냥, 관찰, 야생경험	원격지, 국립공원	휴가	국가가 자연보호적 측면에서 관리
역사·문화적 지역	주요 역사·문화적 유적	역사유적	도시, 지역별로 골고루 분포	평일, 주말, 휴가	공공기관, 민간, 국가가 관리

6 자원의 생성과정에 의한 분류

관광자원의 생성과정에 의해 분류하는 것으로 관광자원이 자연적인 것인가, 인문적인 것인가에 의해 자연적 관광자원과 인문적 관광자원으로 구분된다.

1. 자연적 관광자원

인간의 노동력·자본·기술이 투여되지 않은 자연적 소산의 상태를 의미하며, 오늘날에는 국토개발과 자원보전의 입장에서 인간의 노동력·자본·기술이 투여되더라도 자연경관지로서의 원형을 보전하고 있을 때는 자연자원이 된다.

▶ **자연관광자원**
자연 그대로의 모습이 관광의 객체인 자원으로서의 역할을 하는 것, 자연 그 자체가 경치로서의 가치가 있는 것이다. 관광자원 중 으뜸이 되는 자원으로 주로 자연미를 중심으로 하며, 그 요소가 매우 다양하다.

2. 인문적 관광자원

자연관광자원이 자연의 신비가 인간에게 내려준 하나의 선물이라고 한다면 인문관광자원은 인간의 노력과 지혜가 총합되어 관광객의 관광욕구를 충족시켜 줄 수 있는 자원을 의미한다.

> **더 알아보기** 김병문의 관광자원 분류(1984)
>
> | 유 형 | 구성요소 |
> |---|---|
> | 자연적 관광자원 | 산악, 구릉, 호수, 하천, 계곡, 폭포, 산림, 해안, 지질, 온천, 동식물 |
> | 인문적 관광자원 | • 문화관광자원(유·무형문화유산, 기념물, 민속문화유산)
• 사회관광자원(생활관습, 음식, 사회형태, 생활형태)
• 산업관광자원(농림업, 어업, 공업, 상업) |

7 자원의 이용성격 및 토지이용단위에 의한 분류

관광자원의 이용성격이 자연적인가, 문화적인가, 인공적인가로 구분되고 여기에 다시 토지이용단위를 기준으로 관광자원이 토지의 어떠한 특성에 의존하여 관광매력을 보유하게 되는가를 파악하여 분류하는 방식이다.

1. 건(Gunn)의 관광자원 분류

Gunn은 관광자원을 자연관광자원, 문화관광자원, 혼합형 관광자원으로 구분하고 있다.

▶ **자원의 이용성격 및 토지이용단위를 기준으로 한 분류의 특징**
자원이나 국가유산 자원이 일정한 토지이용단위로 개발되지 않고서는 그 자체의 매력을 충분히 발휘하지 못한다는 사실에 착안하고 있으나, 개별자원의 포함 시 분류체계가 난잡해질 수 있다는 한계점이 있다.

2. 토지이용단위별 관광자원의 분류

유형	종류
자연자원 (Natural Resources)	해변, 피크닉 장소, 자연캠핑지역, 일반경관지역, 경관지역, 암석채취지역, 화석채취지역, 사냥지역, 낚시지역, 스키, 동계스포츠지역, 보트장, 카누장, 항해장, 하계휴양지, 캠프, 조직, 단체, 마리나, 항만, 보트계류장, 야생동물, 동물관찰지역, 수로, 휴가지가정, 전망대, 자연오솔길지역(도보승마), 조류관찰지역, 동물연구지역, 스쿠버, 해저탐험지역, 마리나 축제, 요트계류장, 관광지(자연관광자원중심형)
문화자원 (Cultural Resources)	고고학적 유적, 박물관, 역사유적, 유령도시, 최초의 사건발생지, 특수인종적 문화, 공학적·과학적 불가사의, 제조공장, 장엄한 건물, 성지, 성역지, 문화적 관광지, 관광목장, 전설유래지역
혼합자원 (Natural or Cultural Resources)	콘서트, 드라마, 연극장, 공예품전시장, 도시캠핑지역, 스포츠센터, 골프장, 오락공원, 쇼핑센터, 나이트클럽, 호텔, 관광음식점, 정보센터, 휴식처, 놀이터, 친척·친구집, 축제, 퍼레이드, 회의장, 운동장

> **더 알아보기** 관광자원의 분류기준
>
> | 분류기준 | 관광자원의 구성내용 |
> |---|---|
> | 입지 | 이용자 중심형, 중간형, 자원 중심형 |
> | 분광체(스펙트럼) | 고밀도 위락지역, 일반옥외 위락지역, 자연환경지역, 독특한 지역, 원시지역, 역사·문화적 지역 |
> | 자원의 생성과정 | 자연적 관광자원, 인문적 관광자원 |
> | 관광객 행동패턴 | 주유형 관광자원, 체재형 관광자원 |
> | 자원의 이용성격 및 토지이용단위 | 자연자원, 문화자원, 혼합자원 |
> | 자원의 가시성 | 유형관광자원, 무형관광자원 |

8 자원의 형성원인에 따른 분류(외국 학자들)

1. 자파리(J. Jafari)의 분류

(1) 관광자원에 대하여 바구니 개념 적용

① 내용물이 바구니에 담긴 제품, 즉 관광시설과 교통을 제시
② 바구니 자체는 관광목적지의 유인대상인 관광배경요소
→ 자연적 관광배경요소, 사회·문화적 관광배경요소, 인공적 관광배경요소로 분류

(2) 자연적 관광배경요소

수자원, 기후조건, 숲, 산과 그 밖의 자연자원·풍경자원을 충칭하는 모든 자연적 자원이다.

(3) 사회·문화적 관광배경요소

모든 사회·문화적 환경 또는 활동을 포함 → 지역의 독특한 축제와 행사, 특정 지역의 역사·종교·전통·정치·예술 등

(4) 인공적 관광배경요소

역사적 건물, 기념물, 종교사원, 전통적 또는 현대식 건축물 등

2. 피어스(P. Pearce)의 분류

관광자원이 관광객을 방문하도록 유인하는 것으로 보고 관광자원을 자연자원, 인공자원, 인문자원으로 나누고 있다.

유 형	구성요소
자연자원	지형, 동식물 등
인공자원	사원, 카지노, 기념물, 역사적 건축물, 오락공원 등
인문자원	언어, 음악, 민속, 무용

3. 스즈키 다다요시(鈴木忠義)의 분류

관광대상을 크게 관광자원과 관광시설로 구분하고 있으며, 관광자원은 자연자원과 인문자원으로 세분하고 있다.

유 형	구성요소
자연자원	산악, 고원, 호수, 계곡, 폭포, 하천, 해안, 섬, 암석, 동식물, 온천, 자연현상
인문자원	사적, 사원, 정원, 공원, 비, 동상
관광시설	관람시설, 오락시설, 레저시설, 산업시설, 생활시설, 연중행사, 예능, 공예기술

4. 쓰다 노보루(津田昇)의 분류

자원분류의 용이성에 목적을 둔 분류방법으로 한국의 관광자원론에서 많이 채택한 방법이다.

유 형	구성요소
자연적 관광자원	기후, 풍토, 풍경, 온천, 천연자원, 동식물, 도시공원
문화적 관광자원	유형문화유산, 무형문화유산, 민속자원, 기념물
사회적 관광자원	인정, 풍속, 행사, 국민성, 생활, 예술, 문화교육
산업적 관광자원	공장시설, 농·목장, 사회 공공시설, 전시회·박람회

▶ 관광휴양시설
- 야외음악당
- 야외극장
- 어린이회관
- 휴식소
- 관망탑
- 공원·유원지 등

9 관광자원의 유형별 개념과 특징 15 기출

1. 자연적 관광자원

(1) 관광자원 가운데 가장 원천적인 것으로 사람의 손을 거치지 않은 자연현상이 관광효과에 기여할 수 있는 모든 것을 의미한다.

(2) 관광자원은 그것이 어떤 형태이든 간에 국제관광 측면에서 볼 때 이민족·이문화에 존재하고 있다는 사실만으로 충분히 관광자원으로서의 가치가 있다.

(3) 자연적 관광자원은 절대적 가치보다 **상대적 가치**를 가지게 된다. 즉, 그 지역에서만 볼 수 있는 **특수한 자원**이라는 것이다.

> **관광자원보전의 관점에서 자원분류**
> **– 다스만(R. F. Dasman)**
> - 인류학적 가치보호지역
> - 역사 또는 고고학적 가치보호지역
> - 자연보호지역
> - 다목적 이용지역

[자연적 관광자원의 유형과 기능]

유 형	관광자원의 기능
산지 관광자원	• 자연감상·휴식기능 : 경관미 감상, 피서, 피한 • 운동·오락기능 : 등반, 스키, 암벽등반, 수렵, 캠프 • 교육기능 : 생태계 관찰, 청소년수련장
하천 관광자원	• 문화공간기능 : 도시스포츠, 야외행사, 지역축제 • 교통기관 이용기능 : 유람선 • 교육기능 : 생태계관광
해안 관광자원	• 휴식기능 : 해수욕, 피서, 낚시 • 교육기능 : 해저수족관, 생태관광, 훈련, 교육캠핑 • 교통기관 이용기능 : 유람선, 보트, 요트
온천 관광자원	• 요양기능 : 온천욕, 치료 • 휴식기능 : 온천욕 • 운동·오락기능 : 부대시설, 인근관광자원과 연계한 운동·오락

> **자연적 관광자원의 성격** 23 기출
> - 비이동성
> - 비저장성
> - 비소모성
> - 계절성
> - 다양성
> - 가변성
> - 공공재적 성격
> - 비계량적 성격

2. 문화적 관광자원

(1) 넓게 보면 우리나라의 역사적·예술적·학술적 가치가 있는 유·무형의 모든 것이 문화관광자원이 될 수 있다.

(2) 문화관광자원의 범위를 규정하고 분류하기 위해서는 기준이 있어야 하는데, 그 기준을 「문화유산법」, 「무형유산법」, 「자연유산법」에 의거해 살펴보면 다음과 같다.

> **문화적 관광자원**
> 문화적 관광자원은 보통 국가유산 자원과 박물관으로 구분하는데, 국가유산 자원은 역사상·예술상의 가치가 큰 것을 말한다. 특히 역사적·전통적 가치가 큰 것을 역사적 자원, 혹은 전통적 자원이라고도 한다. 즉, 민족문화의 유산으로서 조상이 역사를 통하여 창조한 생활양식과 정신세계 등을 나타내는 유·무형의 자원이다.

[국가유산의 분류]

유 형	내 용
문화 유산	• 유형문화유산 : 건조물, 전적, 서적, 고문서, 회화, 조각, 공예품 등 • 기념물 : 절터, 옛무덤, 조개무덤, 성터, 궁터, 가마터, 유물포함층 등의 사적지와 특별히 기념이 될 만한 시설물 • 민속문화유산 : 의식주, 생업, 신앙, 연중행사 등에 관한 풍속이나 관습에 사용되는 의복, 기구, 가옥 등

무형 유산	전통적 공연·예술, 공예·미술 등에 관한 전통기술, 한의약 및 농경·어로 등에 관한 전통지식, 구전 전통 및 표현, 의식주 등 전통적 생활관습, 민간신앙 등 사회적 의식, 전통적 놀이·축제 및 기예·무예
자연 유산	동물(해당 서식지, 번식지 및 도래지를 포함), 식물(해당 군락지 포함), 지형, 지질, 생물학적 생성물 또는 자연현상, 천연보호구역, 자연경관, 역사문화경관, 복합경관

(3) 문화적 관광자원은 민족문화의 정통성 확립과 국가유산의 보존 측면에서 매우 중요하다. 뿐만 아니라 민족적 자긍심과 자신감의 표현이며, 대외적으로 우리 문화의 우수성을 알리는 가장 유효적절한 수단이다.

(4) 문화적 관광자원 중 국가유산은 장래의 문화적 발전을 위하여 다음 세대 또는 젊은 세대에게 계승·상속할 만한 가치를 지닌 과학, 기술, 관습, 규범 따위의 민족 사회 또는 인류 사회의 문화적 소산을 말한다. 이러한 문화유산은 그 민족의 가치와 지성적인 능력에 따라 규정할 수 있다. 현재 우리나라의 국가유산 지정은 문화유산위원회의 심의를 거쳐 국가유산청장이 지정하고 있다.

(5) 시·도지정유산은 시·도지사가 그 관할구역 안에서 국가지정유산으로 지정되지 않은 국가유산 중 보존의 가치가 있다고 인정되는 것을 지정할 수 있다.

(6) '문화재'라는 용어의 특성상 재화적 성격이 강해 무형유산이나 자연유산까지 포괄치 못한다는 점과 일제의 잔재라는 점, 유네스코의 분류체계와 시류를 따르지 못한다는 비판점이 있어 2024년 5월 공식적으로 '문화재'가 '국가유산'으로 명칭이 변경되고, 법령도 재개정되었다.

3. 사회적 관광자원 25 기출

(1) 관광자원으로 중요하지 않게 생각하기 쉽지만 사회적 관광자원은 한 나라의 역사와 전통, 과거의 생활상과 현재를 이해하는 데 도움이 되는 자원이다. 그러므로 사회적 관광자원은 그 범위가 매우 넓다.

(2) 사회적 관광자원에는 도시의 문화환경, 생활문화, 각 지역의 역사, 민속, 풍속, 인정, 국민성, 생활자료, 제도, 공공시설 등이 포함된다. 따라서 다음과 같은 광범위한 분야가 포함된다고 할 수 있다.
① 환대, 생활양식, 풍속
② 전통예술, 종교, 민간신앙, 신화, 전설
③ 민족성, 국민성
④ 향토축제, 연중행사
⑤ 문화·교육·사회시설

> **사회적 관광자원**
> 인정, 풍속 및 특색 있는 국민성, 민족성, 음식물, 예절과 제도, 생활 속에 전승되어 온 모든 생활 자료와 행사 및 사회공공시설 등도 관광자원으로서 평가를 받을 수 있다. 이는 한 나라의 역사와 전통, 그리고 과거의 생활상을 더듬어 보고 이해하는 데 귀중한 자료가 된다. 따라서 온 국민적·민족적 자원이라 할 수 있다.

4. 산업적 관광자원 20 23 24 기출

(1) 산업적 관광자원은 오늘날 내국인과 외국인에게 자국의 산업시설과 생산공정을 견학·시찰하게 하여 내국인에게는 자국의 산업수준에 대한 자부심을 부여하고, 외국관광객에게는 기술교류를 통한 국제관계개선 및 자국의 이익확보에 큰 역할을 담당하는 자원이 되고 있다.

(2) 산업시설이 관광자원의 개념에 포용된 것은 관광현상의 발전적인 모습이라고 볼 수 있다.

(3) 오늘날 세계 각국에서 산업적 관광자원을 적극적으로 활용하고자 하는 이유는 부가가치가 높고, 특히 마케팅전략에서 잠재시장 공략의 중요한 수단이 될 수 있기 때문이다. 이러한 산업적 관광 자원의 범위는 다음의 표와 같이 정할 수 있다.

[산업적 관광자원의 범위]

자원유형	내 용
농업관광자원	관광농원, 농장, 목장, 어장, 임업 등
공업관광자원	공장시설, 기술, 생산 공정, 생산품, 후생시설 등
상업관광자원	시장, 박람회, 전시회, 백화점 등

(4) **농업관광자원**

교육적 측면에서 최근 도시민들에게 매우 각광받고 있는 자원이다. 농업관광자원이 발전할 수 있는 배경은 다음과 같다.
① 콘크리트에 둘러싸인 환경에서의 일탈욕구
② 일과 업무에서 유발된 스트레스 해소욕구
③ 스트레스, 운동부족에서 오는 성인병 환자의 증가
④ 물질적 풍요에서 정신적 풍요로의 갈구
⑤ 이웃과의 접촉이 없는 고독한 도시로부터의 탈출욕구
⑥ 자연친화적 욕구
⑦ 가정교육 붕괴에서 오는 가치관의 파괴
⑧ 농촌생활 체험욕구
⑨ 음식을 통한 건강증진욕구

(5) **공업관광자원**

① 공장시설이나 기술, 생산공정, 생산품, 후생시설 등을 견학하게 함으로써 공업관광자원 판매주체의 부가가치를 높이는 자원을 말한다. 즉, 외국관광객으로 하여금 자국의 대표적인 공장시설 등을 견학·시찰시켜 국제무역을 직·간접적으로 증대시키고, 교육적 측면에서는 그 나라의 산업수준을 이해시켜 국위선양에도 크게 이바지하게 하는 자원이다.

▶ **농촌관광의 기대효과** 19 22 기출
- **경제적 효과** : 농촌 지역의 활성화, 농촌 지역주민의 소득증대
- **사회적 효과** : 농촌과 도시의 상호교류 촉진, 지역의 미래 인재 확보
- **환경적 효과** : 농촌환경 보전의 재원 확보 및 자극제 역할 담당, 환경문제 교육을 위한 장 제공

▶ **농촌·농업관광형태**
농산물축제, 관광농원, 주말농장체험, 민박체험, 휴양림, 꽃축제, 단풍제 등을 말한다.

▶ **우리나라의 주요 공업지역**
- **수도권 공업지역** : 우리나라 최대의 종합 공업지역으로 자본, 기술, 시장, 교통 유리 → 인천, 안산, 송탄
- **남동임해 공업지역** : 우리나라 최대의 중화학 공업지대 → 포항(철강), 울산(석유화학, 조선, 자동차), 온산(금속제련), 창원, 진주(기계), 거제(조선), 광양(철광), 여천(석유화학), 마산(수출자유지역)
- **영남 내륙 공업지역** : 풍부한 노동력, 노동집약적 공업 → 대구(섬유), 구미(전자)
- **중부 내륙 공업지역** : 육상 교통의 결절점, 서해안 개발에 유리한 조건 → 대전, 신탄진, 대덕 단지
- **호남 공업지역** : 풍부한 노동력과 농산물, 제2의 임해 공업지역 → 장항(목재, 양조), 전주(섬유, 제지), 대불 공단
- **태백산 공업지역** : 풍부한 지하자원, 교통 불편, 소비시장과 원거리에 위치 → 시멘트(삼척, 영월, 제천), 화학비료(충주)

② 공업관광자원은 비교적 공업수준이 발달된 선진국에서 많이 활용하고 있는 관광자원이며, 최근에는 대규모 사회간접자본인 공항·항만·댐 등의 시설을 견학하게 하는 상품도 있다.

(6) 상업적 관광자원

① 시장에서의 쇼핑, 박람회 관람, 전시회 관람, 백화점 쇼핑 등을 관광자원화하는 것을 말한다.
② 최근 동유럽 권역의 관광객들이 우리나라를 많이 방문하면서 공업수준이 상대적으로 발달한 우리나라에서 값싼 공산품을 쇼핑하여 자국에서 판매하는 이른바 '보따리장사' 관광이 크게 유행하고 있다.
③ 비즈니스성을 가미한 상업적 관광자원으로 그 효과를 경제적, 비경제적 두 가지 측면에서 조명해 볼 수 있다.
  ㉠ 경제적인 효과 : 소득증대, 국민경제발전, 고용촉진, 조세수입 증대 등을 들 수 있다.
  ㉡ 비경제적 효과 : 국제친선을 증진하고 국위를 선양하며, 국제간 문화교류를 확대할 수 있는 효과를 거둘 수 있다.
④ 서울의 남대문과 이태원, 일본의 전자상가 '아키하바라' 등은 세계적인 상업관광지(쇼핑관광지)로 널리 알려져 있다.

5. 관광·레크리에이션자원(위락적 관광자원) 17 23 24 25 기출

(1) 경제발전으로 인한 오락 및 오락시설에 대한 수요가 증대되면서 관광자원 그 자체의 분류를 새롭게 정립하게 하는 하나의 요인으로 등장하고 있다. 즉, 기존에 많은 학자들에 의해 분류되었던 자원의 종류에 관광·레크리에이션자원이라는 시대의 수요증대에 부응하는 새로운 자원을 추가로 분류하게 하였다.

[관광·레크리에이션자원의 분류]

유 형	내 용	
주제공원 (테마파크)	• 놀이테마파크 • 민속테마파크 • 예술테마파크	• 생물테마파크 • 과학테마파크 • 창조테마파크
리조트	• 산악형 • 내륙형	• 해변형 • 수변형
카지노	• 외국인 출입 전용 카지노	• 내국인 출입 가능 카지노
스포츠	• 낚 시 • 트레킹 • 카레이싱 • 설상 스포츠	• 스 키 • 골 프 • 항공 스포츠

(2) 관광·레크리에이션자원 중 대표적인 자원이 주제공원이다. 주제공원은 관광객들에게 새롭고 흥미로우며 매력적인 시설을 개발·제공하고, 새로운 형태의 서비스를 창출케 하였으며, 차후 관광자원개발의 방향성을 제시한다는 면에서 의의가 있다.

▶ 산업관광의 유형과 기능 25 기출
• 비즈니스형: 비즈니스와 연결된 거래처와 신규고객 등에게 설명하고 자사제품의 PR의 장으로 활용
• 일반관광형 : 널리 관광객을 수용하여 상품과 기업의 PR 및 판매 식음료시설로 관광사업을 전개
• 리쿠르트형 : 취업을 목적으로 하는 학생들을 대상으로 기업에 대한 관심을 높이고 기업이 요구하는 인재를 확보하는 것을 목적으로 함
• 기술인재 육성형 : 초중고 학생들의 견학 등 수용지역과 사회로의 공헌을 지향

▶ 에버랜드

경기도 용인시에 위치한 종합 행각지로서 2021년 TEA(세계테마엔터테인먼트협회)가 발표한 놀이공원 순위에서 아시아·태평양 6위로 선정되었다.

▶ 대한민국 주요 테마파크
• 서울 롯데월드 어드벤처
• 서울 어린이대공원
• 과천 서울랜드
• 용인 에버랜드
• 용인 한국민속촌
• 춘천 레고랜드 코리아
• 대구 이월드
• 경주 경주월드
• 부산 롯데월드 어드벤처 부산
• 광주 패밀리랜드
• 제주 신화테마파크

(3) 우리나라 테마파크의 효시는 1976년에 개장한 용인 자연농원(에버랜드)로 간주되고 있다. 그러나 본격적인 테마파크 개발은 1989년 롯데월드의 개방으로 인해 국내의 테마파크에 대한 일반인들의 인식이 확산되면서부터라고 할 수 있다.

(4) 테마파크는 관광·레크리에이션시설의 기계화 진전과 여가시간의 증대로 그 수요가 증가하고 있기 때문에 공간의 효율적 활용, 수요지향적 자원으로서의 활용가치가 매우 큰 관광자원이라 할 수 있다.

> **테마파크의 공간에 따른 분류**
> - 자연공간
>   - 주제형 : 동물, 식물, 어류, 정원 등의 테마파크
>   - 활동형 : 리조트, 바다, 산, 온천 등의 테마파크
> - 도시공간
>   - 주제형 : 산업, 과학, 풍속, 구조물 등의 테마파크
>   - 활동형 : 스포츠, 놀이, 건강, 예술 등의 테마파크

[주제공원의 유형과 도입시설 사례]

주 제	소주제	도입시설의 예
역사와 문화	• 특정문화 • 세계지리·풍물 • 역사적 사건	• 아프리카 원시인문화, 이누이트문화, 인디언문화 • 세계의 상점, 식당가, 민속공예품, 건축양식, 동물 • 전시장, 공연
시 간	• 과 거 • 미 래	• 전설의 고향, 동화의 나라 • 환상, 모험, 우주과학
자 연	• 자연요소 • 생 물	• 폭포, 바위, 물 • 식물, 동물, 해양식물
감 상	예술장르	조각공원
교 육	교육목적	교통공원, 환경생태공원

더 알아보기 | **테마파크**

명확한 테마, 즉 주제가 있는 공원이란 뜻으로 어떠한 테마를 설정하여 그 테마를 실현하고자 제반시설, 구경거리, 음식, 쇼핑 등 종합적인 위락공간을 구성하여 방문객들로 하여금 놀이에서 휴식까지 하나의 코스로 즐기도록 하는 위락시설이라고 정의할 수 있다. 1955년 디즈니랜드가 기존의 파크들과 차별화된 주제를 가지고 대규모 시설을 개장하면서 상업적 성공을 거두자 이에 자극받은 기존의 Amusement Park들이 점차 테마파크로 변신하면서 여러 연구에서 테마파크에 대해 논의하여 개념을 정의하였다. 대표적으로 테마보겔, 레이언, ULI, Marriot사 등이 있는데, 이들의 개념을 기초로 볼 때 "테마파크는 독특한 주제를 가지고 이를 적절히 표현하는 소재를 이용하여 방문객들에게 일상을 탈피한 경험을 제공하는 공원이다"라고 정의할 수 있다.

> **디즈니랜드(Disney Land)**

월트 디즈니 회사의 부속 월트 디즈니 파크 앤 리조트가 운영하는 미국 캘리포니아 주 오렌지 군 애너하임에 위치한 테마파크이다. 1955년 7월 17일 언론 매체에게 예비로 공개하였으며, 다음 날 공식적으로 개장하였다. 월트 디즈니는 개장 당시 유일한 테마파크였던 디즈니랜드가 고유의 특징을 살릴 수 있도록 건물들을 설계하고 건축했다.

PART 01 | 핵심 실전 문제

※ 해설 부분을 가리고 문제를 푼 후, 해설을 통해 정답 혹은 오답의 이유를 확인해보세요.

01 자원에 대한 다음 설명 중 옳지 않은 것은?

① 인간의 행복을 증진하는 모든 재료를 의미한다.
② 형태가 없는 무형재는 자원으로 인정받지 못한다.
③ 자원의 사전적 의미는 인간생활 및 경제생활에 이용되는 물적 자료, 노동력 및 기술의 총칭을 말한다.
④ 자산을 만드는 원재료 및 사물로서 자연과 노동력을 지칭한다.

해설
과거에는 형태가 있는 유형재만을 가리키는 경향이 있었으나, 오늘날에는 형태가 없는 무형재 역시 자원으로 인정받고 있다.

02 관광자원의 개념적 특성으로 옳지 않은 것은?

① 관광객의 욕구나 동기를 일으키는 매력성을 띠고 있다.
② 이동성과 소모성의 특성을 띤다.
③ 자연과 인간의 상호작용의 결과이다.
④ 보존 및 보호가 필요하다.

해설
관광자원의 개념적 특성
- 관광객의 욕구나 동기를 일으키는 매력성과 유인성을 띠고 있다.
- 개발을 통해서 관광대상이 된다.
- 자연과 인간의 상호작용의 결과이다.
- 자연자원과 인문자원, 유형자원과 무형자원 등 범위가 다양하고 넓다.
- 사회구조나 시대에 따라 가치를 달리한다.
- 보존 및 보호가 필요하다.
- 비이동성과 비소모성의 특성을 띤다.

03 다음 괄호 안에 들어갈 말로 알맞은 것은?

> 관광자원이란 관광욕구의 대상이 되며, (　　　)의 목표가 되는 유·무형의 일체이다.

① 관광동기　　　　② 관광현상
③ 관광사업　　　　④ 관광행동

해설
관광자원은 관광객의 관광욕구의 대상이자 관광행동의 목표가 되어 관광객을 흡인하는 데 기여하는 유·무형의 일체이다.

정답 01 ②　02 ②　03 ④

해설
관광자원의 기능은 ①·②·④ 외에 관광객과 관광지역주민을 상호작용시키는 기능, 관광수요에 따른 공급 기능 등이 있다.

04 관광자원의 기능으로 가장 거리가 먼 것은?
① 주체인 관광객을 유인하는 기능
② 관광자원의 유형별 시장 세분화 기능
③ 관광객과 관광가이드의 상호작용 기능
④ 자연적·문화적 환경의 보존·보호 기능

해설
①·③·④ 유형관광자원 중에서도 인문관광자원(문화관광자원)에 해당한다.

05 관광자원 분류 중 무형관광자원인 것은?
① 미 술
② 언 어
③ 건축물
④ 휴양지

해설
종래에 많은 학자들에 의해 분류되었던 자원의 종류에 관광·레크리에이션자원이라는 시대의 수요증대에 부응하는 새로운 자원을 추가로 분류하게 되었는데, 그 대표적인 자원이 주제공원(Theme Park)이다.

06 관광자원을 유형별로 구별할 때, 대표적인 자원이 주제공원(Theme Park)인 것은?
① 자연적 관광자원
② 문화적 관광자원
③ 산업적 관광자원
④ 관광·레크리에이션자원

해설
관광의 어원은 중국의 주(周)나라 시대에 발간된 「역경」 속의 '觀國之光, 利用賓于王(관국지광, 이용빈우왕 ; 후한 대접을 받은 신하가 국가의 문물제도를 살핀다는 의미)'이라는 표현에서 유래하고 있다.

07 관광의 어원은 다음 중 어느 나라에서 시작되었는가?
① 신 라
② 주(周)나라
③ 고 려
④ 송(宋)나라

정답 04 ③ 05 ② 06 ④ 07 ②

08 다음 중 관광구성의 3대 요소가 아닌 것은?

① 관광주체
② 관광대상
③ 관광매체
④ 관광원인

해설
관광구성의 3대 요소는 관광주체, 관광대상(객체), 관광매체(사업)이다.

09 다음 중 농업관광자원이 발전할 수 있는 배경이 아닌 것은?

① 콘크리트에 둘러싸인 환경에서의 일탈욕구
② 일과 업무에서 유발된 스트레스 해소욕구
③ 자연친화적 욕구
④ 정신적 풍요에서 물질적 풍요로의 갈구

해설
물질적 풍요에서 정신적 풍요로의 갈구

10 다음 중 인간욕구의 충족을 위해 소비되는 자원이 아닌 것은?

① 물
② 발전소의 기계
③ 기 후
④ 노동력

해설
기후나 지형 등은 생산의 자연환경을 결정하는 것으로 비소비적 자원이다.

11 다음 중 비소비적 자원에 해당되지 않는 것은?

① 생산 기술
② 노동력
③ 제도 · 조직
④ 문화자원

해설
노동력은 인적 자원으로 인간욕구의 충족을 위해 소비되는 자원이다.

정답 08 ④ 09 ④ 10 ③ 11 ②

해설
관광자원은 관광객에 의하여 지속적으로 선호, 이용, 선택, 소비될 때 가치를 평가받을 수 있다. 따라서 관광객의 유형에 따라 가치가 다르고 시간이 경과함에 따라 범위의 다양성을 지닌다.

12 관광자원의 특성에 대한 설명으로 옳지 않은 것은?
① 관광자원은 관광객의 관광행동을 끌어들이는 유인성이 있다.
② 관광자원은 개발을 통해 관광대상이 된다.
③ 관광자원은 시대나 사회구조에 관계없이 그 가치가 변하지 않는다.
④ 관광자원은 유·무형자원, 자연·인문자원 등 그 범위가 다양하고 넓다.

해설
관광자원은 유·무형자원, 자연 및 인문자원 등 그 범위가 다양하고 넓다.

13 관광자원의 특성이 아닌 것은?
① 매력성
② 범위의 한계성
③ 유인성
④ 개발요구성

해설
관광자원의 가치결정요인은 접근성, 매력성, 이미지, 관광시설, 하부구조 등이다.

14 다음 중 관광자원의 가치결정요인에 해당되지 않는 것은?
① 이미지   ② 관광시설
③ 비희소성   ④ 하부구조

해설
관광지에 대한 이미지는 관광객의 여행참여를 유도하는 커다란 동인의 역할을 한다.

15 관광자원의 가치결정요인 중 관광객의 여행참여를 유도하는 동인의 역할을 하는 것은?
① 이미지   ② 매력성
③ 관광시설   ④ 접근성

정답 12 ③ 13 ② 14 ③ 15 ①

16 다음 무형관광자원 중 인적 관광자원에 해당되는 것은?

① 국민성   ② 역 사
③ 철 학   ④ 고유종교

해설
인적 관광자원
국민성, 풍속, 습관, 전통적인 고유기술, 언어, 인심, 예절 등

17 관광자원의 분류기준과 그 구성내용의 연결이 잘못된 것은?

① 입지 – 이용자 중심형, 중간형, 자원 중심형
② 자원의 생성과정 – 자연자원 의존형, 문화자원 의존형, 인공시설 자원 의존형
③ 관광객 행동패턴 – 주유형 관광자원, 체재형 관광자원
④ 자원의 가시성 – 유형관광자원, 무형관광자원

해설
자원의 생성과정 기준에 의한 분류구성 내용은 자연적 관광자원과 인문적 관광자원이다.

18 Gunn은 관광객의 행동패턴에 의하여 관광자원을 주유형과 체재형으로 구분하였다. 다음 중 주유형 관광자원에 해당하는 것은?

① 친 척   ② 캠프장
③ 해 안   ④ 관광목장

해설
주유형 관광자원
친구·친척, 축제, 토속음식, 쇼핑센터, 도시 등

19 다음 인문관광자원 중 문화관광자원이 아닌 것은?

① 국가유산
② 휴양지
③ 산업시설
④ 인위적으로 개발한 보양지

해설
문화관광자원
국가유산, 인위적으로 개발한 보양지, 휴양지 등

정답 16 ①　17 ②　18 ①　19 ③

해설
풍속, 민족성 등은 사회적 관광자원이다.

20 다음 중 자연적 관광자원이 아닌 것은?
① 지 형
② 천문기상
③ 풍 속
④ 동식물

해설
상대적으로 낮은 연령층

21 다음 중 주유형 관광의 특징이 아닌 것은?
① 수려한 볼거리
② 재미있는 놀이 추구
③ 상대적으로 높은 연령층
④ 맛있는 음식

해설
동식물, 산악, 지형 등은 자연적 관광자원이다.

22 다음 중 사회적 관광자원이 아닌 것은?
① 행 사
② 문화시설
③ 풍 속
④ 동식물

해설
박물관, 국가유산 등은 문화적 관광자원이다.

23 다음 중 산업적 관광자원이 아닌 것은?
① 공업단지
② 농업 생산품
③ 박물관
④ 수산업 시설

정답 20 ③ 21 ③ 22 ④ 23 ③

24 한국관광공사의 관광자원 분류로 잘못 연결된 것은?

① 자연적 자원 – 천연자원
② 문화적 자원 – 고고학적 유적
③ 산업적 자원 – 유통단지
④ 사회적 자원 – 사적

해설
사회적 자원은 풍속, 행사, 생활, 예술, 교육, 스포츠 등을 말한다. 사적은 문화적 자원에 속한다.

25 다음 중 유형관광자원이 아닌 것은?

① 국가유산
② 동식물
③ 천문기상
④ 풍속 또는 민족성

해설
민족성, 풍속, 습관, 철학, 종교, 사상 등은 무형관광자원이다.

26 한국관광공사에서 분류한 관광자원 중 산업적 관광자원의 분류에 해당되지 않는 것은?

① 캠프장
② 농 장
③ 목 장
④ 유통단지

해설
캠프장은 관광·레크리에이션자원에 해당한다.

정답 24 ④ 25 ④ 26 ①

해설
① 독특한 자연지역
② 역사·문화적 지역
③ 고밀도 위락지역

27 미국 옥외 레크리에이션 자원평가위원회(ORRRC)는 관광지역특성에 따라 관광자원을 분류하였다. 다음 중 일반옥외 위락지역은?

① 뛰어난 경관미와 자연적 불가사의를 지니고 있어 과학적 중요성을 지닌 자원
② 역사적·문화적 중요성을 지닌 장소로서 고고학적 유적지, 주요 유물·유적 등
③ 집중적인 개발지역으로 대규모 이용을 위해 운영되며, 주로 대도시권에 근접
④ 특정한 레크리에이션 이용을 위해 다양하게 개발된 지역

해설
자연적 관광자원은 절대적 가치보다 상대적 가치가 있는데, 이는 그 지역에서만 볼 수 있는 특수한 자원이기 때문이다.

28 관광자원의 유형별 특징에 대한 설명이 아닌 것은?

① 문화적 관광자원은 민족문화의 정통성 확립과 문화적 유산의 보존 측면에서 매우 중요하다.
② 자연적 관광자원은 상대적 가치보다 절대적 가치가 있다.
③ 관광자원으로 중요하지 않게 생각하기 쉬운 자원이 사회적 관광자원이다.
④ 산업시설이 관광자원의 개념에 포용된 것은 관광현상의 발전적인 한 모습이라고 볼 수 있다.

해설
①·②·③ 유형관광자원 중 인문관광자원에 해당하며, ④ 언어는 무형관광자원 중 인적 관광자원에 해당한다.

29 다음 중 무형관광자원으로 옳은 것은?

① 휴양지
② 산업시설
③ 국가유산
④ 언 어

정답 27 ④ 28 ② 29 ④

2026 관광통역안내사 필기 2과목 관광자원해설

PART 2
관광자원의 해설

CHAPTER 01 관광자원해설의 개념 및 목적
CHAPTER 02 관광자원해설기법의 분류
핵심 실전 문제

관광자원의 해설 중요도 ★☆☆

출제 키워드

- 관광자원해설의 목적과 효과
- 관광자원해설의 유형
- 관광자원해설사의 자질
- 관광코스의 유형

관광통역안내사 관광자원해설 기출 빈도표

출제 영역	2025년	2024년	2023년	2022년	2021년
관광자원의 이해	1	1	5	2	1
관광자원의 해설	1	2	2	1	1
자연관광자원	7	3	3	6	4
문화관광자원	14	14	12	12	13
복합형 관광자원	1	3	2	4	6
기타 및 통합 문제	1	2	1	–	–
합 계	25	25	25	25	25

- '제2장 관광자원의 해설'에서는 관광자원해설의 개념과 목적, 관광자원해설기법의 분류별 특징 등을 학습합니다.
- 출제 비중이 가장 낮은 영역으로 너무 깊이 공부하기보다는 출제된 부분 위주로 학습하는 것도 좋은 방법입니다.

PART 02 관광자원의 해설

01 관광자원해설의 개념 및 목적

1 관광자원해설의 개념

관광자원해설은 자연생태계나 야생동물계에 관한 것은 물론이고, 자원이 지니고 있는 문화적 가치와 역사적 가치 등을 관광객에게 알려주는 활동이다.

1. 월즈(E. Wals)의 정의

관광자원해설이란 정보 서비스, 안내 서비스, 교육적 서비스, 여흥 서비스, 선전 서비스 그리고 영감적 서비스 등이 적절히 조합된 것으로 자원해설을 통하여 관광자에게 새로운 이해, 새로운 통찰력, 새로운 열광과 흥미를 불러일으킬 수 있다.

2. 일반적 정의

관광자원해설은 관광객에게 단순히 방문지에 대한 정보를 많이 알려주려는 것이 아니고, 관광객에게 일련의 호기심을 자극하여 그들의 주의를 환기해 줌으로써 그들이 접하고 있는 국가유산이나 자연경관 등의 관광환경에 대한 올바른 인식과 교육적 가치를 부여하며 즐거운 관광경험이 될 수 있도록 도와주는 모든 노력이다.

▶ 관광자원해설
- 교육적 활동
- 지각발달 도모 활동
- 새로운 이해, 통찰력, 열광, 흥미를 불러일으키는 활동
- 자원보전에 기여할 수 있는 설명기술

2 관광자원해설의 목적 15 18 23 기출

1. 관광자원해설의 목적

(1) 관광객이 방문하는 관광지에 대해 보다 예리한 인식·감상·이해능력을 갖게 도와주려는 데 있다. 자원을 해설해 준다는 것은 그 방문이 보다 풍요롭고 즐거운 경험이 되도록 도와주는 것이다.

(2) 자원관리의 목표를 달성하려는 데 있다.
 ① 관광객으로 하여금 관광지에서 적절한 행동을 하도록 교육하거나 안내할 수 있다.

▶ 관광자원해설의 목적 25 기출
- **방문자 만족** : 방문자가 방문하는 곳에 대하여 보다 잘 알고, 보다 잘 느끼고, 보다 잘 이해할 수 있도록 하는 것
- **자원관리** : 방문자로 하여금 방문하는 곳에서 적절한 행동을 취할 수 있도록 교육하여 자원의 훼손을 막는 것
- **이미지 개선** : 관리자의 관리 노력에 대해 홍보하여 관리자의 이미지를 바람직한 방향으로 부각시키는 것

> **관광자원해설과 관광안내의 차이**
> - 관광자원해설은 자원의 의미와 가치 전달에 주력하며, 관광안내는 여행관리에 주력한다.
> - 관광자원해설은 그 자체가 관광자원으로서의 가치를 지닌다.

> **Larry Back과 Ted Cable(1998)의 역사환경해설**
> 우리의 역사문화, 자연자원에 대한 의미를 파악하기 위한 교육적 활동으로, 이들 자원에 대한 이해와 가치 평가를 한 단계 높임으로써 역사문화유산과 자연자원을 보호하는 데 기여한다.

> **문화유산해설 프로그램 계획단계**
> - 이야깃거리의 선택
> - 이야깃거리를 하나의 주가 되는 테마로 좁힘
> - 테마를 단일 문장으로 진술
> - 테마에 관한 연구
> - 청중의 식별
> - 해설할 것에 대한 아이디어 창출
> - 해설매체의 선택 및 개발

② 자연의 과다이용으로 인하여 훼손된 지역 또는 그런 위험이 많은 지역에서는 일정한 행동을 못하도록 안내함으로써 관광자원에 대한 인간의 영향을 최소화할 수 있다.

(3) 관광자원 관리당국자와 그들이 진행하는 프로그램에 대한 **대중의 이해를 촉진**하는 데 있다. 국가나 지방 또는 관리당국자들이 전달하려는 내용이나 설명이 정보제공차원이 아닌 선전용도로 오인되지 않도록 노력해야 한다.

2. 관광자원해설의 편익

(1) 관광객의 경험을 풍부하게 한다.

(2) 관광객들이 관광자원이 위치해 있는 것을 전체 환경의 관점에서 인식할 수 있게 하며, 환경과 공존하고 있는 복잡·미묘함을 이해할 수 있게 한다.

(3) 관광지에서 관광객들의 시야를 넓혀 전체 경관에 대한 이해를 도울 수 있다.

(4) 사람들에게 유익한 정보를 제공해 줌으로써 자연자원이나 인문자원의 관리와 관련된 의사결정을 보다 현명하게 할 수 있게 한다.

(5) 관광지의 불필요한 훼손·손상을 줄여 결과적으로 관리 또는 대체비용을 절감할 수 있다.

(6) 관광객으로 인한 피해가 심한 지역에 있는 사람들을 피해가 심하지 않은 지역으로 이동하게 하여 자원을 보호한다.

(7) 관광객들의 향토애나 조국애를 북돋우거나 지역문화유산에 대한 긍지를 갖게 한다.

(8) 보다 많은 관광객이 방문하도록 촉진함으로써 지역 또는 국가경제에 도움이 될 수 있다.

(9) **자연 및 인문관광자원에 대한 지역민들의 관심을 고조시킴**으로써 자원의 보존·보호에 효과적이다.

(10) 관광지 관리에 관한 공공의 관심과 지지를 받을 수 있다.

02 관광자원해설기법의 분류

1 인적 해설

1. 인적 해설의 종류

(1) 이동식 해설(Roving Interpretation)
① 넓은 지역을 돌아다니면서 그 지역에 관해 관광객에게 해설 서비스를 제공하거나 박물관에서 이동하며 전시물에 관한 해설을 제공하는 것이다.
② 대규모 박물관이나 야외경관의 구경 시에 적절하다.

(2) 정지식 해설(Station Interpretation) 14 기출
① 동굴이나 관광객 안내소 및 박물관 등 관광객이 많은 곳에 자원해설가가 고정 배치되어 해설 서비스를 제공하는 경우를 말한다.
② 해설 프로그램의 주제와 관련된 특별한 기술을 시연해 보여 주기도 하고, 관광객들에게 기술을 가르쳐 주기도 한다.
③ 어떤 경우에는 그 지점에서 발생하는 현상을 설명해 준다.

2. 해설가의 자질 23 기출

(1) 열 정
① 바람직한 결과를 산출하기 위한 '열중'과 '정열'을 필요조건으로 한다.
② 열중과 정열이 있는 사람의 눈에서는 열정을 나타내는, 말 그대로의 번뜩임을 찾을 수 있다. 열정적인 사람은 잘 웃고, 생각을 가다듬으면서 감독도 최소한으로 필요한 것이 보통이다.

(2) 유머감각과 균형감각
① 적절한 유머감각은 여러 가지 상황에서 유용하게 쓰일 수 있다.
② 균형감각은 지나치게 심각한 사람으로 보이지 않게 하는 데 도움이 된다. 균형감각을 제대로 유지하지 못하면 대인관계에서 심각한 문제를 야기할 수 있다. 유머감각과 균형감각은 일이 잘 되어 가지 않고 있을 때 큰 도움이 될 수 있다.

▶ **관광자원해설기법**
- 인적 해설 : 담화해설기법, 재현해설기법, 동행해설기법(거점식, 이동식)
- 비인적 해설 : 자기안내해설기법(해설판, 해설센터, 전시판), 전자장치이용기법(전자전시판, 멀티미디어시스템, 무인정보안내소)

▶ **자원해설 시 포함되어야 할 요소**
인사/자기소개, 자신감, 태도(손짓, 몸짓, 시선), 포인트 강조, 비교설명, 주변 자원소개, 참여 유도, 유머감각, 해설의 리듬, 솔직함과 겸손 등

▶ **자원해설가의 역할**
- 문화유산의 가치를 재미있게 소개하는 이야기꾼
- 방문객을 대상으로 관광자원의 내용을 설명하는 전속 전문 안내원
- 자원해설가의 본분은 자원봉사자
- 지역경제 활성화에 앞장서는 관광종사원

> **해설가의 자질**
> - 열 정
> - 유머감각과 균형감각
> - 명료성
> - 자신감
> - 따뜻함
> - 침착성
> - 신뢰감
> - 즐거운 표정과 태도

(3) 명료성

① 자원해설가가 어휘를 적절하게 선택하여 조합하고 나열함으로써 분명하고 막힘없이 의사소통하고 표현할 수 있어야 함을 의미한다. 연습을 많이 하면 이러한 능력을 기를 수 있다.

② 말을 조리있게 하는 재주는 경험을 통해 연마되기 전에 어느 정도 파악될 수 있는 부분이다. 특히 명료성은 자원해설가에 대한 신뢰성과 관리당국에 대한 이미지에 큰 영향을 미치는 사항이므로 잘 살펴보아야 한다.

(4) 자신감

① 자신감 있는 사람은 주변의 사람들에게도 자신감을 불어 넣어 줄 수 있다. 자신감 있는 자원해설가들은 새로움을 도전으로 생각하며, 새로운 프로젝트를 성공적으로 수행함으로써 관리당국에 없어서는 안 될 사람으로 입증된다.

② 자신감이 있는지를 알 수 있는 지표 중 한 가지는 다른 사람과 계속 눈을 맞출 수 있는 능력이다.

(5) 따뜻함

사람들은 자신을 좋아하는 사람을 좋아한다. 그러므로 따뜻함이 부족하다면 사람들과 만날 때 관광객이 지각하는 이미지를 통해 사람들과 함께 하는 것을 좋아하는가 그렇지 않은가에 대하여 분명하게 알게 해 준다.

(6) 침착성

① 침착성은 성숙·신뢰·따뜻함을 포함한 특성으로 구성된다.

② 침착한 사람은 상황과 자신을 잘 통제하고 있다는 느낌을 주면서 낯선 사람과 쉽사리 만난다. 경험을 통해, 그리고 나이가 들면서 키워질 수 있는 자질이다.

(7) 신뢰감

① 신뢰감이란 어떤 사람의 의사소통 형태가 믿음이 간다는 느낌을 주는 것을 가리킨다.

② 앵무새처럼 반복적으로 되풀이되는 설명을 하는 사람은 신뢰감이 없다. 자주 망설이며 '아마도', '모르기는 해도', '추측하건대', 또는 '여러분도 아시다시피'와 같은 말을 과다하게 사용하는 경우에도 신뢰감이 떨어진다.

(8) 즐거운 표정과 태도
① 인상·움직임·의상 등 자신의 편안한 느낌의 결정에 영향을 미치는 특성이 복합된 것을 표정과 태도라고 한다.
② 의상·얼굴 표정·습관 및 버릇으로 다른 사람에게 어떠한 영향을 주는가를 정확하게 평가할 수 있다.

3. 인적 자원해설 시 특별 고려사항

(1) 대상활동
① 대상활동에 따라서 활동에 내재된 욕구가 달라진다. 역사유적지를 탐방하는 경우에는 역사유적에 대한 이해 및 학습욕구가 상당히 강하다고 볼 수 있다. 따라서 자원해설 작업도 학습욕구에 부응할 수 있어야 한다. 단순한 여행안내차원에서 관광객을 대하게 되면 자원에 내재된 의미와 가치를 관광객이 이해하고 느낄 수가 없다.
② 관광객이 궁금해하는 부분이 무엇인가, 그들의 지식 정도는 어떠한가 등 관광객에 대한 사전지식 또는 현지에서 파악되는 지식을 적절하게 활용해야 관광객의 욕구를 충족시킬 수 있다.
③ 관광객은 어떤 경우에는 밥을 먹어야 만족감을 느끼고, 때로는 깊이 사유할 수 있게 해 주어야 즐거워한다. 따라서 활동에 내재된 욕구가 어떠한 것인가를 파악하고 이에 부합되는 해설 작업이 이루어져야 한다.

(2) 대상지역
① 대상지역이 어떠한 성격인가에 따라서 그곳을 방문하는 사람들의 방문 목적이 달라지게 된다.
② 대상지역이 도시근교의 위락지역이라면 그곳을 찾는 사람들은 일상에서 벗어나서 피로와 스트레스를 해소하려는 것이 주된 목적일 수 있다. 따라서 관광객 안내소의 전시나 같이 걸으며 해 주는 해설 작업보다는 맑은 공기, 넓은 공간, 누울 수 있는 잔디밭이나 모래사장을 원한다. 이 경우 자원해설가는 어린이들에게 수영을 가르쳐주고, 어른들이 낚시를 더 잘하게 도와줄 수 있다.
③ 도시지역인 경우에는 자원해설을 빠르고 집중적으로 해야 한다. 짧은 시간에 많은 내용을 전달하는 것보다는 한두 가지를 선별하고, 집약적으로 개발하여 해설해 주는 것이 유리하다.

▶ **인적 자원해설 시 고려사항**
- 어떠한 활동을 대상으로 하는가?
- 대상지역의 성격은 어떠한가?
- 대상은 어떤 특징의 집단인가?

▶ **자원해설 시 질문의 효과**
- 흥미를 자극한다.
- 프로그램을 짜임새 있게 한다.
- 창조적인 생각을 고무한다.
- 중요한 점을 강조한다.
- 방문객들이 생각과 느낌을 공유할 수 있도록 기회를 제공한다.

▶ **관광자원해설의 핵심요소**
문화유산해설은 단순하게 설명한다고 되는 것이 아니고, 해설과정의 핵심요소 하나하나가 제 기능을 다할 때 훌륭한 문화유산해설이 될 수 있다. 그 핵심요소란 관여, 짜임새, 생명 불어넣기, 전달 등 4가지를 가리킨다.

▶ **관광객의 심리**
- 탈일상성·기분전환
- 환대성·친절성
- 개방성·익명성
- 직접접촉
- 호기심
- 영역감
- 기념성

(3) 대상집단
① 자원해설을 받게 될 집단이 어린이·청소년·장애인·노년층·외국인 중 어느 것인가에 따라서 프로그램의 성격과 내용이 달라져야 한다.
② 어린이들의 경우 대개 호기심이 강하고 감각이 어른들보다 더 예리하다. 또한 감각을 통해 무엇을 경험하게 되는지를 모르는 가운데 새로운 통찰력에 더욱 개방되어 있다. 어린이들은 어른보다 상상력이 풍부하며, 무엇이 불가능한 것인가를 배운 바가 없다. 따라서 해당 대상집단의 성격이 중요하게 고려되어야 한다.

(4) 인적 해설기법의 유형 22 기출
① 담화해설기법
  ㉠ 담화해설기법은 말(담화)을 이용하는 것이다. 말을 하거나 말을 대신하는 몸짓 등을 통하여 관광객들을 이해시키고, 일정한 반응을 유도한다.
  ㉡ 담화의 목적을 이루기 위해서는 자원해설자의 감수성과 이용자들의 이해 정도가 높은 수준에 있을 때만 가능하다.
  ㉢ 목적달성을 위한 사항
    • 청중을 읽어야 한다.
    • 자원해설자 자신의 이미지를 좋게 해야 한다.
    • 담화의 골격을 구성해서 이용해야 한다.
② 재현해설기법 : 당시 모습의 재현은 단순 담화보다 효과적일 수 있다. 그러나 재현이 잘못 이루어졌을 경우에는 자원을 왜곡시킬 수 있다. 또 재현을 관람하는 동안 시간이 지체되어 관광객이 정체하게 된다.
③ 동행해설기법
  ㉠ 관광객들과 함께 움직이며 관광자원에 대한 해설을 하는 기법이다. 관광객들의 질문을 받으며 보조를 맞추어 이동하고 장시간 설명하므로 신뢰가 생기는 장점이 있으나, 자칫하면 분위기가 산만해지고 외면받을 수 있다.
  ㉡ 관광객과 동행하며 관광해설할 때의 주의사항
    • 관광객보다 일찍 나와 있어야 한다.
    • 시선은 계속 움직여 분산시키는 것이 좋다.
    • 해설 시작 전에 해설내용에 대한 개요를 설명한다.
    • 관광해설을 할 때는 관광해설자 1명당 최대 35명의 관광객이 적당하다.
    • 관광해설을 할 때 정지시간은 5~7분이 적당하다.
    • 관광해설의 끝맺음을 잘 해야 한다.

▶ **자원해설가의 기대효과**
• 환경친화적 개발
• 저비용 고효율 상품개발
• 지역특화 관광상품개발
• 지역고용창출
• 관광자원보호
• 관광객 경험의 질 향상
• 지역관광자원과의 연계
• 지역경제 활성화

2 비인적 해설 16 19 22 기출

1. 개 요
(1) 비인적 해설 서비스를 적용하는 방법에는 전자장치, 표지, 브로셔, 라벨 등의 수단을 사용하여 해설을 해 주는 기법들이 있다.

(2) 사람이 수행하는 해설과 기계장치와 인쇄물을 활용하는 기법의 장·단점은 많이 논의되어 왔다. 그러한 논의는 마치 해설이 인적, 혹은 비인적인 것으로만 구분되는 것처럼 보일 수 있으나, 현실적으로 해설가는 두 가지를 결합하여 활용한다.

2. 길잡이시설 해설(Self-guiding), 자기안내 해설 24 기출
(1) 의 미
  ① 길잡이시설 해설은 관광객이 해설자의 도움이 없는 상태에서 독자적으로 관람대상을 추적하면서 제시된 안내문에 따라 그 내용을 이해하고 인식수준을 제고하는 것으로, 특정사건의 역사적 경과·환경의 변화과정·특이한 생물의 특성 등을 해설대상으로 한다.
  ② 이 해설유형은 전문직에 종사하는 사람, 지적 욕구가 강한 사람, 교육수준이 높은 사람에게 효과적이다.

(2) 길잡이시설의 설계
  ① 해설내용의 기본구조를 구성할 때, 내용의 통일성과 맥락의 응집성이 있어야 한다.
  ② 기본구조는 해설수단·관람대상자·전달할 내용 등에 따라 달리 구성되며, 기본구조를 구성할 때는 해설 제목·시작·단락별 세부내용·끝맺음과 같이 일정한 틀이 있어야 한다.
  ③ 해설의 신뢰도를 높이기 위해 내용을 구성할 때 정확한 자료로 명료히 서술해야 한다.

(3) 자원해설판의 설계 시 주의사항
  ① 디자인상으로 해설판의 모양과 글자체·규격·위치가 고려되어야 한다.
  ② 해설판의 선택 시 지역분위기와의 조화성 유지, 기후, 부식상태, 곤충피해, 도난·훼손방지 등도 고려해야 한다.

> **관광자원해설의 대상**
> 현대적 공원해설의 아버지 틸든(Tilden)은 방문자들이 만나는 어떠한 소재라도 관광자원해설의 대상에 포함시켰다. 박물관에서는 예술품, 공원에서는 잘린 사슴뿔, 도심지에서는 각종 기념품과 건축장식 등까지 그 대상이 되었다.

▶ 관광코스 유형 25 기출
- 텀블링형
  관광객이 한 지점에 직행하여 관광한 뒤 다른 목적지에 직행하여 관광하는 것을 반복한 후 거주지로 돌아오는 형태로 시간과 경제적 여유가 있으며 관광 목적지가 여러 곳에 있을 때 이용
- 스푼형
  관광객이 목적지에 도착하여 관광활동을 한 뒤 근거리의 두 곳 이상의 관광지를 방문하고 동일한 교통로를 따라 돌아가는 형태로 당일 여행과 같이 짧은 일정인 경우가 많음
- 안전핀형 : 관광객이 목적지에 도착하여 관광활동을 한 뒤 인접 지역 일대를 관광한 후 새로운 교통로를 이용하여 돌아오는 형태
- 피스톤형 : 관광객이 목적지에 도착해 관광활동을 한 뒤 동일한 교통로로 돌아오는 형태

(4) 길잡이시설 해설기법의 장·단점
  ① 장 점
    ㉠ 비용의 저렴함
    ㉡ 운영 및 유지비용의 감소
    ㉢ 이용자별 독해속도의 조절 보장
    ㉣ 독해내용 선택의 임의성 확보
    ㉤ 이정표 기능의 수행으로 탐방자의 길잡이 역할
    ㉥ 기념성의 부여를 통해 사진촬영의 대상으로 선택 가능
    ㉦ 방문의 증거
  ② 단 점
    ㉠ 독해자의 인식수준과 정신적 노력 요구
    ㉡ 일방적 의사전달로 쌍방적 질의응답능력의 결여
    ㉢ 의문감 해소능력의 부족
    ㉣ 풍화, 부식, 야생동물, 탐방자에 의한 훼손의 가능성

3. 매체이용해설(Gadgetry) 21 기출

(1) 특 징
  ① 매체이용해설은 여러 가지 장치들을 이용하여 해설하는 것으로 방문객에게 여러 가지 상황을 경험하게 할 수 있기 때문에 재현에 특히 효과적인 해설유형이다.
  ② 재현은 관광자에게 관광자원을 효과적으로 인식·이해시키는 수단으로서 역사적 사실과 사상을 재현하는 것이다. 재현대상은 역사적 지점과 생활·사건이며, 재현내용은 역사의식·민속 문화 등에 사실감을 구현하여 역사적 사실을 추적·묘사하고, 해설대상에 생동감을 부여하여 민속 문화의 현장성을 제시함과 동시에 교육적 효과를 높여 역사적·문화적·인종적인 이해수준을 향상하는 것이다.

(2) 매체이용해설기법의 종류
  ① 모형기법 : 형태를 모방한 기법으로 축소·실물·확대모형이 있다.
  ② 실물기법 : 사실을 그대로 재현해 놓은 사실재현, 유적을 재현해 놓은 유적재현, 유명한 성인·사상가·독립운동가 등을 재현한 인물재현, 그리고 인간이 만들어낸 특이하고 가치 있는 기술을 재현해 놓은 기술재현이 있다.
  ③ 청각기법 : 청각기법에는 그때그때 안내나 설명을 해 주는 방송과 미리 녹음해 놓은 녹음테이프, 그리고 상황이나 연출에 적절한 음악 등이 있다.

▶ 디오라마(Diorama)

파노라마(Panorama)가 실제 환경에 가깝도록 무대 도처에 실물이나 모형을 배치해 전체와 부분의 관계를 명백히 한다면 디오라마는 주위 환경이나 배경을 그림으로 하고, 모형 역시 축소 모형으로 배치한다는 점이 다르다.

④ 시청각기법 : 직접 가볼 수 없는 장소나 인물 등을 녹화한 비디오시설, 필요한 해설을 누르면 그 부분을 볼 수 있는 터치스크린, 유명 장소에 얽힌 전설·인물 등을 극화한 영화 등이 있다.

⑤ 멀티미디어 재현시설기법
  ㉠ 디오라마 : 인물이 등장하여 과거의 체험이나 영웅담을 재현하는 방법이다.
  ㉡ 애니메이션 : 인물 대신 만화로 과거의 체험이나 영웅담을 재현하는 방법이다.

⑥ 시뮬레이션 기법
  ㉠ 가상체험과 게임시설을 통해 생생하고 직접적인 체험을 하는 기법으로, 예를 들면 서울의 전쟁기념관에는 전쟁 가상체험실이 마련되어 있어 별도의 입장료를 내면 약 8분간 가상의 전쟁체험을 할 수 있다.
  ㉡ 게임시설 역시 가상체험처럼 직접적인 체험과 자극을 얻을 수 있다.

⑦ 인쇄물 : 팸플릿과 리플릿 및 안내해설서가 있다.
⑧ 기타 : 시각물로 사진·그림·지도 등이 있다.

▶ 전쟁기념관

서울 용산구 삼각지에 있는 전쟁기념관은 고대에서 현재까지의 전쟁유물과 모형, 영상자료 등을 전시하고 있다. 1994년 6월에 개관하였으며, 특별관람실인 전쟁체험실이 있다.

▶ 리플릿(Leaflet)
팸플릿과 안내해설서의 중간인 안내서라고 할 수 있다.

(3) 매체이용해설의 장·단점
  ① 장점
    ㉠ 터치스크린과 비디오 등을 이용해 인쇄물·해설간판의 시각적 문제를 해소할 수 있다.
    ㉡ 전시물·축소모형·실물모형 등으로 관람객의 시선을 집중시킬 수 있다.
    ㉢ 최신장비를 도입한 매체해설은 첨단기술의 놀라움과 편리함으로 관람객에게 호기심과 신비감을 주어 장시간의 관심을 유도할 수 있다.
    ㉣ 공급수준과 형태의 다양성을 확보하여 소리의 크기, 장치의 모양, 색깔을 자유로이 조작할 수 있어 상황별 대처능력을 줄 수 있다.
    ㉤ 반복이 용이하며, 유사상황의 연출 시 음향효과의 이용, 상황의 재현, 유사효과의 유도가 높게 나타날 수 있다.

  ② 단점
    ㉠ 고장대비와 관리유지를 위해 정기적 보수가 필요하며, 예비품이 항상 준비되어 있어야 한다.
    ㉡ 계속적으로 동일한 내용이 반복되므로 재방문자나 종사자에게 있어서는 지루함을 줄 수 있다.
    ㉢ 설치를 하는 데 전기이용, 야외 및 벽지이용 등에 제약점이 따른다.

PART 02 핵심 실전 문제

※ 해설 부분을 가리고 문제를 푼 후, 해설을 통해 정답 혹은 오답의 이유를 확인해보세요.

01 관광자원해설에 대한 설명 중 옳지 않은 것은?
① 여행관리에 주력한다.
② 그 자체로 관광자원의 가치를 가진다.
③ 관광자원 관리당국자와 그들이 진행하는 프로그램에 대한 대중의 이해를 촉진한다.
④ 관광지에 대해 예리한 인식능력·감상능력·이해능력을 갖게 도와준다.

해설
① 관광자원해설은 자원의 의미와 가치전달에 주력한다. 여행관리에 주력하는 것은 관광안내이다.

02 담화해설기법에서 유의해야 할 사항이 아닌 것은?
① 청중을 읽어야 한다.
② 자원해설자 자신의 이미지를 좋게 해야 한다.
③ 담화의 골격을 구성해서 이용해야 한다.
④ 청중의 소감을 나중에 들어야 한다.

해설
담화해설기법은 좋은 이미지를 기초로 신뢰감을 형성하도록 유도하고, 청중의 기대욕구를 채워주기 위해 많은 정보를 학습하는 등의 노력을 기울여야 한다.

정답 01 ① 02 ④

03 관광자원해설을 통해서 관광객이나 해당 주민들에게 기대할 수 있는 편익이 아닌 것은?

① 관광객의 경험을 풍부하게 한다.
② 관광지 관리에 관한 공공의 관심과 지지를 받을 수 있다.
③ 관광지의 불필요한 훼손·손상을 감소시킴으로써 결과적으로 관리 또는 대체비용을 절감할 수 있다.
④ 관광객들의 자연 및 인문관광자원에 대한 관심을 고조시킴으로써 해당 자원의 보전·보호에 효과적이다.

해설
관광객보다는 지역민의 관심을 고조시킬 수 있다.

04 다음 중 이동식 인적 해설이 적절한 곳은?

① 동 굴
② 대규모 박물관
③ 관광객 안내소
④ 공 연

해설
이동식 해설은 대규모 박물관이나 야외경관의 구경 시에 적절하다.

05 다음 중 자원해설 서비스를 하는 해설자의 자질로 거리가 먼 것은?

① 유머감각과 균형감각
② 즐거운 표정과 태도
③ 냉정하고 침착한 태도
④ 열정과 자신감

해설
해설자에게는 냉정함보다는 따뜻함이 필요하다.

06 자원해설 활동에 대한 설명으로 옳지 않은 것은?

① 흥미를 불러일으키는 활동
② 교화적 활동
③ 자원보전에 기여할 수 있는 활동
④ 새로운 이해와 통찰력을 불러일으키는 활동

해설
자원해설가는 가르치고 이끄는 것이 아니라 올바른 정보와 행동을 전달하도록 해야 한다.

정답 03 ④ 04 ② 05 ③ 06 ②

해설

대상지역이 도시근교의 위락지역이라면 그곳을 찾는 사람들은 일상에서 벗어나서 피로와 스트레스를 해소하려는 것이 주된 목적일 수 있다. 따라서 관광객 안내소의 전시나 같이 걸으며 해 주는 해설 작업 등에 별반 관심이 없다.

07 관광자원의 인적 해설에 대한 다음 설명 중 옳지 않은 것은?

① 인적 해설에는 이동식 해설과 정지식 해설이 있다.
② 정지식 해설은 관광객이 많은 곳에 자원해설가가 고정 배치되어 해설 서비스를 제공하는 경우를 가리킨다.
③ 도시근교 위락지역에서는 같이 걸으며 해 주는 해설 작업이 효과적이다.
④ 도시지역인 경우에는 자원해설을 빠르고 집중적으로 해야 한다.

해설

이동식 해설은 넓은 지역을 돌아다니면서 그 지역에 관해 관광객에게 해설 서비스를 제공하거나 박물관에서 이동하며 전시물에 관해 해설을 해 주는 것을 말한다.

08 다음 인적 해설 방법 중 이동식 해설에 해당하는 것은?

① 관광객들에게 기술을 가르쳐 주는 경우
② 넓은 지역을 돌아다니면서 그 지역에 관해 관광객에게 해설 서비스를 제공하는 경우
③ 어떤 지점에서 발생하는 현상을 설명해 주는 경우
④ 동굴이나 관광객 안내소 등 관광객이 많은 곳에 고정 배치되어 해설 서비스를 제공하는 경우

해설

① 관광객들과 동반해서 이동하며 관광자원에 대해 해설하는 기법
② 말이나 말을 대신하는 몸짓, 표정 등을 통해 관광객들을 이해시키는 기법
③ 여러 가지 장치(모형, 음성안내, 시뮬레이션, 인쇄물 등)를 이용하여 해설하는 기법

09 관광객이 해설사의 도움 없이 독자적으로 관람대상을 추적하면서 제시된 안내문에 따라 그 내용을 이해하도록 고안된 해설기법은?

① 동행(Walks) 해설기법
② 담화(Talks) 해설기법
③ 매체이용(Gadgetry) 해설기법
④ 길잡이시설(Self-guiding) 해설기법

정답 07 ③ 08 ② 09 ④

10 다음 중 길잡이시설 해설의 장점으로 볼 수 없는 것은?

① 운영 및 유지비용의 감소
② 이용자별 독해속도의 신속성과 완만성 보장
③ 이정표 기능의 수행으로 탐방자의 길잡이 역할
④ 쌍방적 의사전달로 의문감 해소

해설
길잡이시설 해설은 일방적 의사전달로 쌍방적 질의응답능력이 결여되어 의문감 해소능력이 부족하다.

11 비인적 해설 유형에 대한 다음 설명 중 옳은 것은?

① 매체이용해설은 역사적 경과, 환경의 변화과정, 특이한 생물의 특성 등을 해설대상으로 한다.
② 길잡이시설 해설은 전문직에 종사하는 사람, 지적 욕구가 강한 사람, 교육수준이 높은 사람에게 효과적인 해설기법이다.
③ 길잡이시설 해설은 여러 가지 장치들을 이용하여 해설을 하는 것으로 재현에 특히 효과적인 해설유형이다.
④ 매체이용해설은 관광객이 독자적으로 관람대상을 추적하면서 제시된 안내문에 따라 그 내용을 이해하고 인식수준을 제고하는 것이다.

해설
①·④ 길잡이시설 해설
③ 매체이용해설

12 다음 매체이용해설기법 중에서 관광객이 직접적인 체험과 자극을 얻을 수 있는 기법은?

① 모형기법
② 멀티미디어 재현시설기법
③ 시청각기법
④ 시뮬레이션 기법

해설
시뮬레이션 기법은 가상체험과 게임시설을 통해 생생하고 직접적인 체험을 하는 기법이다. 예를 들면, 서울의 전쟁기념관에는 전쟁 가상체험실이 마련되어 별도의 입장료를 내면 가상체험을 할 수 있다.

정답 10 ④ 11 ② 12 ④

해설
매체이용해설은 동일한 내용이 반복되어 재방문자나 종사자에게 지루함을 줄 수 있다.

13 매체이용해설기법의 장점이 아닌 것은?
① 전시물이나 모형 등으로 관람객의 시선을 집중시킬 수 있다.
② 관람객에게 호기심과 신비감을 주어 장시간의 관심을 유도할 수 있다.
③ 반복이 용이하며, 재방문자나 종사자에게도 흥미를 유발할 수 있다.
④ 터치스크린과 비디오 등으로 시각적 문제를 해소할 수 있다.

해설
②·③·④ 매체이용해설의 단점이다.

14 다음 중 길잡이시설 해설의 단점은?
① 풍화, 부식, 야생동물, 탐방자에 의한 훼손의 가능성이 있다.
② 고장대비와 관리유지를 위해 항상 예비품이 준비되어 있어야 한다.
③ 계속적으로 동일내용이 반복되어 재방문자나 종사자에게 있어서는 지루함을 줄 수 있다.
④ 설치를 하는 데 야외 및 벽지이용 등에 제약점이 따른다.

해설
사실재현, 유적재현, 인물재현, 기술재현 등은 모두 실물기법이다.

15 인간이 만들어낸 특이하고 가치 있는 기술을 재현해 놓은 기술재현은 다음 중 어떤 기법인가?
① 모형기법
② 시청각기법
③ 실물기법
④ 멀티미디어 재현시설기법

해설
디오라마(Diorama)는 인물이 등장하여 과거의 체험이나 영웅담을 재현해 주는 멀티미디어 재현시설기법 중의 하나이다.

16 비인적 해설기법 중 인물이 등장하여 과거의 체험이나 영웅담을 재현하는 기법을 무엇이라 하는가?
① 디오라마
② 애니메이션
③ 시뮬레이션 기법
④ 실물기법

정답 13 ③ 14 ① 15 ③ 16 ①

2026 관광통역안내사 필기 2과목 관광자원해설

PART 3

자연관광자원

CHAPTER 01	자연과 관광
CHAPTER 02	산지 및 동굴관광자원
CHAPTER 03	하천 및 해안관광자원
CHAPTER 04	온천관광자원

핵심 실전 문제

자연관광자원 중요도 ★★★

출제 키워드

- 국립공원 의의 및 지정현황
- 도립공원 현황
- 국가지질공원 현황
- 관동팔경
- 문화생태탐방로
- 천연보호구역
- 람사르 습지
- 동굴관광자원
- 천연기념물
- 갯 벌
- 관광특구
- 제주곶자왈
- 고인돌 유적지

관광통역안내사 관광자원해설 기출 빈도표

출제 영역	2025년	2024년	2023년	2022년	2021년
관광자원의 이해	1	1	5	2	1
관광자원의 해설	1	2	2	1	1
자연관광자원	7	3	3	6	4
문화관광자원	14	14	12	12	13
복합형 관광자원	1	3	2	4	6
기타 및 통합 문제	1	2	1	–	–
합 계	25	25	25	25	25

- '제3장 자연관광자원'에서는 산지, 해양, 하천·호수, 산림, 동물, 온천 등 자연적 관광자원의 유형별 종류와 현황, 특징 등을 학습합니다.
- 문화관광자원 다음으로 출제 비중이 높은 영역입니다. 자연공원(국립공원, 도립공원, 군립공원, 지질공원), 동굴, 해수욕장, 온천에 대한 출제 비중이 높으므로 해당 부분을 꼼꼼히 학습하시기 바랍니다.
- 행정구역상 같은 지역에 위치한 여러 분야의 관광자원을 물어보는 문제가 출제되기도 합니다. 관광자원을 지역별로 정리하며 학습하시기 바랍니다.

PART 03 자연관광자원

01 자연과 관광

1 자연관광자원의 의의

1. 관광자원으로서의 자연환경

(1) 자연환경

다양하게 분포되어 있을 뿐만 아니라 기후와 지형적인 요인에 의해 유기적으로 결합되어 각 지역마다 독특한 경관을 구성한다.
① 기후환경 : 열대, 건조대, 온대, 냉대, 한대
② 지형자원 : 산지, 고원, 평야, 해안, 하천(폭포와 계곡), 빙하, 화산지형, 해양, 섬

(2) 관광대상으로서의 자연환경

① **자연현상의 지역차**는 관광욕구를 불러일으켜 관광대상으로서 자연관광자원이 되게 하며, 교통 등의 개발조건과 함께 관광지역을 형성하게 된다.
② **도시화의 진전**은 산업구조의 변화와 함께 도시생활에 긴장감을 주게 되어 시민의 여가활동 중 자연지향의 성향을 높여 준다.

2. 산 지

(1) 해발고도, 원시림, 설선, 암봉 등 산 자체의 변화와 더불어 계곡, 암석, 온천, 화산, 동식물 등 자연자원의 종합적인 경관이 존재하고 있다.
(2) 태초부터 산지를 대상으로 한 신앙도 많고, 일본의 후지산과 같이 산지 그 자체를 숭배하거나 산지의 신비성을 이용하여 종교적 환경을 조성함으로써 매력적인 관광대상이 되는 경우도 있다.
(3) 도시에 인접하여 교통이 편리한 곳에 있는 산지가 우선적으로 개발·이용되고 호수나 계곡 등과 함께 종합적 자원을 형성하며 관광의 대상이 된다. 예를 들어, 도로와 철도가 부설된 알프스는 관광대상이 많은 관광자원으로 이용되는 반면, 알프스보다 험준한 히말라야는 대형 관광자원이지만 그 가치가 잠재해 있다고 간주된다.

▶ **자연관광자원의 요소**
- **지형** : 산지, 화산, 구릉, 고원, 호수, 빙하, 하천(계곡, 폭포), 해안, 섬, 해양, 암석, 온천, 사막 등
- **천문기상** : 해, 달, 별, 눈, 빙하, 온난, 한랭차이 등
- **동식물** : 새, 짐승, 곤충, 물고기, 삼림(낙엽, 신록), 화초 등

▶ **후지산**

산악 신앙의 대상이자 일본의 상징으로서 문화적 가치가 높다고 평가받아 2013년 유네스코 세계문화유산으로 등재되었다.

(4) 화산은 화구, 용암류, 온천 등을 포함하고 있어서 자연관광자원으로서의 가치가 높다.

(5) 산지는 본래의 풍경미에 삼림, 고산식물, 동물, 호소, 온천 등의 자원이 가미되고 고랭지의 맑은 공기와 하늘이 더해져 등산, 스키, 하이킹, 캠프, 오리엔티어링 등 스포츠 대상뿐만 아니라 피서관광의 대상이 된다.

3. 해 양

(1) 바다는 산지와 다른 경관이 전개된다. 대부분 온난한 기후에 의한 푸른 바다와 사빈해안, 기암괴석의 암석해안과 섬이 조화된 경관을 이루고 있다. → **우리나라의 관동팔경으로 불리는 총석정, 삼일포, 청간정 등**

(2) 바다는 해수욕, 요트, 카누, 보트, 낚시 등의 관광행동을 즐길 수 있을 뿐만 아니라 피서·경관감상 등의 목적에도 부합되는 대상이다.

(3) 최근에는 해중공원 등도 함께 설정되어 새로운 관심의 대상이 되고 있는데, 바다 속의 바위, 산호, 해초, 어류 등 아름다운 수중광경을 배의 유리창에서 바라보는 방법을 채택하고 있다.

4. 하천·호수

(1) 하 천

① 하천은 유역면적이 넓고 수량이 풍부한 것에서부터 작은 하천, 인공운하까지 여러 종류가 있으나 하천 그 자체보다도 산지 등 연안의 풍경과 결합한 것이 많다. 라인강의 경관도 연안의 고성, 포도밭, 로렐라이 언덕 등의 풍물과 어우러져서 하천으로서 관광가치가 있는 것이다.

② 하천 그 자체로서 가치가 있으며, 계곡이나 폭포 등의 주위풍경과 함께 어우러져 아름다운 경관을 형성한다. 운하는 베니스와 같이 특수한 도시미의 구성요소가 된다.

(2) 호 수

① 산중의 호수
  ㉠ 자연호수 : 화산성 호수인 천지와 백록담과 같이 맑은 물과 산지미가 결합해서 큰 자원이 되는 경우가 많다.
  ㉡ 인공호수 : 산정호수와 같이 인공적으로 건설된 댐에 의해 형성된 것으로 관광자원으로서 가치를 형성하고 있다.

② **평지의 호수** : 해양과 유사한 자원요소를 갖추고 있지만 파도가 적어서 안전하다는 장점이 있다. 또한 여러 가지 양식에 의해 산업관광지와 결합한 경우도 많다.

▶ 관동팔경 14 19 22 24 기출

대관령 너머 동쪽에 있는 여덟 명승지로 동해 바다를 배경으로 한 정자와 누대, 그리고 사찰이다. 위에서부터 내려오면서 통천의 총석정(叢石亭), 고성의 삼일포(三日浦), 간(고)성의 청간정(淸澗亭), 양양의 낙산사(洛山寺), 강릉의 경포대(鏡浦臺), 삼척의 죽서루(竹西樓), 울진의 망양정(望洋亭), 평해의 월송정(越松亭) 등을 일컫는다. 이 중 제1경으로 삼척의 죽서루를 꼽으며, 평해의 월송정 대신 흡곡의 시중대(侍中臺)를 포함하기도 한다.

▶ 청간정

강원도 유형유산인 조선 시대 정자로 관동팔경의 하나이다. 현재 걸려 있는 현판은 故 이승만 전 대통령의 친필이다.

▶ 백두산 천지

백두산 산정에 있는 자연호수로 용왕담(龍王潭)이라고도 한다. 칼데라호(Caldera 湖)인 천지 둘레에는 장군봉(將軍峰)을 비롯한 화구벽오봉(火口壁五峰)이 병풍처럼 둘러서 있다.

5. 산 림

(1) 우리나라에는 산지가 많고 삼림은 산지의 일부로서 신비한 정서를 형성하고 있다. 그 본래의 치수(治水)를 위한 보안림으로서보다 관광대상으로서의 자원성이 중시된다.

(2) 설악산·오대산 등의 국립공원은 침엽수림지가, 소백산·속리산·지리산 등에는 낙엽활엽수림이, 치악산 일대는 활엽수와 침엽수의 혼효림이 형성되어 있으며, 한라산에는 다양한 식물이 고도에 따라 수직적으로 분포되어 있다. 이러한 산림의 특징은 국립공원 지정의 중요한 요소가 되고 있다.

6. 수목·화초

(1) 수목이나 화초는 삼림지가 아닌 곳에서도 볼 수 있지만 산지에 있는 고산식물은 자연관광자원으로서 의의가 크다.

(2) 숲의 신록, 녹음, 단풍은 계절의 변화에 따른 중요한 자연관광자원이다.

(3) 홍도의 풍란, 제주도의 한란·풍란, 한라산의 철쭉동산 등도 화초로서 그 지역의 특성을 나타내는데, 일본 홋카이도의 원생화원도 그 예가 될 수 있다.

7. 동 물

(1) 동물은 자연자원으로서 관광대상이 되며, 관상하는 것과 포획대상으로 하는 것(낚시도 포함)이 있다.

(2) 반딧불이의 수를 늘려 마을의 명소로 만들고자 하는 곳도 있으나, 자연자원으로서 동물은 전체적으로 감소하고 있는 추세이다.

(3) 국립공원 가운데 오대산은 멧돼지, 사향노루, 원앙새 등 포유류 42종, 조류 141종, 곤충류 3,445종, 어류 30종이 서식하고 있어 지리산, 한라산과 함께 동물분포의 보고로 일컬어진다.

(4) 희귀동물은 대부분 천연기념물로 보호되고 있으며, 그 동물의 존재가 큰 자원가치를 창출한다.

▶ 풍 란

난초목 난초과의 여러해살이풀로 조란(弔蘭)이라고도 한다. 꽃은 7월에 피고 순백색이며, 나무줄기와 바위에 붙어서 자라는 착생란이다.

▶ 제주의 한란(천연기념물)

한라산에서 자생하는 난초과의 식물로 추운 12~1월경 연한 녹색이나 자줏빛 꽃이 피기 때문에 한란(寒蘭)이라고 불린다. 우리나라에서는 오직 한라산에서만 볼 수 있는 매우 희귀한 식물로 유일하게 종 자체를 천연기념물로 지정·보호하고 있다.

▶ 관광자원으로서의 동물

동물원 등에서 사육되는 것은 관광자원이기는 하나, 자연자원의 관광대상은 되지 못한다.

8. 온천

(1) 온천은 휴양·보양에 큰 효과가 있고, 수려한 풍경과 함께 관광자원으로서의 가치를 형성하고 있는 곳이 많다.

(2) 온천에는 **보양지·요양지로서의 온천, 관광지로서의 온천, 도시화된 온천지** 등 3종이 있으며, 관광도시화하고 있는 지역에서도 유력한 관광자원이다.

2 자연관광자원의 이용

1. 자연공원의 이용

(1) **자연관광자원**
① 의미 : 경관, 경색, 풍광, 풍물, 산수, 풍월 등 자연의 풍경이 있고, 풍경을 구성하는 요소인 지형, 기후, 풍토, 동식물 등을 중심으로 형성되고 있는 자원을 일컫는다.
② 역할 : 자연관광자원은 산자수명(山紫水明)한 자연경관과 그 속에 내재하는 명소를 찾고자 하는 관광객들의 중요한 목적지로서의 역할을 한다.

(2) **자연공원의 의의**
① 정의 : 국립공원·도립공원·군립공원(郡立公園) 및 지질공원을 말한다.
② 자연공원의 지정·보전 및 관리에 관한 사항을 규정함으로써 자연생태계와 자연 및 문화경관 등을 보전하고 지속 가능한 이용을 도모함을 목적으로 한다(자연공원법 제1조).
③ 자연공원은 휴양적 이용의 소재를 가진 뛰어난 자연풍경지를 하나의 문화적인 의미에서 일반국민의 보건·휴양·교화라는 효과를 얻기 위해 설정된 공원이다.

(3) **도시공원**
① 복잡한 도시기능 중에서 중요한 공공시설로서 **도시계획에 의해 형성된 다양한 형태의 공원**이다.
② 도시공원은 도시주민의 생활 가운데 여가 및 레크리에이션 대상의 공간이 되었고, 도시화가 진전될수록 도시 내부에서 공원의 의의와 중요성이 날로 증대됨에 따라 자연풍경지를 도시민의 야외 레크리에이션 장소로 이용하는 공원기능의 형태가 구축되었다.

▶ **초광역 관광벨트** [20] 기출
• 접경 및 내륙 관광벨트
 – 접경 : 한반도 평화생태 관광벨트
 – 내륙 : 백두대간 생태문화 관광벨트, 강변 생태문화 관광벨트
• 해안 관광벨트
 – 동해안 관광벨트
 – 서해안 관광벨트
 – 남해안 관광벨트

▶ **도시공원(도시공원 및 녹지 등에 관한 법률 제2조 제3호)**
도시지역에서 도시자연경관을 보호하고 시민의 건강·휴양 및 정서생활을 향상시키는 데에 이바지하기 위하여 설치 또는 지정된 다음의 것을 말한다.
• 「국토의 계획 및 이용에 관한 법률」 제2조 제6호 나목에 따른 공원으로서 같은 법 제30조에 따라 도시·군관리계획으로 결정된 공원
• 「국토의 계획 및 이용에 관한 법률」 제38조의2에 따라 도시·군관리계획으로 결정된 도시자연공원구역

(4) 자연공원의 발달

① 자연공원의 발달은 도시기능과는 무관하게 18세기 중엽 유럽에서 자연보호나 향토보전을 위해 뛰어난 자연풍경지를 대자연 공원으로 지정하여 인위적인 개조로부터 지키고 시민 대중을 위한 관광 야외 레크리에이션 장소로 영구히 확보하고자 하는 노력에서도 기인한다. 이것이 국립공원 지정의 동기라고 볼 수도 있다.

② 뛰어난 자연풍경지를 보호하여 공원으로서 대중의 야외 레크리에이션과 함께하는 자연공원의 사상은 미국을 중심으로 발달하였다.

(5) 미국의 자연공원

① 미국은 국립공원제도의 발상지이다.

② 1871년 옐로스톤(Yellowstone) 국립공원을 설치할 방안이 미국 의회에 제출되어, 1872년 3월 1일 그랜드대통령 조인을 통해 세계에서 처음으로 국립공원이 설정되었다.

(6) 일본의 자연공원

① 1931년에 국립공원법이 제정되고 제2차 세계대전 전에 15개의 국립공원이 지정되었으며, 전후 1946년 이세시마국립공원이 지정된 것을 계기로 34개소의 국립공원을 지정하였다.

② 1958년 국립공원법은 자연공원법에 의거해서 자연경관을 1급(국립공원), 2급(국정공원), 3급(도도부현립 자연공원)으로 구분하였다.

③ 해안의 오염이나 매립 등 지형변화로 인해 1970년 자연공원법의 일부를 개정하고 국정공원의 해역을 해중공원지구로 설정하여 산호나 열대어 등 귀중한 해중생물을 보호하고 있다.

(7) 우리나라의 자연공원 23 기출

① 우리나라의 자연공원은 1980년 1월에 제정된 자연공원법에 법적 근거를 두고 있으며, 자연생태계·자연경관·문화경관·지형보존·위치 및 이용편의 등을 지정기준으로 하여 국립공원·도립공원·군립공원 및 지질공원 등 3유형으로 분류하고 있다.

② 국립공원

㉠ 환경부장관은 국립공원을 지정하고자 하는 경우에는 규정에 따른 조사 결과 등을 토대로 국립공원 지정에 필요한 서류를 작성하여 주민설명회, 공청회를 개최하고 관할 특별시장·광역시장·특별자치시장·도지사 또는 특별자치도지사 및 시장·군수 또는 자치구의 구청장의 의견을 들은 후 관계 중앙행정기관의 장과 협의하고 규정에 따른 국립공원위원회의 심의를 거쳐야 한다.

> ▶ 옐로스톤 국립공원
> 1872년 세계 최초의 국립공원으로 지정된 옐로스톤은 미국 서부의 아이다호와 몬태나주의 일부, 와이오밍주에 걸친 가장 크고 오래된 국립공원이다. 옐로스톤이라는 이름은 오랜 세월 지하에서 분출된 광물성 온천수가 바위 위로 흘러내리면서 바위의 표면을 노랗게 변색시킨 데에서 기인했다.

> ▶ 올드페이스풀 간헐천
>
> 65분에 한 번씩 1만 리터의 물을 뿜어내는 장관을 보여주는 곳으로 옐로스톤의 여행객들이 가장 많이 찾는 장소 중 하나이다.

▶ **자연공원의 지정기준(자연공원법 시행령 별표 1)**
- **자연생태계** : 자연생태계의 보전상태가 양호하거나 멸종위기야생동식물·천연기념물·보호야생동식물 등이 서식할 것
- **자연경관** : 자연경관의 보전상태가 양호하여 훼손 또는 오염이 적으며 경관이 수려할 것
- **문화경관** : 국가유산 또는 역사적 유물이 있으며, 자연경관과 조화되어 보전의 가치가 있을 것
- **지형보존** : 각종 산업개발로 경관이 파괴될 우려가 없을 것
- **위치 및 이용편의** : 국토의 보전·이용·관리측면에서 균형적인 자연공원의 배치가 될 수 있을 것

▶ **자연공원의 유형**
- 국립공원
- 도립공원
- 군립공원 및 지질공원

▶ **우리나라 국립공원의 국제국립공원 인증**
- 설악산, 지리산, 오대산, 월악산, 소백산, 다도해상, 월출산, 주왕산, 속리산, 내장산, 가야산, 변산반도, 치악산, 한라산, 한려해상, 태안해안 등 16개 공원이 세계자연보전연맹(IUCN)의 인증을 받은 카테고리 II(국립공원)에 해당
- 카테고리 V(경관보호지역)에 속하는 공원으로는 북한산, 계룡산, 덕유산, 경주, 무등산, 태백산 등 6개 공원이 있음
- 지리산과 설악산, 오대산 등 3개 국립공원이 한국을 대표하는 국립공원으로 다양한 생물종과 안전한 탐방서비스 등에서 우수한 평가를 받아 세계자연보전연맹이 2014년 처음 발표한 '녹색목록'에 등재됨. IUCN 녹색목록은 국제적으로 우수하게 관리되고 있는 보호지역을 발굴해 인증함으로써 보호지역 관리수준을 높이기 위한 제도

ⓒ 우리나라의 국립공원은 **지리산 국립공원이 제1호**로 1967년 12월에 최초로 지정된 이래 18개의 산악형 국립공원, 1개의 사적형 국립공원, 그리고 4개의 해상·해안형 국립공원 등 총 23곳에 이르고 있다.

③ 도립공원
　ⓐ **시·도지사는 도립공원을 지정**하고자 하는 경우에는 규정에 따른 조사 결과 등을 토대로 도립공원 지정에 필요한 서류를 작성하여 해당 지역주민과 관할 군수의 의견을 들은 후 관계 중앙행정기관의 장과 협의하고 규정에 따른 도립공원위원회의 심의를 거쳐야 한다.
　ⓑ 우리나라의 **도립공원**은 1970년 6월 **금오산 도립공원이 최초로 지정**된 이래 30곳이 지정되어 있다.

④ 군립공원
　ⓐ **군수는 군립공원을 지정**하고자 하는 경우에는 규정에 따른 조사 결과 등을 토대로 군립공원 지정에 필요한 서류를 작성하여 해당 지역주민의 의견을 들은 후 관계 중앙행정기관의 장과 협의하고 규정에 따른 군립공원위원회의 심의를 거쳐야 한다.
　ⓑ 1981년 전북 순창군의 강천산이 처음 지정되었고 2023년 기준 28곳을 지정하고 있으며, 그 면적은 254.525km^{2}이다.

⑤ 지질공원
　ⓐ 지정절차
　　- **시·도지사**는 지역주민공청회와 관할 군수의 의견청취 절차를 거쳐 환경부장관에게 지질공원 인증을 신청할 수 있다.
　　- **환경부장관**은 시·도지사가 지질공원 인증을 신청한 지역이 규정에 적합한 경우에는 **관계 중앙행정기관의 장과의 협의를 거쳐 인증**할 수 있다.
　ⓑ 2012년 경북 울릉군의 울릉도·독도가 처음 지정되었고 2023년 기준 15곳이 지정되어 있으며, 그 면적은 14,436.99km^{2}이다.

2. 국립공원

(1) **국립공원의 의의 및 지정현황** 〔14 15 16 17 20 22 23 24 기출〕

① 국립공원이란 우리나라의 자연생태계나 자연 및 문화경관을 대표할 만한 지역으로서 자연공원법에 따라 지정된 공원을 말한다.
② 우리나라는 1967년 3월 3일에 공포된 공원법에 의하여 같은 해 12월에 지리산이 제1호로 지정된 것을 시작으로 현재까지 23개소의 국립공원이 지정·보호되고 있다.
③ 지정된 국립공원의 면적은 육지가 약 4,106.019km^2, 해면이 약 2,782.375km^{2}에 달하여 육상면적 기준으로 국토면적의 4.1%에 해당한다.

[국립공원 현황]

공원명	위치	지정일자	면적(km²)	비고(km²)
지리산	전남·북, 경남	1967.12.29	485.647	
경주	경북	1968.12.31	137.418	
계룡산	충남, 대전	1968.12.31	64.176	
한려해상	전남, 경남	1968.12.31	537.479	해상 414.750
설악산	강원	1970.03.24	400.027	
속리산	충북, 경북	1970.03.24	278.921	
한라산	제주	1970.03.24	153.444	
내장산	전남·북	1971.11.17	80.138	
가야산	경남·북	1972.10.13	76.792	
덕유산	전북, 경남	1975.02.01	228.919	
오대산	강원	1975.02.01	327.904	
주왕산	경북	1976.03.30	106.114	
태안해안	충남	1978.10.20	388.604	해상 364.788
다도해상	전남	1981.12.23	2,276.209	해상 1,985.187
북한산	서울, 경기	1983.04.02	77.334	
치악산	강원	1984.12.31	176.567	
월악산	충북, 경북	1984.12.31	288.140	
소백산	충북, 경북	1987.12.14	321.264	
변산반도	전북	1988.06.11	154.957	해상 17.650
월출산	전남	1988.06.11	56.526	
무등산	광주, 전남	1913.03.04	75.721	
태백산	강원	1916.08.22	70.036	
팔공산	대구, 경북	1923.12.31	126.058	
계	23개소		6,888.395	• 육지 : 4,106.019km² • 해면 : 2,782.375km²

※ 환경부, 2024년 12월 기준

(2) 국립공원에 대한 기본방향

① 1980년대에는 관광진흥의 일환으로서 개발 및 이용의 측면을 강조하였다.
② 1990년대부터는 과다이용, 무질서한 행락으로 인한 자연자원의 파괴 및 환경오염에 대처하는 보호우선정책으로 전환하였다.
③ 2000년부터는 생태계 복원, 원시수풀림 되돌리기 등 적극적인 보호우선정책을 추진하였다.

(3) 국립공원에 대한 보호방침

① 자연자원의 적극적 보호 및 합리적 이용 도모
② 환경오염의 근원적 예방
③ 탐방객의 안전관리와 편익의 최대이용

▶ 지리산의 4계

▶ 지리산 10경
- 노고운해(老姑雲海)
- 피아골 단풍
- 반야낙조(般若落照)
- 섬진청류(蟾津淸流)
- 벽소명월(碧沼明月)
- 불일폭포
- 세석(細石)철쭉
- 연하선경(烟霞仙景)
- 천왕일출(天王日出)
- 칠선계곡

▶ 삼신산(三神山)
중국 전설에 나오는 상상 속의 세 가지 산[봉래산(蓬萊山)·방장산(方丈山)·영주산(瀛洲山)]이다. 우리나라에서도 중국의 삼신산을 본떠 금강산을 봉래산, 지리산을 방장산, 한라산을 영주산으로 불러 이 산들을 한국의 삼신산으로 일컬었다고 한다.

(4) 우리나라 국립공원의 개요 14 15 기출

① 지리산 국립공원
- ㉠ 1967년 12월에 우리나라에서 처음으로 국립공원으로 지정되었으며, 전북·전남·경남 등 3도에 걸친 뛰어난 자연경관지이자 유수한 관광자원이다.
- ㉡ 남한 최대의 규모를 자랑하는 지리산은 예로부터 한라산, 금강산과 더불어 백두대간의 근간을 이루는 삼신산(三神山)의 하나로 민족의 영산이다.
- ㉢ 지리산은 산악으로 소백산맥의 최고봉인 천왕봉(해발 1,915m), 반야봉(1,732m), 토끼봉(1,534m), 노고단(1,507m) 등이 있다.
- ㉣ 기암으로는 망바위, 문창대, 칼바위 등이 있다.
- ㉤ 계곡으로는 피아골계곡, 뱀사골계곡, 한신계곡, 칠선계곡, 대성계곡, 심원계곡, 화엄사계곡 등이 있다.
- ㉥ 폭포로는 쌍계사 뒤쪽으로 높이 60m의 불일폭포가 장관을 이루고 있고, 남원 쪽에는 구룡폭포, 칠선폭포, 용추폭포 등이 있다.
- ㉦ 유명한 사찰로는 화엄사, 쌍계사, 천은사, 대원사 등이 있다.
- ㉧ 국가지정유산으로는 화엄사 각황전(국보), 화엄사 사사자 삼층석탑(국보), 쌍계사 석등(경상남도 유형유산) 등 국보 9개와 보물 31개가 있으며, 천연기념물로 반달가슴곰, 올벚나무 등이 있다.

② 경주 국립공원
- ㉠ 1968년 12월에 지정된 경주 국립공원은 현재 지정된 국립공원 중 유일한 사적(도시)형 국립공원이며, 신라 시대의 문화 유적들이 많이 분포하는 세계적인 역사문화지구이다.
- ㉡ 1979년 유네스코에 의해 세계 10대 문화유적지의 하나로 선정되었고, 무수한 문화유산이 결합된 우리나라 최대의 문화경관지로서 예술성, 종교성, 학문성의 가치가 매우 높은 곳이다.
- ㉢ 사찰 및 문화유산으로는 불국사 다보탑(국보), 불국사 삼층 석탑(국보), 불국사 연화교 및 칠보교(국보), 불국사 청운교 및 백운교(국보), 석굴암 석굴(국보), 경주 태종무열왕릉비(국보), 감은사지 동·서 삼층석탑(국보) 등이 있다.
- ㉣ 왕릉으로는 무열왕릉, 문무대왕 해중릉 등이 있으며 국보 12개, 보물 27개, 사적 9개, 시도유형유산 16개 등 무수한 문화유산이 포함되어 있다.

③ 계룡산 국립공원
- ㉠ 1968년 12월에 지정된 계룡산 국립공원은 충남 공주시, 논산시, 대전광역시에 걸친 자연경관지이다.
- ㉡ 백제 문화권에 속한 산악지대로 고찰, 문화유적, 명승 등이 그 풍토성과 문화유형이 상관관계를 맺어 아담하고 훌륭한 공원이다.
- ㉢ 계룡산 국립공원은 크게 동학사지구와 갑사지구로 나눌 수 있으며, 천황봉(847m)을 주봉으로 연천봉(743m), 삼불봉(777m), 관음봉(766m), 수정봉(675m) 등이 있다.
- ㉣ 계곡으로는 동학사계곡, 갑사계곡, 신원사계곡, 동월계곡 등이 빼어난 경관을 이루고 있고 폭포로는 은선폭포, 용문폭포, 숫용추폭포, 암용추폭포 등이 있으며, 기암은 학바위, 신선바위, 병풍바위 등이 있다.
- ㉤ 사찰로는 갑사, 동학사, 신원사가 있는데, 특히 갑사는 보물로 지정된 동종을 비롯하여 많은 문화유산을 보유하고 있고, 동학사는 비구니를 위한 불교 전문 강원이다.

④ 한려해상 국립공원 14 18 기출
- ㉠ 1968년 12월에 지정된 한려해상 국립공원은 우리나라 최초의 해상 국립공원으로 경남 거제시 지심도에서 전남 여수시 오동도까지에 이르는 해상경관이다.
- ㉡ 세계에서 유래를 찾아볼 수 없는 빼어난 해안선을 자랑하며 우리나라 최대의 해상레저공간이다.
- ㉢ 우리나라 해안자원으로서는 최상급으로 크게 거제, 통영, 사천, 상주, 남해, 여수오동도 등 6개 지구로 구분된다.

⑤ 설악산 국립공원
- ㉠ 1970년 3월에 지정된 설악산 국립공원은 우리나라 산악자원으로는 최대의 절승이며 비경을 갖고 있는 곳이다.
- ㉡ 설악산은 동북부의 금강산과 동남부의 오대산 사이에 있는 명산으로 제2의 금강산이란 별칭을 갖고 있다. 이 경관지역에는 산악, 계곡, 폭포, 기암, 사찰 등 자연자원들이 무수히 많고, 여기에 동해의 해안경관이 가세하여 금상첨화를 이루고 있다.
- ㉢ 설악산은 통상적으로 내설악과 외설악으로 구분하며, 최고봉인 대청봉(1,708m)을 중심으로 북쪽의 미시령, 마등령, 남쪽의 한계령, 점봉산(1,424m)을 잇는 도서 분수령을 중심으로 동부를 외설악, 서부를 내설악이라 부른다.

▸ 경주역사유적지구
세계유산으로 등록된 경주역사유적지구는 신라의 역사와 문화를 한눈에 파악할 수 있을 만큼 다양한 유산이 산재해 있는 종합역사지구이다. 유적의 성격에 따라 불교미술의 보고인 남산지구를 비롯한 5개 지구로 구분되며, 52개의 지정유산이 세계문화유산 지역에 포함되어 있다.

▸ 계룡 8경
충남에서 관광자원 보호에 주안점을 두고 1984년 인위적으로 선정하였다.
- 천황봉의 해돋이
- 삼불봉의 겨울눈꽃
- 연천봉의 해넘이(落照)
- 관음봉의 구름
- 동학계곡의 신록(新綠)
- 갑사계곡의 단풍
- 은선폭포의 자욱한 안개
- 남매탑(男妹塔)의 밝은 달

▸ 은선폭포 운무

▸ 한려해상 도서

▸ 설악산

용아장성의 겨울 풍경

▶ **생물권보전지역**

설악산(1982), 제주도(2002), 신안 다도해(2009), 광릉숲(2010), 고창(2013), 순천(2018), 강원생태평화(2019), 연천 임진강(2019), 완도(2021), 창녕(2024)

▶ **백담사**

내설악을 대표하는 절로 신라 진덕여왕(647) 때 자장율사가 한계리에 창건하면서 한계사로 칭하였다고 전해진다. 잦은 화재로 인하여 절터와 절 이름이 여러 번 바뀌어 오다가 조선 세조 때 백담사로 개칭하여 지금에 이르게 되었다. 또 민족시인 만해 한용운 선생이 출가한 절로도 유명하다.

▶ **속리산 문장대**

법주사에서 동쪽으로 약 6km 지점, 해발 1,054m의 석대이다. 정상의 암석은 50여 명이 한꺼번에 앉을 수 있는 규모이다. 이곳 바위 틈에 가물 때가 아니면 늘 물이 고여 있는 석천이 있다. 문장대는 원래 구름 속에 묻혀 있다 하여 운장대(雲臧臺)라 하였으나, 조선 시대 세조가 복천에서 목욕하고 이곳 석천의 감로수를 마시면서 치명할 때 문무 시종과 더불어 날마다 대상에서 시를 읊었다 하여 문장대라 부르게 되었다는 전설이 있다.

ⓔ 설악산은 해발 1,700m 이상으로 해면에서 정상까지 12~13℃의 기온 차이를 나타낸다. 따라서 고도에 따라 식물의 다양한 수직 분포가 이루어져 에델바이스 등 1,318여 종의 식물이 자라고 있고, 열목어, 까막딱따구리 등 3,148여 종이 넘는 각종 동물이 서식하는 천혜의 생물보고로, 1982년 유네스코(UNESCO) '생물권보전지역'으로 설정되었다.

ⓜ 유명한 계곡으로는 천불동계곡, 가야동계곡, 수렴동계곡, 구곡담계곡, 백담사계곡 등이 있고, 폭포로는 비룡폭포, 토왕성폭포, 옥녀탕, 육담폭포, 양폭포, 천당폭포, 독주폭포, 대승폭포 등이 있다.

ⓗ 기암으로는 울산암, 귀면암, 비선대, 금강굴 등이 있고, 사찰로는 백담사, 신흥사, 계조암, 봉정암 등이 유명하다.

⑥ **속리산 국립공원** 19 기출

㉠ 1970년 3월에 지정된 속리산 국립공원은 충북 보은군과 경북 상주시에 걸친 자연경관지이다.

㉡ 태백산맥에서 갈라지는 **소백산맥 중 천왕봉(1,058m)을 중심**으로 북쪽에 비로봉, 입석대, 문장대, 관음봉, 묘봉 등 해발 1,000m 내외의 9개 산봉이 솟아나고 명산으로서의 지세 형성에 부족함이 없어 구봉산으로도 일컫는다.

㉢ 속리산 내의 법주사는 수려한 자연경관과 함께 이 지역의 관광가치를 더욱 돋보이게 하는 값진 문화관광자원이다. 법주사 입구에는 유명한 정이품송(천연기념물)이 자리하고 넓은 잔디밭을 지나 조금 오르면 수백년은 됨 직한 노송과 도토리나무가 울창한 숲을 이루며 장관을 이루고 있는데, 이곳을 오리숲이라고 한다.

㉣ 사찰로는 법주사가 유명하고, 법주사 쌍사자 석등(국보), 법주사 석련지(국보), 법주사 팔상전(국보) 등이 있다.

㉤ 속리산을 중심으로 사내천은 남한강의 발원, 서남으로 흐르는 삼가천은 금강, 그리고 장각폭포 계곡은 낙동강의 시원이 되어 삼대강의 원류이다.

㉥ 속리산에 있는 화양구곡은 조선의 거유 우암 송시열이 은거했던 곳으로 만동묘터, 화양서원터, 암서재 등 그와 관련된 유적이 전해진다.

⑦ 한라산 국립공원
  ㉠ 1970년 3월에 지정된 한라산 국립공원은 제주도의 한라산을 중심으로 하는 국립공원이다. 2002년 유네스코 생물권보전지역으로 지정되었고, 2007년에는 유네스코 세계자연유산으로 등재되었다.
  ㉡ 제주도의 중앙부로, 남한의 최고봉인 한라산(1,950m)의 정상에는 천고의 신비를 간직한 백록담이 있다.
  ㉢ 한라산은 화산이기 때문에 기암괴석이 많고 용암동굴이 많이 형성되어 있으며, 오백 나한(영실기암)과 왕관능 정상기암(서북벽, 남부벽)이 장관을 이룬다.
  ㉣ 한라산에는 해발 1,500m 이상에 한대식물이 자생하는데 대표적인 것이 구상나무와 눈향나무이다. 700~1,500m 사이는 중간지대로 온대식물이 자생하지만, 굴거리나무·꽝꽝나무 등의 남방계의 식물도 있다. 700m 이하의 지대에는 온대식물이 자생한다.
  ㉤ 식물자원의 보고로 표고에 따라 식생분포의 영역이 뚜렷한 한계를 형성하는 것도 하나의 특색이다. 그중에서도 굴거리나무·꽝꽝나무·서나무·졸참나무 등의 식생과, 철쭉군락, 제주조릿대지대, 시로미군락, 구상나무군락, 눈향나무군락을 손꼽을 수 있다.
  ㉥ 사찰로는 관음사, 천왕사, 석굴암 등이 있으며, 천연기념물로 제주도 한란, 왕벚나무 등이 있다.

⑧ 내장산 국립공원
  ㉠ 1971년 11월에 지정된 내장산 국립공원은 전라남도와 전라북도의 경계에 있는 국립공원으로, 전남 장성군과 전북의 정읍, 순창군이 내장산 국립공원지역에 해당된다.
  ㉡ 내장산(763m)은 정읍시 남동부에 위치하며, 호남의 명산으르 내금강, 영은산이라는 별칭을 갖고 있다.
  ㉢ 용굴암, 금선대, 추령 등 기암과 금선계곡, 백암계곡, 남창계곡 등 계곡미가 특출하고, 가을의 단풍은 매우 유명하다.
  ㉣ 백암산은 최고봉인 신선봉(763m) 외에 상왕봉(741m), 사자봉(722m), 까치봉(717m), 장군봉(696m) 등으로 구성되었다. '가을의 내장'에 대하여 '봄의 백양'으로 일컬어질 정도로 봄 경치가 빼어나며, 가인봉과 백학봉 사이의 골짜기에 거찰 백양사가 있다.

> 한라산 백록담

옛날 선인들이 이곳에서 '백록(흰 사슴)'으로 담근 술을 마셨다는 전설에서 이름이 유래했다고 한다. 지름 약 500m, 주위 약 3km의 타원형을 이루며, 거의 사시사철 물이 고여 있다. 동·서쪽 화구벽(火口壁)의 암질(岩質)이 서로 다른데, 동벽은 신기분출의 현무암으로 되어 있고, 서벽은 구기의 백색 알칼리 조면암이 심한 풍화작용을 받아, 주상절리가 발달되어 기암절벽을 이룬다.

> 내장산의 유래
내장산은 원래 본사 영은사(本寺 靈隱寺)의 이름을 따서 영은산이라고 불리었으나 산 안(內)에 숨겨진(藏) 것이 무궁무진하다하여 내장산이라고 불리게 되었으며, 이곳 지명도 내장동이라고 부르게 되었다.

해인사 장경판전(국보)

해인사 장경판전은 13세기에 만들어진 세계적 문화유산인 고려대장경판 8만여 장을 보존하는 보고로서 해인사의 현존 건물 중 가장 오래된 건물이다. 소장 문화유산에는 대장경판 81,258판(국보), 고려각판 2,725판(국보), 고려각판 110판(보물)이 있으며, 1995년 12월 유네스코 세계문화유산으로 등록되었다.

나제통문

삼국 시대 나제(신라와 백제)의 경계관문(境界關門)이었다고 전해지는 석굴문으로 무주구천동 입구의 경승지이다.

오대산의 유래

원래 오대산은 중국 산서성 청량산의 별칭으로 신라 시대에 자장율사가 당나라 유학 당시 공부했던 곳이다. 그가 귀국하여 전국을 순례하던 중 태백산맥의 한가운데 있는 산의 형세를 보고 중국 오대산과 너무나 흡사하여 이 산을 오대산이라 이름 붙였다고 옛 문헌에 전하는데, 이것이 지금의 오대산 국립공원이다.

⑨ 가야산 국립공원
  ㉠ 1972년 10월에 지정된 가야산 국립공원은 자연경관도 빼어나지만 팔만대장경을 소장하고 있는 명찰 해인사와도 인연이 깊은 공원으로, 경북 성주군과 경남 합천군, 거창군 일부를 포함한 면적을 차지하고 있다.
  ㉡ 가야산은 우두산이라고도 하며, 주봉인 상왕봉(1,430m)을 비롯하여 두리봉(1,134m), 남산제일봉(1,010m), 단지봉(1,029m), 매화산(954m) 등을 거느린 명산으로 산세가 매우 웅장하다.
  ㉢ 가야산 주봉인 상왕봉에는 가뭄이 들어도 물이 마르지 않는다는 우비정이 있고, 중턱에는 합천 치인리 마애여래입상(보물)이 있다.
  ㉣ 무릉교에서 해인사에 이르는 홍류동계곡은 봄에는 꽃으로, 가을에는 단풍으로 유명하며, 홍류동계곡의 가을 단풍은 계곡의 물이 온통 빨갛게 물들 정도라 하여 이름을 홍류동이라 했다고 전해진다.
  ㉤ 해인사는 일주문 안의 건물만도 50채가 되며, 해인사 대장경판(국보), 해인사 장경판전(국보) 등을 비롯하여 다수의 문화유산을 보유하고 있는 명찰이다.

⑩ 덕유산 국립공원
  ㉠ 1975년 2월에 지정된 자연경관지역이다. 여기에는 계곡미로 유명한 무주구천동이 있는데, 그 산수미가 빼어나 덕유산 국립공원의 명승은 무주구천동의 33경으로 집중된다.
  ㉡ 백련사는 신라 중기 백련선사가 창건한 것으로 이 주변은 구천동 고목 수림의 대표적인 곳이다.
  ㉢ 공원 내에는 지정유산으로 무주 적상산성(사적), 안국사 영산회괘불탱(보물), 안국사 극락전(전라북도 유형유산), 매월당부도(전라북도 유형유산) 등이 있다.

⑪ 오대산 국립공원
  ㉠ 1975년 2월에 지정된 오대산 국립공원은 강원도 강릉시, 평창군, 홍천군에 걸쳐있는 공원으로서 산세가 빼어난 산악경관지역이다.
  ㉡ 설악산과의 연결 관광루트로서 매우 각광을 받고 있으며, 그 주변에는 용평리조트, 알펜시아리조트, 대관령 목장 등이 있어 겨울철에도 관광객이 많다.

ⓒ 오대산의 월정사는 전국적인 명찰로서 자장율사가 창건하였으며, 월정사 옆의 금강연은 천연기념물인 열목어와 메기 등이 서식하고 있어 '특별어류보호구역'으로 지정되어 있다.

ⓓ 명승인 명주 청학동 소금강 등이 유명하며, 구룡폭포, 낙영독포 등이 있고, 기암으로 삼선암, 청심대, 식당암, 만물상 등이 있으며, 약수로는 방아다리약수, 송천약수 등이 유명하다.

ⓔ 월정사의 말사인 상원사에는 우리나라에서 가장 오래된 종인 상원사 동종(국보)이 보존되어 있다.

⑫ 주왕산 국립공원

ⓐ 1976년 3월에 지정된 주왕산 국립공원은 경북의 청송군과 영덕군 일부가 포함된 국립공원으로 산악경관지역이다. 주왕산(720m)은 기암절벽이 병풍처럼 둘러싸여 있다고 하여 석병산 또는 주방산이라고도 불린다.

ⓑ 주왕산의 북부에는 태행산과 대둔산이 솟아 있고, 이들 산 사이에 월외·주왕계곡 등이 있다.

ⓒ 주왕산의 풍경은 이 산악지역의 경관미를 대표하며, 주요 관광자원으로는 신라시대 의상대사가 창건했다는 대전사가 있고 부속암자로 백련암과 주왕암이 있다.

ⓓ 신선대와 촛대봉 등의 명소와 연화봉, 무장굴, 만화봉, 주왕굴, 선녀탕, 용추폭포 등이 있다.

ⓔ 주왕산의 4대 명물로 수달래, 천년이끼, 기암괴석(또는 송이), 회양목이 있으며, 청송읍 부곡리에 있는 달기약수는 위장병, 신경통 등 각종 질병에 좋다고 하여 많은 관광객들이 찾는 명소가 되고 있다.

⑬ 태안해안 국립공원

ⓐ 1978년 10월에 지정된 국립공원으로 해안 스포츠 레저공간이다.

ⓑ 태안해안 국립공원에는 해식에 의해 형성된 경승지와 해수욕장 등이 유명하며 866여 종에 이르는 식물이 분포하고 있다.

ⓒ 천리포, 만리포, 몽산포, 연포, 학암포 등 6개의 해수욕장을 가지고 있어 여름철 관광지로 유명하며, 빼어난 해안 경관미로 인해 많이 이용되고 있다.

▶ 월정사

신라 선덕여왕 12년(643) 자장율사에 의해 창건되었으며, 국보인 월정사 팔각구층석탑 및 국보 월정사 석조보살좌상 등 많은 문화유산을 보유하고 있다.

▶ 수달래

수단화 또는 수달래라는 이 꽃은 주왕산 계곡에서만 피는데, 빛깔은 진달래와 비슷하나 약간 더 붉은 편이며, 생김새는 철쭉과 비슷하고 그 키나 나무의 생김새도 철쭉이나 진달래와 닮은 데가 많다.
주왕이 이곳에서 신라군사와 싸우다 힘이 다해 마장군 형제의 화살에 맞아 잡히자 그의 피가 주왕굴에서 냇물에 섞여 계곡을 따라 붉게 흘러 내렸는데, 그 이듬해부터 이제까지 보지 못하던 꽃이 계곡과 내를 따라 피기 시작했으며, 사람들은 주왕의 피가 꽃이 되어 핀 것이라 해서 수단화(壽斷花)라 이름하였다고 한다.

▶ 태안 8경
- 백화산
- 안흥성
- 안면송림
- 만리포
- 신두사구
- 가의도
- 몽산해변
- 할미·할아비 바위

▶ 홍도 독립문바위

해질녘에 섬 전체가 붉게 보인다 하여 홍도라는 이름이 붙었다. 유명한 풍란의 자생지로 아름드리 동백숲과 후박나무, 식나무 등 희귀식물 540여 종과 231종의 동물 및 곤충이 서식하고 있어 섬 전역이 천연기념물로 지정되었다.

▶ 북한산 인수봉

▶ 치악 8경
- 비로봉 미륵불탑
- 상원사
- 구룡사, 구룡계곡
- 성황림
- 사다리병창
- 영원산성
- 태종대, 부곡계곡
- 기암괴석 입석대

⑭ 다도해해상 국립공원
  ㉠ 1981년 12월 23일 14번째 국립공원으로 지정되었으며, 우리나라 국립공원 중 면적이 가장 넓다.
  ㉡ 전라남도 신안군 홍도에서 여수시 돌산면에 이르는 바닷길을 따로 구분하여 놓았으며, 이 공원 안에만 약 400여 개의 섬이 자리 잡고 있다.
  ㉢ 흑산/홍도 지구, 비금/도초 지구, 조도 지구, 소안/청산 지구, 거문/백도 지구, 나로도 지구, 금오도 지구, 팔영산 지구의 8개 지구로 구분된다.

⑮ 북한산 국립공원
  ㉠ 1983년 4월에 지정된 국립공원으로 수도권 내에 있는 유일한 국립공원이다.
  ㉡ 최고봉인 백운대(836m), 인수봉(810m), 만경대(799m)의 세 봉우리를 일컬어 삼각산이라고도 부른다.
  ㉢ 북한산 비봉에는 신라 진흥왕 순수비(국보)가 세워져 있고(현재 국립중앙박물관 보관), 나한봉과 원효봉으로 이어지는 능선에는 숙종 37년에 축조된 길이 8km의 북한산성이 있으며, 14개의 성문 중 대남문, 대동문 등이 남아 있다.
  ㉣ 북한산 공원 내에 있는 사찰로는 상운사, 태고사, 진관사, 승가사, 문수사, 화계사, 도선사, 회룡사, 망월사 등이 있으며, 북한산 구기동 마애여래좌상(보물), 태고사 원증국사탑비(보물), 태고사 원증국사탑(보물)뿐만 아니라 사적·유적지 등의 문화유산이 산재한다.
  ㉤ 계곡은 우이계곡, 도봉계곡, 송추계곡, 북한산성계곡, 효자리계곡 등을 들 수 있으며, 폭포로는 송추폭포, 청수폭포 등이 있다.

⑯ 치악산 국립공원
  ㉠ 1984년 12월에 지정된 치악산 국립공원은 강원도 원주시 소초면과 영월군 수주면의 경계에 있는 치악산 일대의 자연경관지역이다.
  ㉡ 차령산맥의 준형으로 주봉인 비로봉(일명 시루봉 1,288m)을 중심으로 천지봉(1,086m), 매화산(1,084m), 향로봉(1,042m), 남대봉(1,181m) 등의 고봉이 마치 병풍처럼 남북 14km에 걸쳐 능선을 형성하여 단일산봉의 치악산이 아닌 치악산맥을 이룬다.

ⓒ 유명한 사찰로는 구룡사, 상원사, 입석사, 보문사 등이 있으며, 특히 구룡사는 중심지역으로서 치악산에서 가장 규모가 큰 절로 신라 문무왕 8년(668)에 창건되었다. 주위에는 거북바위, 용마바위 등과 구룡폭포 등이 절경을 이루고 노송이 울창하다.

ⓓ 치악산에는 길이가 1,970m나 되는 또아리굴이 유명하며, 천연기념물로 지정된 원성 성남리 성황림이 있다.

⑰ 월악산 국립공원

ⓐ 1984년 12월에 지정된 월악산 국립공원은 **충북 제천시·단양군과 경북 문경시 경계**에 있는 월악산을 중심으로, 단양 8경, 소백산 국립공원 등에 둘러싸인 산악경관지역이다.

ⓑ 소백산맥의 본령에서 벗어나 있으나, 근처에 매두막(1,099m), 하설산(1,028m), 문수봉(1,162m) 등 해발 1,000m 내외에 15개 산봉과 험준한 산악미를 자랑할 뿐 아니라 송계계곡, 선암계곡, 덕주계곡의 절경은 수려하기로 이름이 나 있다.

ⓒ 주요 사찰로는 덕주사, 신륵사 등이 있으며, 문화유산으로는 덕주사 마애여래입상(보물), 사자빈신사지 사사자 구층 석탑(보물), 미륵리 석조여래입상(보물), 미륵리 오층석탑(보물) 등이 있다.

ⓓ 월악산에는 송계 8경의 하나인 학소대와 수경대가 있고, 학소대 옆의 덕주산성 동문을 거쳐 덕주사 주변에는 기암절벽과 노송의 숲이 절경을 이룬다.

⑱ 소백산 국립공원

ⓐ 1987년 12월에 지정된 소백산 국립공원은 충북과 경북의 접경지역을 연결한 소백산 일대의 산악자연경관지역이다.

ⓑ 소백산맥의 첫머리에 국망봉(1,420m)이 자리하고 있으며 비로봉(1,439m)에서 연화봉(1,383m)으로 이어진 산능의 초원과 탁 트인 전망이 매우 아름답다.

ⓒ 소백산 국립공원은 **부석사 무량수전(국보)**으로 유명한데, 무량수전은 현존하는 목조건물 중 봉정사 극락전과 더불어 오래된 건물로서 **주심포양식**이 적용되어 있다.

ⓓ 문화유산으로는 부석사 무량수전 앞 석등(국보), 부석사 무량수전(국보), 부석사 조사당(국보), 부석사 석조석가여래좌상(보물) 등이 있다.

▶ 상원사

치악산의 남쪽 최고봉인 남대봉 아래 해발 1,100m 고지에 위치하며, 국내에서 가장 높은 곳에 자리 잡은 사찰 중 하나이다. 선비와 뱀이 휘감긴 꿩의 전설로 인해 꿩 치(雉)자를 붙여 치악산이라 이름이 붙게 되었다고 한다. 꿩이 은혜를 갚기 위해 머리를 쳤다는 종이 있던 절이 상원사로 산성각의 벽화에 이 전설을 그림으로 그려 넣었다.

▶ 송계 8경

송계계곡의 수려한 비경과 월악산 영봉을 합쳐 송계 8경이라 명명하였는데, 월악영봉, 팔랑소, 와룡대, 망폭대, 수경대, 학소대, 자연대, 월광폭포 등이 포함된다.

▶ 단양 8경 16 기출

조선 명종 때 단양군수를 지냈던 퇴계 이황이 극찬한 단양 8경은 도담삼봉, 석문, 구담봉, 옥순봉, 상선암, 중선암, 하선암, 사인암 등의 여덟 경승지를 가리킨다. 그중에서도 도담삼봉은 단양 8경의 상징적인 존재로 널리 알려져 있다.

▶ 도담삼봉(명승)

충북 단양군 단양읍 도담리 남한강 한가운데 위치한 3개 바위섬(남편봉, 첩봉, 처봉)으로 이루어져 있다.

▶ 가마솥구멍(구정봉)

구정봉(해발 738m) 정상에 20여 명이 같이 앉을 수 있는 평평한 바위가 있고, 여기에 우물과 같이 물이 마르지 않는 아홉 개의 웅덩이가 있다. 학술명으로는 가마솥구멍(Gnamma : 나마)이라 부르는데, 우리나라에서는 구정봉의 것이 가장 크다.

▶ 변산 8경
- 웅연조대
- 직소폭포
- 소사모종
- 월명무애
- 서해낙조
- 채석범주
- 지포신경
- 개암고적

▶ 변산 속의 삼변(三邊)
- **변재(邊材)** : 소나무
- **변란(邊蘭)** : 변산에는 야생 난초가 많이 자생하여 변산의 명물로서 많은 사람들의 기호의 대상이 되고 있음
- **변청(邊淸)** : 변산에서 나오는 자연꿀

⑲ 월출산 국립공원
- ㉠ 전남 영암군과 강진군에 걸쳐 있는 산으로, 1973년에 도립공원으로 지정되었다가 1988년 6월에 국립공원으로 승격되었다.
- ㉡ 월출산은 산체가 크고 아름다우며 기암괴석과 벽담, 폭포 등이 어우러져 빼어난 경관을 유지하고 있어 호남의 '소금강'이라고도 불린다.
- ㉢ 월출산은 해발 809m로 그리 웅장하지는 않지만 경관이 수려하여 많은 관광객이 찾는 공원으로 영암의 상징이자 전남의 자랑거리이다. 주지봉에서의 월출, 정상에서의 다도해 전경, 서해의 일몰광경은 장관을 이룬다.
- ㉣ 명소로는 천황봉, 구정봉, 구절폭포, 금릉경포대 등이 있다.
- ㉤ 문화유산으로는 무위사 극락보전(국보), 도갑사 해탈문(국보), 월출산 마애여래좌상(국보) 등이 있다.

⑳ 변산반도 국립공원
- ㉠ 전북 부안군에 위치한 산으로, 1971년에 도립공원으로 지정되었다가 1988년 6월에 국립공원으로 승격되었다. 산과 바다가 공존하는 국내 유일의 반도형 국립공원이다.
- ㉡ 변산반도는 해식단애의 절벽이 장관을 이루며, 서쪽 끝머리에 있는 채석강, 적벽강(명승) 등은 매우 유명하다.
- ㉢ 사찰로는 내소사, 개암사, 월명사 등이 있으며, 문화유산으로는 부안 내소사 대웅보전(보물), 부안 개암사 대웅전(보물), 부안 내소사동종(보물) 등이 있다.
- ㉣ 변산반도는 천혜의 조건을 갖춘 변산해수욕장이 유명하며 천연기념물인 호랑가시나무, 후박나무, 꽝꽝나무 등도 유명하다.

㉑ 무등산 국립공원 14 기출
- ㉠ 광주광역시 및 전라남도 화순군과 담양군에 걸쳐 있는 산으로, 1972년에 도립공원으로 지정되었다가 2013년 국립공원으로 승격되었다.
- ㉡ 해발 1,187m의 무등산은 이 지역에서 가장 높고 큰 산으로, 저지 가운데 홀로 우뚝 서 있어 호남의 신전이라 불리기도 했고, 산세가 웅대하여 성산으로 익히 알려져 있다.
- ㉢ 무등산 최고봉인 천왕봉 일대는 서석대·입석대 등 주상절리가 치솟아 있어 장관을 이룬다. 또한 천왕봉 남쪽에 위치한 지공너덜과 증심사 동쪽의 덕산너덜은 특유의 경관을 자랑한다.
- ㉣ 무등산은 옛 궁궐의 진상품이었던 무등산 수박이 유명하며, 사찰로는 증심사·원효사·규봉암·약사암 등이 있다.

㉒ 태백산 국립공원
  ㉠ 태백산은 도립공원으로 지정된 지 27년 만인 2016년 8월, 22번째 국립공원으로 지정되었다.
  ㉡ 백두대간 중심부에 위치한 민족의 영산(靈山)으로, 생태경관이 우수하고 역사문화 측면에서 가치가 높은 지역이다.
  ㉢ 천년 이상 제천의식이 행해지던 천제단, 한강의 발원지인 검룡소 등의 문화경관 자원이 풍부하고, 주목군락지, 금대봉, 반천계곡 등의 자연경관으로도 유명하다.
  ㉣ 담비 등의 멸종위기종, 열목어 등 천연기념물 등 총 3,583종의 야생생물종이 서식하고 있다.

㉓ 팔공산 국립공원
  ㉠ 팔공산은 도립공원으로 지정된 지 43년 만인 2023년 5월, 23번째 국립공원으로 승격되었다.
  ㉡ 해발 1,192m의 산으로 대구광역시 남쪽 경계의 비슬산과 더불어 대구 분지를 이루는 두 산 중 하나다.
  ㉢ 후삼국 통일의 마지막 무대가 된 곳으로, 당시 전투에서 유래한 지명이 현재까지도 남아 있다.
  ㉣ 사찰로는 파계사, 동화사, 부인사, 송림사, 은해사, 선본사(갓바위) 등이 있는데, 그중 선본사는 기도처, 부인사는 숭모재와 초조대장경, 송림사는 오층 전탑으로 유명하다.
  ㉤ 동화사 집단시설지구, 파계사 집단시설기구, 갓바위 집단시설기구, 팔공스카이라인, 동화사 자동차극장, 팔공산 캠핑장, 한티재 휴게소 등과 같은 위락시설이 있어 대경권의 관광명소로 통한다.
  ㉥ 그 외에도 후삼국 통일과 관련된 사적인 신숭겸장군 유적지, 조선 양란(왜란·호란)과 관련된 사적인 가산산성으로도 유명하다.

> **도립공원의 지정목적**
> 자연보호를 중심으로 하되 관광자원으로도 이용하여 경제적 측면에서 국제수지를 개선하고 고용 효과를 이끌어내며, 지방자치단체의 세금원을 확보하는 것이 목적이다. 사회·문화적 측면에서는 관광객의 왕래로 지역주민과의 교류를 돕는 것도 주요 목적 가운데 하나이다.

> **금오산**

높이는 977m이며, 주봉인 현월봉과 약사봉, 영남 8경 중의 하나인 보봉이 소백산맥 지맥에 솟아 있다. 고려 시대에 자연 암벽을 이용해 축성된 길이 2km의 금오산성이 있어 임진왜란 때 왜적을 방어하는 요새지로 이용되었다. 기암괴석이 조화를 이루고 계곡이 잘 발달되어 경관이 뛰어난 산으로, 1970년 6월 한국 최초의 도립공원으로 지정되었다.

3. 도립공원

(1) 도립공원의 의의

① 도립공원이란 도 및 특별자치도의 자연생태계나 경관을 대표할 만한 지역으로서 자연공원법에 따라 지정된 공원을 말한다.
② 현재 우리나라는 1970년 금오산을 최초로 하여 2019년에 지정된 불갑산 등 30개소가 지정되어 있다.

(2) 도립공원 현황 ⭐ 16 18 21 22 24 기출

공원명	위 치	지정일자	면적(km²)
금오산	경북 구미, 경북 칠곡, 경북 김천	1970.06.01	37.262
남한산성	경기 광주, 경기 하남, 경기 성남	1971.03.17	35.139
모악산	전북 김제, 전북 완주, 전북 전주	1971.12.02	43.309
덕 산	충남 예산	1973.03.06	19.859
칠갑산	충남 청양	1973.03.06	31.068
대둔산	전북 완주, 충남 논산, 충남 금산	1977.03.23	59.996
마이산	전북 진안	1979.10.16	17.22
가지산	울산, 경남 밀양, 경남 양산	1979.11.05	104.403
조계산	전남 순천	1979.12.26	26.75
두륜산	전남 해남	1979.12.26	32.91
선운산	전북 고창	1979.12.27	43.683
문경새재	경북 문경	1981.06.04	5.478
경 포	강원 강릉	1982.06.26	1.689
청량산	경북 봉화	1982.08.21	49.509
연화산	경남 고성	1983.09.29	21.793
고복저수지	세 종	1991.01.17	1.949
천관산	전남 장흥	1998.10.13	7.94
연인산	경기 가평	2005.09.12	37.691
신안갯벌	전남 신안	2008.06.05	162.263
무안갯벌	전남 무안	2008.06.05	37.122
추자해양	제주 제주시	2008.09.19	95.292
서귀포해양	제주 서귀포	2008.09.19	19.54
마라도해양	제주 서귀포	2008.09.19	49.755
성산일출해양	제주 서귀포	2008.09.19	16.156

우도해양	제주 제주시	2008.09.19	25,863
수리산	경기 안양, 경기 안산, 경기 군포	2009.07.16	7,035
제주곶자왈	제주 서귀포	2011.12.30	1,547
벌교갯벌	전남 보성	2016.01.28	23,068
불갑산	전남 영광	2019.01.10	7,004
철원 DMZ 성재산	강원 철원군	2023.07.21	4,739
계	30개소		1,027.03

※ 환경부, 2024년 12월 기준

우도

제주도 동쪽 끝, 성산포에서 북동쪽으로 약 3.8km 지점에 위치한 섬 속의 섬 우도는 그 모습이 마치 소가 누워 있거나 머리를 내민 모양과 같다고 해서 붙은 이름이다.

제주곶자왈 25 기출

제주곶자왈은 화산활동 중 분출한 용암류가 만든 암괴지대이다. 북방계와 남방계 식물이 공존하는 난대림 지대이다.

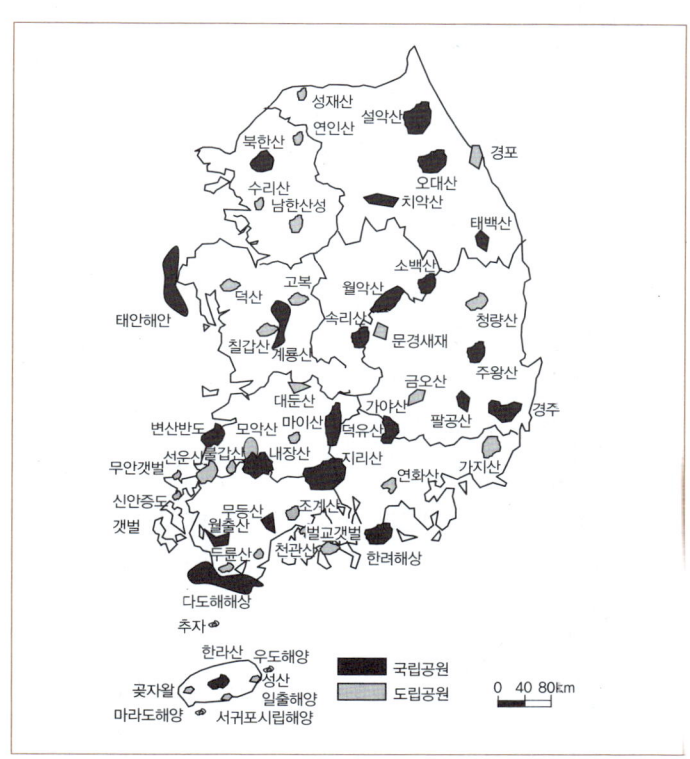

〈국·도립공원의 분포〉

▶ 강천산 현수교

1981년 1월 7일 한국 최초의 군립공원(순창군)으로 지정되었고 높이 583.7m이다. 원래는 생김새가 용이 꼬리를 치며 승천하는 모습과 닮았다 하여 용천산(龍天山)이라 불렸다. 비교적 높지는 않지만 병풍바위・용바위・비룡폭포・금강문 등 이름난 곳이 많다. 또 광덕산・산성산에 이르기까지 선녀계곡・원등골・분통골・지적골・황우제골 등 이름난 계곡만도 10여 개나 된다. 정상 근처에는 길이 50m에 이르는 구름다리가 놓여 있다.

4. 군립공원

(1) 군립공원의 의의

① 군립공원이란 군의 자연생태계나 경관을 대표할 만한 지역으로서 자연공원법에 따라 지정된 공원을 말한다.

② 1981년에 강천산을 시작으로 가장 최근에 지정된 장산을 포함하여 28곳이 지정되어 있다.

③ 군립공원의 대상은 경승지・동굴・산악・하천 같은 자연적 환경이 양호한 곳이나 유적지・전적지・성역지 등 문화적 환경이 발달된 곳이어야 한다.

(2) 군립공원의 현황 중요

공원명	위 치	지정일자	면적(km^2)
강천산	전북 순창	1981.01.07	15.812
천마산	경기 남양주	1983.08.29	12.363
보경사	경북 포항	1983.10.01	8.511
덕구온천	경북 울진	1983.10.05	6.275
불영계곡	경북 울진	1983.10.05	25.595
상족암	경남 고성	1983.11.10	5.094
호구산	경남 남해	1983.11.12	1.657
고소성	경남 하동	1983.11.14	3.035
봉명산	경남 사천	1983.11.14	2.645
거열산성	경남 거창	1983.11.17	3.271
황매산	경남 합천	1983.11.18	21.784
기백산	경남 함양	1983.11.18	2.013
웅석봉	경남 산청	1983.11.23	17.96
신불산	울산 울주	1983.12.02	11.69
운문산	경북 청도	1983.12.29	16.173
화왕산	경남 창녕	1984.01.11	31.258
구천계곡	경남 거제	1984.02.04	5.868
입 곡	경남 함안	1985.03.01	0.961
비슬산	대구 달성	1986.02.22	13.382
장안산	전북 장수	1986.08.18	6.187
빙 계	경북 의성	1987.09.26	0.89
아미산	강원 인제	1990.03.22	3.16
명지산	경기 가평	1991.10.09	14.02
방어산	경남 진주	1993.12.16	2.588
대이리	강원 삼척	1996.10.25	3.664
월성계곡	경남 거창	2002.04.25	0.65
병방산	강원 정선	2011.09.30	0.469
장 산	부산 해운대	2021.09.15	16.342
계	28개소		253.32

※ 환경부, 2024년 12월 기준

5. 국가지질공원 현황 16 18 25 기출

공원명	위치	지정일자	면적(km²)
울릉도·독도	경상북도(울릉군)	2012.12.27.	123
제주도	제주특별자치도(제주시, 서귀포시)	2012.12.27.	1,864
부산	부산시(금정구, 영도구, 진구, 서구, 사하구, 남구, 해운대구, 중구, 북구, 동래구, 강서구, 연제구, 사상구, 기장군)	2013.12.06.	297
청송	경상북도(청송군)	2014.04.11.	846
강원평화지역	강원도(화천군, 양구군, 인제군, 고성군)	2014.04.11.	1,829
무등산권	광주광역시(동구, 북구) 전라남도(화순군, 담양군)	2014.12.10.	246
한탄강	경기도(포천시, 연천군) 강원도(철원군)	2015.12.31.	1,166
강원고생대	강원도(영월군, 정선군, 평창군, 태백시)	2017.01.05.	1,990
경북 동해안	경상북도(경주시, 포항시, 영덕군, 울진군)	2017.09.13	2,261
전북 서해안권	전라북도(고창군, 부안군)	2017.09.13.	520
백령·대청	인천시(옹진군)	2019.07.10.	67
진안·무주	전라북도(진안군, 무주군)	2019.07.10.	1,155
단양	충청북도(단양군)	2020.07.27.	781
고군산군도	전라북도(군산시)	2023.06.21.	113
의성	경상북도(의성군)	2023.06.21.	1,175
화성	경기도(화성시)	2024.02.29.	282
계	16개소		14,720

※ 국가지질공원 홈페이지, 2024년 12월 기준

국가지질공원 21 기출

- **정의** : 지구과학적으로 중요하고 경관이 우수한 지역으로서 이를 보전하고 교육·관광사업 등에 활용하기 위하여 환경부장관이 인증한 공원
- **인증기간** : 고시일로부터 4년(4년마다 재평가)
- **조사·점검** : 환경부장관은 인증된 지질공원에 대하여 4년마다 관리·운영 현황을 조사·점검하여야 함

[한국의 유네스코 세계지질공원] 20 기출

단양	• 총 781.06km² • 충청권 최초의 지질공원 • 카르스트 지형이 발달 • 우리나라를 대표하는 석회암 지형 • 고원생대 변성암 및 단층과 습곡 다수 분포 • 남한강 등과 어우러져서 경관이 수려한 지질·지형학적 가치가 높은 곳	2025년 지정
경북 동해안	• 포항, 경주, 영덕, 울진 • 총 2693.69km²	2025년 지정
전북 서해안	• 고창, 부안 총 1,892.5km² • 고창 병바위·움직이는 섬, 부안 채석강·적벽강 등 32곳	2023년 지정
한탄강 일대 총 26곳	• 총 1,165.61km² • 경기도 포천시·연천군 유역, 강원 철원군 유역 등(화적연, 비둘기낭 폭포, 아우라지 베개용암, 재인폭포, 고석정, 철원 용암대지 등)	2020년 지정

무등산권	• 총 1,051.36km² • 지질명소 24곳, 국립아시아문화전당, 역사 문화 명소 42곳 포함(무등산 주상절리대, 화순 공룡화석지, 적벽 등)	2018년 지정
청송군 전체	총 845.71km²	2017년 지정
제주도 총 12곳	우도, 비양도, 선흘 곶자왈	2014년 지정
	한라산, 성산일출봉, 만장굴, 서귀포층, 천지폭포, 대포 해안 주상절리대, 산방산, 용머리, 수월봉	2010년 지정

6. 슬로시티 18 19 24 기출

(1) 슬로시티의 의의

1999년 이탈리아의 파올로 사투르니니(Paolo Saturnini) 전 시장을 비롯한 몇 시장들에 의해 처음 시작된 것으로, 자연과 전통문화를 보호하고 조화를 이루면서 속도의 편리함에서 벗어나 느림의 삶을 추구하자는 국제운동이다.

(2) 한국의 슬로시티 지정 현황
- 전남 신안군 증도
- 전남 완도군 청산도
- 전남 담양군 창평면
- 경남 하동군 악양면
- 충남 예산군 대흥면
- 경북 상주시 함창읍, 이안면, 공검면
- 경북 청송군 주왕산면, 파천면
- 강원도 영월군 김삿갓면
- 충북 제천시 수산면
- 충남 태안군 소원면
- 경북 영양군 석보면
- 경남 김해시 봉하마을, 화포천습지생태공원
- 충남 서천군 한산면
- 강원도 춘천시 실레마을
- 전남 장흥군 유치면, 방촌문화마을

(3) 주요 슬로시티 지역
- 전남 완도군 청산도 : 청산도 슬로길, 구들장 논이 유명
- 전남 신안군 증도 : 우리나라 최대 규모의 갯벌염전인 태평염전 보유
- 경남 하동군 : 대봉감, 천연 녹차로 유명
- 충남 예산군 : 황토밭 사과로 유명

3 자연관광자원의 보호

1. 자연보호의 필요성

(1) 자연보호의 개념
① 자연을 원상태로 보호·보존하는 것을 말한다. 즉, 자연경관을 원상태로 보존하여 자연 가운데서 인류의 생활과 환경의 문화적 향상을 증진하려는 일련의 행위 및 사상을 말한다.
② 자연보호의 개념은 소극적으로 자연을 보호하는 데 그치지 않고, 적극적으로 자연을 관리·보존하여 그 조화적 이용을 도모하려는 의도까지도 포함하여 생각하고 있다.

(2) 관광자원의 개발과 자연파괴
① 관광자원이 관광행동의 대상이 되면 인위적인 개발로 인한 자연파괴를 일으킬 가능성이 있다.
② 자연을 훼손하지 않는 범위 내에서 관광대상으로서 개발해야 하는 것이 자연관광자원을 관광대상화하는 과제이다.
③ 이용자가 자연자원의 특징을 잘 이해하고 식별하는 관광행동이 중요하다.

(3) 자연자원의 보호와 개발
① 지역특성을 잘 이해하고 그 지역 내에서 절대적으로 보호하는 것과 개발하는 것과의 인식을 명백하게 하는 것, 지역용량 등 연구에 입각하여 적정수준을 산정해서 개발하는 것이 필요하다.
② 자연자원 지역 중 대도시 주변의 당일관광권에 속하는 지역과 체재형 관광권에 속하는 지역 내에서 행해지는 레저타입을 잘 상정해서 개발하는 것, 어디서나 동일한 형태로 개발이 이루어지는 것이 과제이다.
③ 한 지역에 과도하게 집중되는 것을 피하기 위해서는 잠재적 가치를 보유한 자연자원지역을 재발견하여 확대개발하는 형태로 분산이용을 도모해야 한다.

▶ **지구적 생물권역 보전을 위한 유네스코의 세부목표와 계획**
- 자연보전, 생태계의 최소한의 보존
- 자연보호와 관리를 위한 법적·행정적 기초제공
- 특정한 종적 자원의 보호
- 생태계 위기관리의 해결을 위한 실험적 접근
- 장기적인 환경모니터링 시행
- 지역발전을 위한 계획 증진
- 토지이용과 관리에 대한 지역주민 참여
- 환경교육과 훈련의 증진
- 생물권 보전과 관리에 대한 지식의 증대

2. 우리나라의 자연보호

(1) 우리나라 자연보호의 역사

① 자연보호의 시작
- ㉠ 신라 시대 화랑도의 심신수련 활동을 통해 자연보호의식을 함양하였다.
- ㉡ **조선 시대 「경국대전」과 같은 법률에서 산림의 관리와 나무 가꾸기 등의 세부요령을 규정하였다.**
- ㉢ 마을 단위의 계를 결성하여 자율적으로 소나무 숲을 보호하였다.

② 자연의 파괴
- ㉠ 일제강점기 이후 민족의 수난과 함께 산야의 파괴가 시작되었다.
- ㉡ 1876년 강화도조약 이후 동학혁명, 청일전쟁 등 몇 차례의 전화를 입는 동안 명산들이 볼품없는 벌거숭이로 변모되었다.
- ㉢ 6·25전쟁으로 인해 자연 파괴의 참화는 극에 달하게 되었다.

③ 자연보호운동의 전개
- ㉠ 1933년 8월 8일 칙령 제224호로 조선총독부 보물·고적·천연기념물보존령이 제정되어 동식물 등 각 분야에 관계되는 전문가로 구성된 보존회를 조직하고 전국 각지의 명승, 고적, 천연기념물 등에 대한 조사연구·보존운동을 전개하였다.
- ㉡ 1960년 11월 10일 국무원령 제92호로 문화재보존사업위원회 규정이 공포, 발효되었으며, 1960년대에 관광사업법, 산림법, 조수보호 및 수렵에 관한 법, 문화재보호법(현 문화유산법), 공해방지법 등을 제정하였다.
- ㉢ 1963년 12월에 학자와 전문가들로 구성된 모임을 만들어 자연보존의 필요성을 국민들에게 보급하기 시작하였다. → 한국산악회(1965), 한국야생동물보호협회(1969), 한국환경보호협회(1975)
- ㉣ 자연보호헌장을 선포하였다. → 1978년 10월 5일
- ㉤ 1980년대에 자연학습원 조성의 기본계획을 수립하여 중앙시범자연학습원을 비롯하여 각 시·도별로 1개소씩 자연학습원을 조성하였다.

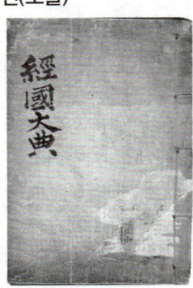

▶ 경국대전(보물)

조선왕조 개창 때부터의 정부체제인 육전체제(六典體制)를 따라 6전으로 구성되었으며, 각기 14~61개의 항목으로 이루어졌다. 짧게는 세조 때 편찬을 시작한 지 30년 만에, 길게는 고려 말부터 약 100년간의 법률제정사업을 바탕으로 완성된 이 법전의 반포는 국왕을 정점으로 하는 중앙집권적 관료제를 밑받침하는 통치규범의 확립을 의미한다.

(2) 천연기념물 15 기출

① 기원 : 약 200년 전 독일의 알렉산더 훔볼트(Alexander von Humboldt)가 그의 저서 「신대륙의 열대지방 기행」에서 사용
② 지정권자 : 국가유산청장
③ 지정기준 : 자연유산법에 따름
④ 범 위
　㉠ 동물(그 서식지, 번식지 및 도래지 포함)
　㉡ 식물(그 군락지 포함)
　㉢ 지형, 지질, 생물학적 생성물 또는 자연현상
　㉣ 천연보호구역
⑤ 동물분야
　㉠ 조류로서 고유종인 크낙새는 천연기념물로 지정되어 있으며, 따오기, 황새, 팔색조, 노랑부리저어새, 느시, 흑비둘기 등이 있다.
　㉡ 인천 앞바다의 두루미 도래지와 낙동강 하구의 을숙도, 주남저수지는 탐조활동과 철새 보호를 위해 노력하는 곳들이며, 울릉 사동 흑비둘기 서식지도 지정되었다.
　㉢ 어류로는 봉화 대현리 열목어 서식지와 제주도 천지연의 무태장어 서식지, 울산 귀신고래회유해면, 한강의 황쏘가리가 유명하다.
　㉣ 산간지방에는 희귀종인 사향노루, 산양 등이 있으며, 진도의 진도개와 경산의 삽살개, 연산화악리의 오계가 지정되어 있다.
⑥ 식물분야
　㉠ 거목 또는 고목이거나 희귀종·자생지·군락 등을 멸종위기에서 보호하는 것으로 다양하다.
　㉡ 관광의 가치가 높은 것으로는 양평 용문사의 은행나무, 구리 화엄사의 올벚나무, 보은 속리 정이품송, 청도 운문사 처진소나무 등이 있다. 제주도의 토끼섬 문주란 자생지나 울릉도 성인봉의 원시림, 희귀종인 괴산의 미선나무 자생지가 유명하고, 인공림인 함양상림은 방수림이며, 남해군 물건리의 방조어부림은 조수를 막고 고기떼를 모으기도 한다. 남해안 도서지방에는 완도 주도의 상록수림을 비롯한 지정림이 많이 있다.

▶ **정선 두위봉 주목(천연기념물)**

정선 두위봉에는 주목 3그루가 위아래로 나란히 자라고 있는데, 중심부에 있는 나무의 수령이 1,400여 년으로 추정되며, 주목으로는 우리나라에서 가장 오래된 것이다. 주목은 잘 썩지 않아 조선시대에는 왕실의 가구와 임금의 관을 만드는 데 사용했으며, 항암물질인 '택솔(Taxol)'의 원료로 경제적 가치가 높은 식물이다.

▶ **느시(들칠면조)**

▶ **어름치(천연기념물)**
깨끗한 강의 중상류에만 살고, 산란시기에는 산란탑을 쌓는 특이한 모습을 보인다. 또한 몸에 무늬가 있어 '반어'라고도 한다.

▶ **미호종개(천연기념물)**
유속이 완만하고 얕은 여울에 서식하는 어종으로, 서식처 파괴와 수질오염으로 인해 현재 멸종위기에 처해 있다.

▶ **붉은박쥐(천연기념물)**
'황금박쥐'라는 애칭이 있으며, 우리나라에 사는 20여 종의 박쥐 중 유일하게 천연기념물로 지정되어 있다.

⑦ 지 질
  ㉠ 광물로는 상주 운평리의 구상화강암, 부산 전포동의 구상반려암, 서귀포의 패류화석 산지, 의령 서동리 함안층의 빗방울 자국, 함안의 새발자국화석 산지 등이 있다.
  ㉡ 동굴은 영월의 고씨굴을 비롯한 종유동굴과 제주도의 협재굴 같은 용암굴이 있다. 마르(Maar)형태의 화산 분화구가 특이하고 식물상이 다양한 산굼부리 분화구도 천연기념물로 지정·보호되고 있다.

⑧ 화 석
  ㉠ 경북 왜관 금무봉의 화석사리 포함지 : 낙동강, 즉 상부 쥐라기에 속한다.
  ㉡ 제주도 서귀포의 패류화석 : 주로 제4기에 형성된 서귀포층에 속한다. 경남 의령의 서동에 있는 우흔(빗물자국)은 백악기 지층의 빗자국으로 세립사암 혹은 사질점판암의 얇은 층이다.
  ㉢ 경남의 하동 금남면, 합천 율곡리, 경북의 의성 봉암산, 군위 우보면에서 공룡의 골격 화석이 발견되었으며, 현재 경남 고성군 하이면 덕명리 해안에 있는 공룡발자국 화석을 보면 한반도가 공룡들의 서식지였음을 알 수 있다. 이곳에는 1억 년 전 중생대 때 한반도에 살았던 공룡들의 발자국이 수많은 새발자국과 함께 남아 있다. 이곳 공룡발자국 화석은 모두 3천여 개로 규모면에서 세계 3대 산지의 하나로 손꼽힌다. 공룡발자국을 낮에 선명하게 보려면 조수간만의 차가 큰 음력 보름 전후가 적기이며, 평소에는 해안에 물이 빠지는 저녁 때라야 가능하다.
  ㉣ 포항의 장기층, 연일층, 울산분지 : 포항시 일원에서 해안을 따라 영일~울산에 이르는 지역에 수백종의 신생대 바다생물과 육상식물의 화석이 무더기로 산재해 있다. 지금까지 포항, 울산지역에서 나온 동물화석은 육안으로는 잘 안 보이는 바닷말에서부터 고래, 상어 등 거대 포유동물에 이르기까지 60여 종에 이른다. 경주 국립공원과 가까워 이곳 사적관광과 연계하면 더욱 효과적이다.

▶ 고성 덕명리 공룡발자국

(3) 천연보호구역 19 기출

보호할 만한 천연기념물이 풍부한 대표적인 구역을 선정하여 지정한다. 홍도, 한라산, 설악산, 강원도 양구와 인제에 걸쳐 있는 대암산·대우산, 인제와 고성에 걸쳐 있는 향로봉과 건봉산, 문섬·범섬, 마라도, 독도, 성산일출봉, 차귀도, 창녕 우포늪 등이 있다.

① 홍 도
  ㉠ 천연기념물로 지정되었고, 전남 신안군에 소재하며 20여 개의 섬들로 구성되어 있다. 규암의 해식애가 독특한 경관을 이룬다.
  ㉡ 식물상이 다양하여 545종이 있는데, 식물상의 큰 군락이 있고 흰동백이 자생하며 풍란 등 난초과 식물이 많다.
  ㉢ 동물상으로 육상동물은 남방계의 종류가 많은 것이 특징인데, 흑비둘기, 염주비둘기, 흑로 등은 특히 보호에 유의해야 할 것들이다.

② 한라산
  ㉠ 천연기념물로 지정되었으며, 해발고도에 따른 수직적 식물상이 나타나는 것이 특징이다.
  ㉡ 정상에는 화구호인 백록담이 있고, 주위에는 360여 개의 기생화산의 화산군이 있다. 이 기생화산들이 도처에 아름다운 곡선을 이루면서 특유한 풍경을 나타내고 있는데, 이것을 '오름' 또는 '악'이라 부른다.
  ㉢ 한라산의 상류천은 해안지방에서 용천을 이루므로 촌락은 물을 따라 해안에 발달하였고, 화산활동으로 용암굴이 많은 것도 특이하다.
  ㉣ 이 지역의 난대성 상록수림은 해안 가까운 계곡이나 평지에 남아서 보호구역이 되어 있다.

> **독도 천연보호구역(천연기념물)**
> 14 기출

독도는 경상북도 울릉군에 소재하고 있으며, 크게 동도와 서도로 이루어져 있다. 철새들이 이동하는 길목에 위치하고, 동해안 지역에서 바다제비·슴새·괭이갈매기의 대집단이 번식하는 유일한 지역이므로 1982년 11월 16일 '독도 해조류 번식지'로 지정하여 보호해 왔다. 그러나 독도에 독특한 식물들이 자라고, 화산폭발에 의해 만들어진 섬으로 지질적 가치 또한 크고, 섬 주변의 바다생물들이 다른 지역과 달리 매우 특수하므로 1999년 12월 '독도천연보호구역'으로 명칭을 변경하였다. 현재 독도에는 독도경비대, 독도등대, 주민숙소 등이 있다.

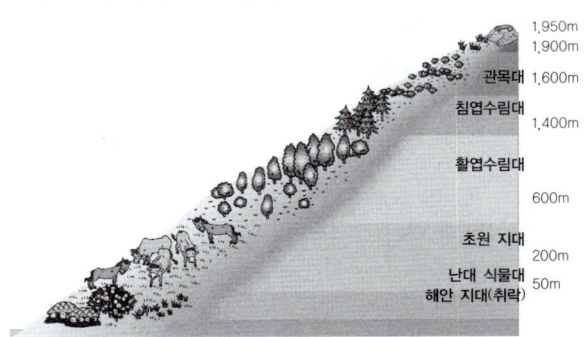

〈한라산의 수직적 식물 분포〉

▶ 람사르 습지 등록 현황
- 대암산용늪(1997.03.28)
- 우포늪(1998.03.02)
- 신안장도 산지습지(2005.03.30)
- 순천만·보성갯벌(2006.01.20)
- 제주 물영아리오름(2006.10.18)
- 무제치늪(2007.12.20)
- 두웅습지(2007.12.20)
- 무안갯벌(2008.01.14)
- 제주 물장오리오름(2008.10.13)
- 오대산 국립공원 습지(2008.10.13)
- 강화 매화마름 군락지(2008.10.13)
- 제주1100고지(2009.10.12)
- 서천갯벌(2010.09.09)
- 부안 줄포만갯벌(2010.12.13)
- 고창갯벌(2010.12.13)
- 제주 동백동산 습지(2011.03.14)
- 고창 운곡습지(2011.04.07)
- 신안 증도갯벌(2011.09.01)
- 한강밤섬(2012.06.21)
- 송도갯벌(2014.07.10)
- 제주 숨은물뱅듸(2015.05.13)
- 영월 한반도습지(2015.05.13)
- 순천 동천하구(2016.01.20)
- 대부도갯벌(2018.10.25)
- 고양 장항습지(2021.05.21)
- 문경 돌리네습지(2024.02.02)
- 평두메습지(2024.05.13)

※ 2024년 12월 기준

▶ 차귀도 천연보호구역

　　ⓜ 아열대의 평지나 중턱의 산림지대, 산정에는 각각 청개구리, 북방산개구리, 무당개구리들의 서식지가 수직적으로 나타나며 한반도에는 없는 고유의 종이 많다.

③ 설악산
　ⓐ 천연기념물로 암질과 그 구조의 차에 의한 차별침식의 결과로 웅장한 모습과 다채로운 경관을 보여주고 있다.
　ⓑ 설악산의 경우는 천연보호구역으로 지정되었을 뿐 아니라, 1982년에는 유네스코가 지정하는 '생물권보전지역'으로도 선정되었다.

④ 창녕 우포늪
　ⓐ 천연기념물로 지정되었으며, 우포늪·목포늪·사지포·쪽지벌 등 4개의 늪으로 구성된 자연배후습지이다.
　ⓑ 약 75만 평에 이르는 국내 최대 규모의 자연 늪으로 800여 종의 식물과 209종의 조류, 17종의 포유류 등 다양한 동식물이 서식하고 있다.
　ⓒ 1997년 생태계 특별보호구역으로 지정되었으며, 1998년에는 람사르 협약에 의해 국제보호습지로 등록되었다. 1999년부터는 습지보전법에 의한 습지보존지역으로도 지정하여 관리되고 있다.

더 알아보기　천연보호구역

명 칭	소재지
홍도 천연보호구역	전남 신안군
설악산 천연보호구역	강원 속초시
한라산 천연보호구역	제주 제주도 일원
대암산·대우산 천연보호구역	강원 양구군
향로봉·건봉산 천연보호구역	강원 인제군
독도 천연보호구역	경북 울릉군
성산일출봉 천연보호구역	제주 서귀포시
문섬·범섬 천연보호구역	제주 서귀포시
차귀도 천연보호구역	제주 제주시
마라도 천연보호구역	제주 서귀포시
창녕 우포늪 천연보호구역	경남 창녕군

02 산지 및 동굴관광자원

1 산지관광자원의 의의와 가치

1. 산지관광자원의 의의

(1) 산이 중요한 관광대상지로 등장하는 배경

① 산은 깊은 자연 속에 있어 항상 자연의 신비를 간직하고 있는 곳이며, 고도에 따라 조망이 뛰어나고, 고산의 동식물 연구 등 학술 탐구의 장소적 역할을 할 뿐만 아니라 신비성을 이용한 신앙의 대상이 된다.

② 특히, 자연의 신비성과 종교적 환경이 조화를 이루어 특수한 경관을 형성함으로써 관광대상으로 부각된다.

③ 산지는 자연적 관광자원의 보고이며 관광가치가 높아 매력적인 관광대상이 될 수 있다.

(2) 산지관광의 변화 행태

① 종래에는 '보는 관광'에 한정되어 있었으나 점차 '움직이는 관광'의 대상으로 등산, 스키, 피서, 하이킹, 전망, 보건휴양지로 그 이용의 흐름이 변화되고 있다.

② 교통수단의 발달로 접근성이 용이해지고 여가시간의 확대 등에 따라 장기 체류지의 휴양지(리조트)로서, 주변 관광자원과 연계성을 가진 관광거점지로 발전되어가고 있다.

2. 산지관광의 종류

(1) 등 산

① 비교적 부담이 적은 훌륭한 관광활동이다.
② 가족이나 친구 또는 직장동료들과 함께할 수 있다.

(2) 동계 스포츠형

① 산지는 아름다운 경치와 관광목적에 따라 여름에는 피서지로 좋고, 겨울에는 동계 등반, 스키, 눈썰매 등의 동계 스포츠 장소로 인기 있다.

② 우리나라의 경우 천마산, 대관령, 진부령, 덕유산 등 여러 곳들이 개발되고 있으며, 1997년 1월 무주에서 동계 유니버시아드가 열렸다. 2018년 2월 평창에서는 제23회 동계올림픽대회가 개최하였다.

▶ 산지관광의 종류
- 등 산
- 동계 스포츠형
- 종교 신앙형
- 레크리에이션 교육환경형
- 산지종합관광형

▶ 용평스키장

▶ 유니버시아드(Universiade)
- 대학(University)과 올림피아드(Olympiad)의 합성어로 '세계 대학생들의 체육대회'라는 뜻이다.
- 국제대학스포츠연맹(FISU)이 주최하는 세계 스포츠 경기로서 하계대회와 동계대회로 구분하여 2년마다(홀수년도) 개최된다.
- 우리나라에서 1997년 무주·전주에서 동계대회가 처음으로 개최되었으며, 2003년 대구에서 하계대회가 열린다.
- 2015년에는 광주하계유니버시아드가 개최되었다.

③ 우리 조상들은 신외무물(身外無物), 즉 몸의 건강을 강조했다. 스포츠는 바로 낙이요, 그 낙은 관광활동이고 건강으로 이어진다. 결국 동계 스포츠형으로 산지의 가치와 이용은 무한하다고 강조해도 무방하다.

(3) 종교 신앙형

① 산은 인간에게 영감을 일으키고 피곤한 영혼을 구제해 주기도 하므로 예로부터 숭배와 경의의 대상이 되어 왔다.
② 개성의 덕물산, 공주의 계룡산, 강화의 마니산, 양평의 용문산, 강원도 태백산, 가평의 모악산 등은 산신제와 민간신앙의 대상이 되어왔다.
　㉠ 태백산 : 환웅이 하늘에서 내려와 나라를 세운 곳으로, 우리 민족에게 역사적·문화적으로 신성한 의미와 특수한 기능이 있는 성스러운 산에 대한 일반적인 명칭이다.
　㉡ 마니산
　　• 강화에 있는 높이 469m의 산으로 산정에는 단군왕검이 하늘에 제사를 지내기 위해 마련했다는 참성단(사적)이 있다.
　　• 현재 성역으로 보호되어 매년 개천절에 제전이 올려지며, 1953년 이후의 전국대회와 1988년 서울 올림픽 때 성화를 채화한 곳이다.
　㉢ 경주 남산 : 불교 이전부터 신라인들의 신앙의 대상으로 그 높이는 500m가 안 되지만 절터 147곳, 불상 118체, 그리고 탑 96기가 남아 곳곳에서 발견된다.

(4) 레크리에이션 교육환경형

① 오랫동안 등산기지나 산지관광지였던 곳이 대부분으로 여름에는 피서지 또는 캠핑장, 잼버리 등의 이벤트, 대중의 집회장소로 자주 이용되는 곳이다.
② 우리나라의 덕유산 등이 대표적이며, 대체로 고도가 1,000~1,500m 이상이면 이상적이다.

(5) 산지종합관광형

① 넓고 큰 산지에 호수, 온천, 고원, 동식물, 문화적 자원이 풍부하게 분포하는 지형조건에 접근성이 양호한 곳이 좋은 입지조건이다.
② 설악동 관광단지의 개발은 한국 최대의 종합산지관광형의 대표적인 예이다.

▶ 마니산 참성단

인천광역시 강화군 화도면에 있는 마니산 정상에는 단군이 하늘에 제를 지내기 위해 쌓았다고 전해지는 참성단이 있다.

3. 산지관광자원의 가치결정조건

(1) 생태적 조건

① 지형조건
　㉠ 산지 관광의 으뜸이 되는 것으로 산봉(Peak), 계곡, 능선(Ridge), 기암, 절벽, 폭포 등의 지형경관이 풍부하고 잘 조화되어야 한다.
　㉡ 풍부하고 다양한 지형변화가 주는 경관미와 웅장함, 특이성 등의 조건을 말한다.
　㉢ 관광개발의 조건, 관광활동의 지형공간(Site)도 포함된다.
② 지표조건 : 지표상에 삼림, 초원으로 피복된 식물과 서식하는 동물의 종의 다양성 및 희귀성, 보존상태 그리고 암석의 분포 등과 화산, 온천 등의 부수적인 요소가 조화된 것이다.

(2) 전망조건

① 산에 올라서 무엇을 볼 것인가 하는 것은 미적 기준(심미성)들이다. 여기에는 평야, 바다, 도시, 구름, 석양, 일출, 국경선, 행정구역 경계선 등 조망권 내의 주변조건이 포함된다.
② 우리나라의 산지는 대체로 전망조건과 관광객의 심미성 요구에 부합되는 사례가 많다.

(3) 문화경관조건

① 산지 내에 천연기념물이나 사찰, 국보나 보물 등의 문화유산이 얼마나 소재하고 있으며, 이들이 자연경관과 어떻게 조화를 이루고 있는가 하는 것이다.
② 우리나라의 산사는 이러한 문화경관조건이 우수하여 고유성을 인정할 수 있는 자원이다.

(4) 접근성 조건

① 관광객과의 결합에 의한 관광대상화를 전제할 때 산지자원의 가치성을 좌우하는 결정적인 조건이 접근성이다.
② 접근성 조건을 향상하기 위해서는 삭도(줄사다리, 줄다리, 케이블카, 리프트 등)를 비롯한 여러 형태의 인위적인 개발이 필연적인데, 본래의 자원을 훼손하지 않는 범위에서 최소한의 시설을 선택해야 한다.

> **산지관광자원의 가치결정조건**
> • 생태적 조건
> • 전망조건
> • 문화경관조건
> • 접근성 조건
> • 시설조건
> • 원시성 조건

> **산지관광지의 조건**
> - **지형조건** : 산봉우리, 계곡, 능선, 기암절벽, 폭포 등의 경관
> - **전망조건** : 시야에 펼쳐지는 미적 조망, 평야, 바다, 도시, 구름 등
> - **지표조건** : 지표상에 분포하는 동식물, 암석 등
> - **문화경관조건** : 산지 내 천연기념물이나 사찰, 화산 등의 존재

(5) 시설조건
① 산지에 대량 관광객이 접근할 때, 지형장애를 극복하기 위한 관광도로시설이 요구된다. 전망을 위한 타워시설이나 산지 내부의 동선시설, 안전·보건·위생시설 등을 비롯한 각종 편의시설조건은 관광가치성을 결정하는 데 중요한 요소로 작용한다.
② 우리나라의 산지는 자연공원법의 집단시설지구를 설정하여 주요 시설조건을 갖추고 있다.

(6) 원시성 조건
① 보존가치의 우수성이 확보된 처음 그대로의 지역, 즉 1차적 자연(First Nature)을 말하는 것이다.
② 장기간 타지역과 고립되어서 형성된 종족의 생활상이 포함되면 관광가치성은 더 높게 평가될 수 있다.

2 우리나라의 산지관광자원의 특색

1. 우리나라의 산지

(1) 대표 관광자원
대부분 자연공원영역으로 지정되어 국민관광대상으로 이용률이 높기 때문에 우리나라를 대표하는 자연관광자원은 산지라고 말할 수 있다.

(2) 한반도 산지의 형성
① 형성 원인 : 중생대 말엽의 대보조산운동 이후 장기간의 침식작용과 신생대 제3기의 지괴운동, 그리고 그 이후의 침식작용으로 형성되었다.
② 한반도의 완성 : 제3기 이전에 거의 완성되고 완만한 조륙운동이 계속되었기 때문에 비교적 안정 지괴를 이루어 몇 만년이란 장기간의 침식시대를 경과하였으며, 우리나라의 산지는 대부분 미약한 융기량과 장기간의 침식으로 저기복의 저산성 산지가 대부분이다.

> **대보조산운동**
> 중생대 쥐라기 말에 한반도 전역에 걸쳐 발생한 가장 강력한 지각 변동으로 중국 방향의 지질 구조선 형성, 차령·노령·소백산맥 등의 습곡 산맥 형성, 한반도에 전국적인 규모에 걸쳐 화강암의 관입 등이 이루어졌다.

(3) 산지의 분포

① 전 국토에 분포하여 대부분의 취락과 도시의 입지와 관련되고 있어서 병풍산이 많다. 접근성이 양호하고 여가대상으로서 근린공원으로 활용되고 있다.
② 북부지방에 백두산(2,744m)을 비롯하여 2,000m 이상의 높은 산지가 많고, 중남부지방은 1,000m 내외의 저산지들이 많아 북고남저의 지형을 이루며, 대체로 동사면이 높고 서사면으로 갈수록 낮은 동고서저의 경동지형을 이루는 것이 특색이다.
③ 주요산맥은 지질구조에 따라서 한국방향산계, 중국방향산계, 랴오둥방향산계 등 3대 방향으로 구분되며, 교통의 장애로 지역마다 독특한 생활양식이 형성되어 지역성을 뚜렷하게 함으로써 인문관광자원의 다양성에도 영향을 준다.

2. 화산지형과 암석의 분포

(1) 화산지형

① 우리나라의 화산지형은 백두산과 개마고원일대, 울릉도, 제주도, 철원 – 평강 – 연천 – 전곡으로 연결되는 주변지역에 발달되어 있다. → 과거 화산의 활동으로 화산지형(사화산)이 발달
② 관광자원의 배경이 되는 화산지형은 마그마가 분출한 분화구, 마그마가 흐르면서 굳어져 만들어진 용암동굴, 마그마가 분출력에 의해 공중으로 높이 에워싸면서 형성된 용암수형, 주상절리의 형상으로 발달한 벼랑, 큰 화산의 산사면에 발달한 기생화산(오름) 등이다.
③ 화산지형으로 인하여 관광객 유동이 많은 곳이 제주도이다. 제주도의 주요 화산지형 관광지는 용두암, 협재굴과 쌍용굴, 만장굴과 금녕사굴, 산방산, 정방폭포, 천지연폭포, 한라산의 백록담, 산굼부리분화구, 성산일출봉, 외돌개, 제2정방폭포 등이다.
④ 마그마의 분출로 인하여 제주에는 360여 개의 기생화산이 있으며, 마그마의 냉각속도의 차이에 따라 생성된 용암동굴이 발달하였다. 용암수형 등과 같은 독특한 매력물이 있다.

(2) 암석의 분포

① 우리나라에 분포하는 암석은 화강암과 편마암이 대부분이며, 그중 화강암이 자연공원인 산지의 산봉이나 산사면에 분포하여 암봉을 이루고 기암괴석의 형태로 남아 관광자원이 된다.
② 지하 깊은 곳에서 생성된 암석이 지표의 풍화와 침식으로 압력이 감소하여 발생한 판상절리가 발달되어 있다.

▶ **경동지형의 형성**
우리나라 동서 간 지형의 기복 차이는 오랜 풍화와 침식으로 평탄해졌던 한반도에서 신생대 제3기 경동성 융기 운동으로 동부와 서부의 융기량 차이가 발생하였기 때문이다. 즉, 융기량이 많은 동부는 하천의 하방 침식 작용이 활발하게 일어나 높은 산지와 골짜기의 형성이 탁월하고, 융기량이 적은 서부는 오랜 침식의 결과 저산성 산지가 형성되었다.

▶ **주상절리**
암괴나 지층에서 기둥모양의 절리가 지표에 대해 수직적으로 형성되어 있는 형태를 말한다. 용암이 분출되어 굳어진 화산암지역에서 많이 나타나는 현상이다.
[예] 제주도 정방폭포, 천지연폭포 등

▶ **정방폭포**

▶ **오 름**
제주화산도상에 산재해 있는 기생화산구(寄生火山丘)를 말한다. 오름의 어원은 자그마한 산을 말하는 제주도 방언으로서 한라산체의 산록상에서 만들어진 개개의 분화구를 갖고 있는 소화산체를 의미한다. 제주도에는 오름 360여 개가 있으며, 대표적인 오름에는 아부오름, 다랑쉬오름 등이 있다.

▶ 향일암 흔들바위

③ 우리나라의 대표적인 흔들바위는 설악산 계조암 흔들바위, 충북 영동군 영국사 흔들바위, 남해 금산의 흔들바위, 여수 향일암 흔들바위, 부산 금정산 칠성암 흔들바위, 강원도 원주시 흥양리 흔들바위 등이다.
④ 탑의 형식을 취하고 있는 토르(Tor)의 예는 충북 중원의 공기돌, 속리산의 문장대와 입석대, 북한산의 해골바위, 대둔사의 동심바위, 의령의 탑바위, 삼학도의 갓바위, 화양동의 첨성대, 금정산 무명봉의 공기돌 등이 있다.

3. 산사면과 자연휴양림

(1) 산사면
① 산지의 산봉과 평지 사이에 경사가 있는 산록이며 구릉지의 사면도 이에 포함될 수 있다.
② 식생, 암석, 토양으로 구성되어 있는 경우가 많다.
③ 산사면의 토지는 본래 농업, 임업, 목축지역으로 이용되어 왔으나 최근 관광공간으로 변모하고 있다. 관광공간의 경우 스키장, 골프장, 수렵장, 관광농업, 관광교통로 등이 산사면에 입지하고 있다.
④ 산사면이나 고위평탄면 등은 산성(남한산성 등)을 비롯한 문화유산, 목장(대관령 등), 특수작물재배(보성의 다원 등) 경관 기능을 포함하여 관광대상화되고 있으며, 특히 휴양·오락적 토지 이용에 적합하다.
⑤ 한국의 산지가 미래의 관광대상으로서 잠재력이 높이 평가되는 것도 바로 **산사면이 완만한 경사를 이루어 산지 리조트개발에 유리한 조건**을 갖추고 있기 때문이다.

▶ 유명산 자연휴양림

▶ 자연휴양림조성계획의 수립 시 검토할 사항(산림문화·휴양에 관한 법률 시행규칙 제14조 제5항)
자연휴양림조성계획의 승인신청을 받은 시·도지사는 시설의 종류·규모·배치, 자연경관의 보존, 산지의 형질변경 및 그 밖의 자연휴양림조성계획의 내용이 자연휴양림의 지정목적에 부합되는지를 검토하여 적합하다고 인정되면 그 신청을 승인하여야 한다.

(2) 자연휴양림
① 자연휴양림이란 국민의 정서함양·보건휴양 및 산림교육 등을 위하여 조성한 산림(휴양시설과 그 토지를 포함한다)을 말한다. 경관이 수려하고 다수의 국민이 이용하기 편리한 장소에 자연생태계 경관을 최대한 보존하면서 조성할 방침으로 1989년 유명산, 대관령 등을 시작으로 2025년 기준 현재까지 약 47개소(국립)가 조성되었다.
② 자연휴양시설은 진입로, 주차장, 산책로, 잔디밭, 야영장, 광장, 벤치, 운동시설, 급수대, 오물처리장, 임간수련장 등의 기본시설과 임산물판매장, 낚시터, 수렵장, 산지과수원, 조수사육장 등의 특수시설을 설치할 수 있다.

3 동굴관광자원

1. 동굴의 관광적 가치 및 분류

(1) 동굴의 관광적 가치
① 동굴의 관광가치는 동굴 내부의 독특한 지하경관, 즉 동굴의 생성 시기와 규모, 위치에 따라 그 성상을 달리한다.
② 자연적으로 형성된 동굴 내부에 역사적·문화예술적 의의를 함축한 것도 있다. 스페인의 알타미라 동굴벽화의 예술성이나 제주도 빌레못 동굴의 주거유적 등이 대표적이다.
③ 동굴의 관광가치는 단순한 지하경관의 예술성뿐만 아니라 원시인들의 종교의식과 관련된 종교성, 동굴탐험, 산업 및 군사 이용 등의 유용성, 동굴학·지질학 등 학문적인 연구 이용 등 매우 방대한 복합성을 띠고 있다.

(2) 동굴의 분류
① 성인상(成因上)의 분류
  ㉠ 자연동굴 참고
    • 석회동굴 : 석회암 지층이 있는 곳에 생기는 동굴(종유석, 석순, 석주가 발달)
    • 용암동굴(화산동굴) : 화산발생지역에서 볼 수 있는 동굴(제주도 대부분의 동굴)
    • 해식동굴 : 해안단애의 하단 측에 파도의 침식작용으로 형성된 동굴로, 바닷가나 강가의 절벽면에서 볼 수 있는 동굴
    • 절리굴 : 지층 암석의 절리면을 따라 이루어진 동굴
  ㉡ 인공동굴 : 인간의 어떤 목적에 따라 굴착된 동굴로서 산업용, 군사용 목적을 위한 동굴이 대부분
② 형태와 모양에 따른 분류
  ㉠ 수직동굴 : 땅 속에서 넓은 광장을 이루거나 수직으로 내려가는 동굴
  ㉡ 수평동굴 : 땅 표면을 따라 땅 속에서 옆으로 뻗어있는 동굴
  ㉢ 경사동굴 : 급한 경사면을 이루면서 내려가는 동굴
  ㉣ 다층동굴 : 아파트와 같이 몇 단계의 층으로 된 동굴

▶ 땅 굴

북한이 기습작전을 목적으로 휴전선 비무장지대의 지하에 굴착한 남침용 군사통로이다.

(3) 우리나라의 동굴
  ① 특 색
    ㉠ 우리나라 동굴은 대개 **고도가 낮은 산간이나 하천 주변에** 발달하여 관광객의 접근성이 좋다.
    ㉡ 동굴과 인접하여 다른 관광자원이 소재하는 경우가 많아 광역적인 관광권역을 형성할 수 있으므로 동굴자원의 관광가치성이 크다.
  ② 동굴의 분포
    ㉠ 자연동굴 : 우리나라의 동굴관광자원은 자연동굴로서 반도부에 발달한 석회동, 제주도의 용암동, 해안과 도서에서 볼 수 있는 해식동이 있다.
    ㉡ 인공동굴 : 폐광지대의 갱도에 대한 관광가치를 부여할 수 있는 가능성과 미래에 각광받을 수도 있는 땅굴이 있다.
  ③ 동굴의 종류 15 17 18 22 기출
    ㉠ 석회(종유)동굴 : 고수굴, 고씨굴, 초당굴, 환선굴, 도담굴, 용담굴, 비룡굴, 관음굴, 연지굴, 여천굴, 성류굴, 노동굴 등
    ㉡ 용암(화산)동굴 : 만장굴, 김녕사굴, 빌레못굴, 협재굴, 황금굴, 쌍용굴, 소천굴, 미천굴, 수산굴, 초깃굴 등
    ㉢ 해식동굴 : 금산굴, 산방굴, 용굴, 오동도굴, 정방굴, 가사굴 등

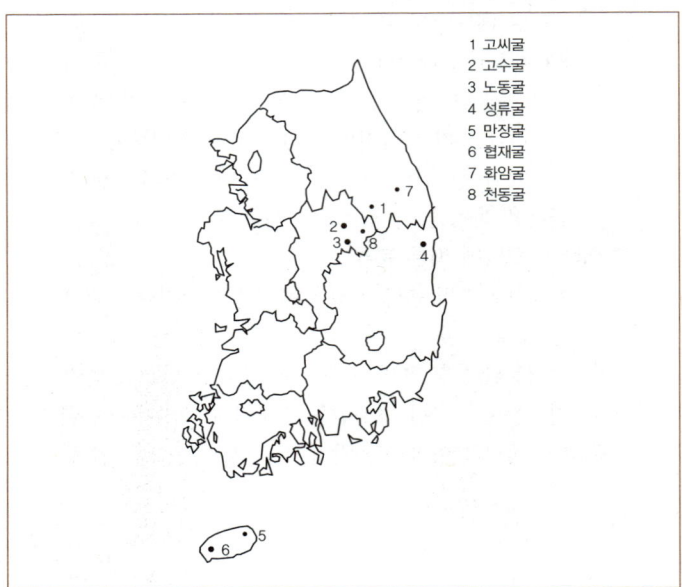

〈동굴관광자원의 분포〉

더 알아보기	우리나라의 천연기념물 지정 동굴 14 16 기출
지정명칭	소재지
제주 김녕굴과 만장굴	제주 제주시
울진 성류굴	경북 울진군
익산 천호동굴	전북 익산시
삼척 대이리 동굴지대	강원 삼척시
영월 고씨굴	강원 영월군
삼척 초당굴	강원 삼척시
제주 한림 용암동굴지대 (소천굴·황금굴·협재굴)	제주 제주시
단양 고수동굴	충북 단양군
평창 백룡동굴	강원 평창군
단양 노동동굴	충북 단양군
단양 온달동굴	충북 단양군
제주 어음리 빌레못동굴	제주 제주시
제주 당처물동굴	제주 제주시
제주 수산동굴	제주 서귀포시
제주 용천동굴	제주 제주시
제주 선흘리 벵뒤굴	제주 제주시
정선 산호동굴	강원 정선군
평창 섭동굴	강원 평창군
정선 용소동굴	강원 정선군
정선 화암동굴	강원 정선군
영월 분덕재동굴	강원 영월군

※ 국가유산청 국가문화유산포털, 2025년 10월 기준

> 삼척 초당굴

총길이 약 4km로 추정되는 수직동굴로서 풍촌 석회암층에 형성된 동양 최대 규모의 동굴 중 하나로, 많은 지하수가 소한천 입구로 흘러나온다. 이 동굴의 특징은 3층 동굴로서 하층이 가장 길며, 큰 광장이 여러 곳에 형성되어 있고, 동굴 바닥 곳곳에 연못이 있으며 피압수가 마치 분수대처럼 여기저기서 솟아 올라 아름다운 광경을 자아낸다는 것이다.

2. 우리나라의 대표적 동굴의 개요 14 20 기출

(1) 울진 성류굴

① 왕피천이 굽이돌아 선유산을 휘감고 돌아가는 곳에 위치한 성류굴은 울창한 측백나무와 함께 사계절 관광객이 찾는 천연석회암 동굴로서 천연기념물이다.

② 총길이 915m(수중동굴구간 포함) 정도이며 종유석과 석순이 끝없이 펼쳐져 있고, 9개의 광장과 3개의 물웅덩이에는 많은 어류가 서식하고 있다.

③ 원래 이름은 선유굴이었는데, 이는 신선이 노닐 만큼 주변경관이 아름답다는 데서 비롯된 이름이다. 성류굴이라는 지금의 이름은 임진왜란 때 생겨났다. 임진왜란이 일어나자 굴 앞의 사찰에 있던 불상을 이 굴속에 피난시켰는데, 여기서 "성불(聖佛)이 머무른(留) 굴"이라고 해서 "성류굴"이라 부르게 된 것이다.

> 울진 성류굴

▶ 고씨굴

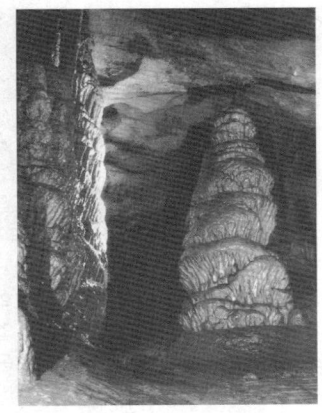

▶ 석회동굴의 구조
석회석이 빗물에 녹아 동굴 내에서 아래로 드리워진 것을 종유석, 아래에서 위로 자라는 것을 석순, 위 아래로 연결된 것을 석주라고 한다.

▶ 고수동굴

▶ 노동동굴

④ 동굴은 직선형 수평적 형태를 이루고 있으며, 연무동석실, 은하천 오작교, 용신지, 용신교 등으로 이어지는 광장은 저마다 신비경을 뽐내고 있다. 그중에서도 부처님 세 분이 일렬로 서 있는 듯한 삼불상이 특히 유명하다.

(2) 영월 고씨(동)굴

① 강원도 영월군 김삿갓면에 위치한 석회동굴로 1969년 6월에 천연기념물로 지정되었으며, 임진왜란 때 이 부근에 살던 고씨 일가가 이 굴에 피신한 것이 인연이 되어 '고씨동굴'이라고 불리게 되었다.
② 약 4억년 전에 형성되었으며, 굴의 총길이는 약 3,000m 정도이고 그 안에 10개의 광장, 4개의 호수, 3개의 폭포가 있고, 종유석·석순·석주가 훼손 없이 보존되고 있어 장관을 이룬다.
③ 보존상태가 뛰어나며, 변화무쌍하고 기괴한 경관을 자랑하고 있는 뛰어난 석회동굴자원이다.

(3) 단양 고수동굴

① 충북 단양군 단양읍 고수리에 위치한 석회동굴로 천연기념물이며, 총길이가 1,200m 주굴의 연장은 700m이다.
② 약 5억년 정도 된 것으로, 모암은 해저에서 퇴적한 석회암이다.
③ 밑바닥에는 지하수의 사행 유로가 현저하게 발달되어 있고, 천장에는 종유석이, 바닥에는 석순과 석주의 발달이 뛰어나다.
④ 선사시대의 주거지역이 남아 있고, 그 경관이 매우 아름다우며, 단양팔경이 가까이에 있어 동굴 관광지로 널리 알려져 있다.
⑤ 경관은 세계에서 가장 아름다운 동굴인 미국 버지니아주의 루레이동굴과 맞먹는다.

(4) 단양 노동동굴

① 충북 단양군 단양읍 노동리에 위치한 석회동굴로 천연기념물로 지정되었다. 총길이 약 800m로 이루어져 있으며, 약 5억년 전 생성된 것으로 추정된다. 충청도와 경상도의 경계지점에 소백산맥과 남한강을 끼고 있다.
② 전반이 40~50도의 경사를 이루는 동양 최대 규모의 수직동굴 중 하나이다. 지형의 변화를 입증하듯 지하 200m 지점에서 강자갈과 모래, 불곰뼈 화석이 출토되었다.

③ 남녀 인체를 닮은 종유석이나 석순이 많은 것이 노동굴의 특징인데, 암수 용 두 마리가 정다운 포즈를 취하고 있는 '용두암'과 서양 호박 모양의 '에밀레종', 백두산 천지 형태의 '황금바위', 거대한 물줄기를 자랑하는 '지하 백옥 폭포' 등을 볼 수 있다.

(5) 정선 화암동굴

① 강원도 기념물로 지정되어 있다가 천연기념물로 지정되었으며, 1922년부터 1945년까지 금을 채굴했던 천포광산으로 연간 순금 22,904kg을 생산하는 당시 국내 5위의 금광이었다.

② 금광 굴진 중 발견된 천연동굴과 금광갱도를 이용하여 「금과 대자연의 만남」이라는 주제로 개발한 국내 유일의 테마형 동굴이다.

③ 2,800m²에 달하는 국내 최대 규모의 석회석 동공이 있는 화암동굴에는 높이 30m, 폭 20m로 동양 최대 규모를 자랑하는 황종유벽과 마리아상, 부처상, 장군석, 석화 등 크고 작은 종유석이 가득하다. 지금도 종유석이 자라고 있는 모습을 관찰할 수 있는 국내 유일의 동굴이다.

▶ 화암굴

(6) 제주 만장굴

① 제주시 구좌읍 동김녕리에 있는 용암동굴로 1947년에 발견되어 천연기념물로 지정되었다.

② 총연장 7.4km로서 세계 최장의 용암동굴로 확인되었으며, 최대 높이는 23m, 최대 폭은 18m이다.

③ 동굴의 600m지점에는 유명한 용암석구가 있고, 1,000m지점에는 천장과 이어진 석주가 있다.

④ 규모가 웅대하고 지하 경관이 신비하며, 동굴학을 비롯한 학문적 가치가 뛰어나다.

▶ 만장굴

(7) 제주 김녕(사)굴

① 제주시 구좌읍 동김녕리에 있는 천연 용암굴로, 만장굴의 연장이며 천연기념물로 지정되었다.

② 만장굴과 이어져 있었으나 용암에 의해 동굴의 일부가 매몰되면서 만장굴과 따로 떨어진 별개의 동굴이 되었다.

③ 동굴의 내부 형태가 뱀처럼 생겼다고 하여 사굴(蛇窟)이라고도 한다.

▶ 김녕굴 통로

▶ 오동도 해식동굴

▶ 산방굴

(8) 제주 한림 용암동굴지대
① 제주시 한림읍 협재리에 위치한 용암동굴지대로, **소천굴, 황금굴, 협재굴**, 협재굴과 이어진 쌍룡굴을 포함하여 천연기념물로 지정하고, 제주 한림 용암동굴지대로 명명하였다.
  ㉠ 소천굴은 한라산 북서쪽 비탈길의 높이 130m지점에 있고, 총 길이는 2,980m로 우리나라에서 네 번째로 긴 화산동굴이다.
  ㉡ 황금굴은 길이 180m의 동굴로 1969년에 발견되었으며, 비공개 영구보존 동굴로 지정되어 있다. 동굴 천장에는 고드름처럼 생긴 암갈색의 용암종유석과 땅에서 돌출되어 올라온 용암석순 등이 황금빛으로 빛나 '황금의 지하궁전'이라고 불린다.
  ㉢ 협재굴은 길이 99m, 높이 6m이다. 동굴 안에는 고드름처럼 생긴 종유석과 땅에서 돌출되어 올라온 석순, 종유석과 석순이 만나 기둥을 이룬 석주 등 **다양한 동굴 생성물**이 계속 자라고 있어 그 가치가 매우 높다.
  ㉣ 협재굴과 이어진 쌍룡굴은 길이 393m로 수평으로 만들어진 동굴이다. 동굴 안이 두 마리의 용이 빠져 나온 모양을 닮았다고 해서 붙여진 이름이다.
② 제주도 용암동굴지대는 화산동굴로서의 가치가 매우 크고, 동굴 내에 **석회성분이 녹아 2차 생성물**들이 만들어지고 있는 등 지질학적 연구가치가 매우 크므로 천연기념물로 지정하여 보호하고 있다.

(9) 해식동(굴)
① 해안단애의 하단 측에 파도의 침식작용으로 형성된 동굴로 우리나라에는 제주도, 남해안, 동해안에 많이 분포되어 있다.
② 대표적인 해식동굴로는 여수의 오동도 해식동굴, 남해도의 쌍홍문굴, 제주도의 산방굴, 정방굴 등이 있다.

03 하천 및 해안관광자원

1 하천 및 호수관광자원

1. 하천관광자원

(1) 하천관광자원의 의의
① 하천은 산지지형과 조화된 명승·경승지를 이루어 "지자요수 인자요산(智者樂水 仁者樂山)"이라 하여 고대관광 시대부터 각광받던 관광대상지였다.

▶ 한강유람선

② 현대관광에서도 하천의 유로를 따라 유람선이 운행되고 선형으로 이동하면서 하천의 주변경관을 감상하는 것 또는 수상스포츠 활동 등이 활발히 이루어지고 있다.

(2) 하천의 구분

① 수 원
  ㉠ 수원이란 물이 솟아나는 근원지로 지하수가 솟아나는 샘, 온천수, 약수터, 호소 등이 존재한다.
  ㉡ 수원지 주위는 자연경관이 뛰어나 풍경관광지로 활용할 수 있다.

② 상 류
  ㉠ 상류는 산간 양안이 급경사면을 이루고 물의 흐름이 빠르며 큰 암석들이 많아 부분적으로 폭포, 급류, 소 등이 많이 존재한다.
  ㉡ 주변이 자연 그대로의 산림으로 둘러싸여 있어 변화 있는 풍경을 구성하고 있다.
  ㉢ 상류에 많이 나타나는 지형으로는 수원지에서 넘어온 물이 산지의 암석을 깎은 V자곡, 부챗꼴로 토사가 퇴적되어 생성되는 선상지, 선상지의 중간중간에 샘이 솟아오르는 용천, 덮인 토사 아래로 물이 흐르는 복류천이 있다.

▶ 광덕계곡

백운산과 광덕산 사이에 위치하며, 자연경관이 수려하고 오염되지 않은 작은 폭포로 작은 소(沼) 등 깨끗한 물이 일품이다.

③ 중 류
  ㉠ 중류는 하천의 중심부로 주위에 농경지가 발달하고 유속이 느려 사람들이 생활하기가 편리하여 촌락이 형성되고 친밀감 있는 자연풍경을 연출한다.
  ㉡ 유속이 완만하고 수심도 적당하여 낚시, 수상스키, 유람선 운영 등의 각종 관광활동이 가능한 지역이다.
  ㉢ 중류에 많이 나타나는 지형으로는 평야를 뱀의 형상으로 흐르는 자유곡류하천, 산지의 암석을 깎아 들어가면서 흐르는 감입곡류하천, 자유곡류하천에서 떨어져 나온 쇠뿔꼴의 호수인 우각호, 우각호와 하천 사이에 물이 흐른 흔적인 구하도, 꺾인 강과 강이 메워져 생긴 하중도, 곡류의 양쪽에 형성된 범람원·자연제방·배후습지·하안단구가 있다.

④ 하 류
  ㉠ 하류는 강의 끝과 바다의 시작으로, 중류보다 유역이 넓다.
  ㉡ 바다에 가까워질수록 평탄해지고 넓어지는 지형적 특성 때문에 녹지가 잘 조성되어 있어, 레크리에이션 활동 장소로의 활용 가능성이 높다.
  ㉢ 하류에 많이 나타나는 지형으로는 하천에 떠내려온 토사가 하구에 퇴적되어 형성된 삼각주가 있다.

▶ 하상(하황)계수
1년 중의 최대 우량과 최소 우량의 비율로 하천의 상황을 나타내는 계수로서, 1에 가까울수록 하천상황이 큰 변화 없이 양호한 편이고, 반대로 계수가 크면 유량 변화도 크다.

▶ 충주 탄금대(명승)

충북 충주시 칠금동 대문산을 말한다. 신라 진흥왕 때 우륵(于勒)이 이곳에서 제자들을 가르치며 가야금을 탄주했다고 하여 탄금대라는 이름이 붙었다. 임진왜란 당시 신립장군이 왜장 소서행장을 맞아 격전을 벌인 곳으로 유명하다.

(3) 우리나라 하천관광자원의 특색
① 우리나라 하천의 흐름은 북고남저와 동고서저의 산맥의 주향과 대체로 일치하여 서남방향이 대부분이다. 따라서 유로가 짧은 편이며, 평야지대를 사행하여 왕성한 퇴적작용으로 하상계수가 높은 하천이 많다. 계절에 따른 수량의 변화가 크고, 겨울 동안의 결빙 등으로 수상 관광활동에 불리한 조건도 있다.
② 우리나라의 하천은 하상계수가 최대 1:700이나 되는 특성을 띠는데, 이는 하천의 관광가치를 절하하는 요인이 된다.
③ 우리나라 하천은 유로의 변화가 심하다(사행작용).
④ 최대의 관광시장인 수도권의 북한강, 남한강 일대는 국민관광지로 지정되어 하천의 관광이용도가 높은 편이다.
⑤ 상 류
  ㉠ 계곡을 따라 빠른 유속으로 측방침식이 왕성하여 절경을 이룬다. 영월의 청령포, 충주의 탄금대, 부여의 낙화암, 여주의 신륵사, 서울의 워커힐, 절두산, 행주산성, 죽서루, 촉석루, 고석정 등(사행유로와 주변의 경관이 결합)이 있다.
  ㉡ 유속의 압력을 많이 받는 하식애의 산지나 구릉지는 하천의 양안에 위치한 대(臺)가 되어 하천경관을 조망하는 장소가 된다.
⑥ 중상류
  우리나라 대부분의 산지에서 발달한 하천은 하천의 양안이나 하상에 반석을 형성하여 관광지로 발달되었다. 백운동계곡, 비금계곡, 등선폭포계곡, 천불동계곡, 백담사계곡, 토왕성계곡, 소금강계곡, 무릉계곡, 한신계곡, 피아골계곡, 달궁계곡, 안덕계곡 등이 있다.
⑦ 중하류
  북한강의 하상에 흙, 모래, 자갈 등이 퇴적되어 하중도 형성 → 춘천호반(1969년 관광지로 지정 → 1987년 국민관광지로 개발)
⑧ 하 구
  ㉠ 우리나라의 가장 대표적인 삼각주는 낙동강 삼각주로서 을숙도, 명호도, 신호도, 대저도, 일웅도, 맥도 등의 섬으로 되어 있다.
  ㉡ 우리나라 하천의 하구는 독일의 엘베강이나 런던의 템즈강과 같은 삼각강(Estuary)의 형태를 이루고 있어서 내륙과 해양을 연결하는 연계 관광 루트를 형성하기에 유리한 자연조건을 갖추고 있다.

(4) 대한민국 5대강 유역의 관광자원 14 18 19 22 기출

① 한 강

㉠ 한강의 개요
- 5대강 중 가장 큰 강이며, 수도권에 위치하고 있어 정치·경제·교육·문화의 중심지를 이루고 있다.
- 한강의 총길이는 514km로 한반도에서는 4번째로 길고, 압록강·두만강에 이어서 3번째로 유역면적이 넓다.

㉡ 한강 유역의 댐

댐 명	위 치	면 적
한탄강댐	경기도 연천군~경기도 포천시	1,279km²(유역면적)
평화의댐	강원도 화천군	3,208km²(유역면적)
군남댐	경기도 연천군	3.0km²(저수면적)
소양강댐	강원도 춘천시	• 2,703km²(유역면적) • 70km²(저수면적)
횡성댐	강원도 횡성군	• 209km²(유역면적) • 5.8km²(저수면적)
달방댐	강원도 동해시	• 29.4km²(유역면적) • 0.5km²(저수면적)
광동댐	강원도 삼척시	• 125km²(유역면적) • 1km²(저수면적)
충주댐	충청북도 충주시	• 6,648km²(유역면적) • 97km²(저수면적)

② 금 강

㉠ 금강의 개요
전북 장수군의 신무산에서 발원하여 서해로 흐르는 강으로, 상류는 산간분지를 돌아 대전 분지를 이루고, 중류지역은 전북평야를 형성하고 있으며, 하류지역은 요곡을 이루어 항구가 발달하였다.

㉡ 금강 유역의 댐

댐 명	위 치	면 적
대청댐	충청북도 청주시	• 3,204km²(유역면적) • 72.8km²(저수면적)
보령댐	충청남도 보령시	• 163.6km²(유역면적) • 5.8km²(저수면적)
용담댐	전라북도 진안군	• 930km²(유역면적) • 36.2km²(저수면적)
부안댐	전라북도 부안군	• 59km²(유역면적) • 3km²(저수면적)

▶ 대한민국 주요 강의 길이
- 한강 : 514km
- 낙동강 : 521km
- 금강 : 395km
- 영산강 : 136km

▶ 소양강댐

충주호와 더불어 우리나라에서 가장 큰 인공호수인 소양호는 동양에서는 가장 크고, 세계에서는 네 번째로 큰 사력댐으로 춘천, 홍천, 양구 인제군에 접해 있어 내륙의 바다로 불린다.

▶ 충주댐

충주시 종민동과 동량면 조동리 앞 계곡을 가로막아 세운 콘크리트댐이다. 거대한 내륙호수인 충주호가 만들어져 호반 관광지가 되었다.

▶ 낙동강 명칭의 유래

낙동강(洛東江)은 '가락국(또는 가야)의 동쪽을 흐르는 강'을 의미한다. 고려 시대 때 편찬된 〈삼국유사〉에는 낙동강을 '황산진' 또는 '가야진'으로 표기했다. 그러나 조선 초기의 역사지리지인 〈동국여지승람〉에는 낙동강을 '낙수(洛水)' 혹은 '낙동강'이라고 썼다. 18세기 이긍익이 지은 〈연려실기술〉에도 '낙동강은 상주의 동쪽을 말함이다'라고 적고 있고, 이후 김정호의 〈대동여지도〉에도 '낙동강'이란 이름이 표시되어 있다. 따라서 오늘날과 같은 낙동강의 이름은 조선 초기부터 사용됐다고 볼 수 있다.

▶ 다목적댐 22 기출
- **한강 유역** : 소양강, 충주, 횡성
- **낙동강 유역** : 안동, 임하, 합천, 남강, 밀양 등
- **금강 유역** : 용담, 대청
- **섬진강 유역** : 섬진강, 주암
- **기타** : 부안, 보령, 장흥

③ 낙동강
  ㉠ 낙동강의 개요
   - 강원도 황지에서 발원하여 김해를 거쳐 남해로 유입되는 긴 강이며, 하류에는 철새도래지로 유명한 을숙도가 자리잡고 있어 독특한 관광자원의 가치를 지니고 있다.
   - 낙동강은 경상남북도의 큰 동맥으로 이 지역의 취락, 산업을 발달시키는 원동력이 되었다.
  ㉡ 낙동강 유역의 댐

댐 명	위 치	면 적
영주댐	경상북도 영주시	• 500km²(유역면적) • 10.4km²(저수면적)
안동댐	경상북도 안동시	• 1,584km²(유역면적) • 51.5km²(저수면적)
임하댐	경상북도 안동시	• 1,361km²(유역면적) • 26.4km²(저수면적)
성덕댐	경상북도 청송군	• 41.3km²(유역면적) • 1.5km²(저수면적)
군위댐	경상북도 군위군	• 87.5km²(유역면적) • 2.7km²(저수면적)
김천부항댐	경상북도 김천시	• 82km²(유역면적) • 2.5km²(저수면적)
합천댐	경상남도 합천군	• 925km²(유역면적) • 25km²(저수면적)
남강댐	경상남도 진주시	• 2,285km²(유역면적) • 28.2km²(저수면적)
밀양댐	경상남도 밀양시	• 95.4km²(유역면적) • 2.2km²(저수면적)
영천댐	경상북도 영천시	• 235km²(유역면적) • 6.9km²(저수면적)
안계댐	경상북도 경주시	• 6.7km²(유역면적) • 1.4km²(저수면적)
감포댐	경상북도 경주시	• 3.7km²(유역면적) • 0.2km²(저수면적)
운문댐	경상북도 청도군	• 301.3km²(유역면적) • 7.8km²(저수면적)
사연댐	울산광역시 울주군	• 67km²(유역면적) • 1.9km²(저수면적)
대곡댐	울산광역시 울주군	• 57.5km²(유역면적) • 2.4km²(저수면적)
선암댐	울산광역시 남구	• 1.2km²(유역면적) • 0.3km²(저수면적)
보현산댐	경상북도 영천시	• 32.61km²(유역면적) • 1.5km²(저수면적)

댐 명	위 치	면 적
대암댐	울산광역시 울주군	• 77km²(유역면적) • 1.5km²(저수면적)
연초댐	경상남도 거제시	• 11.7km²(유역면적) • 0.6km²(저수면적)
구천댐	경상남도 거제시	• 12.7km²(유역면적) • 0.5km²(저수면적)

④ 영산강·섬진강
  ㉠ 영산강의 개요
   • 전남 담양의 용면 용연리 용추봉에서 발원하여 호남벌을 관류하는 강이다.
   • 조수의 영향을 많이 받으며, 계절에 따른 유량의 차이가 심하다.
  ㉡ 섬진강의 개요
   • 전북 진안의 마이산에서 발원하여 광양만으로 흘러내리는 총길이 212km의 긴 강으로, 전남과 경남의 경계가 되어 흐른다.
   • 섬진강은 큰 도시를 지나지 않고 흐르는 강으로 비교적 오염되지 않아 물이 맑고 깨끗하여 관광자원으로서 천혜의 조건을 갖추고 있다.
  ㉢ 영산강·섬진강 유역의 댐

댐 명	위 치	면 적
섬진강댐	전라북도 임실군	• 763km²(유역면적) • 26.5km²(저수면적)
주암댐	전라남도 순천시	• 1,010km²(우역면적) • 33km²(저수면적)
주암조절지	전라남도 순천시	• 134.6km²(우역면적) • 7.8km²(저수면적)
장흥댐	전라남도 장흥군	• 193km²(유역면적) • 10.3km²(저수면적)
담양홍수조절지	전라남도 담양군	• 44.4km²(유역면적) • 0.8km²(저스면적)
화순홍수조절지	전라남도 화순군	• 106.2km²(유역면적) • 1.1km²(저수면적)
평림댐	전라남도 장성군	• 19.9km²(유역면적) • 0.9km²(저수면적)
수어댐	전라남도 광양시	• 49km²(유역면적) • 1.5km²(저수면적)

▶ 영산호

지도를 바꾼 국토개발 대역사의 현장으로 방조제 4,350m, 용수로 164km, 농경지 4,000ha가 조성되었다. 동양 최대의 인공담수호로서 관광지로 지정되었다.

▶ 섬진강운암발전소

2. 호수관광자원 21 기출

(1) 호수의 개념
지형학적으로 '육지에 둘러싸인 지역에 존재하는 정수괴(靜水塊)로서 바다와는 직접 연결되어 있지 않은 것'으로 정의된다.

(2) 호수의 종류
① 화구호 : 한라산의 백록담과 같이 화산작용에 의해 분화구에 물이 고여 생겨난 호수이다.
② 석호 : 강원도의 경포호처럼 해안지역에 토사의 퇴적에 의해 생긴 호수이다.
③ 함몰호 : 바이칼호처럼 지면의 함몰로 인하여 생겨난 호수이다.
④ 빙하호 : 핀란드, 캐나다 북부 등 주로 북부의 빙하지대에서 볼 수 있는 호수로, 빙하작용에 의해 생겨난 호수이다.
⑤ 언지호 : 칠보산의 장연호처럼 화산의 분출, 산사태 등으로 하천의 수로가 막혀서 생겨난 호수이다.
⑥ 우각호 : 하천의 곡류천에서 이루어지는 호수이다.
⑦ 인공호 : 인공으로 만들어진 댐이나 못이다.

(3) 우리나라의 주요 호수관광자원 17 21 기출
우리나라에 발달된 호수관광자원은 대부분이 인공호이며 자연호는 희박하다.
① 자연호
　㉠ 석호 : 송지호, 청초호, 영랑호, 경포호, 화진포호 등 강원도 북동안에 집중적으로 발달
　㉡ 칼데라호 : 백두산의 천지, 울릉도 나리분지
　㉢ 화구호 : 한라산의 백록담
② 인공호
　㉠ 시화호 : 경기도 안산시, 시흥시, 화성시에 걸쳐 있는 인공호수이다. 방조제의 양끝인 시흥과 화성의 앞 글자를 각각 따서 '시화호'라 한다.
　㉡ 충주호 : 충청북도 충주시와 제천시에 걸쳐 있는 인공호수로 1985년 건설된 충주댐으로 인해 생겨났다.
　㉢ 소양호 : 1973년 소양강 다목적댐 건설로 생긴 소양호는 강원도 춘천시, 양구군, 인제군에 걸쳐 있는 인공호수이다.

▶ **석호(Lagoon)**
연안류의 작용으로 형성되는 사주, 사취 등이 만의 입구를 막아 바다와 분리되어 형성된 호수이다. 하천의 유입으로 염도가 차츰 낮아지고 주변은 소택지로 변하여 갈대 등의 식물이 자라며 육지화되는 경우가 많다. 동해안의 석호는 수심이 보통 2m 이하이다.

▶ **화진포** 18 22 기출
동해안 최북단 강원도 고성군에 위치한 자연석호로, 이승만 전 대통령 등의 별장이 있다.

▶ **칼데라호(Caldera Lake)**
칼데라에 물이 고인 것을 칼데라호라 하며, 화구의 지름이 1.6km 이상인 것을 말한다. 칼데라는 화산의 모습이 이루어진 후 2차 폭발이나 함몰에 의해서 화구가 커진 것이다. 한라산의 백록담은 지름이 500m 정도에 불과하므로 화구호에 해당한다.

▶ **소양호**

2 해안관광자원

1. 해안관광자원의 의의

(1) 해안관광자원의 구성

해안관광자원은 해안(Coast), 연안(Shore Line), 바다(Marine), 섬(Island) 등의 지형요소로 구성된다. 해안지형은 성인상 침수(침강)해안과 이수(융기)해안으로 대별되고 각각은 경관의 차이가 크다.

① **침수해안** : 해안선이 복잡하고 도서가 많은 것이 특징이며, 스페인의 리아(Lia)지방의 전형적인 리아스식과 노르웨이해안에서 발달한 피오르(Fjord)식이 있다.

② **이수해안**
  ㉠ 암석해안 : 해식애(Sea Cliff), 해안단구(Coastal Terrace), 해식동(Sea Cave), 파식대, 시스택(Sea Stack) 등이 발달하였다. → 해안경관 구성
   • 해식애 : 강원도 통천군의 총석정, 변산반도의 채석강, 부산의 태종대 등
   • 해식동(굴) : 제주도의 산방굴, 남해의 음성굴과 백명굴, 홍도의 슬금리굴, 오륙도의 굴섬 등
  ㉡ 사빈해안 : 사빈(Beach), 사취, 사주, 석호, 육계도, 육계사주, 사구(Sand Dune) 등이 발달하였다. → 해수욕을 비롯한 다양한 관광활동의 대상

(2) 해안관광활동

① 해안경관의 감상(Seeing and Feeling Tourism)
  ㉠ 자연경관 : 아름다운 백사장, 기암이나 거석 및 단애의 경치, 다도해, 해중, 해저의 경관, 일출과 일몰의 광경 등을 감상할 수 있다. → 한려해상 국립공원, 다도해해상 국립공원
  ㉡ 인문경관 : 어촌, 어항 및 등대, 수산양식 및 가공 등을 감상할 수 있다.

② 행동하는 관광(Active Tourism) : 해수욕장을 비롯하여 보팅, 요팅, 수상스키, 스킨스쿠버, 스카이 다이빙, 낚시 등 해상 및 해중활동 등의 스포츠 활동무대로서 의의가 크다.

▶ **해안의 형태**
• **만의 출입이 복잡한 해안** : 피오르 해안(빙하의 침식에 의해 형성, 웅장하고 아름다운 경관), 리아스식 해안(하천의 침식에 의해 형성)
• **해안선이 단순한 해안** : 융기 등에 의해서 형성, 단층선을 따라 산맥 발달(해식애, 해안단구)
• **산호초 해안** : 산호층의 성장에 의해 형성, 태평양의 열대 해안에 발달

▶ **총석정**

강원 통천군 고저읍 총석리에 있는 정자인 총석정은 통천의 총석들과 금란굴 등 해금강 북부지역의 동해 명승지로서 예로부터 관동팔경의 하나로 꼽혀왔다.

▶ 영일만 호미곶 일출

인근의 울산 간절곶과 함께 한반도에서 가장 먼저 해가 뜬다 하여 일출을 보기 위해 많은 사람들이 찾아온다. 호미곶은 16세기 조선 명종 때 풍수지리학자인 남사고가 「산수비경」에서 한반도는 백두산 호랑이가 앞발로 연해주를 할퀴는 형상으로, 백두산은 호랑이 코, 호미곶은 호랑이 꼬리에 해당한다고 기술하면서 천하의 명당이라 하였다.

▶ 천수만 철새도래지

서산의 철새도래지인 천수만 일대는 해안가에 위치한다는 점, 10월부터 3월까지 월평균 기온이 1.2℃ 정도 높다는 점, 벼를 재배하는 대단위 농경지가 있다는 점으로 인해 철새서식지로 적합한 조건을 갖추게 되어 세계적인 철새도래지로 주목받게 되었다. 사계절 내내 각종 철새를 관찰할 수 있으며, 200여 종에 가까운 종류의 철새를 한 장소에서 볼 수 있다.

2. 우리나라의 해안관광자원

(1) 동해안
① 태백산맥과 함경산맥이 해안을 끼고 달리기 때문에 해안선이 비교적 단조로우나 곳에 따라서 다소의 굴곡이 나타난다.
② 북쪽에서부터 웅기만, 나진만, 청진만, 성진만, 영흥만, 영일만, 울산만 등의 만입이 잘 발달되어 있다.
③ 동해안에는 깊고 맑은 물, 풍부한 어족자원, 관동팔경이나 해안선의 풍광과 질 좋은 해수욕장 그리고 온천과 동굴 등이 있어 다양한 관광활동을 할 수 있다.

(2) 서해안
① 서한만과 경기만 등의 1차적인 만과 광량만, 대동만, 해주만, 남양만, 아산만, 가로림만, 천수만 등의 2차적인 만이 분포한다.
② 해안선의 굴곡이 심하고 바다가 얕으며, 만의 형성이 대규모적이고 간만의 차가 극히 심하다.
③ 새로운 간척지가 넓게 분포되어 있다. → 갯벌 축제 등 이벤트 관광 도입
④ 지역에 따라 특색있는 어종들이 생산된다. → 식도락에서부터 양식, 채취, 바다낚시, 가공 등을 포함하여 관광대상화

(3) 남해안
① 부산, 진해, 마산, 통영, 여수, 목포에 이르기까지 다도해를 이루고 있고, 해안선의 굴곡이 심하여 독특한 해안경관을 지니고 있으며, **마리나 시설**을 조성할 수도 있는 조건을 갖추고 있다.
② 임해입지형의 중화학공업단지가 형성되어 산업관광자원과의 연계성도 유리하고, 충무공의 전적지를 비롯하여 각종 문화유적이 많아서 문화와 역사의 관광을 겸할 수도 있다.
③ 온화한 기후조건으로 난대성 식물이 분포하고 활엽수도 탁월하며, 철새의 도래지가 많아 남국의 정취를 즐길 수 있다.
④ 수온이 높아 동계의 피한지 이용 가능성과 하계의 관광이용 기간이 가장 길어서 관광 계절성을 극복할 수 있는 여지도 있다.

3. 해수욕장

(1) 해수욕장의 의의
① 해수욕장은 여름철의 국민 휴양 및 스포츠 레저활동을 전개하는 지역이다.
② 여름철뿐만 아니라 사계절 관광객의 전천후 휴양지로서 관광자원의 효용을 갖고 있다.

(2) 해수욕장의 시설 및 환경기준

① 백사장은 전년도의 평균 해면 기준으로 길이 100m 이상, 폭 20m 이상이어야 한다(전년도의 해당 해수욕장 이용객이 3만 명 이하인 경우에 한정).
② 백사장에는 안전사고가 발생하지 않도록 위험한 물질이 없어야 한다.
③ 화장실, 탈의시설 및 샤워시설이 각각 1개 이상 설치되어 있어야 한다.
④ 수역에는 부유물, 해조류 및 유해해양생물 등이 없어야 한다.

(3) 우리나라 해수욕장의 분포 중요 16 17 기출

① 동해안
  ㉠ 북쪽 강원도 고성군의 명파해수욕장에서부터 남쪽 경남 양산의 일광해수욕장까지 주요 해수욕장이 분포되어 있다.
  ㉡ 동해안에는 영동 및 동해고속도로를 비롯하여 동해고속화도로가 발달되어 서울을 비롯하여 영남지역 사람들의 주요 관광루트로 이용되고 있다.
  ㉢ 강릉의 경포해수욕장은 동해안 해수욕장 중 가장 인기가 많은 곳이다.
  ㉣ 동해안은 맑은 해수가 장점인 데 비해 수심이 깊고 수온이 낮아 해수욕 기간이 짧은 것이 단점이다.

> **화진포해수욕장**
> 강원도 고성군에 위치하는 해수욕장이며, 부근에 김일성, 이승만 별장이 있는 곳으로 유명하다.

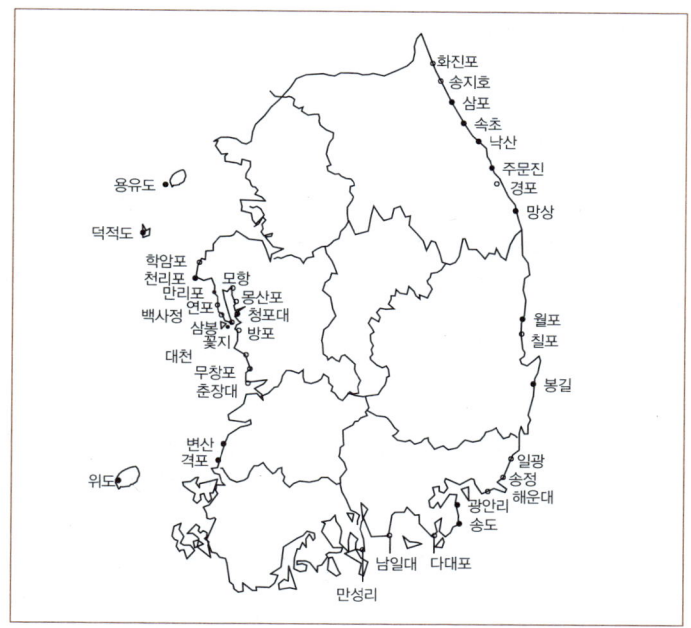

〈해수욕장의 분포(해수욕장 이용객 10만 명 이상 지역)〉

> **해수욕장의 시설**
- 편리한 교통시설 및 주차시설
- 탈의·샤워시설
- 보안관리시설
- 유영시설
- 주유시설
- 음식·휴식시설
- 오락시설
- 운동시설
- 숙박시설
- 전시·연극·강연 등의 문화시설 및 교환시설

> **대천해수욕장(충남 보령)**
머드축제가 열리며 패각모래가 특징이다.

> **영흥도 갯바위낚시**

② 남해안
  ㉠ 부산의 송정해수욕장에서부터 전라남도 진도군의 관매도해수욕장까지 분포되어 있다.
  ㉡ 해안의 굴곡이 심하여 세계적인 리아스식 해안이 형성되어 있으며, 오랫동안 해식에 의하여 형성된 해식애가 곳곳에 발달되어 있어서 경치가 아름답다.
  ㉢ 특히 이 지역에는 부산의 해운대와 태종대(명승)를 비롯하여 진해시의 벚꽃, 거제시 소재의 해금강의 해안경치, 충무공 이순신의 전적지, 남해군의 남해대교, 여수의 진남관과 오동도 등 자연 및 인문관광자원이 소재하고 있어서 우리나라 최초의 해상 국립공원으로 지정되었다.

③ 서해안
  ㉠ 북쪽으로 경기도의 시도해수욕장에서 남쪽으로 전라남도 신안군 시목리해수욕장과 목포시의 외달도해수욕장까지 분포되어 있다.
  ㉡ 서해안은 충남의 대천해수욕장과 만리포해수욕장이 유인력이 높다. 대천해수욕장은 인기가 높으나 해수가 황류인 것이 단점이다. 만리포해수욕장은 수심이 얕아 넓은 수역까지 이용할 수 있고, 사질이 좋으며 교통도 편리하다는 장점이 있다.

④ **제주특별자치도** : 제주시의 이호해수욕장과 서귀포시의 중문해수욕장을 비롯하여 해수욕장이 섬 주위에 분포되어 있다.

4. 기타 해안자원

(1) 낚시터
  ① 낚시터는 조어활동을 전개하는 수면지역으로 바다낚시터와 민물낚시터로 구분된다.
  ② 바다낚시의 유형으로는 갯바위낚시, 던질 낚시, 방파제낚시, 배낚시, 끌낚시 등이 있다.
  ③ 낚시를 위해서는 기초장비, 어류의 생태, 낚시터의 구조, 낚시의 유형, 실기 등 다양한 기술이 전제되어야 한다.

(2) 마리나(Marina)
  ① 마리나란 유람선이나 보트·요트 등 레크리에이션 선박들을 위한 정박지 또는 중계항으로서 시설 및 관리체계를 갖춘 항만을 말한다.
  ② 마리나의 기능은 단순한 정박성에만 국한하지 않고, 선박 대여 서비스 등 수상(해변, 호반 등) 레크리에이션을 행동적으로 즐기려는 관광자들에게 최선의 관리·보호 기능을 담당하여야 한다.

③ 마리나의 시설은 선박출입시설, 각종 유람선 및 보트(요트), 각종 편의시설, 급유시설, 구난사업소, 관리사업소, 숙박시설 등 **최대의 안전을 전제로 한 관리보호시설**을 갖추어야 한다.
④ 마리나를 이용한 수상관광의 경우 미국, 일본 등에서는 큰 붐을 이루고 있으나, 우리나라의 경우 이제 출발단계에 있어 적극적인 개발이 필요하다.

(3) 해중공원

① 해중자연미가 뛰어나고 다양한 해양식물과 어족들이 서식하는 경관지역을 말한다.
② 해중공원의 입지적 조건은 수질이 양호하고 다양한 식물과 어족들이 있어야 하며, 연중 날씨가 맑아야 한다는 것이다.
③ 해중공원은 해중생물의 관찰이 주내용이므로 해중전망대, 해중터널, 유리보트, 잠수정, 안내소, 숙박소, 휴식소 등 고도의 기술을 요하는 시설들을 갖추고 있어야 한다.
④ 우리나라의 해중경관은 제주특별자치도의 서귀포 앞바다와 한려수도 일대 등이 유리한 입지조건을 갖추고 있는데, 현재 우리나라에서는 제주특별자치도 서귀포 앞바다에서만 해저투시선을 통한 해저관광을 실시하고 있다.

> **해중공원**
> 일정한 해역과 이에 접한 해안을 구획하고, 거기에 서식하는 동식물을 보존하는 동시에, 그 경관을 널리 공중의 관찰·관상 등에 제공할 목적으로 설정되는 공원이다.

더 알아보기 해안지형의 종류

침식지형	• 해식동(굴) : 파도의 침식으로 형성된 동굴 • 파식대 : 파도의 침식과 풍화 작용으로 해안 근처의 해저에 생긴 평탄한 면 • 시스택 : 암석이 파도의 침식을 부분적으로 받아 형성된 지형 • 해식아치 : 시스택의 양쪽이 파도의 침식을 받아 아치모양으로 형성된 지형 • 해안단구 : 파도의 침식을 받은 곳이 융기하면서 계단의 형상을 하게 된 지형 • 해식애 : 파도의 침식과 풍화 작용으로 해안에 형성된 절벽
퇴적지형	• 사빈 : 곶이나 시스택이 침식된 토사가 해안의 만에 퇴적되어 생기는 지형 • 사취 : 모래가 해안을 따라 운반되다가 바다 쪽으로 계속 밀려나가 쌓여 형성되는 지형 • 사주 : 토사가 파도의 작용으로 해안의 수면 위에 막대 모양으로 퇴적된 지형, 사취가 성장하면 사주가 됨 • 석호 : 바다가 사주로 둘러싸여 형성된 호수 • 간석지(갯벌) : 조류로 운반되는 모래나 점토가 잔잔한 해역에 오랫동안 쌓여 생기는 평탄한 지형

04 온천관광자원

1 온천의 형성원인 및 분류

1. 온천의 형성원인

(1) 온천의 의의
- ① 온천(Hot Spring)이란, 지열로 인해 높은 온도로 가열된 지하수가 분출하는 샘을 말하는 것으로 휴양·요양의 효과가 크고 주변 풍경과 결합되어 관광자원으로서의 가치를 구성한다.
- ② 온천은 3대 요소인 수량, 성분, 온도에 따라서 그 가치가 평가된다.
- ③ 보통 34~42℃의 수온이 대부분이며, 그 이하일 경우는 미온천 또는 냉천이라고 하고, 그 이상일 경우는 고온천이라 한다.

(2) 온천의 형성원인
- ① **화산작용** : 마그마로 인해 가열된 지하수가 지표에 솟아나오는 것이다.
- ② **지열** : 지하에 침수한 물이 지하 깊은 곳에서 지열과 암석의 화학적 변화에 의하여 생긴다.
- ③ **단층열** : 단층이나 습곡 등의 지각운동으로 인해 발생하는 열 때문에 생긴다.

2. 온천의 분류

(1) 수온에 의한 분류 중요
- ① 냉천 : 25℃ 이하
- ② 미온천 : 25~34℃
- ③ 온천 : 34~42℃
- ④ 고온천 : 42℃ 이상

(2) 용출형태에 의한 분류
- ① 용천 : 온천수의 분출이 계속적으로 일어나는 온천
- ② 간헐천
  - ㉠ 온천수가 일정한 시간간격을 두고 주기적으로 용출하는 형태의 온천
  - ㉡ 간헐천의 분출기는 지하 공동의 수압이 높아져 지하 깊은 곳에서 가열된 물이나 수증기가 분출할 때고, 간헐천의 휴식기는 지하 공동에 다시 새로운 지하수가 유입되어 재가열되는 동안이다.

▶ 온천의 수원(水源)
온천수의 대부분은 지표에서 스며들어간 순환수이며, 극히 일부는 마그마로부터 공급되는 초생수이다.

▶ 간헐천

(3) 화학적 성분에 의한 분류

① 유황천 : 온천수 1kg 중 유황 1mg 이상이 함유된 천
→ 피부병・신경통에 효능

② 탄산천 : 온천수 1kg에 이산화탄소 또는 그 증발 잔재물이 1g 이상 함유된 천

③ 라돈천(방사능천) : 온천수 1kg당 1억분의 1mg이라는 매우 적은 양의 라돈이 함유되어 있는 천

④ 염류천(식염천) : 온천수 1kg당 5~15g 정도의 염분이 함유되어 있는 천 → **노약자에게 유용**

⑤ 광천(Spa) : 물 1kg 중 1g 이상 고형물질이 용해되어 있는 천

(4) 개발상태에 따른 분류

① 자연형 온천지 : 온천이 자연 그대로 용출하는 온천지로서 관광시장과 원격지에 위치하기 때문에 개발할 때까지는 많은 시간이 소요되는 곳에 위치한다. 온천지의 자연상태와 사회개발형태를 비교할 때 자연상태가 더 많이 남아 있다.

② 휴양(보양)형 온천지 : 접근이 상대적으로 용이하며 유입하는 관광객을 위한 숙박시설이 발달한 상태로, 아직은 온천이용형태가 탕치 형태를 벗어나지 못한 상태의 온천을 말한다.

③ 관광지형 온천지 : 목적 자체가 휴양이나 보양에 있는 것이 아니고, 레크리에이션 목적의 관광객을 위하여 개발한 온천이다. 온천 주변의 시설이나 온천객의 수용상태 시설이 기업적으로 발달하는 형태의 온천지역을 말한다.

2 온천의 분포와 의의

1. 세계의 온천

(1) 온천의 분포

① 세계의 온천은 환태평양 조산대, 알프스 히말라야 조산대, 피레네 산지, 호주 북동부, 바이칼호, 아프리카 동부・남부・마다가스카르섬・남아공화국, 중국대륙(동부) 등에 주로 분포하고 있다.

② 환태평양지역은 온천 집중지역으로 환태평양조산대, 화산대, 지진대와도 일치한다. 온천현상은 제3기 이후의 신기조산대의 화산활동이 활발한 지역에서 탁월하게 나타나고 있다.

▶ **온천의 어원**

온천을 영어로는 스파(Spa), 핫 스프링(Hot Spring)이라고 한다. 스파(Spa)의 어원은 벨기에 리제 지방의 '스파'라는 지명에서 비롯되었으며, 핫 스프링(Hot Spring)은 미국의 아칸소(Arkansas)주의 '핫 스프링시티'에서 비롯된 것이다. 이곳은 유명한 온천 요양지로서 핫 스프링스 시티와 핫 스프링스 마운틴, 핫 스프링스 내셔널 파크가 있다.

▶ **탕치(湯治)**

몸을 담가 몸과 마음의 병을 치료하는 것

▶ **일본 벳부시 노천탕**

벳부시는 일본 남서부에 위치한 규슈섬의 오이타현에 속한 산과 바다로 둘러싸인 온천도시이다.

▶ **터키의 파묵칼레(석회석 온천)**

▸ 헝가리 세체니 온천

▸ 수안보
〈고려사〉 권56에 의하면 약 1천년 전인 현종 9년(1018) 당시에도 존재했던 유서깊은 온천이다. 조선왕조실록 등 관계자료에 따르면 조선 시대 세종대왕의 부마였던 연창위, 안맹담과 세조 때의 우의정 권람 등 여러 선비들과 전국에서 모여든 욕객들로 인해 온정거리가 사철 붐볐다고 한다.

③ 화산활동과 관련이 없는 지역에서도 온천이 발달되고 있다. 예컨대, 중국에서는 동부의 화북, 화중평원과 화남, 러시아의 바이칼호 주변, 인도반도와 남아프리카, 호주 북동부 등에 광범위하게 분포하고 있다.

(2) 온천관광자원의 의의

① 동서양을 막론하고 온천은 치료를 위해서 사용된 역사가 있다. 유럽의 온천은 지금도 요양·보양적 이용이 그 중심을 이루고 있다.
② 미국과 뉴질랜드, 동남아시아 등지에서는 온천을 레크리에이션장이자 즐거움의 대상으로 이용하고 있다.

2. 한국의 온천

(1) 온천의 역사

① 한반도에서 온천의 발견 시기는 삼국 시대로 소급되며, 초기에는 치료수로 이용하였다. 특히, 온천과 관련된 지명을 갖고 있는 곳은 근대 이전에서부터 온천 이용의 역사가 있거나 온천징후가 있는 것으로 판단할 수 있다. → 온(溫)·정(井)·천(泉)·부(釜) 등으로 된 지명이 전국에 약 426개소
② 조선 시대 이후 온천의 발달은 왕족이나 귀족 중심으로 목욕수·치료수 등으로 이용한 사례가 많으며, 세종조에는 온양·동래·유성 등의 온천 이용을 일반인에게 허락한 적도 있다.
③ 우리나라에서 온천이 관광기업화된 것은 1920년대 일본인들의 인공굴착에 의한 본격적인 온천개발 이후이다.
④ 광복 당시 전국에는 42개소의 온천지가 있었는데, 이 중 남한에는 15개소가 개발되어 숙박시설과 목욕실을 갖추고 있었다. → 1960년대 이후 국민관광개발 열기에 따라 현대적 관광지로 계속 발전
⑤ 정부에서는 온천법에 의거하여 온천을 보양휴양지로 지정·개발하고 있다.

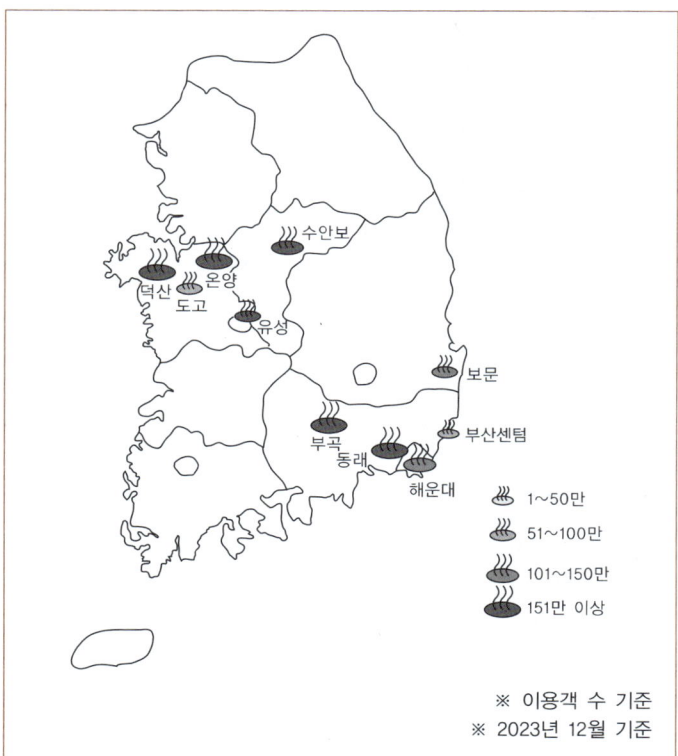

〈이용객 수별 온천〉

(2) 온천의 분포와 수질

① 우리나라 온천의 특성
  ㉠ 남한에 분포하는 온천은 제3기 화산대에서 벗어난 **비화산성 열원의 온천이 주류**를 이루고 있다.
  ㉡ 온천수질은 대부분 저농도 약알칼리성의 단순천으로 되어 있다.
  ㉢ 한국의 온천수는 지질구조대가 투수층의 대수층 역할을 하여 상승하는 유형에 속하기 때문에 용출열수의 양은 많지 않다.

② 온천밀집지역 : 한반도의 중서부(온양, 도고, 유성, 이천온천)와 중동부(척산, 오색, 덕구, 백암, 수안보온천) 및 남동부(경산, 도곡, 마금산, 동래, 해운대온천) 등지로 **충남북과 경남북에 밀집·분포**하고 있다. → 대부분이 화강암지대에 분포

③ 수온상으로 본 온천분포 : 동남부에 위치한 **경남 부곡이 54~78℃**로 남한 제일의 고온 온천이고, 온양, 덕산, 유성, 수안보, 백암, 덕구, 동래, 해운대, 마금산, 척산 등은 40~60℃이다. 이천, 도고, 경산, 오색 등은 20~39℃ 이하로 저온 온천형에 해당된다.

> **온 천**
> 지하로부터 솟아나는 25℃ 이상의 온수이자 다음의 성분기준을 모두 갖춘 경우로서 음용 또는 목욕용으로 사용되어도 인체에 해롭지 아니한 것을 말한다.
> - 질산성질소(NO_3-N)는 10mg/L 이하일 것
> - 테트라클로로에틸렌(C_2Cl_4)은 0.01mg/L 이하일 것
> - 트리클로로에틸렌(C_2HCl_3)은 0.03mg/L 이하일 것

> **유성온천**
>
>
>
> 백제 말엽 신라와의 싸움에서 크게 다친 아들의 약을 찾던 어머니가 백설이 뒤덮인 들판에서 날개 다친 학 한 마리가 눈 녹은 웅덩이 물로 상처 난 날개를 적셔 치료하는 것을 보고 아들의 상처를 그 물에 담그게 하여 말끔히 치료하였다는 얘기가 전해오고 있다.

더 알아보기	우리나라 주요 온천의 성분 및 효능		
온천명	소재지	성분	효능
동래온천	부산시 동래구	알칼리성	신경통, 피부병, 부인병
해운대온천	부산시 해운대구	황산 · 라돈	위장염, 신경통, 기관지염
부곡온천	경남 부곡면	유 황	피부병, 신경통, 무좀
마금산온천	경남 창원시	유 황	피부병, 신경통, 부인병
온양온천	충남 온양동	알칼리성	피부병, 위장병
유성온천	대전시 유성구	라 돈	신경통, 위장병
덕산온천	충남 덕산면	라 돈	신경통, 부인병
도고온천	충남 도고면	유 황	피부병, 신경통, 안질
백암온천	경북 울진군	나트륨, 철 칼슘	만성질환, 위궤양
덕구온천	경북 울진군	알칼리성	피부병, 신경통, 빈혈
수안보온천	충북 충주시	유 황	피부병, 부인병
척산온천	강원도 속초시	유 황	피부병, 신경통
오색온천	강원도 양양군	알칼리성	위장병, 피부병, 신경통
이천온천	경기도 이천시	유 황	만성습진, 신경통, 부인병

(3) 주요 온천 14 15 17 18 19 기출

① 온양온천
  ㉠ 충남 아산시 온양동에 위치하고 있는 **국내에서 가장 오래된 온천**으로, 전국에서 가장 수량이 풍부한 최대 규모의 온천 휴양지로 널리 알려져 있다.
  ㉡ 수질 특성은 알칼리성으로 피부병, 위장병, 신경통, 피부미용 등에 좋다.
  ㉢ 수온은 44~60℃로 고열온천에 속한다.
  ㉣ 서울에서 가깝고 주위에 현충사, 온양 민속박물관 등 관광명소가 많아 4계절 구분 없이 많은 관광객이 찾는 곳이다.

② 이천온천
  ㉠ 경기도 이천시에 위치하고 있는 온천으로 서울에서 가장 가까운 곳에 있어 최근 크게 각광을 받고 있다.
  ㉡ 만성습진, 신경통, 부인병, 피부병, 위장병 등에 효과가 있는 경기도 유일의 온천 관광지이다.
  ㉢ 주변 관광자원으로 도예의 고장이 있어 도자기 관광을 할 수도 있다.

▶ 온양온천

국내에서 가장 오래된 온천인 온양온천은 다른 온천에 비해 온천수온이 높은 편에 속한다. 백제 시대는 온정군, 고려 시대에는 온수군이라 불리다가 조선 초기에 온양이란 지명을 얻게 되었다. 특히 조선 시대에는 태조, 세종, 세조 등 여러 왕들이 질병치료차 유숙한 기록이 많으며, 왕이 거처한 온궁(현재 온양관광호텔 자리)이라는 행궁이 있었다고 한다.

▶ 이천온천
이천온천은 500여 년 전의 유서 깊은 온천으로 효성이 지극한 한 농부의 어머니가 심한 피부병과 눈병을 앓고 있었는데, 논 한 가운데 사시사철 더운 물이 솟는 것을 발견하고 그 물을 떠다 어머니의 몸과 눈을 씻겨드렸더니 깨끗이 나았다는 전설이 전해 오고 있다.

③ 도고온천
　㉠ 충남 아산시 도고면에 위치하고 있는 온천으로 도고종합레저타운이 들어서면서 크게 각광받고 있다.
　㉡ 유황 단순천으로 유황냄새가 강하며, 수온이 25~27℃로 겨울에는 가열해서 사용해야 한다.
　㉢ 피부병, 신경통, 눈병, 무좀, 비듬, 안과질환, 풍치, 당뇨병 등에 특효가 있다.

④ 수안보온천
　㉠ 충북 충주시 수안보면에 위치하고 있는 온천으로 주변 경관이 아름다워 많은 관광객이 찾는 곳이다.
　㉡ 수질은 유황 라돈 단순천으로 최고 수온은 53℃이며, 무색투명하고 아주 매끄럽다.
　㉢ 피부병, 부인병, 신경통, 위장병 등에 특효가 있으며, 불소의 함유로 충치예방에도 효험을 볼 수 있다.
　㉣ 주변 관광지로는 충주의 명소 탄금대와 미륵사지가 있다.

⑤ 유성온천
　㉠ 대전광역시 유성구에 위치하고 있는 온천으로, 최근 개발 붐으로 크게 각광받고 있는 관광 휴양지이다.
　㉡ 수질은 라돈 성분이 많은 알칼리성 온천수로 무색, 무취, 무미하다.
　㉢ 수온은 42~65℃로 피부미용, 소화기질환, 부인병, 당뇨병, 신경통, 관절염 등에 효과가 있다.

⑥ 백암온천
　㉠ 경북 울진군 온정면에 위치하고 있는 온천으로 수질이 뛰어나고 수량이 풍부하다.
　㉡ 수질 특성은 방사능 유황천으로 무색·무취하다.
　㉢ 최고 수온은 50℃로 비교적 높은 편이며, 만성질환, 위궤양, 당뇨병, 신경통, 요결석, 중풍, 창상 등에 효험이 있다.
　㉣ 주변경관으로는 백암산을 비롯해 월송정, 망양정, 불영사계곡, 백암폭포, 성류굴 등이 있다.

⑦ 부곡온천 20 기출
　㉠ 경남 창녕군 부곡면에 위치하고 있는 온천으로 최고 수온은 국내에서 가장 높은 78℃이다.
　㉡ 수질 특성은 라돈 유황권이며, 유황성분이 많이 용해되어 있어 목욕을 하면 윤이 나고 매끄러워 여성들에게 인기가 좋다.
　㉢ 피부병, 관절염, 부인병, 신경통, 위장병, 무좀, 동맥경화 등에 효과가 크다.

▶ 도고온천

도고온천은 신라 시대부터 일부 이용되었다고 하나 정확하지 않고, 1975년에 파라다이스호텔이 들어서면서부터 널리 알려지기 시작했다. 수온은 그다지 높지 않지만 우리나라의 몇 안 되는 유황온천으로 유명하다.

▶ 수안보온천

▶ 백암온천

신라 시대 때 한 사냥꾼이 창에 맞은 사슴을 쫓다가 날이 저물어, 이튿날 사슴이 달아난 방향을 수색하던 중 그 사슴이 쉬고 있다가 사냥꾼을 보고 달아나는 곳을 쫓아가보니 그 주변에 뜨거운 샘이 용출하고 있는 것을 발견한 것이 유래라고 전해진다.

▶ 부곡온천

부곡온천의 생성연도는 정확히 알 수 없으나,「동국여지승람」의 영산현조에 "온천이 현의 동남쪽 17리에 있더니 지금은 폐했다"라는 기록이 있어 오랜전부터 부곡에 온천이 있었음을 알 수 있다. 「동국통감」의 고려기에도 '영산온정'이 기록되어 있어 태고 때부터 자연 분출되어 오늘에 이어진 것으로 전해진다.

▶ 오색온천

옛적에 선녀들이 온천욕을 하고 승천하였다는 전설이 내려오고 있다. 오색온천수는 용출 수온이 42℃로서 중탄산, 염소, 유황, 망간, 철분 등 주요성분이 골고루 포함되어 있으며, 피부미용에 좋다하여 일명 미인온천이라고도 한다.

▶ 척산온천

옛부터 온천수가 자연적으로 솟아나서 그 못 주변에는 겨울에도 초목이 파랗게 자랐으므로 부락 아낙네들의 빨래터로 사용되어 왔었다. 조선 시대 옛 전설에 의하면 상처입은 백학이 치료되어 날아가고, 눈 덮인 겨울철에 붉은 뱀 한 쌍이 목욕을 하였다고 한다. 또 이곳에서 온천욕을 하고 동해에서 떠오르는 해를 보고 소원을 빌면 그 소원이 성취된다는 전설이 내려온다.

ⓔ 주변 관광지로는 해인사, 표충사, 밀양의 영남루와 얼음골, 곽재우와 17장수의 충혼을 기리기 위해 건립된 의령탑 등이 있고 대규모 위락 단지가 조성되어 있어 가족 단위의 관광에 적합하다.

⑧ 오색온천
  ㉠ 강원의 양양군 서면에 위치하고 있는 온천으로 약수로 유명하다. 신경통, 피부병, 빈혈, 무좀, 버짐, 부인병, 습진 등에 효과가 있다.
  ㉡ 수질특성은 알칼리성 유황단순천이며, 수온은 30~42℃로 비교적 낮은 편이다.
  ㉢ 설악산 국립공원의 남설악지역에 있어 설악산의 만물상, 흔들바위, 선녀탕, 낙산사 등 주변경관이 뛰어난 곳이 많다.

⑨ 척산온천
  ㉠ 강원도 속초시에 위치하고 있는 온천으로, 설악산의 풍경과 동해의 장관을 함께 감상할 수 있는 속초의 명물이다.
  ㉡ 수질특성은 알칼리성 단순천으로 매끄럽고 약간 푸른빛을 띠고 있으며, 다른 온천에서 보기 드문 불소가 다량 함유돼 있어 충치를 비롯해 각종 치과질환, 위장병, 눈병, 류머티즘, 신경통, 피부병 등에 효과가 좋다.
  ㉢ 주변 경관으로는 설악산을 비롯하여 영랑호, 청초호 관광이 가능하다.

⑩ 경주온천
  ㉠ 1987년 7월에 지정·고시된 온천으로 우리나라 최대의 문화유적도시인 경주 불국사 밑 마동에 위치하고 있다.
  ㉡ 26~32℃의 약알칼리성 온천수로서 기존 온천수에 비해 중탄산 이온이 3~10배 더 포함되어 있으며, 식용으로 적합하다.
  ㉢ 경주의 풍부한 문화유산과 해안관광이 연결되어 있어 최고의 입지 조건을 갖추고 있는 온천 관광지이다.
  ㉣ 수량이 풍부하여 연간 1,000만 명이 이용할 수 있고, 경주의 유명관광호텔에 온천수를 공급하고 있다.

⑪ 동래온천
　㉠ 부산광역시 동래구 금정산 기슭에 위치하고 있는 온천으로, 금정산과 금강공원 등이 있어 관광을 더불어 즐길 수 있다.
　㉡ 식염 단순천으로 최고 수온은 63℃이며, 신경통, 피부병, 창상, 자궁내막염, 소화불량, 위장병, 변비, 치질, 요통, 류머티즘 등에 효능이 좋고 음용도 가능하다.
　㉢ 주변 관광명소로는 금강공원의 울창한 송림과 금정산 중턱의 범어사, 용두공원, 태종대 등 풍치가 뛰어난 곳이 많다.

⑫ 해운대온천
　㉠ 부산광역시 해운대구에 위치하고 있는 온천으로, 우리나라에서는 유일하게 해수욕장과 이웃하고 있는 임해온천이다.
　㉡ 수질특성은 알칼리성 식염천으로 조금 짭짤한 맛이 느껴지며, 최고 수온은 61℃이다.
　㉢ 식염천으로 신진대사를 촉진하여 혈액순환을 좋게 하고 인체 내의 불순물을 배출하는 효능이 있으며, 류머티즘, 좌골신경통, 신경염, 고혈압, 노이로제, 동맥경화증, 만성피부병 등에도 효과가 뛰어나다.
　㉣ 주변 경관으로 해운대해수욕장과 해수욕장 서쪽 끝에 위치한 동백섬이 있어 사시사철 관광객이 끊이지 않는 전천후 온천이다.

⑬ 마금산온천
　㉠ 경남 창원시 의창구 북면 신촌리에 위치하고 있는 온천으로, 뒤편에 마금산과 천마산이 둘러싸고 있어 아늑한 분위기를 갖고 있는 관광명소이다.
　㉡ 수질특성은 알칼리성 유황천이며, 최고수온은 50℃이다.
　㉢ 각종 류머티즘, 신경통, 소아병, 잠수병, 당뇨병, 고혈압, 각종 소화기질환, 부인병, 비뇨생식기질환 등에 효능이 좋다.
　㉣ 주변 관광지로는 가까운 곳에 마금산과 천마산이 있고, 낙동강이 흐르고 있어 산책하기에 알맞다.

⑭ 덕구온천
　㉠ 경북 울진군 북면 응봉산(일명 매봉산) 남쪽자락에 위치하고 있으며, 암벽에서 폭포처럼 쏟아지는 노천온천으로 천연 샤워를 즐길 수 있는 자연형태의 노천온천탕이다.
　㉡ 수질특성은 중탄산나트륨 단순천으로 다량의 철분이 함유되어 있으며, 최고 수온은 42℃이다.
　㉢ 피부병, 빈혈, 신경통, 당뇨병, 소화불량, 부인병 등에 효능이 있다.

▶ 동래온천

동래온천에서 신라 때부터 왕들이 목욕을 하였다는 기록을 고려 시대의 고시(古詩) 〈이규보의 시〉가 기재된 동래부읍지에서 찾아볼 수 있다.

▶ 해운대온천

동래온천과 마찬가지로 신라 때부터 온천욕이 이루어지고 있었으나 위치가 해변에 있었기 때문에 왜구들이 몰려와서 잡폐를 저질렀다해서 폐탕하였다는 설과, 나병에 걸린 사람이 이곳에 와서 목욕하면 병이 낫는다는 소문에 각처의 나병환자들이 몰려오는 바람에 부락민들이 온천을 폐했다는 설 등이 있다.

▶ 마금산온천

1927년(日帝時代) 당시 마산도립병원장으로 있던 도쿠나가(德永)가 병환자들의 요양장소로 온천을 개발한 것이 시초가 되었으며, 해방 후 이 지방의 손진일 씨가 온천을 인수한 후 본격적 개발이 이루어졌다고 한다. 온천의 남쪽 10km에 위치한 천주산(638m)은 자생한 진달래 군락지로 유명하다.

▶ 덕구온천 노천탕

약 600여 년 전(고려 말)에 활과 창의 명수인 전모라는 사람이 20여 명의 사냥꾼과 함께 멧돼지를 쫓던 중 상처를 입고 도망가던 멧돼지가 어느 계곡 사이에서 몸을 씻더니 쏜살같이 달아나는 것을 보고 이를 이상하게 여긴 사냥꾼들이 그 계곡을 자세히 살펴보던 중 자연으로 용출되는 온천수를 발견하게 되었다는 전설이 내려온다.

⑮ 덕산온천
  ㉠ 충청남도 예산군 덕산면에 있는 온천으로, 약알칼리성 중탄산 나트륨천이다. 만성 류머티즘, 소화기질환, 피부미용 등에 효과가 있는 것으로 알려져 있다.
  ㉡ 주변에는 매헌 윤봉길 의사의 생가와 기념관, 수덕사 등 덕산 도립공원이 자리 잡고 있다.

더 알아보기 전국 이용 중인 온천 현황

시·도	계	온천원보호지구		온천공보호구역		연간 이용인원 (단위: 천명)
		지구수	지정면적 (단위: m²)	구역수	지정면적 (단위: m²)	
서울	8(5)	0(0)	0	8(5)	93,102	486
부산	49(67)	4(30)	3,592,389	44(37)	373,440	9,035
대구	16(14)	1(1)	506,550	14(12)	91,994	2,322
인천	10(1)	3(0)	4,322,723	4(1)	45,972	280
광주	3(2)	2(1)	949,681	1(1)	2,391	166
대전	4(55)	1(54)	938,854	3(1)	18,221	1,700
울산	15(16)	3(9)	3,323,180	12(7)	131,991	1,627
세종	3(2)	0(0)	0	3(2)	13,421	262
경기	43(38)	12(20)	12,922,782	25(18)	366,287	2,953
강원	56(45)	19(29)	17,121,437	25(16)	404,975	3,828
충북	21(44)	9(37)	17,654,145	8(6)	30,822	2,105
충남	26(57)	11(55)	10,673,025	5(2)	66,965	11,166
전북	17(7)	9(3)	12,095,126	7(3)	47,575	1,231
전남	14(23)	8(15)	6,748,982	3(8)	1,579,802	1,208
경북	99(99)	28(46)	42,115,929	62(50)	540,476	10,112
경남	47(74)	9(52)	9,722,988	28(22)	299,747	9,811
제주	15(6)	2(1)	1,867,747	8(5)	126,250	798
합계	446(555)	121(353)	144,555,488	260(196)	4,233,431	59,090

※ ( )는 이용업소 수
※ 행정안전부, 전국 온천 현황(2024.12.31. 기준)

> **더 알아보기** 관광특구 지정 온천

시·도	특구명	지정지역	면적(km²)	지정일
충 북	수안보온천	충주시 수안보면 온천리·안보리 일원	9.22	1997.01.18
충 남	아산시온천	아산시 음봉면 신수리 일원	3.71	
경 북	백암온천	울진군 온정면 소태리 일원	1.74	
경 남	부곡온천	창녕군 부곡면 거문리·사창리 일원	4.82	

※ 문화체육관광부, 2025년 6월 기준

3 약 수

1. 약수의 의의 및 특성

(1) 약수의 의의

냉천은 광천 중에서 수온이 낮은 천을 말하는데, 일반적으로는 화학성분이 함유되어 있는 냉천을 약수라고 한다(탄산나트륨의 함유량이 1% 이상인 것).

(2) 약수의 특성

① 대부분의 약수는 탄산천에 속하는데, 이는 소화작용을 촉진하여 건강을 유지시켜 주는 천연수로 많은 사람들에게 관심의 대상이 되고 있다.
② 피서지로서의 기능을 겸한 관광지로도 발전되어 가고 있다.

(3) 분 포

① 화강암 분포지가 많고 산수가 맑은 우리나라에는 전국 곳곳에 맑은 샘이 솟아나 약수터라고 불리는 곳이 수없이 많다. 이들의 대부분은 석간수라고 하는 자연수이며, 지하에서 솟아나는 샘물에 기체 상태 또는 고체 상태의 광물질을 함유하거나 탄산 기체와 산소가 많이 녹아 있는 약수(Mineral Water)는 전국적으로 35개소에 불과하다.

▶ 초정약수 우물

약 600년 전에 발견되었다. 「동국여지승람」제15권과 「왕조실록」제103권에 그 유래가 밝혀져 있다. 매콤하고 차가운 천연탄산수가 용출하는 영천으로 일찍부터 전국에 널리 알려졌으며, 또한 세종대왕이 행차하여 60일간 이곳에 머무르며 안질을 치료한 바 있는 유서 깊은 약수터이다.

▶ 세계 3대 광천(세계광천학회)
- 샤스터 광천(미국)
- 나포리나스 광천(영국)
- 초정약수(한국)

▶ 오색약수터

▶ 방아다리약수터

② 약수는 전국 각지에 널리 분포되어 있으며, 온천은 연중 이용할 수 있는 데 반해, 약수는 주로 한여름의 삼복 기간 동안 많이 이용해 왔다.
③ 최근에는 도시인의 음료수로 시중에 판매·제공하는 곳도 있다.

2. 우리나라의 주요 약수

(1) 초정약수
① 충북 청주시 청원구 내수읍 초정리에 있는 약수이다.
② 라돈 성분이 다량 함유된 천연탄산수로서, 지하 100m의 석회암층에서 솟아오르는 무균, 단순 탄산천이며, 세계 3대 광천의 하나로 꼽힌다.
③ 용출량(1일 약 8,500ℓ)도 풍부하고 이를 가공하여 천연사이다로 상품화할 만큼 잘 알려져 있다.
④ 천연단순탄산이 함유된 라돈 광천수를 이용한 천연사이다와 미네랄 워터를 제조하는 공장이 입지하고 있다.

(2) 오색약수
① 강원도 양양군 서면 오색리에 있는 약수이다.
② 오색천 개울가의 한 너럭바위 암반에서 약수가 솟는다.
③ 3개 공(孔)에서 솟는데, 위쪽의 약수는 철분이 더 많고, 아래쪽 2개 공은 탄산질이 더 많다.
④ 하루 용출량은 1,500ℓ 정도로, 수질은 탄산수이며 철분이 많아 물맛이 특이한 것으로 유명하다.
⑤ 위장병, 신경통, 피부병, 빈혈 등에 좋고, 기생충 구제에도 효과가 있다고 알려져 있다.

(3) 방아다리약수
① 영동 고속도로 하진부에서 북쪽으로 12km 지점에 위치한 이 약수터는 조선조 숙종 때 발견되어 영서지방의 명소로 꼽히는 곳이다.
② 철분과 탄산 등이 주성분이며, 지하 50m에서 파이프를 통해 용출되는 양이 풍부한 이곳은 1,500만 본의 송림이 아름다운 삼림지대를 이루고 있는 약수터이다.

(4) 달기약수

① 경상북도 청송읍 부곡리에 있는 약수이다. 청송읍에서 동쪽으로 3km쯤 가면 달기골이라는 계곡에 속칭 달기약물이라는 탄산약수가 있다.

② 1시간에 60ℓ가 솟아나며, 빈혈, 신경질환, 부인병, 위장병 등에 특효가 있다 하여 각처에서 많은 사람들이 모여든다.

③ 신맛과 특유한 향과 사이다맛 등이 나며, 이 약수로 밥을 지으면 연둣빛이 나고, 닭을 고면 연해지고 맛이 좋으며 그 영양을 고스란히 섭취할 수 있다고 한다.

▶ 달기약수탕

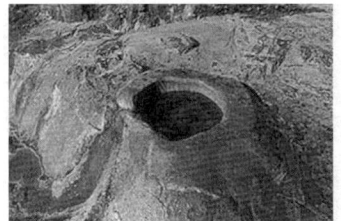

달계약수탕이라고도 불린다. 조선 철종 때 금부도사를 지낸 권성하가 벼슬을 버리고 낙향하여 안동에서 이곳 부곡리에 자리잡고 살면서 마을 사람들과 수로공사를 하던 중 바위틈에서 솟아오르는 약물을 발견하면서 알려지기 시작했다.

(5) 화암약수

① 강원도 정선군 화암면 화암리에 위치한 약수터로 산화철 탄산수이며, 1977년 국민관광지로 지정되었다.

② 약수터 주변을 공원화하여 숲이 울창하고 계곡물도 맑아 야영지로도 좋다.

③ 정선 화암 8경의 제1경으로 꼽히는 화암약수는 철분이 다량 함유되어 있고, 부드럽게 톡 쏘는 탄산수로 위장병, 피부병, 안질환자에게 좋다고 한다.

▶ 화암약수

1910년경 이 마을 사람 문명무 씨가 꿈에 구슬봉 높은 바위아래 청룡, 황룡 두 마리가 서로 뒤틀며 엉키어 몸부림치더니 하늘로 치솟아 올라가는 꿈을 꾼 후에 남몰래 그곳에 가서 땅을 파헤치니 갑자기 바위틈에서 물이 거품을 품으며 치솟았다 한다. 화암 8경 중 제1경이다.

(6) 홍천 옻나무약수

① 홍천읍에서 동쪽으로 15km 떨어진 홍천군 동면 노천1리에 있다.

② 100년 이상 묵은 옻나무 밑에서 솟아오르는 이 약수는 알레르기성 피부병과 옻, 땀띠 등에 특효를 보인다.

③ 마음이 맑지 못한 사람에게는 효험이 없다는 전설이 있기도 하며 아무리 장마가 들거나 가물어도 분출되는 약수의 양은 항상 일정하다.

(7) 인제 방동약수

① 강원도 인제군 기린면에 있으며, 1670년에 발견되었다.

② 무색·투명한 광천수로 설탕을 넣지 않은 사이다맛과 같다. 각종 무기염류와 탄산 기체가 많이 함유되어 있어 급만성 위장병에 효험이 크다고 한다.

▶ 인제 방동약수

방동약수는 자연보호중앙협의회에서 '한국의 명수'로 지정할 만큼 효험있는 신비의 물로 알려져 있다.

(8) 대정약수

천안의 독립기념관 가까이에 있으며, 항암역할의 저마늄을 비롯하여 라돈·나트륨 등이 함유되어 위장병, 숙취, 당뇨병, 피부병 등에 효과가 있다고 알려져 있다.

▶ 오전약수탕

조선 제8대 성종(470~1483) 때 발견된 이 약수는 조선 시대 가장 물맛이 좋은 약수를 뽑는 대회에서 전국 최고의 약수로 뽑혔다고 전해진다.

(9) 오전약수
① 경북 봉화의 오지에 있으며, 칼슘과 마그네슘, 철분, 염소가 다량 함유되어 위장병과 피부병에 효과가 있다.
② 특히, 약수에 녹아있는 중탄산염이 위장병, 신경통, 빈혈, 피부병 등 여러 가지 병에 좋다고 한다.

(10) 추곡약수
① 춘천시 북산면 추곡리 사명산 아래 있는 약수로서 극히 좁은 산의 협곡에서 약수가 용출된다.
② 수량은 많지 않으나 위장병에 특효가 있다고 널리 알려져 있으며, 감초냄새와 감초맛이 난다. 여름철이면 피서 겸 병치료를 위하여 특히 서울에서 많은 사람들이 찾아온다.

PART 03 핵심 실전 문제

※ 해설 부분을 가리고 문제를 푼 후, 해설을 통해 정답 혹은 오답의 이유를 확인해보세요.

01 다음 중 자연적 관광자원으로만 연결된 것은?

① 토산품, 기념물, 산악
② 동식물, 산악, 해안
③ 하천, 성터, 국가유산
④ 암석, 특산물, 성지

해설
자연적 관광자원
산악, 하천, 호소, 해안, 목장, 고원, 폭포, 화산, 암석, 동굴, 태양, 동물, 식물 등

02 다음 중 우리나라 최초의 국립공원은?

① 설악산　　② 지리산
③ 계룡산　　④ 한라산

해설
1967년 12월 우리나라 최초의 국립공원으로 지정된 지리산은 전북, 전남, 경남 등 3도에 걸친 뛰어난 자연경관지이다.

03 한탄강이 분포된 지역이 아닌 것은?

① 강원도 영월군　　② 경기도 포천시
③ 경기도 연천군　　④ 강원도 철원군

해설
한탄강은 경기도 포천시, 연천군, 강원도 철원군에 있다. 강원도 영월군에는 강원고생대가 있다.

04 다음 중 세계 최초의 국립공원은?

① 백두산　　② 옐로스톤
③ 후지산　　④ 하이드 파크

해설
세계 최초의 국립공원은 1872년 미국에서 입법·지정된 옐로스톤 국립공원이다.

정답 01 ②　02 ②　03 ①　04 ②

해설
관광특구로 지정된 온천으로는 수안보온천, 아산시온천, 백암온천, 부곡온천이 있다.

05 관광특구로 지정된 온천이 아닌 것은?
① 부곡온천 ② 수안보온천
③ 백암온천 ④ 이천온천

해설
2023년 5월 팔공산이 23번째 국립공원으로 지정되었다.

06 다음 중 가장 최근에 지정된 국립공원은?
① 월출산 ② 무등산
③ 설악산 ④ 팔공산

해설
1968년 12월에 지정된 경주 국립공원은 현재 지정된 국립공원 중 유일한 사적형 국립공원이다.

07 우리나라 유일의 사적형 국립공원은?
① 부 여 ② 경 주
③ 설악산 ④ 공 주

해설
총면적이 2,276.209km²에 달하는 다도해해상 국립공원은 우리나라 최대의 국립공원이다.

08 우리나라 최대 규모의 국립공원은?
① 다도해해상 ② 설악산
③ 한라산 ④ 변산반도

해설
3대 해안 공원은 한려해상 국립공원, 태안해안 국립공원, 다도해해상 국립공원이다.

09 우리나라 3대 해안 공원이 아닌 것은?
① 한려해상 ② 다도해해상
③ 태안해안 ④ 부산해안

정답 05 ④ 06 ④ 07 ②
     08 ① 09 ④

10 우리나라 최초의 해상 국립공원은?

① 한려해상   ② 태안해안
③ 다도해해상   ④ 변산반도

해설
한려해상 국립공원은 1968년 12월 31일 우리나라 최초의 해상 국립공원으로 지정되었다.

11 우리나라의 국립공원은 누가 지정하는가?

① 국토교통부장관
② 환경부장관
③ 산업통상자원부장관
④ 행정안전부장관

해설
국립공원은 환경부장관이 지정·관리한다.

12 도립공원의 지정권자는?

① 군 수
② 도지사 또는 특별자치도지사
③ 국무총리
④ 환경부장관

해설
자연공원의 지정 등(자연공원법 제4조 제1항)
- 국립공원 : 환경부장관
- 도립공원 : 도지사·특별자치도지사
- 광역시립공원 : 특별시장·광역시장·특별자치시장
- 군립공원 : 군수
- 시립공원 : 시장
- 구립공원 : 자치구의 구청장

13 다음 중 자연공원법에서 정하는 자연공원이 아닌 것은?

① 국립공원   ② 도립공원
③ 군립공원   ④ 시립공원

해설
자연공원법에서 정하는 자연공원은 국립공원·도립공원·군립공원 및 지질공원을 말한다(자연공원법 제2조 제1호).

14 우리나라 국립공원의 수는 몇 개인가?

① 20개   ② 22개
③ 23개   ④ 33개

해설
현재 국립공원의 수는 1967년 지정된 지리산부터 2023년 지정된 팔공산까지 총 23개에 이른다.

정답 10 ① 11 ② 12 ②
13 ④ 14 ③

해설
사빈해안은 사빈, 사취, 사주, 석호, 육계도, 육계사주, 사구 등이 주로 발달한 해안이다. 해식애, 해안단구, 파식대 등은 파랑의 작용으로 형성된 지형으로 암석해안의 해안경관을 구성하고 있다.

15 다음 중 해안지형에 대한 설명으로 옳지 않은 것은?
① 침수해안은 해안선이 복잡하고 도서가 많은 것이 특징이다.
② 이수해안에는 암석해안과 사빈해안이 있다.
③ 사빈해안은 해식애, 해안단구, 파식대 등이 발달하였다.
④ 해식동굴에는 제주도의 산방굴, 남해의 음성굴과 백명굴 등이 있다.

해설
계룡산에는 갑사, 동학사, 신원사 등의 사찰이 있다.

16 갑사와 동학사가 있는 국립공원은?
① 계룡산　　② 내장산
③ 한라산　　④ 덕유산

해설
백화산은 태안팔경에 속한다.
관동팔경
간성(고성)의 청간정, 강릉의 경포대, 고성의 삼일포, 삼척의 죽서루, 양양의 낙산사, 울진의 망양정, 통천의 총석정, 평해의 월송정 등

17 다음 중 관동팔경이 아닌 것은?
① 월송정　　② 삼일포
③ 백화산　　④ 낙산사

해설
한려해상 국립공원은 거제, 통영, 사천, 상주, 남해, 여수오동도 등의 6개 지구로 분류된다.

18 다음 중 한려해상 국립공원의 6개 지구가 아닌 것은?
① 거 제　　② 통 영
③ 하 동　　④ 울 산

정답　15 ③　16 ①　17 ③　18 ④

19 우리나라에서 해발고도에 따라 다양한(수직적) 식물 분포대를 이루는 산은?

① 한라산 ② 설악산
③ 지리산 ④ 속리산

해설
한라산은 해발고도에 따라 다양한 식물 분포대를 이루고 있으며 약 360여 개의 오름(기생화산)이 있다.

20 설악산 국립공원에 대한 설명으로 옳지 않은 것은?

① 1982년 8월 유네스코의 '생물권보전지역'으로 지정되었다.
② 최고봉은 대청봉이다.
③ 신흥사, 백담사 등의 사찰이 있다.
④ 초정약수와 방아다리약수가 있다.

해설
초정약수는 충북 청주시 청원구 내수읍 초정리에 있고, 방아다리약수는 강원도 평창군 진부면 척천리에 위치하고 있다.

21 다음 중 한라산에 관한 설명으로 옳은 것은?

① 신흥사, 백담사 등의 사찰이 있다.
② 제2의 금강산이라 한다.
③ 남한에서 세 번째로 높은 산이다.
④ 백록담, 만세동산, 탐라·영실계곡, 용진굴 등의 관광자원이 있다.

해설
①·②·③ 설악산에 대한 설명이다.

22 해안형 국립공원끼리 바르게 연결된 것은?

① 태안해안 - 순천만
② 태안해안 - 다도해해상
③ 다도해해상 - 변산반도
④ 순천만 - 변산반도

해설
해안형 국립공원으로는 태안해안, 다도해해상만이 해당한다. 순천만은 현재 자연생태공원으로만 지정되어 있으며, 변산반도는 산악형 국립공원으로 분류된다.

정답 19 ① 20 ④ 21 ④ 22 ②

해설

천연보호구역
- 홍도
- 설악산
- 한라산
- 대암산·대우산
- 향로봉·건봉산
- 독도
- 성산일출봉
- 문섬·범섬
- 차귀도
- 마라도
- 창녕 우포늪

해설

홍도는 전라남도 신안군 흑산면에 딸린 섬으로, 주요관광 코스로는 남문바위·시루떡바위·물개굴·석화굴·기둥바위·탑바위·원숭이바위·주전자바위·독립문바위·홍어굴·병풍바위 등이 있다.

해설

1972년 10월에 국립공원으로 지정된 가야산은 자연경관도 빼어나지만 팔만대장경을 소장하고 있는 해인사가 위치해 있다.

해설

우리나라 천연보호구역으로는 설악산, 한라산, 향로봉·건봉산, 홍도, 성산일출봉, 문섬·범섬, 대암산·대우산, 마라도, 독도, 차귀도, 창녕 우포늪 등이 있다.

정답 23 ④ 24 ③ 25 ① 26 ③

---

23 천연보호구역을 모두 고른 것은?

ㄱ. 흑산도 ㄴ. 홍도
ㄷ. 독도 ㄹ. 한라산
ㅁ. 계룡산 ㅂ. 설악산

① ㄱ, ㄴ, ㄷ, ㄹ
② ㄱ, ㄴ, ㄷ, ㅁ
③ ㄴ, ㄷ, ㄹ, ㅁ
④ ㄴ, ㄷ, ㄹ, ㅂ

24 섬 전체가 천연기념물로 지정된 곳은?

① 거문도 ② 이어도
③ 홍도 ④ 진도

25 다음 중 팔만대장경을 소장하고 있는 해인사가 위치한 국립공원은?

① 가야산 ② 내장산
③ 설악산 ④ 덕유산

26 다음 중 천연보호구역이 아닌 곳은?

① 설악산 천연보호구역
② 대암산·대우산 천연보호구역
③ 지리산 천연보호구역
④ 마라도 천연보호구역

27 월악산 국립공원에서 가장 가까운 온천지는?

① 부곡온천 ② 수안보온천
③ 오색온천 ④ 백암온천

해설
월악산은 충청북도 충주시·제천시·단양군과 경상북도 문경시에 걸쳐 있는 산이고, 수안보온천은 충청북도 충주시 수안보면 온천리에 있는 온천이다.

28 다음 중 자장율사가 창건한 월정사가 있는 국립공원은?

① 오대산 ② 덕유산
③ 속리산 ④ 주왕산

해설
오대산의 월정사는 전국적인 명찰로서 자장율사가 당나라 수학 후 오대산을 답사하고 이 절을 창건하였다. 중국 오대산과 자연풍경이 흡사하다 하여 오대산이라 명명했다고 한다.

29 동굴의 생성원인에 따라 분류할 때 용암굴에 해당되는 것을 모두 고른 것은?

ㄱ. 만장굴	ㄴ. 고수굴
ㄷ. 산방굴	ㄹ. 빌레못굴
ㅁ. 협재굴	

① ㄱ, ㄴ, ㄷ ② ㄱ, ㄴ, ㄹ
③ ㄱ, ㄹ, ㅁ ④ ㄷ, ㄹ, ㅁ

해설
고수굴은 석회동굴, 산방굴은 해식동굴이다.

30 우리나라 해안에 대한 설명으로 옳지 않은 것은?

① 동해안은 해안선이 비교적 단조롭다.
② 황해안은 만의 형성이 대규모적이고, 조석간만의 차가 심하다.
③ 동해안은 간척지가 넓게 분포하고 있어 갯벌 축제 등을 도입한다.
④ 남해안은 산업관광자원과의 연계성이 유리하다.

해설
황해안은 새로운 간척지가 넓게 분포되어 있어 갯벌 축제 등 이벤트 관광을 도입하고 있다. 동해안은 조석간만의 차가 작기 때문에 갯벌이 형성될 수 없다.

정답 27 ② 28 ① 29 ③ 30 ③

해설
마니산은 마리산·마루산·두악산이라고도 한다. 산정에는 단군왕검이 하늘에 제사를 지내기 위해 마련했다는 참성단이 있는데, 이곳에서는 지금도 개천절이면 제례를 올리고, 전국체육대회의 성화가 채화된다.

31 다음 중 참성단이 있는 산은?
① 치악산 ② 마니산
③ 지리산 ④ 한라산

해설
전국 국립공원 현황
가야산, 경주, 계룡산, 내장산, 다도해해상, 덕유산, 무등산, 변산반도, 북한산, 설악산, 소백산, 속리산, 오대산, 월악산, 월출산, 주왕산, 지리산, 치악산, 태안해안, 한려해상, 한라산, 태백산, 팔공산

32 국립공원으로만 짝지어진 것은?
① 지리산, 월악산, 아차산
② 월출산, 소백산, 무등산
③ 대둔산, 가야산, 덕유산
④ 주왕산, 칠갑산, 내장산

해설
소백산 국립공원은 경상북도 영주시 부석면에 있는 부석사 무량수전으로 더욱 유명하다.

33 무량수전으로 유명한 부석사가 있는 국립공원은?
① 소백산 ② 가야산
③ 내장산 ④ 북한산

해설
북한산은 수도권에 있는 유일한 국립공원이다.

34 다음 중 수도권 내에 있는 유일한 국립공원은?
① 북한산 ② 남한산
③ 관악산 ④ 수락산

정답 31 ② 32 ② 33 ① 34 ①

35 12km에 걸친 계곡의 경치가 매우 아름다워 명승으로 지정됐으며, 율곡 이이 선생에 의해 그 명칭이 유래된 명승지는?

① 상선암 ② 해금강
③ 소금강 ④ 울산암

해설
소금강(小金剛)은 강원도 강릉시에 위치한 명승지로, 오대산 국립공원 안에 포함되어 있다. 본래의 이름은 청학산이었으나, 빼어난 모습과 경관이 마치 금강산 같다 하여 율곡선생이 소금강이라 이름 지었다고 전해진다.

36 제주도에 위치한 동굴관광자원이 아닌 것은?

① 만장굴 ② 협재굴
③ 김녕굴 ④ 고수동굴

해설
고수동굴은 충청북도 단양군 단양읍에 있다.

37 우리나라 가장 남쪽에 있는 섬은?

① 죽 도 ② 마라도
③ 홍 도 ④ 거문도

해설
마라도는 우리나라에서 가장 남쪽에 있는 섬이며, 네덜란드의 하멜 일행이 표류하여 도착한 곳으로 유명하다.

38 도립공원 중 호남의 '금강' 또는 '소설악산'이라 불리는 명산은?

① 대둔산 ② 마이산
③ 조계산 ④ 두륜산

해설
대둔산은 호남의 '금강' 또는 '소설악산'이라고 불리는 명산으로, 특히 가을 단풍이 수석과 같은 침봉들 사이를 비집고 화려하게 자리잡은 모습이 장관이다.

39 다음 도립공원 중 제일 먼저 지정된 곳은?

① 수리산 ② 금오산
③ 마이산 ④ 칠갑산

해설
우리나라는 1970년 6월 경북 금오산을 도립공원 제1호로 지정하였다.

정답 35 ③ 36 ④ 37 ②
       38 ① 39 ②

해설
주왕산은 국립공원이다.

40 다음 중 도립공원이 아닌 것은?
① 칠갑산
② 모악산
③ 수리산
④ 주왕산

해설
다도해해상 국립공원은 구역에 따라 흑산/홍도 지구, 비금/도초 지구, 조도 지구, 소안/청산 지구, 거문/백도 지구, 나로도 지구, 금오도 지구, 팔영산 지구 등 8개 지구로 나누어져 있다.

41 다도해해상 국립공원의 8개 지구가 아닌 곳은?
① 흑산/홍도 지구
② 비금/도초 지구
③ 조도 지구
④ 통영/한산 지구

해설
창녕 우포늪은 1998년 람사르 협약에 의해 국제보호습지로 등록되었다.

42 람사르 협약에 의한 국제보호습지로 등록된 천연보호구역은?
① 홍 도
② 성산일출봉
③ 문섬·범섬
④ 창녕 우포늪

해설
한라산 백록담은 화구호이며, 송지호와 경포호는 석호이다.

43 다음 중 칼데라호에 속하는 것은?
① 울릉도 나리분지
② 한라산 백록담
③ 송지호
④ 경포호

해설
명암약수
충북 청주시 명암동에 있는 약수로 상당산(上黨山) 계곡에서 솟으며 용출량이 풍부하다.

44 다음 중 명암약수의 소재지는?
① 청 주
② 양 양
③ 경 주
④ 속 초

정답 40 ④ 41 ④ 42 ④
43 ① 44 ①

45 다음 중 삼신산(三神山)에 해당하지 않는 산은?

① 지리산
② 한라산
③ 금강산
④ 계룡산

해설
삼신산(三神山)은 중국 전설에 나오는 상상의 세 신산으로 우리나라도 이를 본떠 금강산, 지리산, 한라산을 한국의 삼신산으로 일컫는다. 계룡산은 무속신앙, 샤머니즘과 관계 깊은 산이다.

46 다음 중 군립공원이 아닌 것은?

① 병방산
② 남한산성
③ 덕구온천
④ 불영계곡

해설
남한산성은 도립공원이다.

47 백두대간에 걸쳐 있과 국립공원이 아닌 것은?

① 설악산 국립공원
② 내장산 국립공원
③ 오대산 국립공원
④ 지리산 국립공원

해설
백두대간이란 백두산에서 지리산까지 이어지는 한반도의 가장 크고 긴 산줄기로 지리산, 덕유산, 속리산, 월악산, 소백산, 오대산, 설악산 국립공원이 백두대간에 걸쳐 있다.

48 부산 태종대에 대한 설명으로 옳지 않은 것은?

① 2005년 국가지정유산 명승으로 지정되었다.
② 영도등대가 가파른 해안절벽 위에 서 있다.
③ 조선 태종이 머물렀다 하여 지어진 이름이다.
④ 부근에 신선대바위·망부석이 있다.

해설
부산 태종대는 신라 태종무열왕이 과녁을 두고 화살을 쏘던 장소였다는 이유로 이러한 이름이 붙었다.

정답 45 ④ 46 ② 47 ② 48 ③

해설
강천산이 1981년 1월 7일에 군립공원 제1호로 지정되었고, 장산이 2021년 9월 15일로 가장 최근에 지정되었다.

49 다음 군립공원 중 가장 최근에 지정된 것은?
① 강천산
② 월성계곡
③ 장안산
④ 장 산

해설
강천산은 원래는 생김새가 용이 꼬리를 치며 승천하는 모습과 닮았다 하여 용천산(龍天山)이라 불렸다. 깊은 계곡과 맑은 물, 기암괴석과 절벽이 어우러져 '호남의 소금강'으로 불리기도 한다.

50 다음 중 제1호 군립공원은?
① 강천산
② 방어산
③ 호구산
④ 황매산

해설
금강 상류부에서는 감입곡류하면서 무주에서 무주구천동, 영동에서 양산팔경 등 계곡미를 이루며, 하류의 부여에서는 백마강이라는 별칭으로 불리면서 부소산을 침식하여 백제 멸망사에 일화를 남긴 낙화암을 만들었다.

51 다음과 관련이 깊은 강은?

- 양산팔경
- 백마강
- 낙화암
- 구두래 나루

① 섬진강
② 압록강
③ 금 강
④ 낙동강

해설
죽서루는 삼척, 경포대는 강릉에 있다.

52 다음 중 관동팔경과 지역의 연결이 옳지 않은 것은?
① 망양정 – 울진
② 죽서루 – 강릉
③ 총석정 – 통천
④ 낙산사 – 양양

정답 49 ④ 50 ① 51 ③ 52 ②

53 다음 중 국내 유일의 해안폭포는 어느 것인가?

① 정방폭포
② 박연폭포
③ 천제연폭포
④ 구룡폭포

해설
정방폭포는 바다로 직접 떨어지는 동양 유일의 해안폭포로서 예로부터 이곳을 정방하폭(正房夏瀑)이라 하여 영주십이경의 하나로 삼았다.

54 다음 중 설악산 국립공원의 내·외 설악의 경계는 어느 것인가?

① 대관령
② 한계령
③ 죽 령
④ 추풍령

해설
한계령은 설악산 최고봉인 대청봉까지 오르는 최단 코스의 등산로가 시작되는 곳으로 내설악과 남설악의 경계에 있어 두 지방을 잇는 산업도로 및 관광도로로 이용된다.

55 다음 중 온천의 3요소에 속하지 않는 것은?

① 정 도
② 수질(성분)
③ 온 도
④ 수 량

해설
온천은 3대 요소인 수량, 수질(성분), 온도에 따라서 그 가치가 평가된다.

56 다음 온천 중 국내에서 가장 오래된 온천으로 조선왕조 때 군왕들이 많이 이용했던 온천은?

① 경주온천
② 온양온천
③ 오색온천
④ 동래온천

해설
온양온천은 국내에서 가장 오래된 온천으로 전국에서 가장 수량이 풍부한 최대 규모의 온천 휴양지이며, 조선왕조 때에는 군왕들이 많이 찾던 곳이다.

정답 53 ① 54 ② 55 ① 56 ②

해설
지리산 국립공원은 3개도(경상남도, 전라남·북도), 1개시, 4개군, 15개 읍·면의 행정구역이 속해있다.

57 지리산 국립공원이 위치하고 있는 행정구역이 아닌 곳은?
① 전라북도
② 전라남도
③ 경상북도
④ 경상남도

해설
② 선농단 : 농사의 신인 신농씨, 후직씨를 모시고 제사를 지내던 곳
③ 사직단 : 임금이 나라의 토신과 곡신에게 제사를 지내던 제단
④ 종묘 : 조선 시대의 역대 왕과 왕비 등을 모시던 왕실 사당

58 단군왕검이 민족 만대의 영화와 발전을 위하여 춘추로 하늘에 제사를 올리던 제단은?
① 참성단
② 선농단
③ 사직단
④ 종 묘

해설
망양정해수욕장은 동해안에 있다.

59 서해안에 위치한 해수욕장이 아닌 것은?
① 몽산포해수욕장
② 무창포해수욕장
③ 망양정해수욕장
④ 변산해수욕장

해설
백암온천은 경북 울진군 온정면에 위치하고 있는 온천으로 수질이 뛰어나고 수량이 풍부하다.

60 다음 중 중원문화권의 온천이 아닌 곳은?
① 백암온천
② 온양온천
③ 수안보온천
④ 도고온천

해설
온천 탐사의 방법으로는 ①·③·④ 이외에 전력 탐사가 있다.

61 다음 중 온천 탐사의 방법이 아닌 것은?
① 중력 탐사
② 인력 탐사
③ 탄성파 탐사
④ 방사능 탐사

정답 57 ③ 58 ① 59 ③
60 ① 61 ②

62 호수관광자원 중 인공호수는?

① 시화호　　② 경포호
③ 송지호　　④ 영랑호

해설
시화호는 경기도 안산시, 시흥시, 화성시에 걸쳐 있는 인공호수이다.

63 우리나라의 약수에는 어느 성분이 가장 많은가?

① 칼슘　　② 라듐
③ 탄산나트륨　　④ 유황

해설
약수는 탄산나트륨 함량이 1% 이상인 것을 말한다.

64 응봉산 동쪽 협곡에 위치한 국내 유일의 노천온천은?

① 마금산온천　　② 덕구온천
③ 백암온천　　④ 덕산온천

해설
원래 계곡 바닥에 탕을 만들어 국내에서 유일한 노천온천으로 각광받았으나, 1984년 여름홍수로 유실되었다. 현재는 4km의 송수관을 연결해 덕구온천장에서 온천물을 공급하고 있다.

65 다음 중 우리나라 유일의 임해온천은?

① 이천온천　　② 해운대온천
③ 오색온천　　④ 부곡온천

해설
해운대온천은 해운대해수욕장과 이웃하고 있는 우리나라 유일의 임해(臨海)온천이다.

66 다음 중 경기도에 있는 온천은?

① 상대온천　　② 용화온천
③ 이천온천　　④ 온양온천

해설
이천온천은 경기도 이천시에 위치하고 있는 온천이다. 용화온천과 상대온천은 경북, 온양온천은 충남에 있다.

정답 62 ① 63 ③ 64 ②
65 ② 66 ③

해설
우리나라 최초의 다목적댐은 섬진강댐이며, 최대의 댐은 소양강댐이다.

67 우리나라 최초의 다목적댐은?
① 충주댐
② 소양강댐
③ 섬진강댐
④ 청평댐

해설
청학동은 경상남도 하동군에 있는 마을이다.

68 오대산 관광지가 아닌 것은?
① 청학동
② 월정사
③ 소금강
④ 상원사

해설
석호는 해안지역에 토사의 퇴적에 의해 생긴 호수를 말한다. 칠보산의 장연호는 언지호로 화산의 분출, 산사태 등으로 하천의 수로가 막혀서 생겨난 호수이다.

69 다음 중 석호가 아닌 것은?
① 영랑호
② 경포호
③ 장연호
④ 송지호

해설
완도는 김이 유명하며, 통일신라 시대에 장보고가 완도읍 장좌리 장도를 중심으로 청해진을 설치하였다.

70 다음과 관계 깊은 고장은?

- 장보고
- 청해진
- 김

① 완 도
② 울릉도
③ 마라도
④ 죽 도

정답 67 ③ 68 ① 69 ③ 70 ①

71 다음 중 국내에서 가장 큰 해수욕장은?

① 구룡포해수욕장
② 대광해수욕장
③ 해금강해수욕장
④ 경포대해수욕장

> **해설**
> 전남 신안군 임자도 서쪽에 있는 대광해수욕장은 우리나라 최대의 해수욕장으로 백사장은 12㎞에 달하며, 폭은 300m가 넘는다. 완만한 경사와 따뜻한 수온, 넓은 백사장과 야영장, 천연 잔디, 체육시설, 샤워장, 주차장, 숙박시설 등의 편의시설이 잘 갖추어져 있어 가족 단위의 피서지와 청소년 캠프 및 단체 야영장으로 적합하다.

72 내설악에 있는 백담사와 관련없는 것은?

① 한용운
② 원효대사
③ 신흥사
④ 한계사

> **해설**
> 백담사는 대한불교조계종 제3교구 본사인 신흥사의 말사이다. 647년(진덕여왕 1년) 자장이 창건하였는데, 처음에는 한계령 부근의 한계리에 절을 세우고 한계사라고 하였다. 근대에 이르러 한용운이 머물면서 「님의 침묵」 등을 집필하였다.

73 다음 중 우리나라 최북단 소재의 해수욕장은?

① 화진포해수욕장
② 명파해수욕장
③ 망상해수욕장
④ 속초해수욕장

> **해설**
> 명파해수욕장은 강원도 고성군 현내면 명파리에 위치하는 우리나라 최북단 소재의 해수욕장이다.

74 해수욕장의 시설 및 환경 기준 중 옳지 않은 것은?

① 백사장의 길이가 200m 이상이어야 한다.
② 탈의시설 및 샤워시설이 각각 1개 이상 설치되어 있어야 한다.
③ 백사장에는 안전사고가 발생하지 않도록 위험한 물질이 없어야 한다.
④ 수역에는 부유물, 해조류 및 유해해양생물 등이 없어야 한다.

> **해설**
> 백사장은 전년도의 평균 해면 기준으로 길이 100m 이상, 폭 20m 이상이어야 한다(해수욕장의 이용 및 관리에 관한 법률 시행령 별표 1).

정답 71 ② 72 ② 73 ② 74 ①

해설
선상지는 하천지형으로 하천 상류에 형성되는 지형이다.

75 다음 중 해안지형으로 옳지 않은 것은?
① 해식동굴
② 해식애
③ 사 주
④ 선상지

해설
영월은 동굴관광지이다.

76 다음 중 온천관광지가 아닌 곳은?
① 부 곡   ② 유 성
③ 백 암   ④ 영 월

해설
석회동굴의 종류에는 고수굴, 고씨굴, 초당굴, 환선굴, 도담굴, 용담굴, 비룡굴, 관음굴, 연지굴, 여천굴, 성류굴, 노동굴 등이 있다. 만장굴, 협재굴, 미천굴, 수산굴 등은 용암(화산)동굴이다.

77 석회동굴의 특징이 아닌 것은?
① 종류에는 만장굴, 협재굴, 미천굴, 수산굴 등이 있다.
② 내부에는 종유석, 석순, 석주가 발달하였다.
③ 박쥐들의 서식처가 되기도 한다.
④ 지표수가 지하로 스며들면서 석회암이 물에 녹아 용식되는 과정에서 생성된 것이다.

해설
① 영월 고씨동굴(석회굴) – 제주 만장굴(용암동굴) – 제주 협재굴(용암동굴)
② 제주 김녕사굴(용암동굴) – 제주 만장굴(용암동굴) – 제주 산방굴(해식동굴)
③ 삼척 환선굴(석회동굴) – 단양 온달동굴(석회동굴) – 제주 정방굴(해식동굴)

78 석회동굴 – 용암동굴 – 해식동굴의 순서대로 바르게 나열한 것은?
① 영월 고씨동굴 – 제주 만장굴 – 제주 협재굴
② 제주 김녕사굴 – 제주 만장굴 – 제주 산방굴
③ 삼척 환선굴 – 단양 온달동굴 – 제주 정방굴
④ 단양 고수동굴 – 제주 협재굴 – 제주 산방굴

해설
우리나라의 동굴은 대부분 석회암 지층이 있는 곳에 생기는 석회동굴이다.

79 다음 중 우리나라에 가장 많은 동굴은?
① 용암동굴   ② 석회동굴
③ 해식동굴   ④ 화산동굴

정답 75 ④ 76 ④ 77 ①
      78 ④ 79 ②

80 다음 중 동굴과 지역의 연결이 잘못된 것은?

① 성류굴 – 포항
② 고씨굴 – 영월
③ 고수굴 – 단양
④ 만장굴 – 제주

해설
성류굴은 울진에 있다.

81 다음 중 단양팔경이 아닌 곳은?

① 상선암
② 월송정
③ 도담상봉
④ 구담봉

해설
단양팔경은 상선암, 중선암, 하선암, 사인암, 도담상봉, 구담봉, 옥순봉, 석문 등이다. 월송정은 관동팔경이다.

82 울진의 성류굴은 다음 중 어느 굴인가?

① 용암동굴
② 석회동굴
③ 해식동굴
④ 인공동굴

해설
울진의 성류굴(천연기념물)은 총연장 870m 정도인 석회동굴이다.

83 다음 중 선사 시대의 주거지 흔적이 남아 있고 단양팔경과 가까운 동굴은?

① 고수동굴
② 고씨굴
③ 성류굴
④ 협재굴

해설
단양의 고수동굴(천연기념물)은 선사 시대의 주거지 흔적이 남아 있는 석회동굴이며, 단양팔경과 가까워 동굴관광지로 널리 알려져 있다.

84 다음 중 동굴의 종류가 다른 하나는?

① 만장굴
② 초당굴
③ 성류굴
④ 고씨굴

해설
① 용암동굴, ②·③·④ 석회동굴

정답 80 ① 81 ② 82 ②
83 ① 84 ①

해설
국내 최대(해상공원 제외)의 규모를 자랑하는 지리산 국립공원은 산세의 웅장함에 있어서도 으뜸이어서 천왕봉·반야봉·노고단의 3대 주봉을 비롯하여 해발고도 1,500m를 넘는 고봉들이 많다.

85 국내 최대(해상공원 제외)의 규모를 자랑하는 국립공원은?

① 설악산 국립공원
② 지리산 국립공원
③ 가야산 국립공원
④ 내장산 국립공원

해설
초당굴은 석회동굴이다.

86 다음 중 용암동굴이 아닌 것은?

① 협재굴
② 쌍룡굴
③ 초당굴
④ 초깃굴

해설
제주도의 산방굴, 정방굴 등은 유명한 해식동굴이다.

87 다음 중 해식동굴은 어느 것인가?

① 산방굴
② 성류굴
③ 재암굴
④ 천곡동굴

해설
김녕사굴은 용암동굴이다.

88 다음 중 해식동굴이 아닌 것은?

① 정방굴
② 산방굴
③ 검멀레동굴
④ 김녕사굴

정답 85 ② 86 ③ 87 ① 88 ④

89 다음 중 임진왜란 때 불상의 보존에서 유래된 동굴은?

① 성류굴
② 쌍룡굴
③ 고수굴
④ 정방굴

해설
임진왜란 때 성류사에 있던 불상들을 모두 성류굴 안으로 피신시켰다고 한다. 이 때문에 '성불이 유(留)하였던 굴'이라 하여 성류굴이라 불린다.

90 석회석이 빗물에 녹아 동굴 내에서 아래로 드리워진 것은?

① 석 순
② 석 주
③ 종유석
④ 석 화

해설
동굴천장에서 석회석이 빗물에 녹아 동굴 내에서 아래로 성장하는 점적석을 종유석이라 한다.

91 다음 중 판관 서린과 뱀의 설화로 유명한 동굴은?

① 만장굴
② 김녕사굴
③ 고씨동굴
④ 황금굴

해설
김녕사굴 속에 살았던 구렁이의 행패가 심하여 판관 서린이 중심이 되어 구렁이를 퇴치한 이후 송덕비를 세운 설화가 전해진다.

92 다음 중 연결이 잘못된 것은?

① 해식동굴 – 산방굴
② 용암동굴 – 만장굴
③ 석회동굴 – 정방굴
④ 석회동굴 – 환선굴

해설
정방굴은 해식동굴이다.

93 다음 중 종유석, 석순, 석주 등을 볼 수 있는 동굴은?

① 절리동굴
② 용암동굴
③ 해식동굴
④ 석회동굴

해설
석회동굴 내에는 종유석, 석순, 석주가 성장한다.

정답 89 ① 90 ③ 91 ②
92 ③ 93 ④

해설
성류굴은 경상북도에 위치한다.
①·③·④ 강원도에 위치한다.

94 다음 중 소재지가 다른 도(道)인 것은?
① 고씨굴
② 성류굴
③ 초당굴
④ 산호동굴

해설
대이리 동굴지대에는 대금굴, 관음굴, 제암풍혈, 환선굴, 양터목세굴, 큰재세굴 등이 있다.

95 다음 중 삼척 대이리 동굴지대에 있는 동굴이 아닌 것은?
① 관음굴
② 환선굴
③ 제암풍혈
④ 초당굴

해설
용연굴은 강원도 천연기념물에 속한다.

96 다음 중 제주도의 천연기념물이 아닌 동굴은?
① 협재굴
② 소천굴
③ 용연굴
④ 황금굴

해설
① 도고온천(충남) – 용천동굴(제주) – 경포 해수욕장(강원)
② 덕산온천(충남) – 섭동굴(강원) – 낙산 해수욕장(강원)
③ 오색온천(강원) – 고수동굴(충북) – 광안리 해수욕장(부산)

97 다음 중 소재지가 강원도인 온천 – 동굴 – 해수욕장을 바르게 연결한 것은?
① 도고온천 – 용천동굴 – 경포 해수욕장
② 덕산온천 – 섭동굴 – 낙산 해수욕장
③ 오색온천 – 고수동굴 – 광안리 해수욕장
④ 척산온천 – 백룡동굴 – 송지호 해수욕장

정답 94 ② 95 ④ 96 ③ 97 ④

98 다음 중 유람선, 보트 등 레크리에이션용 선박들이 정박하는 항만은?

① 마리나(Marina)
② 해중공원
③ 해중터널
④ 부 두

해설
미국이나 일본에서는 마리나를 이용한 수상관광이 급진적으로 붐을 이루고 있으나 우리나라에서는 이제 출발단계이며, 앞으로 적극적인 개발이 기대되고 있다.

99 제주도의 기생화산 개수는?

① 240여 개
② 360여 개
③ 420여 개
④ 510여 개

해설
제주도에 산재해 있는 기생화산(오름)은 약 360여 개 정도가 있다. 지질학적으로 보면 오름은 분화구가 있고, 내용물이 화산쇄설물로 이루어져 있으며, 화산구의 형태를 갖추고 있다.

100 낙동강 유역에 있는 댐은?

① 안동댐
② 담양댐
③ 팔당댐
④ 충주댐

해설
낙동강 유역에는 안동댐, 합천댐 등이 있다.

101 다음 중 우리나라 최대의 다목적 댐은?

① 의암댐
② 소양강댐
③ 섬진강댐
④ 팔당댐

해설
소양강댐은 면적이 $70km^2$로 우리나라 최대의 다목적 댐이다.

정답 98 ① 99 ② 100 ① 101 ②

해설
횡성댐은 한강 유역에 있는 댐이다.

102 다음 중 금강 유역에 있는 댐이 아닌 것은?
① 횡성댐
② 대청댐
③ 용담댐
④ 보령댐

해설
안동댐은 낙동강 유역에 있는 댐이다.

103 다음 중 연결이 잘못된 것은?
① 청평댐 – 한강
② 합천댐 – 낙동강
③ 대청댐 – 금강
④ 안동댐 – 섬진강

해설
송지호는 강원 고성군 죽왕면에 있는 석호이다. 전설에 의하면 정거재라는 구두쇠가 시주를 거절하자, 노승이 쇠절구를 논 한가운데에 던지고 사라졌는데, 그 뒤로 쇠절구에서 물이 솟아나 송지호가 되었다고 한다.

104 인간의 탐욕을 경계한 설화로 유명한 관광지는?
① 고석정
② 구계동
③ 송지호
④ 화암약수

해설
한려해상 국립공원에는 이순신 장군의 유적지가 많다.

105 이순신 장군과 관련이 깊은 국립공원은?
① 태안해안 국립공원
② 다도해해상 국립공원
③ 한려해상 국립공원
④ 변산반도 국립공원

정답 102 ① 103 ④ 104 ③ 105 ③

106 다음 중 꿩의 보은에 대한 설화로 유명한 산은?

① 치악산　　　② 유명산
③ 한라산　　　④ 설악산

해설
치악산은 원래 적악산이었으나 유명한 전설 '꿩의 보은'으로 치악산이라 불리게 되었다고 한다.

107 신라의 장보고와 관계 깊은 관광지는?

① 구계등　　　② 포석정
③ 한산도　　　④ 옥류동

해설
구계등은 명승으로, 파도에 씻겨서 아홉 계단 모양으로 쌓인 다양한 크기의 돌들로 유명하다.

108 다음 중 해저터널의 소재지는?

① 통영　　　② 울산
③ 군산　　　④ 여수

해설
통영해저터널은 1932년 동양 최초로 만들어진 바다 밑 터널이다. 양쪽 바다를 막고 바다 밑으로 파서 콘크리트 터널을 만든 것으로 당시 미륵도와 육지를 연결하는 유일한 교통수단이었다.

109 의적 임꺽정의 설화로 유명한 곳은?

① 탄금대　　　② 고석정
③ 의림지　　　④ 소금강

해설
고석정은 강원 철원군 동송읍 장흥리에 있는 정자로, 신라 진평왕 때 세운 것이다. 한때 임꺽정이 본거지로 삼고 의적단을 규합했던 곳이기도 하다.

110 다음 중 산정호수로 널리 알려진 백록담이 있는 산은?

① 설악산　　　② 한라산
③ 가야산　　　④ 지리산

해설
한라산은 산정호수로 알려진 백록담이 있어 더욱 유명하다.

정답 106 ①　107 ①　108 ①
109 ②　110 ②

해설

여주는 모전석탑을 가지고 있는 신륵사를 비롯해, 세종대왕릉, 명성황후 생가터 등의 관광자원을 가지고 있다.

111 다음의 관광자원이 있는 지역은?

- 신륵사
- 세종대왕릉
- 명성황후 생가터

① 광 주   ② 여 주
③ 장호원   ④ 수 원

해설

오색약수는 강원도 양양군에 있는 약수이다.

112 다음 중 오색약수의 소재지는?

① 강원도   ② 충청도
③ 경상도   ④ 전라도

해설

초정약수는 샤스터 광천(미국), 나포리나스 광천(영국)과 함께 세계광천학회의 세계 3대 광천으로 꼽힌다.

113 세계 3대 광천에 속하는 우리나라의 약수는?

① 달기약수   ② 초정약수
③ 화암약수   ④ 추곡약수

해설

① 서해랑길 : 전라남도 해남군 땅끝~인천 강화
② 해파랑길 : 강원 고성~부산 오륙도 해맞이 공원
③ DMZ 평화의 길 : 인천 강화~강원 고성

114 부산 오륙도 해맞이 공원에서 전남 해남 땅끝마을까지 연결된 코리아 둘레길은?

① 서해랑길
② 해파랑길
③ DMZ 평화의 길
④ 남파랑길

정답   111 ②   112 ①   113 ②   114 ④

2026 관광통역안내사 필기 2과목 관광자원해설

PART 4
문화관광자원

CHAPTER 01 문화와 국가유산
CHAPTER 02 문화유산
CHAPTER 03 자연유산
CHAPTER 04 무형유산
CHAPTER 05 박물관
핵심 실전 문제

문화관광자원 중요도 ★★★

출제 키워드

- 한국의 세계유산
- 한국의 인류무형문화유산
- 한국의 세계기록유산
- 한국의 국보
- 국가지정유산의 지정 및 지정기준
- 농촌관광
- 문화관광축제
- 의궤(儀軌)
- 한산모시짜기
- 종묘
- 단청(丹靑)

관광통역안내사 관광자원해설 기출 빈도표

출제 영역	2025년	2024년	2023년	2022년	2021년
관광자원의 이해	1	1	5	2	1
관광자원의 해설	1	2	2	1	1
자연관광자원	7	3	3	6	4
문화관광자원	14	14	12	12	13
복합형 관광자원	1	3	2	4	6
기타 및 통합 문제	1	2	1	–	–
합계	25	25	25	25	25

- '제4장 문화관광자원'에서는 국가유산의 개념과 지정기준을 이해하고, 자연유산, 문화유산, 무형유산, 박물관 등 문화적 관광자원의 개념과 종류, 특성 등을 학습합니다.
- 문화관광자원은 출제 비중이 가장 높은 영역이므로 가장 중점을 두고 학습해야 합니다. 특히 유네스코 등재유산(세계유산, 인류무형문화유산, 세계기록유산)과 고건축의 양식, 조선 시대 궁궐, 대표적인 회화 및 서체에 대한 출제 비중이 높은 편이며, 최근 무용, 의복 등 정말 세세한 부분까지 출제되고 있어 '문화관광자원' 파트 전반으로 심도 있는 학습이 필요합니다. 최근 등재된 유산이나 이슈가 된 관광자원에 대한 문제가 출제되기도 하니 최신 관광 관련 뉴스를 주기적으로 점검하는 것이 도움이 됩니다.

PART 04 문화관광자원

01 문화와 국가유산

1 문화적 관광자원의 개념과 범위

1. 문화적 관광자원의 개념
(1) 문화적 자원의 정의
문화적 자원이란 민족문화의 유산으로서 보존할 만한 가치가 있고 관광매력을 지닐 수 있는 자원이다.

(2) 문화적 자원의 관광대상 조건
① 민족문화의 유산이어야 한다.
② 보존할 만한 가치가 있어야 한다.
③ 관광매력을 지닐 수 있어야 한다.

2. 문화적 자원의 범위
문화적 자원은 크게 국가유산 자원과 박물관으로 나누어 볼 수 있다.

(1) 국가유산 자원 중요 15 기출
① 문화유산 : 우리 역사와 전통의 산물로서 문화의 고유성, 겨레의 정체성 및 국민생활의 변화를 나타내는 유형의 문화적 유산(유형문화유산, 기념물, 민속문화유산)이다.
　㉠ 유형문화유산 : 건조물, 전적, 서적, 고문서, 회화, 조각, 공예품 등 유형의 문화적 소산으로서 역사적·예술적 또는 학술적 가치가 큰 것과 이에 준하는 고고자료들이다.
　㉡ 기념물 : 절터, 옛무덤, 조개무덤, 성터, 궁터, 가마터, 유물포함층 등의 사적지와 특별히 기념이 될 만한 시설물로서 역사적·학술적 가치가 큰 것들이다.
　㉢ 민속문화유산 : 의식주, 생업, 신앙, 연중행사 등에 관한 풍속이나 관습에 사용되는 의복, 기구, 가옥 등으로서 국민생활의 변화를 이해하는 데 반드시 필요한 것들이다.

> **3대 국가유산**
> • 문화유산
> • 무형유산
> • 자연유산

> **산사, 한국의 산지승원**
> 양산 통도사, 영주 부석사, 안동 봉정사, 보은 법주사, 공주 마곡사, 순천 선암사, 해남 대흥사

② **무형유산** : 여러 세대에 걸쳐 전승되어, 공동체·집단과 역사·환경의 상호작용으로 끊임없이 재창조된 무형의 문화적 유산 중 전통적 공연·예술 / 공예·미술 등에 관한 전통기술 / 한의약 및 농경·어로 등에 관한 전통지식 / 구전 전통 및 표현 / 의식주 등 전통적 생활관습 / 민간신앙 등 사회적 의식, 전통적 놀이·축제 및 기예·무예의 어느 하나에 해당하는 것을 말한다.

③ **자연유산** : 동물·식물·지형·지질 등의 자연물 또는 자연환경과의 상호작용으로 조성된 문화적 유산으로서 동물(해당 서식지, 번식지 및 도래지를 포함), 식물(해당 군락지 포함), 지형, 지질, 생물학적 생성물 또는 자연현상, 천연보호구역, 자연경관, 역사문화경관, 복합경관의 어느 하나에 해당하는 것을 말한다.

(2) 박물관

미술품이나 역사적 유물 등을 보존·전시하고 학술적 연구와 사회교육에 기여할 목적으로 건립된 것으로 국가유산의 보고이다.

2 국가유산의 의의와 내용

1. 국가유산의 개념

(1) 국가유산의 정의 25 기출

① 인위적이거나 자연적으로 형성된 국가적·민족적 또는 세계적 유산으로서 역사적·예술적·학술적 또는 경관적 가치가 큰 것을 말한다.
② 국가유산기본법이 정하는 국가유산에는 **문화유산, 무형유산, 자연유산**이 있다.
③ 국가유산은 민족의 유구한 자주적 문화정신과 지혜가 담겨있는 역사적 소산이므로 우리의 전통문화를 소개할 수 있는 매력적인 관광자원이다.

더 알아보기 국가유산의 구분 25 기출

대분류	중분류	내용
문화유산	유형문화유산	• 건조물 : 건축, 교각, 석탑 • 미술공예품 : 회화·조각, 공예품, 서적, 고문서 • 고고자료 : 출토품
	사적	패총, 주거지, 고분, 사지, 궁지, 성지
	민속문화유산	• 유형 민속문화유산 : 의식주, 생업, 신앙, 연중행사의 물건 • 무형 민속문화유산 : 의식주, 생업, 신앙, 연중행사의 풍속·습관
무형유산	습속	• 구전 전통 및 표현 • 의식주 등 전통적 생활관습 • 민간신앙 등 사회적 의식 • 전통적 놀이·축제 및 기예·무예
	예능	연극, 음악, 무용
	기술과 지식	• 공예, 미술 등에 관한 전통기술 • 한의약, 농경·어로 등에 관한 전통지식
자연유산	경승지	정원, 교각, 협곡, 산악
	천연기념물	동물, 식물, 지질·광물

(2) 국가유산의 보호 및 관리

① 국가와 지자체는 유산 중 중요한 것을 지정유산으로 지정 또는 등록유산으로 등록하여 보호할 수 있다.

② 국가와 지자체는 지정·등록되지 아니한 유산의 현황을 지속적으로 관리하고, 이를 체계적으로 보호할 수 있는 방안을 강구하여야 하며, 미래에 국가유산이 될 잠재성이 있는 자원을 선제적으로 보호할 수 있도록 노력하여야 한다.

③ 국가와 지자체는 해당 유산뿐 아니라 유산 주변의 자연경관이나 역사적·문화적 가치가 뛰어난 공간으로서 유산과 함께 보호할 필요성이 있는 주변 환경을 보호하여야 한다.

④ 국가와 지방자치단체는 재난 및 각종 사고, 기후변화로부터 국가유산을 안전하게 관리하도록 상시적·체계적 예방관리체계를 구축·운영하여야 한다.

(3) 국가유산의의 발굴·수리·매매

① 국가유산의 발굴, 수리 및 매매 등은 관계 법령에 따른 일정한 자격을 갖춘 자 또는 단체만이 할 수 있다.

② 국가와 지자체는 유산의 가치 유지 및 회복을 위하여 유산을 수리하거나 「국가유산수리 등에 관한 법률」에 따른 소유자등에게 수리를 지시할 수 있다.

▶ **승정원일기**

인조 1년(1623) 3월부터 융희 4년(1910) 8월까지 승정원에서 처리한 왕명출납과 제반 행정사무 및 의례적 사항에 관하여 기록한 3,243책의 필사본 일기이다. 2001년에 세계기록유산으로 지정되었다.

▶ **조선왕조 의궤** 25 기출

유교 이념에 입각한 조선의 국가 의례를 기록한 문서이다. 시대와 주제별로 분류·구성된 의궤는 국가의 중요 행사를 행사 진행 시점에서 글과 그림으로 기록하여 보여주고 있다.

③ 국가와 지자체는 유산을 수리하거나 수리를 지시할 경우 전통적 재료와 기법이 활용될 수 있도록 하여야 한다.
④ 국가와 지방자치단체는 국가유산의 건전하고 투명한 거래질서 확립을 위하여 필요한 제도를 수립·시행하여야 한다.

2. 국가지정유산의 지정 및 지정기준

(1) 국가유산의 지정 16 17 20 기출

① **보물의 지정** : 국가유산청장은 문화유산위원회의 심의를 거쳐 유형문화유산 중 중요한 것을 보물로 지정할 수 있다(문화유산법 제23조 제1항).

② **국보의 지정** : 국가유산청장은 보물에 해당하는 문화유산 중 인류문화의 관점에서 볼 때 그 가치가 크고 유례가 드문 것을 문화유산위원회의 심의를 거쳐 국보로 지정할 수 있다(문화유산법 제23조 제2항).

③ **사적의 지정** : 국가유산청장은 문화유산위원회의 심의를 거쳐 기념물 중 중요한 것을 사적으로 지정할 수 있다(문화유산법 제25조 제1항).

④ **국가민속문화유산의 지정** : 국가유산청장은 문화유산위원회의 심의를 거쳐 민속문화유산 중 중요한 것을 국가민속문화유산으로 지정할 수 있다(문화유산법 제26조 제1항).

⑤ **국가무형문화유산의 지정** : 국가유산청장은 위원회의 심의를 거쳐 무형유산 중 중요한 것을 국가무형유산으로 지정할 수 있다(무형유산법 제12조 제1항).

⑥ **천연기념물의 지정** : 국가유산청장은 자연유산위원회의 심의를 거쳐 역사적·경관적·학술적 가치가 높은 것으로 보존의 필요성이 있는 것을 천연기념물로 지정할 수 있다(자연유산법 제11조 제1항).

⑦ **명승의 지정** : 국가유산청장은 자연유산위원회의 심의를 거쳐 자연유산 중 자연유산 중 역사적·경관적·학술적 가치가 높은 것으로 보존의 필요성이 있는 것을 명승으로 지정할 수 있다(자연유산법 제12조 제1항).

▶ **대표적인 국보** 19 24 기출
• 서울 숭례문
• 서울 원각사지 십층석탑
• 서울 북한산 신라 진흥왕 순수비
• 여주 고달사지 승탑
• 보은 법주사 쌍사자 석등
• 충주 탑평리 칠층석탑

▶ **고려 시대 대표적인 목조건축물**
• 강릉 임영관 삼문(국보)
• 수덕사 대웅전(국보)
• 은해사 거조암 영산전(국보)
• 부석사 무량수전(국보)
• 부석사 조사당(국보)
• 봉정사 극락전(국보)

▶ **조선 시대 대표적인 목조건축물**
• 법주사 팔상전(국보)
• 금산사 미륵전(국보)
• 화엄사 각황전(국보)
• 송광사 국사전(국보)
• 도갑사 해탈문(국보)
• 무위사 극락보전(국보)
• 통도사 대웅전 및 금강계단(국보)
• 해인사 장경판전(국보)

(2) 국가지정문화유산의 지정기준(문화유산법 시행령 별표 1의 2) 16 기출
① 보물의 지정기준
㉠ 해당 문화유산의 유형별 분류기준 중 어느 하나에 해당하는 문화유산으로서 다음의 어느 하나 이상의 가치를 충족하는 것
- 역사적 가치
  - 시대성 : 사회, 문화, 정치, 경제, 교육, 예술, 종교, 생활 등 당대의 시대상을 현저히 반영하고 있는 것
  - 역사적 인물 관련성 : 역사적 인물과 관련이 깊거나 해당 인물이 제작한 것
  - 역사적 사건 관련성 : 역사적 사건과 관련이 깊거나 역사상 특수한 목적을 띠고 기념비적으로 만든 것
  - 문화사적 기여도 : 우리나라 문화사적으로 중요한 의의를 갖는 것
- 예술적 가치
  - 보편성 : 인류의 보편적 미적 가치를 구현한 것
  - 특수성 : 우리나라 특유의 미적 가치를 잘 표현한 것
  - 독창성 : 제작자의 개성이 뚜렷하고 작품성이 높은 것
  - 우수성 : 구조, 구성, 형태, 색채, 문양, 비례, 필선(筆線) 등이 조형적으로 우수한 것
- 학술적 가치
  - 대표성 : 특수한 작가 또는 유파를 대표하는 것
  - 지역성 : 해당 지역의 특징을 잘 구현한 것
  - 특이성 : 형태, 품질, 기법, 제작, 용도 등이 현저히 특수한 것
  - 명확성 : 명문, 발문 등을 통해 제작자, 제작시기 등에 유의미한 정보를 제공하는 것
  - 연구 기여도 : 해당 학문의 발전에 기여도가 있는 것
㉡ 해당 문화유산의 유형별 분류기준
- 건축문화유산
  - 목조군 : 궁궐, 사찰, 관아, 객사, 성곽, 향교, 서원, 사당, 누각, 정자, 주거, 정자각, 재실 등
  - 석조군 : 석탑, 승탑, 전탑, 비석, 당간지주, 석등, 석교, 계단, 석단, 석빙고, 첨성대, 석굴, 석표, 석정 등
  - 분묘군 : 분묘 등의 유구 또는 건조물 및 부속물
  - 조적조군·콘크리트조군 : 성당, 교회, 학교, 관공서, 병원, 역사 등
- 기록문화유산
  - 전적류 : 필사본, 목판 및 목판본, 활자 및 활자본 등
  - 문서류 : 공문서, 사문서, 종교 문서 등

▶ 강릉 임영관 삼문(국보)

고려 시대에 지은 강릉 객사의 정문으로, 현재 객사 건물은 없어지고 이 문만 남아 있다.

▶ 청자 동화연화문 표주박모양 주전자 (국보)

경기도 강화 최항의 무덤에서 출토된 국보로 고려 시대 중기의 유물이며, 현재 삼성의 리움미술관이 소장하고 있다.

▶ 대표적인 사적지 19 기출
- 경주 포석정지
- 김해 봉황동 유적
- 수원화성
- 부여 가림성
- 부여 부소산성
- 경주 황룡사지

▶ 삼년산성(사적)

돌로 쌓은 산성으로 신라 자비왕 13년(470)에 쌓았으며, 소지왕 8년(486)에 고쳐 세웠다. 「삼국사기」에는 성을 쌓는 데 3년이 걸렸기 때문에 삼년산성이라 부른다고 기록되어 있다.

- 미술문화유산
  - 회화 : 일반회화(산수화, 인물화, 풍속화, 기록화, 영모·화조화 등), 불교회화(괘불, 벽화 등)
  - 서예 : 이름난 인물의 필적, 사경, 어필, 금석, 인장, 현판, 주련 등
  - 조각 : 암벽조각(암각화 등), 능묘조각, 불교조각(마애불 등)
  - 공예 : 도·토공예, 금속공예, 목공예, 칠공예, 골각공예, 복식공예, 옥석공예, 피혁공예, 죽공예, 짚풀공예 등
- 과학문화유산
  - 과학기기
  - 무기·병기(총통, 화기) 등

② 국보의 지정기준 : 보물에 해당하는 문화유산 중 다음의 사항에 해당하는 것이 국보로 지정된다.
  ㉠ 특히 역사적·학술적·예술적 가치가 큰 것
  ㉡ 제작 연대가 오래되었으며, 그 시대의 대표적인 것으로서, 특히 보존가치가 큰 것
  ㉢ 조형미나 제작기술이 특히 우수하여 그 유례가 적은 것
  ㉣ 형태·품질·제재·용도가 현저히 특이한 것
  ㉤ 특히 저명한 인물과 관련이 깊거나 그가 제작한 것

③ 사적의 지정기준
  ㉠ 해당 문화유산의 유형별 분류기준 중 어느 하나에 해당하는 문화유산으로서 다음의 어느 하나 이상의 가치를 충족하는 것
    • 역사적 가치
      - 정치·경제·사회·문화·종교·생활 등 각 분야에서 세계적, 국가적 또는 지역적으로 그 시대를 대표하거나 희소성과 상징성이 뛰어날 것
      - 국가에 역사적·문화적으로 큰 영향을 미친 저명한 인물의 삶과 깊은 연관성이 있을 것
      - 국가의 중대한 역사적 사건과 깊은 연관성을 가지고 있을 것
      - 특정 기간 동안의 기술 발전이나 높은 수준의 창의성 등 역사적 발전상을 보여줄 것
    • 학술적 가치
      - 선사 시대 또는 역사 시대의 정치·경제·사회·문화·종교·생활 등을 이해하는 데 중요한 정보를 제공할 것
      - 선사 시대 또는 역사 시대의 정치·경제·사회·문화·종교·생활 등을 알려주는 유구의 보존상태가 양호할 것

ⓒ 해당 문화유산의 유형별 분류기준
- 조개무덤, 주거지, 취락지 등의 선사 시대 유적
- 궁터, 관아, 성터, 성터시설물, 병영, 전적지 등의 정치·국방에 관한 유적
- 역사·교량·제방·가마터·원지·우물·수중유적 등의 산업·교통·주거생활에 관한 유적
- 서원, 향교, 학교, 병원, 사찰, 절터, 교회, 성당 등의 교육·의료·종교에 관한 유적
- 제단, 고인돌, 옛무덤(군), 사당 등의 제사·장례에 관한 유적
- 인물유적, 사건유적 등 역사적 사건이나 인물의 기념과 관련된 유적

④ 국가민속문화유산의 지정기준
ⓐ 다음의 어느 하나에 해당하는 것 중 한국민족의 기본적 생활문화의 특색을 나타내는 것으로서 전형적인 것
- 의·식·주에 관한 것 : 궁중·귀족·서민·농어민·천인 등의 의복·장신구·음식용구·광열용구·가구·사육용구·관혼상제용구·주거, 그밖의 물건 또는 그 재료 등
- 생산·생업에 관한 것 : 농기구, 어로·수렵도구, 공장용구, 방직용구, 작업장 등
- 교통·운수·통신에 관한 것 : 운반용 배·수레·역사 등
- 교역에 관한 것 : 계산용구·계량구·간판·점포·감찰·화폐 등
- 사회생활에 관한 것 : 증답용구, 경방용구, 형벌용구 등
- 신앙에 관한 것 : 제사구, 법회구, 봉납구, 우상구, 사우 등
- 민속지식에 관한 것 : 역류·점복용구·의료구·교육시설 등
- 민속예능·오락·유희에 관한 것 : 의상·악기·가면·인형·완구·도구·무대 등

ⓑ ⓐ에 열거한 민속문화유산을 수집·정리한 것 중 그 목적·내용 등이 다음의 어느 하나에 해당하는 것으로서 특히 중요한 것
- 역사적 변천을 나타내는 것
- 시대적 또는 지역적 특색을 나타내는 것
- 생활계층의 특색을 나타내는 것

ⓒ 민속문화유산이 일정한 구역에 집단적으로 소재한 경우에는 민속문화유산의 개별적인 지정을 갈음하여 그 구역을 다음의 기준에 따라 집단 민속문화유산 구역으로 지정할 수 있다.
- 한국의 전통적 생활양식이 보존된 곳
- 고유 민속행사가 거행되던 곳으로 민속적 풍경이 보존된 곳
- 한국건축사 연구에 중요한 자료를 제공하는 민가군(民家群)이 있는 곳

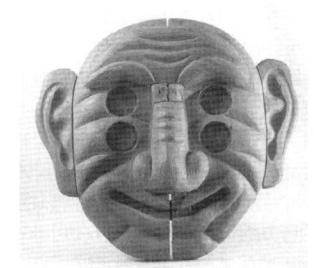

▶ 방상시탈(국가민속문화유산)

신앙자료 중 하나로, 방상시는 궁중에서나 장례 때 악귀를 쫓는 사람 중의 하나이고 방상시탈은 그때 쓰던 탈이다.

▶ 경주 양동마을(국가민속문화유산)

무첨당(보물), 향단(보물), 관가정(보물)을 비롯해 많은 옛 건물들이 귀중한 문화유산으로 지정되어 있는 곳이다. 2010년 안동 하회마을과 함께 세계문화유산으로 등록되었다.

▶ 피리정악 및 대취타(국가무형유산)

대취타는 왕의 행차나 군대의 행진 또는 개선 등에 취타와 세악(비교적 음량이 적고 실내에 알맞은 악기들로 연주하는 국악 합주)을 대규모로 연주하는 것으로, '무령지곡'이라고도 한다.

- **국가등록문화유산**(문화유산법 제53조 및 문화유산법 시행규칙 34조 제1항)
- **국가등록문화유산의 등록** : 국가유산청 장은 문화유산위원회의 심의를 거쳐 지정문화유산이 아닌 유형문화유산, 기념물 및 민속문화유산 중에서 보존과 활용을 위한 조치가 특별히 필요한 것을 국가등록문화유산으로 등록할 수 있다.
- **등록기준** : 지정문화유산이 아닌 문화유산 중 건설·제작·형성된 후 50년 이상이 지난 것으로서 다음 중 어느 하나에 해당하는 것(다만, 다음 중 어느 하나에 해당하는 것으로서 건설·제작·형성된 후 50년 이상이 지나지 아니한 것이라도 긴급한 보호 조치가 필요한 것은 국가등록문화유산으로 등록가능)
    - 역사, 문화, 예술, 사회, 경제, 종교, 생활 등 각 분야에서 기념이 되거나 상징적 또는 교육적 가치가 있는 것
    - 지역의 역사·문화적 배경이 되고 있으며, 그 가치가 일반에 널리 알려진 것
    - 기술 발전 또는 예술적 사조 등 그 시대를 반영하거나 이해하는 데에 중요한 가치를 지니고 있는 것

- 한국의 전통적인 전원생활의 면모를 간직하고 있는 곳
- 역사적 사실 또는 전설·설화와 관련이 있는 곳
- 옛 성터의 모습이 보존되어 고풍이 현저한 곳

> **더 알아보기**
>
> **국가무형유산의 지정 대상 및 기준(무형유산의 보전 및 진흥에 관한 법률 시행령 별표 1)**
> 1. 국가무형유산의 지정 대상은 다음과 같다.
>   가. 음악, 춤, 연희, 종합예술, 그 밖의 전통적 공연·예술 등
>   나. 공예, 건축, 미술, 그 밖의 전통기술 등
>   다. 민간의약지식, 생산지식, 자연·우주지식, 그 밖의 전통지식 등
>   라. 언어표현, 구비전승(口碑傳承), 그 밖의 구전 전통 및 표현 등
>   마. 절기풍속(節氣風俗), 의생활, 식생활, 주생활, 그 밖의 전통적 생활관습 등
>   바. 민간신앙의례, 일생의례, 종교의례, 그 밖의 사회적 의식·의례 등
>   사. 전통적 놀이·축제 및 기예·무예 등
> 2. 국가유산청장은 무형유산 중에서 관련 공동체, 집단, 개인들에게 정체성과 지속성을 제공하여 문화적 다양성을 증진시키는 무형의 문화적 유산으로서 다음의 기준을 모두 갖춘 무형유산을 국가무형유산으로 지정할 수 있다. 다만, 개별 무형유산의 특성상 다음의 기준을 모두 적용하기 어려운 경우에는 다음의 기준 중에서 일부 기준만을 선별하여 적용할 수 있다.
>   가. 문헌, 기록, 구술 등의 자료를 통하여 오랫동안 지속되어 왔음을 증명할 수 있는 것으로서 역사적 가치가 있는 것
>   나. 한국의 문화 연구에 기여할 수 있는 귀중한 자료로서 학술적 가치가 있는 것
>   다. 표현미, 형식미 등이 전통문화의 고유성을 지닌 것으로서 예술적 가치가 있는 것
>   라. 제작 기법 및 관련 지식이 전통성과 고유성을 지닌 것으로서 기술적 가치가 있는 것
>   마. 지역 또는 한국의 전통문화로서 대표성을 지닌 것
>   바. 사회문화적 환경에 대응하고 세대 간의 전승을 통하여 그 전형을 유지하고 있는 것

3 세계유산의 의의와 내용

1. 세계유산

(1) 세계유산의 의미

세계유산협약이 규정한 탁월한 보편적 가치를 지닌 유산으로서 그 특성에 따라 자연유산, 문화유산, 복합유산으로 분류한다.

(2) 세계유산의 분류

① 자연유산
  ㉠ 무기적·생물학적 생성물들로부터 이룩된 자연의 기념물로서 관상상 또는 과학상 탁월한 보편적 가치가 있는 것
  ㉡ 지질학적 및 지문학(地文學)적 생성물과 위협에 처해 있는 동물과 생물의 종의 생식지 및 자생지로서 특히 일정 구역에서 과학상, 보존상, 미관상 탁월한 보편적 가치가 있는 것
  ㉢ 과학, 보존, 자연미의 시각에서 볼 때 탁월한 보편적 가치를 주는 정확히 드러난 자연지역이나 자연유적지

② 문화유산
  ㉠ 기념물 : 기념물, 건축물, 기념 조각 및 회화, 고고 유물 및 구조물, 금석문, 혈거 유적지 및 혼합유적지 가운데 역사, 예술, 학문적으로 탁월한 보편적 가치가 있는 유산
  ㉡ 건조물 : 독립되었거나 또는 이어져있는 구조물들로서 역사상, 미술상 탁월한 보편적 가치가 있는 유산
  ㉢ 유적지 : 인공의 소산 또는 인공과 자연의 결합의 소산 및 고고 유적을 포함한 구역에서 역사상, 관상상, 민족학상 또는 인류학상 탁월한 보편적 가치가 있는 유산

③ 복합유산
  문화유산과 자연유산의 특징을 동시에 충족하는 유산

2. 한국의 유네스코 등재유산 15 16 18 19 21 22 23 24 25 기출

(1) 한국의 세계유산(세계문화유산/세계자연유산) 14 15 18 22 기출

석굴암·불국사(1995), 해인사 장경판전(1995), 종묘(1995), 창덕궁(1997), 수원 화성(1997), 경주역사유적지구(2000), 고창·화순·강화 고인돌 유적(2000), 제주화산섬과 용암동굴(2007, 세계자연유산), 조선왕릉(2009), 한국의 역사마을 하회와 양동(2010), 남한산성(2014), 백제역사유적지구(2015), 산사, 한국의 산지승원(2018), 한국의 서원(2019), 한국의 갯벌(2021, 세계자연유산), 가야고분군(2023), 반구천의 암각화(2025)

> **더 알아보기** 한국의 갯벌(2021년 등재) 25 기출
>
> - 황해의 동쪽이자 서남해안에 위치하고 있으며, 서천갯벌, 고창갯벌, 신안갯벌, 보성-순천갯벌의 4개 구성요소로 이루어져 있다.
> - 지구 생물 다양성의 보전을 위해 전 지구적으로 가장 중요하고 의미 있는 서식지 중 하나이다.
> - 동아시아-대양주 철새이동경로(EAAF)의 국제적 멸종위기 이동성 물새의 중간기착지로서 국제적 중요성을 갖는다.
> - 고유종과 멸종위기 해양 무척추동물과 국제적 위협 또는 준위협 상태의 이동성 물새 종을 부양하고 있다.
> - 지질 다양성과 생물 다양성 사이의 연관성을 보여주며, 자연환경에 의존하는 인간활동과 문화 다양성을 보여주고 있다.
>
> ※ 출처 : 국가유산청(khs.go.kr)

(2) 한국의 인류무형문화유산 15 16 22 24 기출

종묘제례 및 종묘제례악(2001), 판소리(2003), 강릉단오제(2005), 강강술래(2009), 남사당놀이(2009), 영산재(2009), 제주칠머리당 영등굿(2009), 처용무(2009), 가곡(2010), 대목장(2010), 매사냥(2010), 줄타기(2011), 택견(2011), 한산모시짜기(2011), 아리랑(2012), 김장문화(2013), 농악(2014), 줄다리기(2015), 제주해녀문화(2016), 씨름(2018), 연등회, 한국의 등불 축제(2020), 한국의 탈춤(2022), 한국의 장 담그기 문화(2024)

(3) 한국의 세계기록유산 18 20 24 기출

훈민정음(1997), 조선왕조실록(1997), 직지심체요절(2001), 승정원일기(2001), 조선왕조 의궤(2007), 해인사 대장경판 및 제경판(2007), 동의보감(2009), 일성록(2011), 5·18 민주화운동기록물(2011), 난중일기(2013), 새마을운동기록물(2013), 한국의 유교 책판(2015), KBS 특별생방송 '이산가족을 찾습니다' 기록물(2015), 조선왕실 어보와 어책(2017), 국채보상운동기록물(2017), 조선통신사기록물(2017), 4·19혁명기록물(2023), 동학농민혁명기록물(2023), 제주4·3기록물(2025), 산림녹화기록물(2025)

(4) 한국의 세계지질공원 20 기출

제주 세계지질공원(2010), 청송 세계지질공원(2017), 무등산권 세계지질공원(2018), 한탄강 세계지질공원(2020), 전북 서해안 세계지질공원(2023), 단양 세계지질공원(2025), 경북 동해안 세계지질공원(2025)

02 문화유산

1 건조물

1. 목조건축물

(1) 고건축의 양식 중요 16 19 21 기출

① 주심포양식 14 21 23 기출

㉠ 건물의 기둥 위에만 공포를 배치하고, 주간(柱間)에는 창방 위에 화반 등을 놓아 주심도리를 받게 한 구조양식이다.

㉡ 삼국 시대를 비롯하여 조선 시대까지 계속 사용되었으나 고려 중기 이후부터 나타나기 시작한 다포양식에 밀려 조선 초기부터는 중·하위의 전각에 주로 사용되었다.

㉢ 건물실례 : 봉정사 극락전(경북 안동, 13세기 초), 부석사 무량수전(경북 영주, 13세기 초), 수덕사 대웅전(충남 예산, 1308년), 성불사 극락전(황해 해주, 고려 말), 거조사 영산전(경북 영천, 여말선초), 강릉 임영관 삼문(강원 강릉, 14세기)

② 다포양식 19 기출

㉠ 조선 시대에 궁궐의 정전이나 사찰의 주불전 등의 주요건물에 사용, 후기로 갈수록 공포양식이 장식적이고 화려해진다.

㉡ 기둥상부에만 공포를 배치하는 주심포양식과는 달리 주간에도 공포를 배치했다.

㉢ 주간에 공포를 배치하기 위해 창방 위에 다포양식 특유의 부재인 평방을 덧대어 구조적으로 보강했다.

㉣ 건물실례 : 남대문(1398년), 동대문(1869년), 경복궁 근정전(1867년), 창덕궁 인정전(1804년), 창경궁 명정전(1616년), 덕수궁 중화전(1906년), 화엄사 각황전(1702년), 금산사 미륵전(1635년), 통도사 대웅전(1645년), 봉정사 대웅전(조선 초), 심원사 보광전(1374년), 석왕사 응진전(1386년), 성불사 응진전(1327년)

③ 익공양식

㉠ 조선 시대 초 우리나라에서 독자적으로 개발하여 사용된 공포양식이다.

㉡ 향교, 서원, 사당 등의 유교건축물에 주로 사용했다.

㉢ 궁궐이나 사찰의 침전, 누각, 회랑 등 주요건물이 아닌 부차적 건물에 주로 사용했다.

▶ 주심포양식

▶ 다포양식

▶ 익공양식

▸ 화암사 극락전 외부주공(국보)

화암사 극락전은 우리나라에 단 하나뿐인 하앙식(下昂式) 구조이다. 중국이나 일본에서는 근세까지도 많이 볼 수 있는 구조이지만 우리나라에서는 유일한 것으로 목조건축 연구에 귀중한 자료가 되고 있다.

▸ 배흘림기둥의 대표적인 건축물
- 부석사 무량수전
- 봉정사 극락전
- 수덕사 대웅전

㉣ 건축실례 : 오죽헌(강원 강릉, 15세기 후반), 경복궁 경회루(서울, 1867년), 청평사 회전문(강원 춘천, 1557년), 종묘 정전 및 영녕전(서울, 1608년), 서울 문묘 명륜당(서울, 1606년), 옥산서원 독락당(경북 경주, 1516년), 경복궁 향원정(서울, 1873년), 화성 화서문(수원, 1795년)

④ 절충양식
㉠ 조선 초기에 사용되었으며 다포를 주로 하고, 주심포를 혼합하고 절충하여서 만들어진 양식이다.
㉡ 절충식 다포, 주심다포 또는 화반다포라고 한다.

⑤ 하앙공포양식
㉠ 하앙이란 공포재와 함께 짜서 많이 내민 출목도리를 지탱할 수 있게 서까래 방향으로 경사지게 건 부재이다. 출목도리의 내민거리와 높이를 자유롭게 잡을 수 있는 지렛대 역할을 한다.
㉡ 우리나라에 현존하는 하앙공포양식은 전북 완주군 경천면 가천리에 있는 화암사 극락전이 유일하다.

⑥ 소로수장·장혀수장·민도리집

(2) 구성부재 및 요소 24 기출

① 기단(基壇) : 오늘날의 기초와 그 개념이 같다.
② 초석(礎石)
㉠ 기둥 밑에 위치하여 상부로부터 전달되는 하중을 받아 지면에 전달시키는 기초석재로 주춧돌이라고 한다.
㉡ 초석은 막돌(자연석)을 그대로 이용한 덤벙초석(막돌초석)과 막돌을 가공한 정평초석(다듬돌 초석)으로 크게 구분된다.
③ 기둥(柱) : 단면형에 따라 원형(권위건축과 규모가 큰 건물에 사용)·사각형·다각형 등으로, 위치에 따라 외진주·내진주·동자주·활주(팔작지붕의 건물 추녀 뿌리를 받치는 세장주로 추녀 길이가 길 때 설치)·우주·퇴주 등으로 구분된다.
㉠ 민흘림 : 원형 기둥을 위로 올라가면서 직선적으로 가늘게 한 것이다.
㉡ 배흘림 : 원형 기둥의 중간부가 굵고 밑과 위로 가면서 가늘게 한 것으로, 소위 엔타시스(Entasis)라고 부른다.
㉢ 귀솟음 : 건물의 귓기둥을 중간에 있는 평주보다 조금 높게 솟아 올린 것이다.
㉣ 안쏠림 : 기둥의 상단을 건물 안쪽으로 약간 쏠리게 한 것으로 오금이라고도 한다.

④ 보 : 기둥과 벽체 위에 수평으로 걸친 구조부재이다. → 대들보, 퇴량, 충량, 우미량(꼬리보), 귓보(귀평보) 등
⑤ 도리 : 가구재의 치상단에 놓이는 장재로서, 건물의 서까래를 받는 것이다. → 주심도리, 중도리, 종도리, 외목도리
⑥ 대공 : 대량 위에 얹혀 중종보와 종보, 도리 등을 받쳐 주는 부재이다.
⑦ 솟을합장 : 마루도리(종도리)의 좌우에서 중도리에 이르는 종보의 좌우 끝까지 빗댄 합장재이다.
⑧ 가구형식 : 도리가 몇 겹으로 걸려 있느냐에 따라 3·7·9량 가구 등으로 분류한다.
⑨ 처 마
  ㉠ 처마의 구성요소는 서까래·부연·평고대·연함·추녀·사래 등이 있다.
  ㉡ 처마는 크게 홑처마와 겹처마로 구분할 수 있다. 홑처마는 서까래만으로 구성된 것이고, 겹처마는 홑처마에 부연이 첨가된 것을 말한다. 대개의 경우 겹처마는 권위건축과 격이 높은 주요 건물에 사용된다.
⑩ 지붕 : 고건축의 지붕은 네 귀의 처마 끝이 치솟기 때문에 독특한 형태미를 이루게 된다.

▶ 도 리

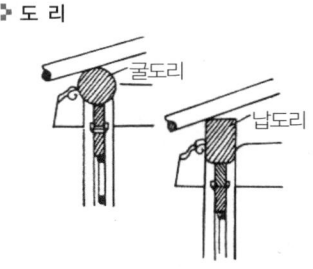

▶ 한국의 전통 지붕 22 기출
- 모임지붕 : 하나의 꼭짓점에서 지붕골이 만나는 형태
- 맞배지붕 : 책을 엎어 놓은 것과 같은 형태
- 우진각지붕 : 지붕면이 4면으로 되어 있는 형태
- 팔작지붕 : 우진각지붕 위에 맞배지붕을 올려놓은 형태

〈지붕형태〉

⑪ **기와** : 지붕을 이는 재료로 서까래 위에 산자를 깔고, 알매흙을 깐 후 암키와를 얹고, 홍두깨 흙과 함께 수키와를 얹는다. 수키와 잇기가 끝나면 용마루·내림마루·귀마루 등을 만들고, 장식기와를 얹어 마감한다.

⑫ **벽체** : 우리나라의 고건축은 대부분 심벽(기둥의 중심부에 흙과 널 등을 쳐서 기둥이 벽면보다 두드러져 보이게 한 것)으로 구성되어 있는데, 그중 널을 사용한 것을 판벽이라 한다.

⑬ **창 호**
   ㉠ 한국의 고건축에서는 **대문을 제외한 모든 창과 문을 창호(窓 戶)**란 용어로 부르고 있다.
   ㉡ 여닫는 방법에 따른 분류 : 여닫이, 미닫이, 들어열개 등
   ㉢ 구성재료에 따른 분류 : 세살문, 널문 등
   ㉣ 호지법에 따른 분류 : 명장자, 맹장자, 갑창, 도듬문 등

⑭ **바닥** : 흙바닥, 전바닥, 온돌바닥, 마룻바닥

> **더 알아보기 온돌의 구조**
> - 아궁이 : 방이나 솥에 불을 때기 위한 구멍이다.
> - (방)고래 : 방의 구들장 밑으로 불길과 연기가 통하여 나가는 길이다.
> - 부넘기(이) : 불길이 아궁이로부터 골고루 고래로 넘어가게 만든 언덕. 온돌을 빨리 데우고 재를 가라앉히는 턱이다. '부넘기'가 표준어이다.
> - 개자리 : 불기운을 빨아들여 열기를 머무르게 하고, 연기와 재를 가라앉히기 위해 고래보다 더 깊이 판 고랑이다.

⑮ **천 장**
   ㉠ 건물 내부 기둥의 윗부분을 총칭하는 것으로 가구(架構)가 노출되는 경우와 은폐되는 경우가 있다.
   ㉡ 고건축의 천장양식 : 연등천장·우물천장·보개천장·귀접이 천장·빗천장

⑯ **단 청** 〔중요〕 14 20 23 25 〔기출〕
   ㉠ **청(靑)·적(赤)·황(黃)·백(白)·흑(黑)색의 5색**을 써서 건축물을 장엄하게 하거나 조상(造像)·공예품(工藝品) 등을 채화하여 장식하는 것이다(건물의 미화와 보호 기능).
   ㉡ 단청의 문양 : 기하무늬, 당초무늬, 천지자연물(해, 달, 별, 구름무늬), 식물무늬, 길상무늬 등

⑰ 대 문
  ㉠ 평대문 : 기와지붕을 한 서민주택과 중류주택의 몸채 또는 행랑채에 설치되며, 상류주택에서도 주로 안채에 출입하는 중문 간채에 설치된다.
  ㉡ 솟을대문 : 종2품 이상이 타고 다니던 초헌을 탄 채로 들어갈 수 있도록 하기 위해 대문이 설치되는 행랑채의 대문간을 높게 한 것이다.

> 평대문

> 솟을대문

(3) 대표적인 목조건축물 [중요] 14 기출
  ① 부석사 무량수전(국보) : 우리나라에 남아 있는 목조건물 중 **봉정사 극락전과 더불어 가장 오래된 건물 중 하나**이다. 무량수전은 부석사의 본당이며, 무량수불인 아미타여래를 봉안하고 있는 명찰로 신라 문무왕 16년에 의상대사가 왕명에 의해 창건하였고, 앞뜰에는 삼층석탑이 있다.
  ② 수덕사 대웅전(국보) : 수덕사는 599년에 지명법사가 창건하고 원효대사가 중수한 절로, 국보인 대웅전과 현전하지 않는 대웅전 안의 벽화가 유명하다. 수덕사 대웅전은 고려 충렬왕 34년(1308년)에 건축되었다는 명문이 있기 때문에 우리나라에서 건립 연대를 명확하게 알 수 있는 최고(最古)의 목조건물이다. 정면 3간, 측면 4간의 단층 맞배집으로 대웅전을 구성하는 각채가 크고 굵직굵직하여 보았을 때 장중함과 안정감을 주며 건물에 반영된 수법이 정교한 것이 특징이다.
  ③ 해인사 장경판전(국보) : 해인사 경내에서 가장 높은 지대에 자리잡은 해인사 장경판전은 해인사에 남아있는 건물 중 가장 오래된 건물로 남쪽의 건물을 수다라장, 북쪽의 것을 법보전이라 한다. 이 장경판전은 모두 정면 15간, 측면 2간의 단층 우진각 지붕의 건물로, 안에 **고려대장경(팔만대장경)**이 보관되어 있다. 이 건물은 특히 통풍, 방습, 실내 적정 온도 유지 등 과학적이고 주밀한 계획에 의해 세워졌다.
  ④ 법주사 팔상전(국보) : 조선 후기 주심포양식의 아름답고 장중한 특성을 간직한 것으로, **국내 유일의 오층 목탑형식의 건축물**이다. 건물 규모는 평면이 정방향으로 1·2층은 5간, 3·4층은 3간, 5층은 2간으로 되어 있고, 탑의 상륜까지 완전히 갖추어져 있다. 내부에는 석가모니의 일생을 여덟 가지의 모습으로 그려낸 팔상도가 있어 팔상전이라 이름 지었다. 팔상전이 있는 법주사에는 쌍사자 석등, 사천왕 석등, 마애여래의좌상 등의 문화유산이 함께 배치되어 있다.

> 부석사 무량수전

> 수덕사 대웅전

> 해인사 장경판전 24 기출

> 법주사 팔상전

> 사대문과 사소문
- **사대문(四大門)** : 숭례문(남대문), 흥인지문(동대문), 돈의문(서대문), 숙정문(북대문)
- **사소문(四小門)** : 혜화문(동소문), 광희문(남소문), 소의문(서소문), 창의문(북소문)

⑤ **서울 숭례문(국보)** : 숭례문의 건축양식은 정면 5간, 측면 2간, 2중 우진각 지붕, 다포양식이다. 다포양식은 조선 시대 목조건축의 대표적인 양식으로서, 숭례문은 그 표본적인 구조이며 굳건한 배경을 상징한다. 숭례문은 태조 7년(1398년)에 창건, 세종 29년(1447년)에 중건했으며, 양식과 구조적 측면에서 조선 시대 성문 중의 백미(白眉)이다. 2008년 화재로 2층짜리 누각이 소실되어 2013년 4월 복구가 완료되었으나 부실공사 논란으로 재복원이 논의되고 있다.

⑥ **무위사 극락보전(국보)** : 무위사는 신라 진평왕 39년(서기 617년)에 창건된 고찰인데, 무위사 내에 현존하는 건물들은 대부분 4번째 중건인 1555년에 건립된 것들이다. 다만 무위사 극락보전은 목조 후벽의 벽서 명문에 「십이년 병신 삼월 초길화성」이라 기록되어 있는 것으로 보아 1476년 이전에 건축된 건물로 추정되고 있다. 이 건축물의 특징은 공포의 외포 및 출목의 첨차 끝 절단면이 심한 경사를 가지지 않고 첨차 하단의 S자형 곡선이 부드럽고 힘찬 선으로 되어 있다는 점이다.

2. 궁궐

(1) 삼국 시대

① **고구려**
   ㉠ 고구려 왕궁터로 알려진 것은 길림성 집안현의 국내성터와 평양시 대성구역의 안학궁터, 장안성의 궁성터 등이다.
   ㉡ 고구려 궁궐 건축은 통구 국내성에 남아 있는 궁터 초석과 평양 대성산성 부근의 안학궁터, 청암리 토성터, 그리고 모란봉·을밀대에 있는 옛 궁터의 초석 등과 성곽도라 부르는 고분벽화의 그림을 통하여 추측해 볼 수 있다.

② **백제**
   ㉠ 한성 시대 : 서울 풍납동 토성(사적)
   ㉡ 웅진 시대 : 동성왕은 우두성, 사현성, 사정성 등 5개성을 쌓았다.
   ㉢ 사비 시대 : 성왕 16년(538) 사비(부여)로 천도하여 부소산성 남쪽에 터를 잡아 화려하고 장려한 궁궐을 조영하였다. 현재 부여 시가지 주변에서 발견되는 성터는 당시에 도성으로 쌓은 나성의 유적이다.

③ **신라**
   ㉠ 혁거세 거서간 21년(BC 37년)에 금성을 축조, 금성은 둘레에 동서남북 4문을 둔 궁성으로 성 안에는 지배자가 거처한 궁궐이 있었고, 우물과 연못이 있었다.
   ㉡ 현재 남아 있는 궁궐건축의 유구가 없어서 당시 건물의 배치형식은 알 수 없다.

> 서울 풍납동 토성

(2) 통일신라 시대

① 경주 동궁과 월지(사적)
  ㉠ 소재지 : 경상북도 경주시 인왕동(임해전지, 안압지)
  ㉡ 신라가 삼국 통일을 이룬 후 문무왕 14년(674)에 큰 연못을 파고 못 가운데 3개의 섬과 북·동쪽으로 12봉우리를 만들었는데, 이것은 동양의 신선사상을 배경으로 하여 삼신산과 무산 십이봉을 상징한 것으로 해석되고 있다. 섬과 봉우리는 진귀한 동물을 기르고 아름다운 꽃과 나무를 심었던 신라원지(新羅苑池)의 가장 대표적인 곳이다.

② 헌덕왕 14년(822)과 진성여왕 11년(897)의 기록에 월지궁과 북궁에 관한 기사가 나오는데, 이들 궁의 정확한 위치나 규모는 현재 확인되지 않고 있다.

▶ 동궁과 월지(안압지)

(3) 고려 시대

① 고려 시대 궁궐건축은 개경에 있는 왕궁터인 만월대의 유지에서 찾아 볼 수 있다.
② 만월대는 개성 송악산 남쪽 기슭의 구릉지대에 자리 잡고 있으며, 그 아래로 광대한 평지가 궁궐 앞에 펼쳐져 있다. 이처럼 높낮이가 다른 구릉지대를 궁터로 선택한 예는 고려만의 특이한 형태이며, 만월대는 당시 풍수지리설에 의한 명당자리로 전해지고 있다.

▶ 만월대 외부주공

만월대는 고려의 왕궁터이다. 한국전쟁 때 파괴된 것을 1953년 복구하였다. 만월대 자리에는 고려왕궁이 들어서기 전에 태봉국의 왕궁인 발어참성이 있었다. 고려를 건국한 왕건은 발어참성의 성벽을 그대로 두고, 그 안에 새로운 왕궁 만월대를 화려하고 웅장하게 지었다. 만월대는 고려가 강화로 일시 천도한 40여 일간의 시기를 제외하고 고려 왕조의 왕궁이었다.

(4) 조선 시대 14 15 16 22 기출

① 경복궁 : 1395년 태조 이성계가 건립한 조선왕조의 제1정궁이다. 임진왜란 때 소실되었고 지금 것은 고종 때 중건되어 궁궐로 사용되던 것이다. 경복궁에는 정문이며 남대문인 광화문, 동문인 건춘문, 서문인 영추문, 북문인 신무문의 4개의 문이 있다.
  ㉠ 근정전(勤政殿 : 국보)
    • 문무백관의 조하를 비롯한 국가의식을 거행하고 외국사신을 접견하던 법전으로 태조 4년(1395)에 창건되었다.
    • 임진왜란 때 불탄 것을 고종 4년에 재건, 건물 중앙에는 임금이 좌정하시던 어좌가 있다.
    • 그 우람한 자태가 북악산의 흐르는 선과 조화되도록 건립되어 있고, 어좌 뒤의 일월오봉도에는 음양을 상징하는 해와 달, 그리고 건국신화와 토속 신앙에 자주 등장하는 5개의 산과 나무, 폭포 문양이 그려져 있다.

▶ 근정전

▶ 경회루

▶ 자경전

▶ 향원정

ⓛ 경회루(慶會樓 : 국보) : 경복궁 창건 시 태조가 서쪽 습지에 연못을 파고 나라의 경사나 외교사절을 영접할 때 연회를 베풀기 위해 지은 누각으로 연못 방지(方池) 위에 그림처럼 세워져 있다. 임진왜란 때 소실되어 돌기둥만 남아 있다가 경복궁 재건 시 중건하였으며, 누각으로는 국내에서 규모가 큰 것에 속한다.

ⓒ 자경전(慈慶殿 : 보물) : 교태전 동쪽 자미당 터에 흥선대원군이 경복궁을 재건하면서 조대비(신정익왕후)를 위하여 지은 건물로 경복궁에서 침전 건물로는 유일하게 남아 있는 건물이며, 서북쪽에 설비된 침방인 복안당과 낮시간에 거처하는 자경전, 여름에 지내도록 다락집으로 건립된 청연루와 12칸의 부속건물 협경당으로 이루어져 있다. 둘레에는 수십 칸의 행각과 일각문 등이 더 있었다고 하나 대부분 없어지고 십장생 무늬로 유명한 굴뚝이 붙어 있는 담장과 여러 가지 무늬가 들어가 있는 꽃담이 남아 있다.

ⓔ 향원정(香遠亭 : 보물) : 1867년 고종이 건청궁 남쪽에 못을 파고 중앙에 섬을 만들어 향원정을 짓고 나무로 구름다리를 만들어 취향교라 하고 산책을 즐기던 곳이다.

ⓜ 기타 : 경복궁 내의 건물들이 임진왜란 등으로 많이 소실되었지만 정전인 근정전을 비롯하여 편전인 사정전(보물), 왕의 침전인 강녕전과 왕비의 침전인 교태전, 자경전 등의 건물과 경회루와 향원정, 아미산 등이 있으며, 동북쪽으로 국립민속박물관이 있다.

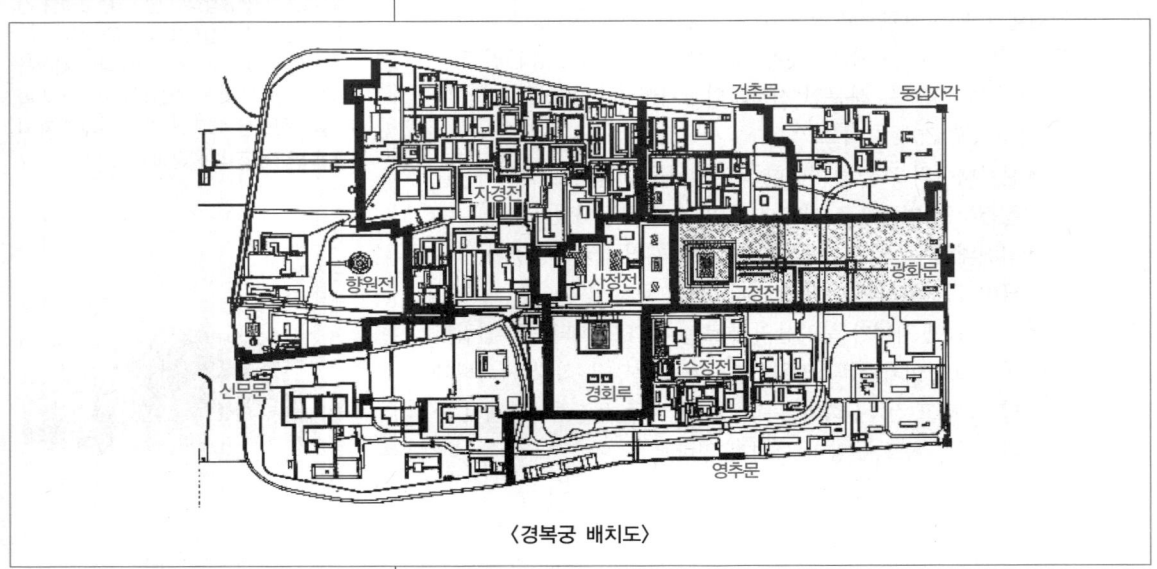

〈경복궁 배치도〉

② 창덕궁 17 21 22 23 24 기출
  ㉠ 1405년(태종 5년)에 경복궁의 이궁(離宮)으로 창건된 궁궐이며 세종 때 장서각 등을 세웠다.
  ㉡ 경복궁의 동쪽에 위치한다 하여 이웃한 창경궁과 더불어 동궐이라 불렸다.
  ㉢ 조선 시대 궁궐건축의 명맥을 이어온 유일한 궁이며, 광해군 이후 고종까지 13대에 걸쳐 258년간 본궁으로 쓰였던 곳으로서, 경복궁보다도 더욱 궁궐다운 궁궐이라고 할 수 있다.
  ㉣ 조선 시대 궁궐 가운데 임금이 가장 오랜기간 거처한 곳이자 원형이 가장 잘 보존되어 있는 창덕궁은 현재 사적으로 지정 보호되고 있으며, 돈화문(보물), 인정문(보물), 인정전(국보), 대조전(보물), 선원전(보물), 선정전(보물), 희정당(보물), 향나무(천연기념물), 다래나무(천연기념물) 등이 국보·보물 및 천연기념물로 지정되었다.
  ㉤ 1997년 12월 유네스코 세계문화유산으로 등록되었다.
③ 창경궁 18 20 기출
  ㉠ 성종 14년(1483) 조선의 이궁으로 창건되었다. 원래 이곳은 세종대왕이 상왕인 태종을 모시기 위하여 1418년에 건립한 수강궁이 있었다.
  ㉡ 광해군 때 건립된 정전인 명정전이 있어 조선왕궁 중에서 가장 오랜 정전이 있는 왕궁이다.
  ㉢ 순종 3년에는 동물원, 식물원을 개원하여 일반인에게 공개되었고, 1911년에는 그 명칭도 창경원으로 격하되어 그 후 오랜 기간 동안 궁궐보다는 공원으로 시민들에게 인식되어 오다가, 1983년 12월부터 3년간에 걸친 복원공사 끝에 동물원 등의 놀이시설은 사라지고 옛 궁궐의 모습을 되찾게 되었다.
  ㉣ 주요건물 : 홍화문(보물), 옥천교(보물), 명정문 및 행각(보물), 명정전(국보), 문정전, 숭문당, 함인정, 경춘전, 환경전, 통명전(보물), 양화당, 영춘헌, 풍기대(보물), 관천대(보물), 춘당지
④ 덕수궁
  ㉠ 원래 조선 9대 성종의 형인 월산대군의 사저였는데, 임진왜란 때 환도한 선조가 궁궐로 삼으면서 서궁이라고 했다. 이후 별궁으로 사용되다가 1897년 고종이 아관파천 시 환궁하면서 경운궁이라 하여 정궁으로 사용하였다. 이후 조선 최후의 임금인 순종이 창덕궁으로 옮겨가면서 고종의 장수를 기원하는 뜻에서 덕수궁이라 개칭하였다.

▸ 창덕궁

▸ 창경궁 명정전(국보)
창경궁의 정전으로, 국가의식을 거행하고 외국사신을 맞이하는 대전으로 사용되었다.

▸ 창경궁 홍화문

▸ 관천대

▸ 덕수궁 석조전

▶ 경희궁 숭정전

▶ 해 자
적의 침입을 막기 위해 성 주위에 둘러서 파낸 못

▶ 해미읍성(사적) 16 기출

왜구 침입을 효율적으로 방어하기 위한 거점성으로 충무공 이순신이 군관으로 근무하기도 하였다. 성(城) 내에는 천주교인들이 갇혀 있던 감옥터와 고문을 받았던 회화나무가 있어, 오늘날 천주교인들의 순례지가 되고 있다.

▶ 수원화성(팔달문)

　　ⓛ 현재는 일반인에게 완전히 개방되어 도심 속 문화유산과 어우러진 휴식 공간으로 각광받고 있으며, 석조전 본관의 궁중유물 전시관, 서관의 미술관이 개관되어 문화 공간으로서도 큰 몫을 하고 있다. 서울시내 5대 궁궐 중에서 가장 붐비는 곳이기도 하며, 사적으로 지정되어 있다.
⑤ 경희궁 16 기출
　　㉠ 조선왕조의 이궁으로, 본래 경덕궁이라 불렸다.
　　㉡ 궁의 규모가 크고 여러 임금이 궁에서 정사를 보아 동궐인 창덕궁에 대하여 서궐이라 한다.
　　㉢ 경희궁의 정문인 흥화문은 신라호텔의 정문으로 이용되기도 했으며, 가장 오래된 전각인 숭정전은 동국대학교 구내로 옮겨져 있다.

3. 성곽

(1) 성곽의 기원
우리나라에 언제 성곽이 나타났는지는 분명히 밝힐 수 없지만, 문헌상에 나타난 것으로는 「사기」 조선열전에 평양성의 존재를 언급하고 있는 것이 처음이며, 이는 기원전 2세기에 해당된다.

(2) 성곽의 분류 21 기출
① 지형에 따른 분류
　㉠ 산성 : 우리나라 성곽의 대표적인 형태이다.
　　• 산의 자연적인 지세를 최대한 활용, 평야를 앞에 둔 산에 자리잡는 것이 보통이다.
　　• 평지와 동떨어진 깊은 산속에도 산성을 쌓는다. → 칠곡의 가산성, 문경의 조령관문, 북한산성, 창녕의 화왕산성 등
　　• 북한산성이나 남한산성, 동래의 금정산성, 상주의 백화산성 등은 규모가 큰 산성으로, 이 가운데 금정산성은 둘레가 17km나 되는 우리나라 최대의 산성이다.
　㉡ 평지성 : 평지에 쌓은 성곽, 우리나라의 평지성은 둘레를 네모나게 쌓고 성밖에 해자(垓字)를 파기도 했다.
　㉢ 평산성 : 평지와 구릉을 아울러 쌓은 성이다. → 수원화성, 서산의 해미읍성
② 기능에 따른 분류
　㉠ 행정적 기능 : 평상시에는 행정적 측면을 중시하며, 유사시를 대비한 성으로 도성이나 읍성이 대표적이다.
　㉡ 군사적 기능
　　• 대피성 : 전쟁 때 잠시 대피하는 성
　　• 상주성 : 군대가 항상 주둔하는 성

- 창성 : 창고의 기능을 가진 성
- 진성 : 국경과 해안 및 내륙의 요충지에 쌓은 성
- 장성(행, 관성) : 국경의 변방에 외적을 막기 위해서 쌓은 성 → 천리장성(고려, 12년에 걸쳐 완성된 성벽의 높이와 너비가 각 21척이나 됨)

③ 거주 주체에 따른 분류 16 21 기출
  ㉠ 도성 : 왕궁이 있는 도읍지에 궁궐과 관청건물이 있는 궁성을 보호할 목적으로 외곽에 쌓은 나성을 갖춘 성이다. → 평양성(고조선), 장안성[고구려 후기의 대표적인 도성으로 수나라의 도성제도를 참고하여 쌓은 것으로 성안 평지에 바둑판 모양의 시가지를 만들어 규칙적으로 이방(里坊)을 배치]
  ㉡ 궁성 : 왕이 거처하는 궁궐과 통치에 필요한 관청건물들을 둘러싸고 있는 성을 말하며, 내성이라고도 한다.
  ㉢ 행재성 : 왕이 군사·행정상 중요한 지역에 가서 임시로 머무는 이궁이 있는 곳으로 수원화성이 대표적이다.
  ㉣ 읍성
    - 지방행정관서가 있는 고을에 축성되며, 성 안에 관아와 민가를 함께 수용한다. → 행정적인 기능과 군사적인 기능
    - 삼국 시대에는 산을 의지한 위치에 지어졌고, 통일신라 때는 분지 형태의 평야에 네모 모양으로 성을 쌓았다. 고려 시대에는 주요 지방도시에 규모가 작은 토축(土築) 읍성들이 많이 세워졌는데, 조선 시대로 이어지면서 석성(石城)으로 개축되고 규모가 커졌다.
    - 현재까지 남아 있는 읍성의 대표적인 것으로 정조 때 세운 수원읍성이 있으며, 그 밖에 비인읍성, 해미읍성, 남포읍성, 동래읍성, 보령읍성, 낙안읍성, 진도읍성, 경주읍성, 거제읍성, 홍주읍성, 언양읍성, 고창읍성 등이 있다.

④ 재료에 따른 분류
  ㉠ 목책성 : 목책으로 만든 성으로 가장 오래된 형태이며, 행주산성이 이중으로 쌓은 목책성이다.
  ㉡ 석성 : 돌로 만든 성. 삼국 시대부터 조선 시대까지 만든 성의 대부분으로 우리나라 성곽의 주류를 이룬다.
  ㉢ 토성 : 석성과 함께 우리나라 성곽의 주류를 이루고 있으며, 돌을 운반하기 힘든 곳에 많이 쌓는다. → 백제의 아차산성과 풍납리 토성 및 부소산성, 고려의 천리장성 등
  ㉣ 토석혼축성 : 흙과 돌을 함께 사용한 것으로 백제 시대의 익산 토성, 고구려의 평양성이 해당한다.
  ㉤ 전축성 : 벽돌로 쌓은 성으로 고려 말과 조선 시대에 주로 쌓았으며, 숙종 때에 강화산성을 수축하면서 여장에 벽돌을 사용했다. 정조 때에 축성된 수원성의 일부도 벽돌로 축조되었다.

▶ **화성의 세계유산적 가치** 23 기출
동서양의 군사시설이론을 잘 배합시킨 독특한 성으로서 방어적 기능이 뛰어난 특징을 가지고 있다. 약 6km에 달하는 성벽 안에는 4개의 성문이 있으며, 모든 건조물이 각기 모양이 달라 다양성을 지니고 있다. 방어개념의 표현으로 옹성, 치성, 충분한 여장높이, 포루 위 건축물 등을 들 수 있다.

▶ **고창읍성(사적)**

조선 시대의 읍성에서 흔히 보기 어려운 주초와 문짝을 달던 홈이 파인 누문(樓門)을 가지고 있어, 평양에 있는 고구려 시대의 성문, 보은의 삼년산성이나 강화읍성 등에서 볼 수 있는 양식과 비교되어 성곽을 연구하는 데 좋은 자료가 되고 있다.

▶ **부소산성(사적)** 19 기출

부소산성은 충남 부여 쌍북리 부소산에 위치한 백제 시대 산성으로 538년 백제 성왕이 웅진에서 사비로 도읍을 옮긴 후 백제가 멸망할 때까지 백제의 도읍지였다.

(출처 : 국가문화유산포털)

> **더 알아보기** 성곽의 부속시설 15 16 20 24 기출
>
> - 여장 : 성벽 위에 설치하는 낮은 담장으로, 적으로부터 몸을 보호하고 적을 효과적으로 공격하기 위한 구조물
> - 치성 : 성벽에서 적이 접근하는 것을 보다 빨리 관측하고 다방면에서 적을 공격하기 위해 성곽의 취약지점에 설치하는 구조물
> - 옹성 : 성문을 보호하고 성을 지키기 위해 성문 밖에 쌓은 작은 성
> - 적대 : 적의 정세를 살피는 망대(望臺). 성문 양옆에 돌출시켜 옹성과 성문을 적으로부터 지키는 대
> - 해자 : 성 주위에 둘러 판 못. 하천을 이용하거나 성벽의 주변에 인공적으로 도랑을 파서 만든 성의 방어물
> - 현안 : 성벽에 가까이 다가온 적을 공격하기 위해 성벽 외벽 면을 수직에 가깝게 뚫은 것

▶ 삼보사찰 17 23 기출
- 양산 통도사 : 불보사찰(부처님 진신사리)
- 합천 해인사(팔만대장경) : 법보사찰(부처님 말씀)
- 순천 송광사 : 승보사찰(많은 고승 배출, 수양 등)

▶ 5대 적멸보궁(진신사리 보관) 23 기출
- 양산 영축산 통도사
- 평창 오대산 중대 상원사
- 양양 설악산 봉정암
- 영월 사자산 법흥사
- 정선 태백산 정암사

▶ 나한전(羅漢殿) 20 기출
사찰에 있는 당우 중 하나로 응진전이라고도 하며, 부처님의 제자인 나한을 모신 법당이다.

▶ 정림사지(사적)

백제 때에 세워진 오층석탑(국보)과 고려 시대에 만들어진 석조여래좌상(보물)이 남아 있다. 출토유물로는 백제와 고려 시대의 장식기와를 비롯하여 백제 벼루, 토기와 흙으로 빚은 불상들이 있다.

4. 사 찰

(1) 사찰의 의의

① 우리나라의 사찰건축은 고구려 소수림왕 375년에 불교가 전래된 후 교리가 널리 전파되면서 융성하게 되었다.
② 삼국 시대와 고려 시대의 사찰건축은 일금당일탑식가람, 일금당이탑식가람, 평지가람, 산지가람의 배치형식들이 사용되었다. 조선 시대에 숭유억불 정책 때문에 산중으로 은거하게 됨에 따라 산지가람이 주종을 이루게 되었으며, 규모 또한 위축되었다.
③ 우리나라의 절의 대부분은 산지가람형이다. 천연이나 인공의 석굴에 사원을 건립하는 석굴가람형으로 주로 도량으로서의 기능을 지니며, 경주 석굴암이 대표적이다.

(2) 가람배치의 분류

① 일탑가람식 : 탑과 금당을 병립시키는 방식으로 탑을 모신 지역과 불상을 모신 곳 및 승려들이 거주하는 지역 등이 담장에 의해서 엄격하게 나누어진 형태이다. → 경주 암곡의 고선사지
② 탑이 있는 예배원과 승원의 복합배치형식
  ㉠ 탑과 금당, 또는 탑과 금당·당 등이 회랑으로 둘러싸인 예배원과 기타 부속건물이 있는 승원으로 나누어지는 배치형식이다.
  ㉡ 일탑일금당의 형식은 문경 봉암사, 이탑일금당은 불국사가 대표적인 예이다.
  ㉢ 일탑다불전은 경주 황룡사지, 이탑다불전은 익산 미륵사지, 다탑다불전은 보령 성주사지가 대표적이다.
③ 탑이 없는 예배원과 승원의 복합배치형식 : 조선 시대부터 건립되었다.

(3) 사찰의 시대적 특징

① 고구려 : 375년에 초문사와 이불란사가 창건되었고, 392년(광개토왕 2년)에는 평양에 9개의 절이 창건되었다. 또한 498년(문자명왕 7년)에 금강사를, 영류왕 때는 영탑사와 육왕사 등을 건립하였다.

② 백 제
  ㉠ 백제의 가람배치는 주로 평지 1탑 가람배치로 되어 있다.
  ㉡ 군수리사지 : 절이 남향으로 중문·방형목탑·금당·강당이 남북 일직선상에 배치되고, 중문에서 강당까지 회랑이 둘러져 있다. 또한, 금당과 강당 좌우에는 2개의 건물터가 있다.
  ㉢ 동남리사지 : 절이 남향으로 중문·금당·강당이 남북 일직선상에 배치되고, 중문에서 강당까지 회랑이 둘러져 있다. 이 동남리사지에는 탑지가 없는 것이 특이하다.
  ㉣ 금강사지 : 동향으로 중문탑·금당·강당이 동서 일직선상에 배치되고, 중문에서 강당까지 회랑이 둘러져 있다.
  ㉤ 정림사지 : 남향으로 중문·석탑·금당·강당이 남북 일직선상에 배치되고, 중문에서 강당까지 회랑이 둘러져 있다.
  ㉥ 익산 미륵사지 : 남향으로 3개의 탑과 3개의 금당이 동서로 나란히 배치되어 있다.

③ 신 라
  ㉠ 법흥왕 이후 흥륜사(544), 영흥사(535), 기원사(566), 삼랑사(597), 황룡사(634), 분황사(634), 영묘사(635) 등 많은 사찰이 건립되었다.
  ㉡ 황룡사지 : 남향으로 남북 일직선상에 남문·중문·탑·금당·강당이 서고, 중문에서 강당까지 회랑이 둘러져 있는데, 중문과 탑 사이 좌우에 경루나 종루 같은 건물이 대칭으로 배치되었고, 금당 좌우에도 2채의 불전이 병렬로 배치되어 있다. 일탑삼금당병렬식이라 할 수 있다.
  ㉢ 신라의 절은 모두 평지에 있다는 점이 특색이며, 절의 중심건물은 탑이다.

④ 통일신라
  ㉠ 감은사지 : 남향으로 중문·금당·강당이 남북 일직선상에 배치되고 금당 앞 좌우에 쌍탑(雙塔)이 있으며, 중문에서 강당까지 회랑이 둘러져 있다. 또한, 절이 산기슭에 자리잡았다.
  ㉡ 천군리사지 : 남향으로 중문·금당·강당이 남북 일직선상에 배치되고 금당 앞 좌우에 쌍탑이 있으며, 중문에서 강당까지 회랑으로 둘러져 있다.

> **미륵사지 복원모형**

미륵사는 신라의 침략을 불교의 힘으로 막고자 지은 호국사찰로서 백제가 멸망할 때까지 중요한 역할을 했던 곳으로 여겨지는 역사적 가치가 큰 곳이다.

> **황룡사지**

93년간에 걸친 국가사업으로 조성된 큰 절이었으며, 신라의 3가지 보물 중 천사옥대(天賜玉帶)를 제외한 2가지 보물이 황룡사 구층목탑과 장육존상이었다는 것에서도 황룡사가 차지하는 비중을 짐작할 수 있다. 또한 '신라의 땅이 곧 부처가 사는 땅'이라는 신라인들의 불교관이 잘 나타나 있는 곳이기도 하다.

> **총 림**

참선수행 전문도량인 선원(禪院)과 경전교육기관인 강원(講院), 계율전문 교육기관인 율원(律院)을 모두 갖춘 사찰이다.

> **8대 총림**

송광사, 해인사, 수덕사, 백양사, 통도사, 동화사, 쌍계사, 범어사

▶ 불국사 전경

ⓒ 불국사지 : 남향으로 중문(자하문)·금당·강당(부설전)이 남북 일직선상에 배치되고 금당(대웅전) 앞 좌우에 다보탑과 석가탑이 건립되었으며, 중문에서 강당까지 회랑이 둘러져 있다. 통일신라 8세기까지의 가람은 쌍탑일금당식(雙塔一金堂式)으로 절이 산에 건립되었다.

⑤ 고려·조선
  ㉠ 고려는 통일신라의 가람배치를 계승하였다. 초기에는 탑에 대한 배려가 높았으나 후기로 오면서 탑이 없는 절이 많이 생겼다.
  ㉡ 고려의 가람은 산지일탑일금당병렬식과 산지쌍탑병렬식, 산지 무탑식이 혼재한다.
  ㉢ 조선 시대는 고려 가람배치의 계승과 모방에 그치고 말았다.

5. 가 옥

(1) 가옥의 의의
① 가옥은 취락의 기본단위로서 지역의 자연과 인문적 환경을 반영하고 있다.
② 우리나라도 긴 역사만큼 거주지의 발달이 지속적으로 이루어졌으므로 가옥을 통해서 조상들의 자연 친화·순응·극복의 지혜와 가치관을 엿볼 수 있다.

(2) 우리나라 가옥의 시대별 형태

▶ 암사동 선사주거지

① 구석기 시대
  ㉠ 자연 지형과 지물을 이용한 동굴 바위틈 또는 큰 바위의 그늘이나 강가·늪지 가까운 곳에 막집을 짓고 살았다.
  ㉡ 동굴주거 유적지 : 평양의 상원 검은모루 동굴유적, 충북 제천 포전리 점말동굴, 제주 어음리 빌레못동굴 등
② 신석기 시대
  ㉠ 대부분의 주거형태는 원형움집으로 반지하양식이고, 주로 강가나 작은 구릉의 경사면에 취락을 형성하고 있다.
  ㉡ 대표적 유적지 : 함경북도 서포항, 평안남도 온천군 궁산리, 황해도 봉산군 지탑리, 서울 암사동, 경기도 하남 미사리, 부산 동삼동 등

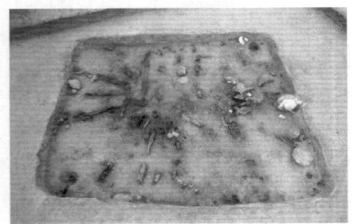

▶ 부여 송국리 유적(사적)

송국리 집터는 유물을 토대로 기원전 7~6세기 전에 농경과 수렵에 기반을 둔 사람들에 의해 만들어진 것으로 추측되며, 청동기 시대 사람들의 생활상을 보여주는 중요한 자료로 평가된다.

③ 청동기 및 철기 시대
  ㉠ 사각형이나 직사각형의 움집으로 지상가옥화되었고, 움집을 세우는 데 초석(礎石)을 이용하기도 하였다.
  ㉡ 대표적 유적지 : 함경북도 회령의 오동, 나진의 초도, 황해도 봉산군 지탑리 상층유적, 경기도 여주군 흔암리, 충남 부여의 송국리, 경기도 파주군 교하리와 옥석리 등

④ 삼국 시대
　㉠ 고구려
　　• 일반가옥은 띠와 풀로 엮어 만든 초가에 온돌을 장치하였고, 왕궁이나 귀족의 집 및 관청건물·사찰들만이 기와지붕으로 되어 있었다.
　　• 가옥 구조는 기둥을 세우고 대들보를 올려 짜맞춘 목조가구식 구조였다.
　㉡ 백제 : 온돌을 사용하였다.
　㉢ 신 라
　　• 신분(골품제)에 따라 방의 크기와 기와 장식·계단·담장·문·마구간·병풍·평상 등 가옥의 규모나 장식 및 설비의 정도에 차등이 있었다.
　　• 마룻바닥을 사용하였다.

⑤ 고려 시대
　㉠ 고구려의 온돌구조와 신라의 마루구조가 전승되었고, 기능에 따라 구분하여 한 채의 건물로 건축하였다.
　㉡ 풍수지리설이나 음양오행설에 따라서 가옥의 위치를 결정하거나 내부공간을 구성하였다.
　㉢ 상류계급들은 주로 중국식으로 의자·침상을 사용한 입식생활을 영위하였고, 일반백성들은 구들바닥에서 생활하였다.
　㉣ 고려의 가옥은 온돌과 마루가 함께 공존하는 구조였다.

⑥ 조선 시대
　㉠ 주택의 평면구조는 기후와 관련되어 그 형태가 각 지역마다 특색이 있다. 안방, 대청, 부엌의 세 가지 공간 구성요소의 배치에 따라 一자형·ㄱ자형·ㄷ자형·ㅁ자형으로 나뉜다.
　㉡ 나무와 흙과 돌을 혼용한 구조를 주로 사용하였으며, 볏집이나 새·갈대·너와 등은 지붕의 재료로 많이 사용되었다.
　㉢ 조선 시대에는 대가족제도, 조상숭배, 관혼상제의 예교와 의식중심의 생활, 철저한 계급의식적 사고방식 등이 주거에 큰 영향을 주면서 가옥의 규모가 커졌고, 그러한 큰 규모의 가옥은 사회적 의식이나 용도에 따라 별채·내측·사랑채·외측으로 공간이 구분되어 건축되었다.
　㉣ 대군의 집은 60간(間), 군(君)과 공주(公主)의 집은 30간(間), 2품 이상의 집은 40간(間), 3품 이하의 집은 30간(間), 그리고 일반민가는 10간(間)을 넘을 수 없도록 규정하였다. → 실질적으로 일반민가도 99간(間)까지 허용

▶ 창녕 진양하씨 고택(국가민속문화유산)

안채·사랑채·대문간채로 구성되어 있으며, 세종 7년(1425)에 지은 건물이라고 전해진다. 남향의 안채는 중부 이남지방에서 일반적인 앞면 4칸·옆면 1칸의 一자형 홑집으로, 왼쪽부터 작은방·대청·큰방·부엌의 순서로 배치되어 있다.

▶ 종묘 14 21 25 기출

왕실의 사당이며, 정전과 영녕전으로 나뉘어져 있다. 1394년(태조 3년)에 착공하여 이후 계속적으로 증축하였다. 임진왜란 때 소실 후 1608년 중건되었다. 유교사당의 전형으로 건축이 간결하면서도 전체적으로 대칭을 이룬다.

- 정전 : 국보이며, 19실에 왕과 왕비 등 49위의 위패가 모셔져 있다.
- 영녕전 : 보물이며, 16실에 정전에 모셔지지 않은 왕과 왕비 34위의 위패를 모시고 있다. 여기에 연산군과 광해군은 모두 모시지 않았다.

▶ 종묘의 세계유산적 가치

종묘는 제왕을 기리는 유교사당의 표본으로서 16세기 이래로 원형이 보존되고 있으며, 세계적으로 독특한 건축양식을 지닌 의례공간이다. 종묘에서는 의례와 음악과 무용이 잘 조화된 전통의식과 행사가 이어지고 있다.

▶ 서울 육상궁[칠궁(七宮)]

사적으로, 후궁으로서 아들이 보위에 오른 경우는 칠궁에 따로 모셨다. 영조의 생모 숙빈 최씨, 진종의 생모 정빈 이씨, 원종의 생모 인빈 김씨, 경종의 생모 희빈 장씨, 사도세자의 생모 영빈 이씨, 순조의 생모 수빈 박씨, 영친왕의 생모 순헌귀비 엄씨를 모시고 있다.

▶ 문묘(성균관 대성전)

▶ 주요 교육기관
- 향교 : 공립학교
- 서원 : 사립학교
- 서당 : 사설학원

6. 유교건축물

(1) 유교건축물의 유형 16 21 기출

① 종묘 : 조선왕조 역대 제왕의 위패를 모신 사당으로 1995년 세계문화유산으로 지정·등록되었다.
② 성균관 : 유교의 교육을 맡아보던 일종의 국립교육기관이다.
③ 문묘 : 공자를 모신 사당구역을 말하는데, 성균관이나 향교에 설치되었다.
④ 향교(鄕校) : 공자 이하 역대 유명한 유학자를 모시고, 교육을 위하여 읍성에 설치된 공립교육기관이다.
⑤ 서원(書院) : 지방의 사립교육기관으로 산속에 설치되었다.
⑥ 사우(祠宇) : 선현을 봉사하는 사당으로, 공공의 여론을 통하여 건립된 경우를 사당이라 한다.
⑦ 사당(祠堂) : 죽은 사람의 위패를 모시고 제향하는 집이다.
⑧ 비각(碑閣) : 비석을 보호하기 위해 세운 건물이다.
⑨ 누각(樓閣) : 지상 2층으로 지은 집이다.
⑩ 객사(客舍) : 조선조 때 관아의 하나로 각 고을마다 두었는데, 임금을 상징하는 궐패를 모셔 두고 초하루와 보름에 망궐례를 올렸으며, 지방에 오는 관원이 기거하던 집이다.
⑪ 사고(史庫) : 나라의 사기와 중요 서적을 수장하던 곳이다.
⑫ 행각(行閣) : 궁궐 또는 공공건축물의 정전 주의에 둘러쳐 지어 건물이다.

(2) 향교건축

① 향교의 공간구성
  ㉠ 문묘 : 공자와 성현들의 위패를 모셔 놓고 제사를 지내는 제향의식공간으로 대성전과 동·서무로 구성되었다. → 대성전의 규모는 성균관만 5간(間)이고, 나머지 주(州)와 현(縣)의 향교는 모두 3간 규모
  ㉡ 강학공간 : 지식을 습득하는 공간으로서 명륜당과 동·서재로 구성된다.
  ㉢ 지원공간 : 전사청·제기고·교직사 등이 있다.
  ㉣ 과정적 공간 : 홍살문에서 외삼문까지 또는 외삼문에서 내삼문에 이르는 공간을 말하며, 외부에서 내부로 들어오면서 경건한 마음을 갖도록 유도하는 공간이다.

② 향교의 배치 : 남북축선상에 대성전과 명륜당을 일직선으로 배치하는 것이 엄격히 지켜지고 있으나, 대성전과 명륜당의 위치에 따라 전학후묘형과 전묘후학형 등으로 대별할 수 있다.
  ㉠ 전묘후학(前廟後學) : 평평한 대지(나주향교)
  ㉡ 전학후묘(前學後廟) : 경사진 터(강릉향교)
③ 대표적 향교
  ㉠ 함안향교(경상남도 유형유산) : 함안면 봉성리, 남아 있는 건물 → 대성전, 명륜당, 내삼문, 동재, 서재, 풍화루, 외삼문, 홍살문
  ㉡ 함양향교(경상남도 유형유산) : 함양읍 교산리, 1398년(태조 7년)에 창건, 남아 있는 건물 → 대성전, 동무, 서무, 명륜당, 동재, 서재, 내삼문, 전사청, 제기고, 고직사, 전직사, 태극루
  ㉢ 합천향교(경상남도 유형유산) : 야로면 구정리, 남아있는 건물 → 대성전, 명륜당, 동무와 서무, 영귀루, 내삼문
  ㉣ 산청향교(경상남도 유형유산) : 산청읍 지리
  ㉤ 거창향교(경상남도 유형유산) : 거창군, 춘풍루(정면 3칸 측면 2칸의 팔작지붕 목조기와), 명륜당(정면 5칸 측면 2칸의 맞배지붕)

(3) 서원건축
① 서원의 의의 14 기출
  ㉠ 성리학적 고급인재를 양성하기 위해 조선 중기에 주로 설립되었던 조선조 최고의 학당으로, 각 서원마다 각기 다른 선현을 모셨다.
  ㉡ 최초의 서원은 1543년(중종 38년)에 풍기군수 주세붕이 경북 순흥에 세운 백운동서원으로 고려 말 유학자 안향의 사당을 짓고 그 신위를 봉안하였으며, 명종 초에는 소수서원이란 액서(額書)와 토지·노비·서적 등을 하사받음으로써 사액서원의 시초가 되었다.
② 서원의 입지
  ㉠ 인적 환경 : 존경받을 만한 선현의 일정한 연고지로 한정
  ㉡ 자연적 환경 : 산수가 뛰어나고 비교적 읍의 중심에서 멀리 떨어진 지역이나 향촌에 위치
③ 서원의 배치 : 모두 전면에 강학공간을 두고 후면에 제향공간을 두는 전학후묘의 배치형식

▶ **대성전과 명륜당**
• **대성전** : 문묘의 시설 가운데 공자의 위판을 봉안한 성묘의 호칭, 전국 231개 향교에 건치되어 있다.
• **명륜당** : 향교에 부설되어 있는 강학당. 명륜이란 인간사회의 윤리를 밝힌다는 뜻으로 맹자 등문공평에 학교를 세워 교육을 행함은 모두 인륜을 밝힌다는 데서 유래하였다.

▶ **나주향교(사적)**

▶ **소수서원 액서 및 전경(사적)**

▸ 도산서원

▸ 도동서원

▸ 한국의 서원 20 21 22 기출
- 소수서원(경상북도 영주시)
- 옥산서원(경상북도 경주시)
- 도산서원(경상북도 안동시)
- 병산서원(경상북도 안동시)
- 도동서원(대구광역시 달성군)
- 남계서원(경상남도 함양군)
- 무성서원(전라북도 정읍시)
- 필암서원(전라남도 장성군)
- 돈암서원(충청남도 논산시)

▸ 염거화상탑(국보)

④ 주요서원 20 23 기출
  ㉠ **도산서원**(사적) : **퇴계 이황은 성리학을 발전시켜 동방유학을** 집대성하고 1560년 서원을 짓게 하여 수많은 인재를 양성하였다. 이때 지은 서원이 바로 도산서원이며, 한국유학의 전당으로서 **사림 도학연구의 본산**이 되었다.
  ㉡ **도동서원**(사적) : 1605년에 창건되었으며, 전학후묘의 배치형식이다. 1868년 대원군이 내린 서원 철폐령의 대상에서 제외된 전국 47개 서원 가운데 하나로, 강당은 높은 댓돌 위에 세워진 정면 5칸 측면 2칸 반의 주심포 맞배집이고, 사당은 가구식 기단 위에 세운 정면 3칸 측면 3칸의 주심포 맞배집이다.

〈도동서원 종단면도〉

7. 석조건축물 16 기출

(1) 석조부도
  ① 부도의 의의
    ㉠ 일반적으로 **부도는 스님의 사리탑인 승탑(僧塔)**을 의미한다.
    ㉡ 부처님의 진신사리 또는 법신사리를 봉안한 불탑은 가람의 중심에 위치하는 반면, 부도는 사찰의 경내나 외진 곳에 두어 그 격을 서로 구분한다.
  ② 부도의 형식
    ㉠ 팔각원당형(八角圓堂形) : 기단·탑신·옥개 모두가 8각을 이룬 단층형식으로, 우리나라에서 건립연대가 확실한 가장 오래된 부도인 **염거화상탑(844년)이 그 시원**이며, 우리나라 석조부도 양식의 계통을 세운 부도이다.
    ㉡ 종형(鐘形)·복발형(覆鉢形) : 네모난 받침 한 가운데 종모양의 탑신을 올리고 그 위에 연꽃 봉오리나 보주를 얹은 간단한 상륜이 올려지는 구조로, 9세기에 세워진 울산 태화사지의 12지상부도가 그 시원이다.
    ㉢ 이형(異形)
      • 평면방형 : 8각에서 벗어난 평면방형으로 결구된 이형
      • 오륜형 : 팔각원당형을 기본형으로 유지하면서 탑신은 원구형으로 된 이형
      • 일반 석탑형 : 일반형의 방형 석탑을 모탑한 형태

③ 부도의 시대적 변천
  ㉠ 통일신라 시대
    • 팔각원당형 : (전)원주 흥법사지 염거화상탑(국보, 844년), 전남 곡성군 태안사 적인선사탑(보물, 861년), 전남 화순군 쌍봉사 철감선사탑(국보, 868년), 전남 장흥군 보림사 보조선사탑(보물, 880년), 경북 문경시 봉암사 지증대사탑(보물, 883년), 전남 구례군 연곡사 동 승탑(국보) 등을 들 수 있다.
    • 이형 : 일반적 탑과 같은 방형 기단 위에 8각의 탑신을 갖고 있다. 그 예로는 강원 양양군 진전사지 도의선사탑(보물) 등을 들 수 있다.
  ㉡ 고려 시대
    • 팔각원당형 : 전대의 양식을 충실히 고수하면서도 일부에서는 많은 변화를 가져오게 되는데, 대표적인 것으로는 흥법사지 진공대사탑 및 석관(보물, 940년), 전남 곡성군 태안사 광자대사탑(보물, 950년), 경북 문경시 봉암사 정진대사탑(보물, 965년), 충남 서산시 보원사지 법인국사탑(보물, 975~978년)을 들 수 있다.
    • 평면방형 : 원주 법천사지 지광국사탑(국보, 1070~1085년)이 있다.
    • 오륜형 : 정토사지 홍법국사탑(원위치는 충북 충주시 동량면 하천리, 국보, 1017년)이 있다.
  ㉢ 조선 시대
    • 팔각원당형 : 고려 시대의 전통수법을 그대로 고수하면서 탑신이 공모양으로 변화해 가거나, 기단의 평면이 8각이긴 하나 아무런 조식 없이 수직으로 처리된 점 등이 변천된 모습이며, 대표적인 예로는 충주 청룡사지 보각국사탑(국보, 1394년), 경기도 양주시 회암사지부도탑(경기도 유형유산, 조선 전기), 충북 보은군 법주사 복천암 수암화상탑(보물, 1480년), 전남 구례군 연곡사 소요대사탑(보물, 1650년) 등이 있다.
    • 종형(복발형) : 실제의 종과 똑같이 탑신 위·아래에 무늬 띠가 둘려지고, 도드라진 종꼭지와 이를 둘러싸는 테두리까지 사방에 나타낸 양식이 한동안 건립되었다.

▶ 연곡사 동 승탑(동부도)

▶ 진공대사탑

▶ 정토사지 홍법국사탑

▶ 법주사 쌍사자 석등

▶ 관촉사 석등

▶ 신륵사 보제존자석종 앞 석등

(2) 석 등

① 의 의 16 기출
  ㉠ 불을 밝히기 위해 돌로 만든 도구를 석등이라 하는데, 주로 사찰의 법당이나 불탑 앞에 설치하여 부처님의 광명을 상징하는 뜻에서 광명등(光明燈)이라 부르기도 한다.
  ㉡ 후대에 와서는 부도나 능묘(임금 또는 정승의 무덤) 앞에 세워 장명등이라 일컫기도 한다.

② 석등의 구조 : 석등의 기본형은 하대석, 중대석, 상대석을 기대로 삼고, 그 위에 등불을 직접 넣는 화사석과 옥개석을 얹었으며, 정장부를 보주(寶珠) 등으로 장식하는 형식이다.

③ 시대적 특징
  ㉠ 통일신라 시대 : 세부의 조각이 복잡하고 화려한 공예적 양식으로 변화하였다. → 충북 보은 속리산 법주사 쌍사자 석등(국보, 720년), 전남 구례군 화엄사 각황전 앞 석등(국보), 경북 영주시 부석사 무량수전 앞 석등(국보), 전남 장흥군 유치면 보림사 석등(국보)
  ㉡ 고려 시대 : 8각의 테두리에서 벗어나 6각, 4각, 부등변 8각, 쌍화사, 사주형(四柱形)과 전형양식, 사자석등 등 다종 다양한 석등 양식으로 발전하였다. → 논산 관촉사 석등(보물, 968년), 여주 신륵사 보제존자석종 앞 석등(보물)
  ㉢ 조선 시대 : 사찰의 불탑이나 부도 앞에는 잘 보이지 않고, 대개 임금이나 정승의 능이나 묘앞에 석물의 하나인 장명등이라는 석등이 많이 세워지게 된다.

(3) 석 비 19 기출

① 삼국 시대 : 고구려의 광개토왕비, 백제의 사택지적비(보물), 북한산 신라 진흥왕 순수비(국보) 등이 있다. → 귀중한 사료로서 주목되는 것일 뿐 조형적인 미술품으로서 특기할 만한 유물은 아님

② 통일신라 시대
  ㉠ 묘비 : 경주의 신라태종무열왕릉비 → 현재는 귀부와 이수만이 남아 있음
  ㉡ 탑비 : 경남 하동의 쌍계사 진감선사탑비(국보), 제천 월광사지 원랑선사탑비(보물)

③ **고려 시대** : 귀부 대신 장방형 개석의 비좌가 생기고, 이수도 장방형 개석이 되어 선봉사 대각국사비(보물)와 같은 형태를 볼 수 있다.
→ 개석을 생략하고 비신 상부의 양쪽모를 죽인 경북 포항 보경사 원진국사비(보물) 등
④ **조선 시대** : 서울 탑골공원의 원각사지 대원각사비(보물)

(4) 당간지주

① 당간을 세우기 위해 좌우에 떠받치기 위한 기둥을 의미한다. 당간이란 불가에서 사찰의 문전에 꽂는 기치의 하나인데, 속칭 괘불이라 하여 그 표면에 불화가 그려져 있다.
② 현재 남아있는 대표적인 것으로는 통일신라 때의 갑사 철당간(보물), 고려 시대 때의 용두사지 철당간(국보) 등이 있다.

▶ 광개토왕비

2 불 탑

1. 탑의 개념과 분류 중요

(1) 개 념
① 탑이란 석가모니의 신골(身骨), 사리를 봉안하고 그것을 바깥에서 보호하고자 돌이나 흙으로 높게 쌓아 놓은 건축물 또는 묘(무덤)를 나타내는 말이다.
② 불교 이외의 탑과 구별짓기 위하여 사찰에 건립된 탑들은 탑과 또는 불탑이라고 표현하고 있다.

(2) 탑의 분류 21 기출
① 재료에 따른 분류
㉠ 목탑(木塔) 14 기출
• 불교전래 초기부터 서기 600년경에 이르는 시기에 건립된 탑은 모두 목탑이었다. 초기의 목탑은 누각형식의 다층탑으로 방형 또는 다각의 평면을 이루었던 것으로 추정한다.
• 오늘날 남아 있는 삼국 시대의 목탑은 하나도 없지만, 신라 시대의 황룡사지 구층탑, 사천왕사지, 망덕사지, 보문사 동서목탑지, 백제의 초기탑인 부여의 군수리사지, 익산 미륵사지, 제석사지, 금강사지, 중원의 목탑지, 고구려의 청암리사지, 상오리사지, 원오리사지, 정릉사지 등에 그 흔적이 남아 있다.

▶ 불탑과 부도
불탑을 석가모니의 진신사리를 봉안한 사리탑이라고 부르는 경우도 있으나, 승려의 사리탑은 부도라고 하여 이를 구분한다. 부도는 불가에서 숭배대상은 될 수 있을지라도 신앙의 중심이 될 수 없기 때문에 사찰 경내에서 벗어난 한적한 곳에 건립하는 것이 통례로 되어 있으며, 그 형식도 다르다.

▶ 쌍봉사 목탑

▶ 분황사 모전석탑(국보)

- 법주사 팔상전은 우리나라에 남아 있는 유일한 오층 목조탑으로 지금의 건물은 임진왜란 이후에 다시 짓고 1968년에 해체·수리한 것이다. 지금까지 남아 있는 우리나라의 탑 중에서 가장 높은 건축물이며 하나뿐인 목조탑이라는 점에서 중요한 의미를 갖는다.

ⓒ 전탑(塼塔)
- 전탑은 벽돌로 축조한 것으로 634년에 분황사 전탑의 시원형인 모전석탑이 최초로 만들어졌다. → 분황사 모전석탑은 전탑이 아니라 돌을 벽돌모양으로 다듬은 이른바 모전석으로 축조된 탑
- 현존하는 전탑으로는 안동 법흥사지 칠층전탑, 안동 운흥동 오층전탑, 안동 조탑리 오층전탑, 칠곡 송림사 오층전탑, 여주 신륵사 다층전탑 등 5기가 있다.

ⓒ 모전석탑 : 순수전탑 외에 전탑을 모방하여 벽돌모양의 작은 석재를 재료로 축조된 탑, 또는 옥개석을 수개의 석재로 만들고 상부 낙수면과 하부 층급 받침에 층단을 이루어 전탑의 옥개석과 유사한 모습을 한 탑들을 말한다.

ⓔ 석탑(石塔)
- 4세기 후반에 불교가 들어온 이후 석탑을 비롯한 불교미술품 전반에 걸쳐 화강암이 조성재료로 사용되었다.
- 질 좋은 화강암이 많이 채취되는 우리나라의 자연적인 조건으로 인해 석탑이 널리 발달하였고, 아름답고 장엄한 미관에 대한 자부심을 가지도록 하였다.

② 형태에 의한 분류
ⓐ 복발탑 : 인도의 초기 탑형식으로 마치 바리를 뒤집어 놓은 것과 같다 하여 이름붙여진 탑이다.
ⓑ 중층탑 : 다층건물의 모양을 탑에 이용한 것으로 짐작되며, 탑신의 모양 또한 다층건물과 흡사하다. 탑신부가 중층으로 이루어진 탑으로 전탑·목탑·석탑 등 여러 가지가 있다.
- 삼층탑 : 우리나라 석탑의 가장 일반적인 모습으로 조성이 가장 손쉬웠다.
- 오층탑 : 정림사지 오층석탑이 대표적이다.
- 칠층탑 : 중국의 자은사 대안탑과 충주 탑평리 칠층석탑이 유명하다.
- 구층탑 : 신라 황룡사 구층탑이 가장 대표적이다.
- 십층탑 : 원각사 석탑이 대표적인데, 이것은 원각사상을 상징하기 위해 십층으로 조성되었다.
- 십삼층탑 : 묘향산 보현사 팔각십삼층탑이 대표적이다.

▶ 불국사 삼층석탑(국보)

탑의 원래 이름은 '석가여래상주설법탑'으로, '석가탑'이라고 줄여서 부른다. '무영탑(無影塔 : 그림자가 비치지 않는 탑)'이라고도 불리우는데, 여기에는 석가탑을 지은 백제의 석공(石工) 아사달을 찾아 신라의 서울 서라벌에 온 아사녀가 남편을 만나보지도 못한 채 연못에 몸을 던져야 했던 슬픈 전설이 서려 있다.

ⓒ 특이형탑
- 다보탑 : 법화경에 나오는 다보탑에서 유래한 것으로 초기에는 삼층이었던 것이 후에는 이층의 아름다운 모습의 탑으로 변하였다. 불국사 다보탑이 대표적인 예이다.
- 보현인탑 : 탑 속에 보현인 다라니경을 봉안한 탑으로 우리나라에는 천안에서 발견된 석탑 한 예만이 있다.

▶ 불국사 다보탑(국보) 14 16 기출

2. 탑의 시대별 특성

(1) 고구려
① 고구려의 탑들은 금강사 팔각목탑, 정릉사 팔각목탑, 토성리 팔각목탑 등과 같이 **대부분 팔각**이며, 칠층이나 구층의 목탑 형태를 취하고 있다.
② 고구려 말기에는 팔각칠층목탑과 비슷한 팔각칠층석탑도 만들어진 것으로 추정된다.

(2) 백 제 14 21 기출
① 익산 미륵사지 석탑(국보) : 당시 백제에서 유행하던 **목탑양식에 따라 만들어진 탑**으로 석탑 발생의 초기 양식을 보여 준다. 이 탑은 제1층은 3칸 4면의 평면을 이루었고, 1층 중앙에는 출입구를 마련하여 십자통로를 내고, 그 중심에는 방형의 큰 돌을 쌓아서 찰주(刹柱)를 만들었다. 그리고 1층에서 시작하여 각 층의 탑신은 기둥과 벽면을 이루었다.
② 부여 정림사지 오층석탑(국보) : 미륵사탑과 같이 목탑을 따랐으나 미륵사탑처럼 목탑을 그대로 모방한 직모적인 것은 아니고 곳곳에 예술적 변형이 나타나 있어 예술작품으로서의 면목을 지니게 되었다.

▶ 익산 미륵사지 석탑(국보)

(3) 신 라
신라의 석탑은 목탑을 본받아 석탑을 건립한 백제와는 달리 **전탑을 모방**하여 만들었다. 분황사 모전석탑(국보)은 신라 석탑 가운데 가장 오래된 걸작품이다. 안산암을 벽돌같이 작게 잘라서 쌓은 것으로 중국의 전탑양식을 모방하고 있다.

▶ 감은사지 동·서 삼층석탑

▶ 탑리리 오층석탑

▶ 운주사 원형 다층석탑(보물)

(4) 통일신라 시대

① 전형 석탑
  ㉠ 감은사지 동·서 삼층석탑(국보) : 가장 규모가 크고, 웅장한 기풍을 지녔으며, 통일 후 유행한 쌍탑가람의 시원탑이다.
  ㉡ 불국사 삼층석탑(국보) : 2층 기단의 정비된 양식이나 탑신부의 비율이 기단과 잘 조화되어 신라석탑 중 가장 균형잡히고 아름다운 전형양식의 탑이다.

② 일반형 석탑 : 방형을 기본적인 평면으로 2층 기단을 지니고 삼층 또는 오층의 탑신부를 갖추고 있다. 또 옥개의 계층형 받침이 각 층 모두 5단을 이루고 있다.

③ 전탑 모방형 석탑 : 의성 탑리리 오층석탑(국보)은 돌을 벽돌 모양으로 다듬어 쌓아올린 전탑양식과 목조건축의 수법을 동시에 보여주는 특이한 구조를 가지고 있다. 분황사 모전석탑과 함께 통일신라 전기 석탑양식 연구의 귀중한 자료가 되고 있다.

④ 특수형 석탑 : 다보탑과 구례 화엄사 사사자 삼층석탑, 정혜사지 십삼층석탑(국보) 등이 있다.

(5) 고려 시대

① 고려 시대에는 국가차원에서 뿐만 아니라 지방의 호족들과 백성들도 자신들의 염원을 담은 탑을 많이 세우면서 석탑양식의 다양한 변화를 가져 왔다.

② 신라양식을 계승하면서도 조금씩 변화를 보이는 고려의 석탑으로는 개심사지 오층석탑, 남계원지 칠층석탑, 동사지 오층석탑, 천흥사지 오층석탑, 상오리 칠층석탑 등이 있다.

③ 충남과 전북지역에는 백제의 양식을 따른 탑이 많이 세워졌는데, 이런 탑으로는 무량사 오층석탑, 부여 장하리 삼층석탑, 공주 청량사지 오층석탑, 칠층석탑(공주 계룡산 남매탑), 익산 왕궁리 오층석탑, 정읍 은선리 삼층석탑 등이 있다.

④ 신라 시대의 특수한 형태를 계승한 사자빈신사지 사사자 구층석탑 같은 경우도 있으나, 고려시대에는 사각의 기본형을 벗어난 새로운 유형을 만들어냈다. 이러한 탑으로는 월정사 팔각구층석탑, 금산사 육각 다층석탑, 운주사 원형 다층석탑 등이 있다.

(6) 조선 시대

① 조선이 건국되면서 불교는 쇠퇴하고 유교의 시대로 접어들자 석탑들도 규모가 현저히 작아졌다.

② 고려양식을 계승하면서 조금씩 변화를 보이는 석탑은 초기에 세워진 낙산사 칠층석탑, 신륵사 다층석탑, 벽송사 삼층석탑 등이 있다.

③ 조선 시대에 세워진 특수한 형태의 탑은 고려 말의 경천사지 십층석탑 양식을 계승한 원각사지 십층석탑 및 수종사 팔각오층석탑, 묘적사 팔각다층석탑 등이 있다. 또한 목탑인 법주사의 팔상전도 있다.

3. 탑 안에 넣은 보물

탑 안에는 여러 가지의 보물이 봉안된다. 원래는 부처님의 사리, 즉 신골만을 봉안하지만 신골은 한정되어 있기 때문에 사리 이외에도 머리카락·손톱·발톱·치아는 물론 법사리(法舍利)인 불경과 법신사리(法身舍利)인 깨끗한 모래·수정·금·은 등의 보배들까지 봉안한다. 사리는 작은 병이나 함에 넣고 이 병을 다시 내함과 외함에 차례로 넣어 사리공에 봉안한다.

(1) 사리(舍利 ; Sarira)
① 일명 '신골(身骨)' 또는 '골(骨)'이라고 부르며, 부처님의 신체를 화장하고 난 나머지 뼈를 말한다.
② 후대의 탑에서 나오는 사리는 부처님의 진신사리는 아니다.

(2) 법신사리
수정·유리·모래와 같은 보배를 작은 알처럼 만들어 탑에 봉안했는데, 이것을 법신사리라고 한다.

(3) 법사리
사리와 함께 또는 사리 대신 불경을 봉안하는 경우가 많았는데, 이를 법사리라고 한다.

> **더 알아보기** 석탑의 구성요소 15 기출
> - 기단부, 탑신부, 상륜부 등으로 이루어짐
> - 찰주 : 탑 꼭대기에 세운 장식의 중심을 뚫고 세운 기둥
> - 보륜 : 탑의 상륜부에 있는 기둥머리의 금속 장식
> - 복발 : 탑의 노반 위에 그릇을 엎어놓은 것처럼 만든 장식
> - 옥개석 : 석탑 위에 지붕처럼 덮는 돌
> - 탱주 : 석탑의 기단부 중간에 일정한 간격으로 세운 기둥

▶ **원각사지 십층석탑(국보)** 17 24 기출

대리석으로 만들어졌으며, 높이는 약 12m로 탑을 받쳐주는 기단(基壇)은 3단으로 되어있다. 기단의 각 층 옆면에는 용, 사자, 연꽃무늬 등 여러 가지 장식이 화사하게 조각되어 있다. 형태가 특이하고 표현 장식이 풍부하여 훌륭한 작품으로 손꼽힌다.

▶ **사리병과 금제방합**
〈익산 왕궁리(고려 시대)〉

▶ 불상의 종류와 모시는 법당

불상의 이름	모시는 법당
석가여래불 (석가모니불)	대웅보전 (대웅전)
대일여래불 (비로자나불)	대적광전
아미타여래불 (무량광불, 무량수불)	극락전
약사여래불 (대의왕불)	약사전
미륵불(자씨보살)	미륵전 용화전

▶ 도피안사 철조비로자나불좌상(국보)

3 불 상

1. 불상의 의미와 종류

(1) 불상의 의미
① 불당 안에 조성된 부처의 모습을 한 조각상을 불상이라 한다.
② 우리나라 불상의 역사는 고구려에 불교가 전래됨과 동시에 불상과 불경이 함께 들어 왔던 것으로 보아 불교수용의 역사와 일치할 것으로 보인다.
③ 우리나라에서 출토된 가장 오래된 불상은 1919년 뚝섬에서 출토된 것으로 5세기 초나 중엽경 중국 북위의 불상양식과 유사하여 대체로 중국에서 전해진 것으로 추정되고 있다.

(2) 불상의 종류
① 불격에 따른 분류
㉠ 불타 : **여래라고도 하며 진리를 깨달은 사람**이라는 뜻이다. 소승 불교에서는 예배대상이 불교의 창시자인 석가모니불뿐이었으나 대승불교에 이르면서 불교 교리가 발전하여 다양한 불의 명칭이 나타났다. → 비로자나불, 아미타불, 약사불, 미륵불 등
㉡ 보살 : 불교의 진리를 깨우치기 위해 수행하는 동시에, **부처의 자비행을 실천하여 모든 중생을 교화하고자 노력하는 대승불교의 이상적인 수행자상을 가리킨다.** → 미륵보살, 관음보살, 대세지보살, 문수보살, 보현보살, 지장보살
㉢ 천부 : 불교를 수호하는 신들로 인도의 고대 신앙에 있던 토착신들이 불교에 흡수된 것이다. → 범천, 제석천, 사천왕, 인왕(금강역사), 팔부중, 비천 등
㉣ 나한 : 부처님을 따르던 제자와 여러 나라에서 숭앙받던 고승들을 나타내는 것인데, 수행자의 민머리 모습으로 표현된다. → 십대제자, 유마거사 등

② 재료에 따른 분류
㉠ 금불상 : 신라 시대 황복사탑 순금불상, 나원리 오층석탑 순금불입상, 고려 시대 왕륜사 순금장도상 등이 있다.
㉡ 은불상 : 많지는 않으나 신라나 고려 시대의 작은 금속상 중에서 가끔 볼 수 있다.
㉢ 금동불상 : 구리에 도금을 하여 주조한 불상으로 금불상과 같이 반영구적이고, 품격이 있으면서도 비용면에서 유리해 널리 애용되었다. 경주 백률사의 금동불입상과 불국사의 아미타불상 등이 있다.

ⓔ 철불상 : 통일신라 말 9세기 중엽부터 상당수가 만들어졌고, 고려 시대로 계승되었다. 장흥의 보림사 철불, 남원의 실상사 철불, 철원 도피안사 철불, 보원사지 철불, 원주 철불 등이 있다.

ⓜ 목불상 : 우리나라에서는 소나무로 불상을 만들었다. 그 대표적인 예가 현재 일본 광륭사에 있는 신라 시대의 목조미륵반가사유상이다. 이외에도 고려 초에 만든 경상남도 합천의 해인사 목조희랑대사상, 고려 후기에 조성된 경기도 화성의 봉림사 목조아미타불좌상 등이 있다.

ⓗ 석불 : 우리나라에서는 질 좋은 화강암으로 만든 불상이 일찍부터 크게 유행하였다. 그 예로 충청남도 서산의 마애삼존불상(용현리 마애여래삼존상)과 태안의 마애삼존불(동문리 마애삼존불입상), 경주의 굴불사지 석조사면불상과 칠불암마애불상군, 그리고 석굴암의 불상 등이 있다.

ⓢ 소조불 : 우리나라에서는 삼국 시대부터 흙으로 불상을 만들었는데, 신라의 승려이며 조각가인 양지의 작품으로 알려진 경주 사천왕사지 출토 소조상이 대표적이다. 이 밖에도 경상북도 영주의 부석사 소조여래좌상(국보), 충청남도 부여의 무량소조 아미타삼존불상, 전라북도 전주의 송광사 3세불 등이 유명하다.

ⓞ 도자불상 : 도자기 제조공법으로 조성한 불상으로 고려 시대에는 청자, 조선 시대에는 백자로 된 불상이 있었다.

ⓩ 협저상(건칠상) : 종이나 천으로 불상을 만든 후 옻칠을 입힌 것으로 기림사 건칠보살반가상 등이 있다.

③ 크기에 따른 분류

ⓐ 장육상 : 몸의 길이가 16척인 불상을 말한다. 신라 황룡사 금동장육상이나 법림사 장육상, 금산사 장육상, 대좌를 포함한 석굴암상도 여기에 해당한다.

ⓑ 반장육상 : 장육상의 반인 8척 정도의 불상을 말한다.

ⓒ 등신상 : 불상 조성 당시 사람의 키와 같은 길이의 불상을 말한다. 우리나라에서는 5척 정도(150cm)의 길이로 조성하고 있으며, 감산사 아미타불상 등이 있다.

ⓓ 걸수반불상 : 12cm 정도의 길이가 된다.

ⓔ 대불 : 장육상보다 큰 불상으로 '거불'이라고도 한다. 논산의 관촉사 미륵보살상, 부여대조사 미륵보살상, 경상북도 팔공산의 갓바위 여래좌상 등이 있고, 근래에 조성된 법주사의 미륵불상, 동화사의 약사여래불상, 낙산사의 관음보살상, 신흥사의 석가여래불상 등이 있다.

▶ 목조미륵반가사유상

금동미륵보살반가사유상(국보)과 거의 흡사하며 일본 광륭사(廣隆寺 : 고류지)에 있다. 일본 국보 제1호로서 한반도에서 생산되는 적송으로 만들어졌으며 한반도에서 건너갔거나, 재료를 가져가 만든 것이 확실한 것으로 알려져 있다.

▶ 부석사 소조여래좌상(국보)

▶ 금동미륵보살반가사유상(국보)

▶ 기본 수인의 형상

수 인	형 상
선정인	
전법륜인	
시무외인	
여원인	
지권인	
합장인	

▶ 수인의 의미 및 용도 22 기출
- 지권인 : 진리는 하나라는 의미
- 전법륜인 : 설법 시 사용
- 선정인 : 참선 시 사용
- 항마촉지인 : 깨달음을 얻는 모습
- 시무외인 : 두려움을 없애주고 평정을 주는 힘을 가짐

▶ 탄생불〈선원사지 출토(고려 시대)〉

2. 불상의 형식

(1) 수 인

① 불·보살의 공덕을 상징적으로 표현한 손모양으로서, 인상·인계·밀인·계인이라고도 한다.
② 수인은 모든 불·보살이 수행할 때 스스로의 바람을 이루고자 다짐한 본서를 나타내는 손 모양을 말한다. 인은 여래의 내증, 즉 스스로의 깨달음과 서원 또는 공덕의 표지이다.
③ 수인의 종류에는 선정인·항마촉지인·전법륜인·시무외인·여원인에 해당하는 석가모니불의 근본 5인과 아미타불의 9품인 비로자나불의 지권인, 그리고 합장인 등이 있다. 그 외에 천지인은 석가모니가 탄생하자마자 사방으로 일곱 걸음을 걷고 한 손으로 하늘을 가리키고 다른 한 손으로 땅을 가리키면서 "천상천하 유아독존"이라고 한 데서 유래한 수인이다.

(2) 자 세

① 입상 : 두 발을 약간 벌리고 서서 몸의 중량이 두 다리에 똑같이 분배된 자세인 직립상과, 한 다리에 몸의 중량을 싣고 한쪽 다리를 약간 앞으로 내놓으며 굽힌 자세인 삼굴상으로 나뉜다.
② 좌상 : 결가부좌상으로, 결가부좌는 완전히 책상다리를 하고 앉는 정좌법으로 두 종류가 있다. 하나는 오른발을 왼쪽 넓적다리 위에 얹어 놓은 다음 왼발을 오른쪽 넓적다리 위에 얹는 방법으로 항마좌라 하고, 그 반대를 길상좌라고 한다.
③ 반가상 : 미륵보살상에서 볼 수 있는데, '반가사유상'이라고도 한다. 의자에 앉아 오른쪽 다리를 왼쪽 다리 위에 얹어 놓은 모습이다.
④ 의상 : 의자에 앉아 두 다리를 내리는 자세로 보은 법주사 마애여래의좌상이 대표적이다.
⑤ 유희좌상 : 오른쪽 무릎을 세우고 왼발을 직각으로 구부리거나 대좌 밑으로 내려뜨리는 자세로 국립중앙박물관 소장의 금동여래좌상이 대표적이다.
⑥ 교각상 : 의상의 자세에서 무릎을 벌려서 발목을 서로 교차하여 앉은 자세이다. 우리나라에서는 칠곡 노석리 마애불상군에서 통일신라 시대에 제작된 한 예를 볼 수 있을 뿐 좀처럼 찾아보기 어려운 자세이다.
⑦ 와상 : 불상이 좌측이나 우측으로 누워 있는 자세로 화순 운주사의 와상이 있다.
⑧ 탄생불 : 석가모니가 탄생할 때의 모습이다. 몸에는 짧은 치마를 걸쳤을 뿐 나형(裸形)이고, 직립하여 한 손을 들어서 하늘을 가리키고, 한 손은 늘어뜨려 땅을 가리키는 형상이다.

3. 불상의 시대별 특성

(1) 고구려
① 고구려의 불상은 초기에 중국 불상양식의 영향을 강력히 받아 북위조형태의 북조불상의 양식을 충실히 모방하려는 경향이 짙었으나 후기에 이르러서는 한국 고유화의 특성이 상호(부처의 얼굴)에서 뚜렷이 드러나고 있다.
② 대표적인 불상
  ㉠ 금동연가7년명여래입상(국보)
  ㉡ 금동신묘명삼존불입상(국보)
  ㉢ 금동미륵보살반가사유상(국보)

(2) 백 제
① 백제불상은 인간적인 생동감이 넘쳐흐르는 자연주의적 요소가 매우 강하며, 특히 '백제의 미소'라 하는 따뜻한 미소를 띠고 있어 고구려와 신라의 불상과도 구별하기가 쉽다. 상호는 둥근 편이고, 의습(옷의 주름)은 얇아지면서 신체굴곡이 사실적으로 노출되는 원만조각이 큰 특징이다.
② 대표적인 불상
  ㉠ 석불 : 서산 용현리 마애여래삼존상(마애삼존불상, 국보), 태안 동문리 마애삼존불입상(마애삼존불, 국보)
  ㉡ 금동불 : 금동미륵보살반가사유상(국보), 금동정지원명석가여래삼존입상(보물), 금동관음보살입상(국보)

(3) 신 라
① 6세기부터 조성하기 시작한 신라불상은 북주불의 영향과 백제의 원만성을 결합시킨 형태이며, 특히 백제불의 바탕 위에서 신라화되어 세련미를 한층 돋보이게 한 것들이다. 신라불상을 대표하는 상징적인 불상은 유명한 금동미륵보살반가사유상(국보)이다.
② 대표적인 불상
  ㉠ 석불 : 경주 배동 석조여래삼존입상(보물), 경주 송화산 석조반가사유상
  ㉡ 금동불 : 금동미륵보살반가사유상(국보)

▶ 금동연가7년명여래입상

▶ 서산 용현리 마애여래삼존상(국보)

층암절벽에 거대한 여래입상을 중심으로 오른쪽에는 보살입상, 왼쪽에는 반가사유상이 조각되어 있다. 흔히 '백제의 미소'로 널리 알려진 이 마애불은 암벽을 조금 파고 들어가 불상을 조각하고 그 앞쪽에 나무로 집을 달아 만든 마애석굴 형식의 대표적인 예로 꼽힌다.

▶ 금동미륵보살반가사유상
78호와 83호 두 반가사유상의 국적에 대해서는 신라와 백제로 갈라져 논란이 많지만, 현재의 학설을 종합하면 83호는 신라, 78호는 백제의 유물이라는 견해가 많다.

※ 문화재 지정번호 폐지로 국립중앙박물관에서 소장 중인 금동미륵보살반가사유상 두 점의 구분이 더욱 어려워졌으나, 국가유산청에서 애칭 공모전을 벌이는 등 혼란을 감소시키기 위해 노력하고 있다. 현재는 금동미륵보살반가사유상(1962-1)과 (1962-2)로 구분하고 있다.

▶ 석굴암 석불

▶ 석굴암과 불국사의 세계유산적 가치
석굴암은 신라 시대 전성기의 최고 걸작으로 조영계획에 건축, 수리, 기하학, 종교, 예술이 총체적으로 반영된 유산이며, 불국사는 불교교리가 사찰 건축물을 통해 잘 형상화된 대표적인 사례로 아시아에서도 그 유례를 찾기 어려운 독특한 건축미를 지니고 있다.

▶ 관촉사 석조미륵보살입상(국보)

체구에 비해 얼굴이 크고 옷 주름선이 단조로우며, 대형화된 신체에 비해 조각수법은 이를 따르지 못하고 있다. 토속적인 느낌을 주는 토착성이 강한 불상으로 새로운 지방적 미의식을 나타내고 있다.

(4) 통일신라 시대

① 통일신라의 불상은 전삼국 시대의 불상양식들을 종합·완성하여 완전한 신라화 또는 한국불상의 경이적인 전형화를 이룩했다. 또한 그 시기를 8세기 중엽 통일 성대(신라 중기)로 보았을 때 최대의 걸작으로는 석굴암의 불상들이 꼽히며, 내외학자들은 이 불상들이야말로 우리나라 불교미술의 위대한 정화라고 칭송한다.

② 대표적인 불상 18 기출
  ㉠ 석불 : 석굴암 석불(국보), 감산사 석조미륵보살입상(국보), 군위 아미타여래삼존 석굴(국보)
  ㉡ 금불 : 경주 구황동 금제여래입상(국보)
  ㉢ 금동불 : 불국사 금동비로자나불좌상(국보), 불국사 금동아미타여래좌상(국보), 백률사 금동약사여래입상(국보)
  ㉣ 철불 : 보림사 철조비로자나불좌상(국보), 도피안사 철조비로자나불좌상(국보)

(5) 고려 시대

① 고려 시대에는 선종의 유행으로 사찰들이 거의 산중으로 들어가고, 새로운 불상양식은 전혀 찾아볼 수 없는 쇠퇴일로를 걷게 되었다.
② 대표적인 불상
  ㉠ 석불 : 논산 관촉사 석조미륵보살입상(국보)
  ㉡ 철불 : 하남 하사창동 철조석가여래좌상(보물)

(6) 조선 시대

① 전반적으로 예술적인 아름다움과 창조적 양식이 사라지고, 형식은 있으나 내용이 없는 불상이 조각됨으로써 쇠퇴하는 경향을 보여 준다.
② 초기에는 고려불상의 전통을 계승하고 있으나 차츰 민간신앙과 결합하여 토착적인 성격이 강해지면서 주로 개인의 행복이나 내세를 위한 소규모의 불상제작과 개인용 불감(佛龕) 및 목각탱 등이 만들어졌다.

4 불구(佛具)

1. 범 종 15 기출

(1) 개 요
① 범종(梵鐘)은 불교의식 때, 또는 절에서 사람들을 불러 모으거나 시간을 알리기 위해서 치는 종을 말한다.
② 우리나라 종은 꼭지에 소리를 도와주는 음통과 용뉴를 달았으며, 특히 음통은 우리나라 종에서만 나타나는 특징이다.
③ 종은 어느 유물보다도 만들어진 시기를 많이 새겨 넣는데, 이를 명문(銘文)이라 한다.
④ 큰 종은 대개 종루나 종각에 매달아 놓고 치지만, 작은 종은 따로 종걸이를 만들기도 한다.
⑤ 우리나라 최초의 범종은 신라 성덕왕 24년(725년)에 만들어진 것으로 알려진 강원도 평창의 상원사 동종(국보)으로 보고 있다. 그 뒤 46년 후인 771년(혜공왕 7년)에 우리 역사상 최대의 걸작인 성덕대왕신종(국보)이 탄생하였다.

(2) 종의 시대별 특성 중요
① 삼국 시대 : 불교가 전래된 이래 삼국시대의 범종양식에 관한 기록과 유물은 전무하다. 오직 미륵사지 동탑지에서 발견된 금동탁이나 그 외의 동탁류와 통일신라의 범종 등에 의해서 유추할 수밖에 없는 실정이다.
② 통일신라 시대
   ㉠ 우리나라 범종의 전형양식을 만들었다.
   ㉡ 종의 고리는 생동감 있는 하나의 머리에 두 발이 달린 용뉴가 마련되고, 그 옆에는 종의 내부와 관통하는 용통이 붙어 있다. 종신의 어깨와 종구(鐘口)의 둘레에는 당초문이나 보상화무늬를 새긴 상대와 하대가 마련되어 있다.
   ㉢ 상대에 붙어서 사방에는 네모난 테두리인 유곽대(종신의 1/4 비율)를 배치하고, 그 유곽대에도 상대나 하대와 같은 문양을 넣었다.
   ㉣ 유곽 안에는 꽃잎받침 위에 놓인 도드라진 꼭지인 종유가 3열로 3개씩 9개 놓여 있다. 또 유곽과 유곽 사이에 해당하는 종신부위의 마주쪽에는 주악비천상, 그 반대쪽에는 현화문 당좌(종을 치는 자리)가 배치되고 있으며, 여러 곳에 명문을 새겼다.

▶ 불구(법구)
절에서 불교의 의식 및 일상생활에 쓰이는 용구를 불구(佛具)라고 한다. 불구는 일상적인 불교의식에 쓰는 의식용 불구와 법당을 엄숙하게 하기 위한 장엄용 불구로 크게 나눌 수 있다(북은 길짐승을, 목어는 물고기를, 운판은 날짐승을 깨운다).

▶ 성덕대왕신종

▶ 용뉴(龍鈕)
범종을 매달기 위한 목적으로 종 위쪽에 만들어 놓은 장치를 종뉴(鐘鈕)라고 하는데, 대부분 용의 형상을 하고 있어 용뉴라고 한다.

▶ 용뉴(성덕대왕신종)

③ 고려 시대
  ㉠ 용뉴가 빈약하고 용의 몸이 구부러지는 등 장식적인 면이 변하여, 종의 어깨 테두리에는 연꽃잎무늬나 여의두문 등의 입화수식이 나타나고, 음통 테두리에도 연화돌기문이 생겨난다. 상대나 하대에는 당초문이나 보상화문 대신 뇌문이나 국화문이 새겨지고, 특히 하대나 유곽 안에는 범자문이 나타나는 경우도 있다.
  ㉡ 종신에는 주악비천상이 운문 위의 연화좌에 여래나 보살의 좌상으로 대치되어 종신에 비해 작게 표현되고, 유곽과 유곽 사이의 4곡에 모두 배치된다. 당좌는 유곽의 아래쪽 면으로 옮겨져 있다. 종구도 조금 벌어지고 규모도 작아져 종신과 종구의 비율이 2 : 1에서 1 : 1로 되어 있다. 명문도 종이 다 만들어지고 난 후에 음각선조로 새겨 넣었다.
  ㉢ 고려 시대 범종으로는 용주사 동종, 내소사 동종, 탑산사명 동종 등이 있다.
④ 조선 시대
  ㉠ 조선 시대의 범종은 신라나 고려 범종의 기본 양식과 형태를 계승하면서도 전체적인 규범으로 볼 때 중국 범종의 형태를 받아들이고 있다.
  ㉡ 조선 시대 범종으로는 봉은사 범종, 백련사 범종, 안정사 범종 등이 있다.

▶ 용주사 동종(국보)

2. 금고

(1) 금고(金鼓)는 금속으로 만든 북이라는 뜻으로, 금구(禁口) 또는 반자(飯子)라고도 한다. 주로 여러 사람을 불러 모을 때 쓴다.

(2) 모양은 평면으로 된 원형으로 한쪽은 막히고, 한쪽은 터져서 막힌 쪽을 방망이로 치게 된다.

(3) 우리나라의 금고 중 대표적인 것으로는 고려 고종 39년(1252년)에 만든 경상남도 고성의 **옥천사 청동북**(보물)이 있다.

▶ 옥천사 청동북

3. 목어

(1) 목어(木魚)는 나무로 긴 물고기 모양을 만들어 걸어 두고 두드리는 불구이다.

(2) 모양이 물고기를 닮아 목어라고 하며, 배부분을 비워 나무 막대기로 양쪽 벽을 두드려서 소리를 낸다.

(3) 현재 절에서는 새벽과 저녁 예불 또는 큰 행사가 있을 때 범종과 함께 목어를 치는데, 이는 물 속에 사는 모든 생명들을 구제한다는 의미를 포함하고 있다.

▶ 봉령사 목어

4. 운 판

(1) 운판(雲板)은 **구름 모양의 넓은 청동판**으로서, 두드리면 맑은 소리가 나는 일종의 타악기다.

(2) 모양이 구름과 같다 하여 운판이라 한다. 처음에는 부엌에 매달아 식사 때를 알리기 위하여 치는 불구로 사용되었으나, 지금은 아침과 저녁 예불 때 치는 의식용구로 쓰인다. 또는 허공에 날아다니는 날짐승을 위하여 치는 것으로 알려져 있다.

▶ 불국사 운판

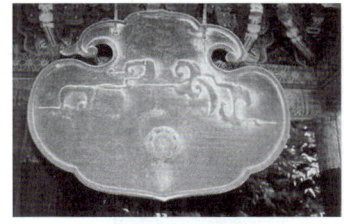

5. 법 고

(1) 법고(法鼓)는 **가죽으로 만든 북으로 타악기**의 하나이다.

(2) 잘 말린 나무로 몸통을 만들고, 양쪽에 소가죽을 붙여 만든다. 이 때 북의 양면에 쓰는 소가죽은 암·수의 것을 각각 붙여야 좋은 소리가 난다고 한다.

(3) 절에서 크고 작은 일들이 있을 때 이를 알리기 위해 사용하였다. 종루에 보관되어 있는 북은 아침·저녁의 예불 때 치는데, 짐승들을 구제하기 위한 것으로 알려져 있다.

(4) 우리나라 전통예술의 하나인 승무에도 법고가 필수적으로 쓰이고 있으며, 우리의 민속놀이와 서민생활에서도 널리 쓰이고 있다.

▶ 법 고

6. 요 령

(1) 요령(搖鈴)은 손으로 흔들어서 소리를 내는 금속으로 만든 불구이다. 손으로 흔들어 맑은 소리를 내게 하므로 요령이라 부른다.

(2) 대부분 청동으로 만드는데, 소리를 내는 몸체와 손잡이부분으로 구성되어 있으며, 전라남도 순천의 송광사에 소장되어 있는 **금동요령**(보물)이 대표적 유물이다.

▶ 송광사 금동요령

7. 법 라 20 기출

(1) 법라(法螺)는 권패라고도 하며 소라의 끝 부분에 피리를 붙인 악기이다.

(2) 수도승이 휴대하는 물건으로, 대중을 모이게 하고 의식을 행할 때 사용한다.

▶ 백제 금동대향로(국보)

▶ 장엄용 불구
부처님이 계시는 법당을 존귀하고 엄숙하게 꾸미기 위하여 설치한 불구이며, 번·당·화만, 그리고 천개·화병·풍령 등이 있다. 이 가운데 번·당·화만 등은 의식 때 직접 사용하기도 한다.

8. 향로

(1) 향로(香爐)는 향을 피우는 데 사용하는 불구로, 모양에 따라서는 향완이라고도 부른다.

(2) 형태는 대체로 몸체와 받침의 두 부분으로 구성된다. 몸체의 윗부분에는 넓은 전이 수평으로 퍼졌으며, 몸체의 바닥을 받침에 고정시켜 만들었다.

(3) 삼국 시대 이후부터 통일신라 시대 때까지는 흙으로 만든 토제 향로가 많았고, 고려 시대에는 청자와 청동제 향로가 많았으며, 유교가 성했던 조선 시대에는 주로 백자나 유기제품의 향로를 만들어 제사 때 많이 사용하였다.

9. 그 밖의 불구

(1) 촛 대
우리나라에서는 통일신라 시대 때부터 초를 사용하였는데, 촛대도 이와 함께 만들어 쓴 것으로 보인다.

(2) 다기(茶器)
① 처음에는 흙으로 만든 그릇을 사용하다가 구리 또는 청자로 만들고, 지금은 대부분 유기제품으로 만들고 있다.
② 일반적으로 잔의 형태에 뚜껑과 받침을 갖추고 있으나, 뚜껑 없이 잔받침만 갖춘 것도 있다.

(3) 정병(淨甁)
① 목이 긴 형태의 물병으로 수병·감로병·보병이라고도 한다.
② 중생들의 고통을 덜어 주고 갈증을 해결해 준다는 관세음보살이 정병을 들고 있는 모습으로 많이 표현되었다.

(4) 불자(拂子)
① 총채와 비슷한 모양의 불구로, 삼이나 짐승의 털을 묶어 자루 끝에 매단 것이다.
② 마음의 티끌이나 번민을 털어내고, 악한 장애나 어려움을 없애는 상징적인 의미의 불구로 사용하고 있다.

(5) 염주(念珠)
① '염불의 횟수를 기억하는 구슬'이란 뜻으로, 염불할 때나 불경을 외울 때 일정한 수의 구슬을 끼워 수를 기억하도록 도와주는 불구이다.
② 염주의 구슬 수는 여러 가지가 있으나, 일반적으로 108개를 기본으로 한다.

5 무덤

1. 고분

(1) 구석기 시대

무덤은 있었을 테지만, 현재까지 구석기 시대의 무덤으로 알려진 바는 없으나 구덩무덤이었을 것으로 추측된다.

(2) 신석기 시대

① 구덩무덤 : 물가나 동굴 속에 땅을 약간 판 후 시신의 발을 뻗게 하고 몸을 수평으로 눕힌 펴묻이(신전장, 伸展葬)의 형태가 발견된다.

② 돌무지무덤(積石塚) : 시체를 보호하기 위해 구덩이를 파거나 혹은 그냥 시체를 놓고 그 위에 흙을 덮는 대신 돌로 쌓은 형식으로, 평균기온이 낮은 **북방지역**에서 널리 행해졌다.

(3) 청동기 시대

① 고인돌
  ㉠ 탁자식 : 널판같이 편평하게 생긴 4개의 판석으로 네모지게 짠 무덤방 위에 널따란 덮개석을 올려놓은 것이다. → 한강 이북 지역에 많이 분포하므로 **북방식**이라고도 함
  ㉡ 기반식 : 시체를 지하에 두고, 그 위를 작은 돌이나 돌무지로 지탱한 뒤 덮개 돌을 올려놓아 바둑판과 같이 생긴 고인돌이다. → 한강 이남지역에 많이 분포하므로 **남방식**이라고 함
  ㉢ 개석식 : 받침돌이 전혀 없이 덮개 돌을 묻은 시체 위에 직접 올려놓은 고인돌이다.

② 돌널무덤
  ㉠ 땅 속에 널직한 돌로 상자 모양의 널(棺)을 만든 것으로, 그 생김새가 돌로 짠 상자 같은 무덤이라 하여 석상분 또는 석관묘라고 한다.
  ㉡ 한반도에서는 비파형동검을 부장한 돌널무덤이 여러 곳에서 발견되었다. 대표적인 것은 금강 유역의 충남 부여 송국리 돌널무덤과 대동강 유역의 황해도 배천 대아리 돌널무덤이 있다.

③ 돌덧널무덤 : 덩어리 돌들이나 판석과 덩어리 돌을 섞어서 덧널을 만들고, 그 속에 나무로 짠 널(棺)을 넣어 만든 이중의 관(棺) 형태이다. → 가야의 기본적 분묘형식이 됨

▶ 돌널무덤

부여 송국리 → 요령식동검, 청동끌, 돌살촉, 간돌검, 대롱옥, 곱은옥, 민무늬토기 등 출토

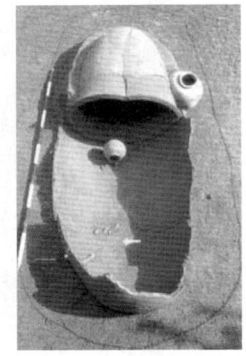

▶ 독무덤(영암 내동리 고분군)

▶ 장군총

길림성 집안시에 있으며, 장수왕의 무덤으로 추측

▶ 현무도

고구려, 평안남도 대동군 호남리 사신총

▶ 무령왕릉

공주시 웅진동 송산리 고분군 내에 위치한 백제 무령왕(501~523, 재위)과 왕비가 합장된 능

(4) 철기 시대
① 널무덤 : 길이 3m, 너비 1m 정도의 흙구덩이에 나무로 된 덧널을 짜서 넣고 그 안에 한 사람 또는 부부를 같이 묻는 양식으로 신라의 적석목곽분으로 발전
② 독무덤 : 두세 개의 항아리를 맞붙여서 널로 사용한 무덤

(5) 삼국 시대
① 고구려고분
  ㉠ 돌무지무덤
    • 고구려 건국 초부터 조성되어온 무덤으로 혼강(압록강 지류) 유역의 환인 지방과 독로강 유역 및 평양지역에 분포, 외형은 대체로 피라미드 모양의 방대형의 영향을 받아 돌무지무덤의 중심부에 널길이 달린 돌방을 갖춘 형식이다.
    • 5세기 전반 평양천도 이후 차츰 쇠퇴하여 소멸되었으며, 대표적인 예는 장군총·태왕릉·천추총 등이 있다.
  ㉡ 봉토무덤 : 널길을 구비한 굴식돌방을 반지하 또는 지면 가까이에 축조하고 그 위에 흙과 돌무지·진흙·숯·재 등을 깐 뒤 흙으로 봉토를 만든 무덤, 축조방법과 벽화내용에 따라 3기(전·중·후기)로 구분하였다.
    • 전기 : 장군총·태왕릉·천추총 등 → 부부초상화·사냥·무용·행렬을 비롯한 생전의 생활모습 등을 담은 인물풍속도
    • 중기 : 각저총, 무용총, 개마총 등 → 사신도와 인동당초문을 비롯한 불교적인 화풍
    • 후기 : 사신총, 진파리 1·2호분 등 → 사신도가 주류를 이루는데, 사신도의 배경에 도교적인 요소가 많아짐
② 백제고분
  ㉠ 한성 시대 : 서울 광진구 광나루·가락동·석촌동 등 강변 충적평야나 낮은 구릉에 잔재하며, 그 종류에는 돌무지무덤과 봉토무덤이 있다.
  ㉡ 웅진 시대
    • 공주를 중심으로 한 주변지역의 구릉에 모여 있는데, 송산리 고분군이 대표유적이다.
    • 고구려계의 방형 및 장방형의 돌방무덤이 등장하며, 중국 남조의 영향을 받아 벽돌무덤이 새로운 묘제로 나타난다.
      → 송산리 6호분과 무령왕릉
  ㉢ 사비 시대 : 구릉 남쪽 경사면에 남북으로 긴 장방이 돌곽을 쌓고 남벽 중앙에 날문과 널길을 가진 돌방무덤이 있다. → 부여지방의 능산리 고분군이 대표적

③ 신라고분
- ㉠ 돌덧널무덤 : 냇돌로 벽을 쌓고, 천장은 몇 장의 판돌로 덮었으며, 봉토 주위에 둘레돌을 돌렸다. → 미추왕릉지구 고분군
- ㉡ 돌무지덧널무덤 : 봉토의 크기에 걸맞게 금관을 비롯하여 많은 유물이 출토된 것으로 유명하며, 대표적인 무덤으로는 금관총·금령총·서봉총·식리총·천마총·황남대총 등이 있다.
- ㉢ 돌방무덤 : 신라 말기에는 굴식돌방무덤이 등장하여 통일신라 시대까지 계속되었다. 양산 부부총·경주 쌍상총이 유명하다.

④ 가야고분
- ㉠ 널무덤 : 지하에 구덩이를 파고 그 안에 주검을 넣은 무덤형식으로, 주로 낙동강유역에서 많이 발견되고 있다.
- ㉡ 독무덤 : 항아리 또는 독 두 개를 이어 붙여 사용한 것으로, 주로 낙동강하류의 김해·부산 창원 등지에 분포한다.
- ㉢ 돌널무덤 : 판석을 네모지게 조립해 널을 만들고 그 안에 주검을 넣은 형식으로 머리쪽이 발쪽보다 넓게 만들어져 있다.
- ㉣ 돌덧널무덤 : 두꺼운 깬돌을 쌓아 네모진 돌덧널을 만들고 그 안에 주검을 넣은 나무널이나 돌널을 배치한 양식이다. → 가야의 대표적인 무덤형식
- ㉤ 돌방무덤 : 가야 말기에 백제의 영향을 받아 만들어진 무덤형식으로 널방과 널길이 있는 굴식돌방무덤이다. 주로 고령·합천·산청·진주 등지에서 발견되었다.

(6) 통일신라 시대
① 7세기 중엽부터 시체를 불에 태운 후 남은 뼈를 묻는 화장이 시작되었다.
② 문무왕의 경우는 유언대로 화장하여 경주 동쪽 해변의 바위에 수중릉을 만들었으며, 이후 화장법은 국민들에게도 널리 행하여졌다.

(7) 고려 시대
① 횡혈식 석실분, 석관묘, 토광묘 등이 사용되었다.
② 왕릉은 풍수지리설에 의해 명당자리를 점지하여 능 뒤에는 주산을 두고 남향하였으며, 주산의 지맥좌우를 청룡과 백호의 자세로 두르고, 주수·객수가 그 앞에서 합류하고 있다. 내부는 신라와 같이 횡혈식 석실분이며, 외부는 흙으로 봉분을 만들어 덮은 형태이다. 봉토의 아래쪽에는 호석을 두르고 12지신상을 조각하였다.
③ 백성들은 일반적으로 토광묘를 썼다.

▶ **금관총 및 금제 관식(국보)**

1921년 9월 노서동에서 집수리 중 우연히 발견, 금관이 출토되어 금관총이라 이름 지어졌다.

▶ **돌덧널무덤(고령 지산동 33호분)**

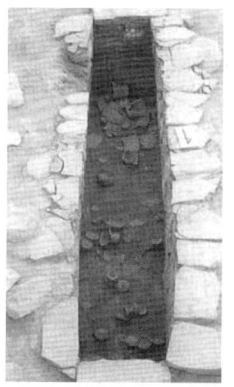

▶ **경주 문무대왕릉(사적)**

681년 왕이 죽자, 유언에 따라 화장한 뒤 경주시 양북면 봉길리 앞바다 대왕암에 안장(安葬)하였다.

▶ 고인돌
선사 시대 돌무덤의 일종으로 영어로는 돌멘(Dolmen)이라고 한다. 고인돌은 거석기념물의 하나이며, 피라미드(Pyramid), 오벨리스크(Obelisk) 등 이집트나 아프리카 대륙의 각종 석조물과 영국의 스톤헨지, 프랑스 카르낙의 열석 등도 모두 거석문화의 산물이다.

▶ 고인돌 유적의 세계유산적 가치
고창, 화순, 강화의 선사유적들은 거대한 석조로 만들어진 2,000~3,000년 전의 무덤과 장례의식 기념물로서 선사 시대 문화가 가장 집중적으로 분포되어 있으며, 당시의 기술과 사회현상을 가장 생생하게 보여주는 유적이다.

▶ 화순 효산리와 대신리 지석묘군

우리나라에는 매우 많은 수의 청동기 시대 지석묘가 분포되어 있다. 그중 전라남도 지방에 1만 9천여 기가 분포하고 있어 세계적으로 가장 밀집 분포된 지역으로 주목받고 있으며, 화순 지방에는 1,180여 기가 확인되고 있다.

2. 고인돌

(1) 고인돌 유적의 의의

① 우리나라 청동기 시대의 대표적인 무덤 중의 하나인 고인돌은 세계적인 분포를 보이고 있으며, 지역에 따라 시기와 형태가 다르게 나타나고 있다.

② 세계적인 분포권에서 가장 밀집된 곳은 동북아시아 지역으로 그중 우리나라가 중심지역이다. 우리나라에는 전국적으로 약 30,000여 기에 가까운 고인돌이 분포하고 있다. 세계유산으로 등록된 고창・화순・강화 고인돌 유적은 밀집분포도와 형식의 다양성으로 고인돌의 형성과 발전과정을 규명하는 중요한 유적이며 유럽, 중국, 일본 등과 비교할 수 없는 독특한 특색을 가지고 있다.

(2) 고창 고인돌 유적

① 전라북도 고창군 죽림리와 도산리 일대에 매산마을을 중심으로 동서로 약 1,764m 범위에 447기가 분포하고 있으며, 우리나라에서 가장 큰 고인돌 군집을 이루고 있는 지역이다.

② 10톤 미만에서 300톤에 이르는 여러 가지 크기의 고인돌이 탁자식, 바둑판식, 지상석곽형 등 다양한 형식으로 분포하고 있어 고인돌의 발생과 성격을 아는 데 매우 중요하다.

③ 아산면 상갑리 일대 고인돌은 북방식 고인돌의 남쪽 한계선이며 학술적 가치가 높은 유적으로, 사적으로 지정되었다(고창 죽림리 지석묘군).

(3) 화순 고인돌 유적

① 전라남도 화순군 도곡면 효산리와 춘양면 대신리 일대의 계곡을 따라 약 10km에 걸쳐 500여 기의 고인돌이 군집을 이루어 집중분포하고 있으며, 최근에 발견되어 보존상태가 좋다.

② 고인돌의 축조과정을 보여주는 채석장이 발견되어 당시의 석재를 다루는 기술, 축조와 운반방법 등을 확인할 수 있는 유적으로 평가되었다.

③ 주변의 자연경관도 잘 보존되어 있어 한국 고대문화와 생활상 비교・연구에 중요한 자료가 되는 유적이며, 사적으로 지정되어 있다(화순 효산리와 대신리 지석묘군).

(4) 강화 고인돌 유적

인천광역시 강화군 부근리, 삼거리, 오상리 등의 지역에 고려산 기슭을 따라 160여 기의 고인돌이 분포하고 있다. 길이 6.399m, 높이 2.454m의 우리나라 최대의 탁자식 고인돌이 있으며, 우리나라 고인돌의 평균고도보다 높은 해발 100~200m까지 고인돌이 분포하고 있다.

① 강화 부근리 지석묘(사적)
② 강화 내가 오상리 고인돌(인천광역시 자연유산)
③ 강화 대산리 지석묘(인천광역시 자연유산)
④ 강화 부근리 점골 고인돌(인천광역시 자연유산)

▶ 강화 부근리 지석묘(사적)

3. 왕 릉

(1) 왕릉의 의미

① 왕과 왕비의 시신을 모시는 곳이었다. 왕릉에서 재궁을 모시는 지하석실을 현궁이라 하는데, 이는 지하에 건설된 궁이라 할 수 있다.
② **왕릉의 기본구조는 살아생전 거주하던 궁궐과 같았다.** 궁궐을 짓기 위해 명당을 고르고, 궁궐을 보호하기 위해 궁성을 쌓고, 궁궐을 일과 휴식공간으로 나누고, 왕의 권위를 상징하기 위해 장엄하게 건물을 조성하듯이 왕릉도 같은 과정을 거쳤다. 다만 지상의 궁궐은 산 자를 위한 양택이었고, 지하의 왕릉은 죽은 자를 위한 음택이라는 점이 달랐다.

▶ 왕릉의 종류
- **단릉** : 왕이나 왕비 어느 한쪽만을 매장한 형식
- **쌍릉** : 왕과 왕비의 능을 같은 소구릉에 나란히 배치한 형식
- **동원이강릉** : 정자각 좌우로 두 개의 소구릉에 각기 1릉씩 두는 형식
- **합장릉** : 부부를 같은 봉안에 합장하는 형식

(2) 왕릉의 축조

① 왕릉공사는 5,000명이 넘는 인원이 동원되는 대규모 공사로, 모든 과정을 산릉도감에서 담당하였다.
② 왕릉건설의 첫 단계는 관상감의 지관과 조선 최고의 풍수가들을 동원해 명당을 찾는 일이었으며, 일반인들이 접근할 수 없는 신성 지역으로 금표를 세워 사람들의 출입을 막았고, 왕릉의 영역 안에서는 나무를 베거나 짐승을 잡을 수도 없었다.
③ 금표로 둘러싸인 왕릉의 둘레는 대략 30~40리쯤 되었는데, 이는 현재의 수원화성만 한 길이었다. 그 영역은 매우 넓어 능지기 외에도 수호군이 몇 백명이나 배치되었다.

조선왕릉의 지역별 분포 21 22 기출

- **서 울**
  - 노원구 : 태릉, 강릉
  - 성북구 : 정릉 – 태조비, 의릉
  - 강남구 : 선릉, 정릉 – 중종
  - 서초구 : 헌릉, 인릉
- **경기도**
  - 구리시 : 동구릉(건원릉, 현릉, 목릉, 휘릉, 숭릉, 혜릉, 원릉, 수릉, 경릉 – 헌종 + 효현황후 + 효정황후)
  - 남양주시 : 광릉, 사릉, 홍릉 – 고종 + 명성황후, 유릉
  - 고양시 : 서오릉(창릉, 경릉 – 덕종 + 소혜왕후, 명릉, 익릉, 홍릉 – 정성왕후), 서삼릉(희릉, 효릉, 예릉)
  - 파주시 : 삼릉(공릉, 순릉, 영릉 – 진종 + 효순황후), 장릉 – 인조 + 인열왕후
  - 양주시 : 온릉
  - 김포시 : 장릉 – 원종 + 인헌왕후
  - 화성시 : 융릉, 건릉
  - 여주시 : 영릉 – 세종 + 소헌왕후, 영릉 – 효종 + 인선왕후
- **강원도**
  - 영월군 : 장릉 – 단종

(3) 왕릉을 지키는 석물

① 왕릉의 봉분 주변에는 여러 가지 석물이 배치되었다. 무인석(武人石), 문인석(文人石), 석마(石馬), 장명등(長明燈), 석상(石床), 망주석(望柱石), 석양(石羊), 석호(石虎), 병풍석(屛風石) 등인데, 모두 돌로 만들어 석물이라 하였다.

② 석물은 현궁을 지키는 역할뿐 아니라 왕의 존엄성을 상징하기 위해 마련되었다.

③ 현궁의 북·동·서쪽은 곡장으로 둘러싸여 있으며, 남쪽의 널찍한 평지와 능지에 석물이 배치되었다. 현궁의 남쪽 평지는 얕은 계단으로 이루어졌는데, 각각의 층마다 다른 석물이 세워졌다.

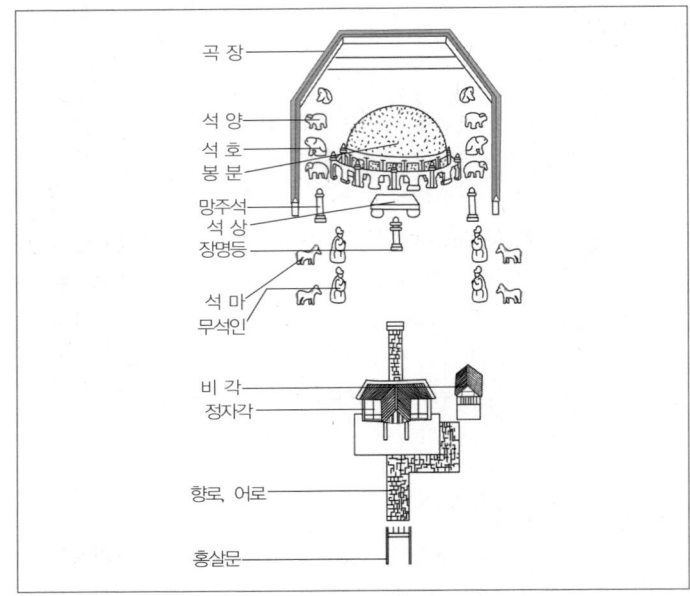

〈왕릉의 배치도〉

6 민속문화유산

1. 개요

(1) 의식주, 생업, 신앙, 연중행사 등에 관한 풍속, 관습과 이에 상용되는 의복, 기구, 가옥 등으로서 국민생활의 변화를 이해함에 불가결한 것을 민속문화유산이라 한다. 무형의 민속문화유산에는 의식주·생업·신앙·연중행사 등에 관한 풍습·습관 등이 속하며, 이는 지정대상에서 제외되기 때문에 기록을 작성하여 보존한다. 또한 유형의 민속문화유산에는 의복·기구·가옥·기타 물건 등이 이에 속하며, 이 중 중요한 것은 국가민속문화유산으로 지정된다.

(2) 정부가 지정한 국가민속문화유산은 덕온공주 당의, 심동신 금관조복, 광해군 내외 및 상궁 옷(해인사 소장), 외재 이단하 내외 옷(정선군 이위 소유), 강릉 선교장, 사영 김병기 일가의 옷 등이다.

2. 국가민속문화유산

(1) **장승**

사람의 얼굴 모양을 새긴 기둥으로, 마을이나 절 입구 등에 남녀 한 쌍으로 세워놓았으며, 지역의 경계, 이정표 및 마을의 수호신 구실을 하였다. 장승과 유사한 것으로 제주도의 돌하르방(제주도 민속문화유산)이 있다.

① 통영 문화동 벅수 ② 나주 불회사 석장승
③ 나주 운흥사 석장승 ④ 남원 실상사 석장승

(2) **당(堂)**

부락 수호신을 모신 곳으로, 옛날에 부락 신앙의 중심이 되었었다. 현재 국가민속문화유산으로 지정된 곳은 다음과 같다.
① 경남 통영시 삼덕리 마을제당
② 전북 고창군 고창 오거리 당산
③ 전북 부안군 부안 서문안 당산
④ 전북 남원시 남원 서천리 당산

(3) **방상시탈** : 눈이 네 개 달린 탈이다.

(4) **국사당의 무신도** : 조선 태조의 명에 의한 것으로 국사당 안에 있는 28폭의 무신도이다.

▶ 제주시청돌하르방

▶ 나주 불회사 석장승

하원당장군(남장승)이다.

▶ 고창 오거리 당산

마을의 다섯 곳에 위치한 당산이다. 당산은 민간신앙에서 신이 있다고 믿고 섬기는 것으로, '당' 혹은 '신당'이라고도 한다. 사진은 중앙할아버지당이다.

(5) 건축물 18 20 기출

국가민속문화유산으로 지정된 건축물은 다음과 같다.

① **강릉 선교장** : 전주 이씨 이내번이 지은 집이다. 총건평 318평에 이르는 조선 명문의 전형적인 가옥으로 그 규모가 웅장하다.

② **구례 운조루 고택** : 구례 유씨가의 소유 건물로, 상량문에 영조 52년(1776년)이란 글씨로 보아 약 200여 년 전에 지어진 명문가의 가옥이다.

③ **창녕 진양 하씨 고택(하병수씨 가옥)** : 가벼운 건새집으로 되어 있으며 지은 지 590여 년 된 것으로, 현전하는 민가로는 가장 오래된 가옥이다.

④ **경주 양동마을 송첨 종택**

(6) 의 류 24 기출

의류는 인간생활의 발달과 더불어 무수히 많은 변천을 거쳐 왔다. 현재 국가민속문화유산으로 지정된 의류는 다음과 같다.

① 덕온공주 당의 ② 심동신 금관조복
③ 광해군 내외 및 상궁 옷 ④ 외재 이단하 내외 옷
⑤ 사영 김병기 일가 옷 ⑥ 경산 정원용 의대

(7) 민속마을 14 16 18 21 24 기출

① **안동 하회마을** : 풍산 류씨의 씨족마을로 류운룡·류성룡 형제 대(代)부터 번창하게 된 마을이라고 한다. 낙동강 줄기가 S자 모양으로 동·남·서를 감싸 돌고 있고, 독특한 지리적 형상과 빼어난 자연경관을 갖추고 있다. 고유의 '하회별신굿탈놀이'로 유명하다.

② **제주 성읍마을** : 제주 서귀포시에 소재하고 있으며, 대개 一자형 평면을 가진 집 2채를 중심으로 배치되어 있어 제주도의 민속과 문화를 연구하는 데 귀중한 자료가 되고 있다.

③ **경주 양동마을** : 월성 손씨와 여강 이씨의 양대 문벌로 이어 내려온 동족마을이다. 산계곡을 따라 펼쳐진 경관, 자연과 어울려 오랜 전통을 간직한 집들, 양반 계층을 대표할 수 있는 자료들과 유교사상, 관습들 때문에 중요한 가치를 지닌 마을로 평가받는다.

④ **고성 왕곡마을** : 동해안의 수려한 자연환경 속에 자리한 전통한옥 마을로, 14세기경부터 강릉 함씨와 강릉 최씨, 용궁 김씨 등이 모여 사는 집성촌이다. 19세기를 전후하여 지어진 기와집들은 모두 강원도 북부지방에서만 볼 수 있는 양통집이다.

▶ 덕온공주 당의
조선 시대 순조(재위 1800~1834)의 셋째 공주인 덕온공주가 입었던 당의이다.

▶ 경주 양동마을 21 기출
2010년 세계문화유산에 등재되었으며, 무첨당·향단·관가정 등의 보물과 서백당·이향정·심수정 등의 국가민속문화유산이 있다.

⑤ 아산 외암마을 : 약 500년 전에 강씨와 목씨 등이 정착하여 마을을 이루었다고 전해지며, 조선 명종 때 이정(李挺)이 이주하면서 예안 이씨(禮安 李氏)가 대대로 살기 시작하였다. 영암댁·참판댁·송화댁 등의 양반주택과 50여 가구의 초가 등 크고 작은 옛집들이 상당 부분이 원래 모습을 유지한 채 남아 있다.

⑥ 성주 한개마을 : 건축물의 대부분이 18세기 후반에서 19세기 초반에 걸쳐 건립되었으나, 전체적인 마을 구성이 풍수에 따른 전통적인 모습을 보여주고 있을 뿐만 아니라 상류주택과 서민주택의 배치 및 평면도 지역적인 특성을 잘 나타내고 있다.

⑦ 영주 무섬마을 : 조선 중기 17세기 중반 입향 시조인 박수(朴檖)와 김대(金臺)가 들어와 자리를 잡은 이래 반남 박씨와 선성 김씨의 집성촌으로써 유서 깊은 전통마을이다. 규모가 크고 격식을 갖춘 口자형 가옥, 까치구멍집, 겹집, 남부지방 민가 등 다양한 형태의 구조와 양식을 갖춘 가옥이 있다.

7 기타 문화유산

1. 회화 및 서예

(1) 개 요

① 고구려의 회화 : 고구려 고분벽화에 나타난 사신도, 수렵도가 유명하다. 특히 고구려의 사신도(청룡도, 백호도, 현무도, 주작도)는 당시의 사상적 배경과 기법으로 보아 가히 세계적인 걸작들이다.

② 백제의 회화 : 공주 송산리 고분에서 출토된 사신도와 성숙도가 유명하며, 7세기 전반 무렵의「산경문전」은 비록 벽돌이기는 하지만, 당시 산수화의 경향을 추정할 수 있는 특별히 기록할 만한 작품이다.

③ 신라의 회화 : 경남 고령 벽화고분의「연화도」와 155호 신라고분에서 발굴된「천마도」,「기마인물도」등이 유명한데, 이는 신라시대 회화수준을 가늠하게 하는 자료들이다. 또한 솔거의「노송도」와「관음보살상」은 명화 중의 명화이다.

④ 고려의 회화 : 불화가 압도적으로 많으며, 13~14세기 고려회화의 수준을 과시한 정지상의「산수도」, 공민왕의「인물화」,「산수화」, 이녕의「예성강도」등이 유명하다.

> **경주 천마총 장니 천마도(국보)**

천마총의 천마도는 벽화가 아니라 장니(말의 안장 양쪽에 달아 늘어뜨리는 말다래)에 그려진 말 그림이다.

▶ 금강전도(국보)

▶ 병진년화첩

김홍도가 연풍현감으로 단양을 유람한 뒤 그린 그의 대표적인 산수화로 도담삼봉, 사인암, 옥순봉이 담겨 있다.

▶ 풍속도 화첩

▶ 세한도

⑤ 조선의 회화 : 조선 전기에는 안견, 강희만, 이상좌 같은 대가들이 주로 활약하였는데, 안견의「몽유도원도」, 이상좌의「송하보월도」등은 그 기법이나 사상적 배경의 측면에서 매우 수준 높은 걸작품들이다. 조선 후기에는 정선, 김홍도, 신윤복 등의 대가들이 한국 회화의 주체성에 눈을 뜨고 정열적인 회화활동을 하였으며, 정선의「금강전도」, 김홍도의「풍속도」, 신윤복의「풍속도」등은 당대의 걸작품들이다.

(2) 대표적인 회화 및 서체 🌟 14 15 16 20 기출

① 안견의「몽유도원도」: 안견은 조선 전기 화단을 대표하는 산수화의 대가로서,「몽유도원도」는 안평대군이 꿈속에서 노닐었다는 도원의 선경을 그린 그림이다.

② 이상좌의「송하보월도」: 이상좌는 조선 전기 화단을 대표하는 산수화의 대가 중의 한 사람으로서「송하보월도」,「우중맹호도」,「나한도」등을 그렸는데, 그중「송하보월도」는 바위산의 중량감과 소나무, 먼 산의 능선 등 그 수법이 마원의 구도를 연상하게 하는 것으로서 중국 남송 원서체의 화풍을 잘 보여주고 있다.

③ 정선의「금강전도」(국보),「인왕제색도」(국보) : 정선은 조선 후기 화단을 창시해낸 근대적 자각이 뛰어난 화가로「금강전도」는 둥근 원형의 외부구도를 대담하게 구상했으며, 그 속에 직립된 산형들을 훌륭하게 묘사해낸 걸작품이다.

④ 김홍도의「군선도 병풍」(국보) : 단원 김홍도는 조선 후기 화단을 대표하며, 혜원 신윤복과 함께 풍속화의 쌍벽을 이루는 화가이다. 서민생활의 저변에 깔려 있는 인간의 생기 있는 표정과 동작을 깊이 관찰하여, 조선 후기 화단의 명품으로 꼽히는「군선도 병풍」,「풍속도」,「무동」,「병진년화첩」등을 그렸다.

⑤ 신윤복의「풍속도 화첩」(국보) : 혜원 신윤복은 조선 후기 영조 때 궁중화가로「풍속도」와「산수화」를 잘 그렸는데, 그의「풍속도」는 시원스럽고, 세련된 화법에서 생동감을 느끼게 한다.

⑥ 김정희의「세한도」(국보),「추사체」: 완당 김정희는 그림뿐만 아니라 서예에도 능통한 금석학자인 동시에 격조 높은 문인화의 대가이며,「추사체」라는 고금을 통한 독보적인 서체를 완성시킨 위대한 서예가이기도 하다. 완당이 그린「세한도」는 세련미가 뛰어난 걸작품이다.

2. 전적류(典籍類)

(1) 훈민정음(국보)

1446년(세종 28년)에 세종대왕이 집현전 학자인 정인지, 신숙주, 성삼문 등에게 명하여 새로 창제한 한문해설서로 현재 간송미술관에 보관되어 있다. 전권 33장 1책으로 목판본으로 되어 있으며, 해례가 붙어 있어 「훈민정음해례본」 또는 「훈민정음원본」이라고 한다.

▶ 훈민정음

(2) 충무공 이순신의 난중일기 및 서간첩 임진장초(국보)

이순신 장군이 임진왜란 중에 쓴 7년간의 진중일기로 7책 205장으로 구성되어 있다. 이 일기는 필사본으로 친필초고가 아산 현충사에 보관되어 있다.

(3) 징비록(국보) 14 기출

조선 선조 때 문신 류성룡이 임진왜란의 원인과 전황을 기록한 책으로, 임진왜란을 연구하는 데 귀중한 자료가 되고 있다. 현재 한국국학진흥원에 보관되어 있다.

(4) 조선왕조실록(국보) 21 기출

조선 태조부터 철종에 이르기까지 25대 472년간의 역사를 연·월·일 순서에 따라 편년체로 기록한 책이다. 모두 1,893권 888책으로 되어 있으며 조선 시대 연구의 기본 자료가 되고 있다.

▶ 조선왕조실록

(5) 일성록(국보)

영조 36년(1760년)부터 1910년 8월까지 주로 국정에 관한 제반사항을 기록한 책으로, 왕의 입장에서 편찬한 일기형식을 갖추고 있으나, 실질적으로는 공식적인 국정 일기이다.

(6) 동의보감(국보)

허준이 광해군 2년(1610년)에 16년간의 연구 끝에 완성한 25권의 의서로 우리나라와 중국의 의서를 모아 집대성한 한의학의 백과전서이다. 수량은 25권 25책으로 국립중앙도서관에 보관되어 있다.

▶ 동의보감

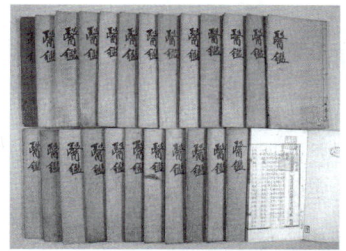

03 자연유산

1 천연기념물

1. 천연기념물의 정의 및 유래

(1) 정의

국가나 지방공공단체가 법률에 따라 지정하여 보존·관리하는 학술상 가치가 높은 **동물**(서식지, 번식지, 도래지 포함), **식물**(자생지 포함), **광물, 지질 및 그 밖의 천연물**을 말한다. → 천연기념물은 원칙적으로 현상 변경이 허락되지 않으며, 나무를 베는 등 현상 변경을 위해서는 국가유산청의 허가를 받아야 함

(2) 유래

① 1800년 독일의 알렉산더 훔볼트가 베네수엘라를 비롯한 남미 대륙 탐험길에서 자귀나무, 노거수를 보고 감동받아 자연에 대한 경외감을 품고 천연기념물이라 이름 붙인 데서 유래했다.
② 일본에서는 천연기념물에 대한 개념이 1906년에 소개되었고, 1919년에 '사적·명승·천연기념물 보전법'이 제정·실시되었다.
③ 우리나라에서는 일제강점기인 1933년 8월 9일 조선총독부에 의해 '조선 고적·명승·보물·천연기념물 보전령'이 공포되고, 다음해부터 천연기념물이 지정되기 시작하였다.

(3) 국가유산으로서의 천연기념물

① 천연기념물은 단순한 자연물을 넘어 **자연과 문화의 조화**를 절묘하게 상징화하는 민족의 자연 문화유산이다.
② 문화란 자연을 모태로 형성되며, 모든 문화유산은 자연유산을 근간으로 하고 있다. 따라서 자연 가운데서 엄정히 선정된 천연 유산으로서 가장 원생적인 문화유산이라 할 수 있으며, 신성한 국토의 역사적 원형을 입증하는 문화사적·자연사적 실증물로 인식되어야 한다.
③ 천연기념물은 국가유산의 영역에 있어야 그 고유성과 특성을 지속할 수 있다.

▸ 천연기념물의 특성
• 자연기념물
• 원생적 문화유산
• 역사성을 띠는 존재
• 향토성을 띠는 존재
• 대표성을 띠는 존재
• 학술성을 띠는 존재

2. 천연기념물의 지정기준 (자연유산법 시행령 별표 1)

(1) 동식물

① 동 물

㉠ 동물과 그 서식지·번식지·도래지 등, 동물자원·표본 등, 동물군(척추동물의 무리) 중 어느 하나에 해당하는 자연유산으로서 다음 중 어느 하나 이상의 가치를 충족하는 것

- 역사적 가치
  - 우리나라 고유의 동물로서 저명한 것
  - 문헌, 기록, 구술 등의 자료를 통하여 우리나라 고유의 생활, 문화 또는 민속을 이해하는 데 중요한 것
- 학술적 가치
  - 석회암 지대, 사구, 동굴, 건조지, 습지, 하천, 폭포, 온천, 하구, 섬 등 특수한 환경에서 생장하는 동물·동물군 또는 그 서식지·번식지·도래지로서 학술적으로 연구할 필요가 있는 것
  - 분포범위가 한정되어 있는 우리나라 고유의 동물·동물군 또는 그 서식지·번식지·도래지로서 학술적으로 연구할 필요가 있는 것
  - 생태학적·유전학적 특성 등 학술적으로 연구할 필요가 있는 것
  - 우리나라로 한정된 동물자원·표본 등 학술적으로 중요한 것
- 그 밖의 가치
  - 우리나라 고유동물은 아니지만 저명한 동물로 보존할 가치가 있는 것
  - 우리나라에서는 절멸된 동물이지만 복원하거나 보존할 가치가 있는 것
  - 협약 제2조에 따른 자연유산에 해당하는 것

㉡ 해당 자연유산의 유형별 분류기준

- 동물과 그 서식지·번식지·도래지 등
- 동물자원·표본 등
- 동물군(척추동물의 무리를 말한다)

▶ 경산의 삽살개(천연기념물)

삽살개는 한반도의 동남부 지역에 널리 서식하던 우리나라 토종개이다. '귀신과 액운을 쫓는 개'라는 뜻을 지닌 삽살개는 이름 자체도 순수한 우리말로서 가사(歌詞), 민담, 그림 속에 자주 등장한다.

▶ 천연기념물 – 식물

노거수	명목, 신목, 당산목, 정자목, 기타 노거수 등
희귀식물	자생지
	군락
	종지정
자생지	유용 식물 자생지
	난대 식물 자생 북한지
수림지	학술림
	어부림
	호안, 방풍림
	역사림
	성황림

② 식물
  ㉠ 노거수, 군락지, 그 밖의 유형 중 어느 하나에 해당하는 자연유산으로서 다음 중 어느 하나 이상의 가치를 충족하는 것
    • 역사적 가치
      – 우리나라에 자생하는 고유의 식물로 저명한 것
      – 문헌, 기록, 구술 등의 자료를 통하여 우리나라 고유의 생활 또는 민속을 이해하는 데 중요한 것
      – 전통적으로 유용하게 활용된 고유의 식물로 지속적으로 계승할 필요가 있는 것
    • 학술적 가치
      – 국가, 민족, 지역, 특정종, 군락을 상징 또는 대표하거나, 분포의 경계를 형성하는 것으로 학술적 가치가 있는 것
      – 온천, 사구, 습지, 호수, 늪, 동굴, 고원, 암석지대 등 특수한 환경에 자생하거나 진귀한 가치가 있어 학술적으로 연구할 필요가 있는 것
    • 경관적 가치
      – 자연물로서 느끼는 아름다움, 독특한 경관요소 등 뛰어나거나 독특한 자연미와 관련된 것
      – 최고, 최대, 최장, 최소 등의 자연현상에 해당하는 식물인 것
    • 그 밖의 가치 : 협약 제2조에 따른 자연유산에 해당하는 것
  ㉡ 해당 자연유산의 유형별 분류기준
    • 노거수 : 거목, 명목, 신목, 당산목, 정자목 등
    • 군락지 : 수림지, 자생지, 분포한계지 등
    • 그 밖의 유형 : 특산식물, 진귀한 식물상, 유용식물, 초화류 및 그 자생지・군락지 등

(2) 지형・지질, 생물학적 생성물 또는 자연현상
  ① 암석, 광물과 지질경계선, 화석과 화석 산지, 지질구조 및 퇴적구조, 자연지형과 지표・지질현상 중 어느 하나에 해당하는 자연유산으로서 다음 중 어느 하나 이상의 가치를 충족하는 것
    ㉠ 학술적 가치
      • 지각의 형성과 관련되거나 한반도 지질계통을 대표하거나 지질현상을 해석하는 데 중요한 것
      • 암석의 변성・변형, 퇴적 작용과 관련한 특이한 조직을 가지고 있는 것

▶ 제주도 주상절리

주상절리는 용암이 흐르다가 바다와 만나면서 굳을 때 육각 기둥모양으로 굳어져 생긴 지형으로 제주도 남부해변에서 볼 수 있다.

- 각 지질시대를 대표하는 표준화석과 지질시대의 퇴적 환경을 해석하는 데 주요한 시상화석인 것
- 화석 종·속의 모식표본인 것
- 발견되는 화석의 가치가 뛰어나거나 종류가 다양한 화석산지인 것
- 각 지질시대를 대표하거나 지질시대의 변성·변형, 퇴적 등 지질환경을 해석하는 데 중요한 지질구조인 것
- 지질구조운동, 화산활동, 풍화·침식·퇴적작용 등에 의하여 형성된 자연지형인 것
- 한국의 특이한 지형현상을 대표할 수 있는 육상 및 해양 지형현상인 것

ⓒ 그 밖의 가치 : 협약 제2조에 따른 자연유산에 해당하는 것

② 해당 자연유산의 유형별 분류기준
㉠ 암석, 광물과 지질경계선 : 어란암, 구상 구조나 구과상 구조를 갖는 암석, 지각 깊은 곳에서 유래한 감람암 등
㉡ 화석과 화석 산지
㉢ 지질구조 및 퇴적구조
- 지질구조 : 습곡, 단층, 관입, 부정합, 주상절리 등
- 퇴적구조 : 연흔, 건열, 사층리, 우흔 등
㉣ 자연지형과 지표·지질현상 : 고위평탄면, 해안·하안단구, 폭포, 화산체, 분화구, 칼데라, 사구, 해빈, 갯벌, 육계도, 사행천, 석호, 카르스트 지형, 석회·용암동굴, 돌개구멍, 침식분지, 협곡, 해식애, 선상지, 삼각주, 사주, 사퇴, 토르, 타포니, 암괴류, 얼음골, 풍혈, 온천, 냉천, 광천 등

(3) 천연보호구역

동물·식물이나 지질·지형 등 자연적 요소들이 풍부하여 보호할 필요성이 있는 구역으로서 다음 중 어느 하나 이상을 충족하는 것
① 보호할 만한 천연기념물이 풍부하거나 다양한 생물적·지구과학적·경관적 특성을 가진 대표적인 것
② 협약 제2조에 따른 자연유산에 해당하는 것

3. 명승의 지정기준(자연유산법 시행령 별표 2)

① 자연경관, 역사문화경관, 복합경관 중 어느 하나에 해당하는 자연유산으로서 다음 중 어느 하나 이상의 가치를 충족하는 것
㉠ 역사적 가치
- 종교, 사상, 전설, 사건, 저명한 인물 등과 관련된 것
- 시대나 지역 특유의 미적 가치, 생활상, 자연관 등을 잘 반영하고 있는 것

▶ **대표적인 명승지** 19 기출
- 명주 청학동 소금강
- 거제 해금강
- 완도 정도리 구계등
- 울진 불영사계곡 일원
- 여수 상백도·하백도 일원
- 옹진 백령도 두무진

- 자연환경과 사회·경제·문화적 요인 간의 조화를 보여주는 상징적 공간 혹은 생활 장소로서의 의미가 있는 것
  ⓒ 학술적 가치
    - 대상의 고유한 성격을 파악할 수 있는 각 구성요소가 완전하게 남아 있는 것
    - 자연물·인공물의 희소성이 높아 보존가치가 있는 것
    - 위치, 구성, 형식 등에 대한 근거가 명확하고 진실한 것
    - 조경의 구성 원리와 유래, 발달 과정 등에 대하여 학술적으로 기여하는 바가 있는 것
  ⓒ 경관적 가치
    - 우리나라를 대표하는 자연물로서 심미적 가치가 뛰어난 것
    - 자연 속에 구현한 경관의 전통적 아름다움이 잘 남아 있는 것
    - 정자·누각 등의 조형물 또는 자연물로 이루어진 조망지로서 자연물, 자연현상, 주거지, 유적 등을 조망할 수 있는 저명한 장소인 것
  ㉣ 그 밖의 가치 : 협약 제2조에 따른 자연유산에 해당하는 것
② 해당 자연유산의 유형별 분류기준
  ㉠ 자연경관 : 자연 그 자체로서의 심미적 가치가 인정되는 공간
    - 산지, 하천, 습지, 해안지형
    - 저명한 서식지 및 군락지
    - 일출, 낙조 등 자연현상 및 경관 조망지점
  ㉡ 역사문화경관 : 자연환경과 사회·경제·문화적 요인 간의 조화를 보여주는 공간 또는 생활장소
    - 정원, 원림 등 인공경관
    - 저수지, 경작지, 제방, 포구, 마을, 옛길 등 생활·생업과 관련된 인공경관
    - 사찰, 서원, 정자 등 종교·교육·위락과 관련된 인공경관
  ㉢ 복합경관 : 자연의 뛰어난 경치에 인문적 가치가 부여된 공간
    - 명산, 바위, 동굴, 암벽, 계곡, 폭포, 용천, 동천, 구곡 등
    - 구비문학, 구전 등과 같은 저명한 민간전승의 배경이 되는 자연경관

2 천연기념물의 대표적인 종류 15 17 기출

1. 식물분야

(1) 거수(巨樹)・노수(老樹)・명목(名木)

① 개 요
  ㉠ 거수・노수는 향교・사찰 등에 있는 정원목, 정자목, 성황목 등으로 보존 또는 지정된 것이 많다.
  ㉡ 명목은 수형이 특수한 것과 희귀한 수종으로서 역사와 전설을 간직하고 있는 나무이다.
  ㉢ 거수・노수・명목으로 지정된 것 중에는 은행나무가 가장 많다.

② 대표적인 천연기념물
  ㉠ **양평 용문사 은행나무** : 경기도 양평군 용문면에 소재하는 은행나무로 나이는 약 1,100살 정도 되었고, 높이 42m, 뿌리부분의 둘레가 15.2m인 동양 최대의 은행나무이다. 우리나라 은행나무 가운데 나이와 높이에서 최고 높은 기록을 가지고 있으며, 줄기 아래에 혹이 있는 것이 특징이다. 세종 때에는 정3품의 벼슬인 '당상직첩'이란 직위까지 받았다.
  ㉡ **순천 송광사 천자암 쌍향수** : 전남 순천시 송광면 송광사에 있는 곱향나무로 가슴높이 둘레 4.10m, 3.30m, 높이가 12.0m나 되며, 밑에서부터 위로 엿가락처럼 꼬아 올린 것이 특징이다.
  ㉢ **보은 속리 정이품송** : 속리산 법주사로 가는 길 한가운데 서 있는 속리 정이품송은 약 600살 정도로 추정되는 소나무로 높이 14.5m, 가슴높이 둘레 4.77m이다. 정이품송이라는 이름의 유래는 세조 10년(1464)에 왕이 법주사로 행차할 때 타고 있던 가마가 이 소나무 아래를 지나게 되었는데, 가지가 아래로 쳐져 있어 가마가 가지에 걸리게 되었다. 이에 세조가 "가마가 걸린다"고 말하니 소나무가 자신의 가지를 위로 들어 왕이 무사히 지나가도록 하였다고 한다. 또 세조가 이곳을 지나다가 이 나무 아래에서 비를 피했다는 이야기도 있다. 이리하여 세조는 이 소나무의 충정을 기리기 위하여 정이품(현재의 장관급) 벼슬을 내리면서 이 소나무를 정이품 소나무라 부르게 되었다.

▶ 양평 용문사 은행나무

▶ 송광사 천자암 쌍향수(곱향나무)

▶ 보은 속리 정이품송

▶ 제주 산천단 곰솔 군

▶ 김해 천곡리 이팝나무

▶ 성인봉 원시림
너도밤나무 숲이 있고 섬조릿대가 나며 그 사이에 솔송나무, 섬단풍나무 등 울릉도에서만 자라는 나무들로 숲이 이루어져 있다.

▶ 함양상림(천연기념물)
통일신라 시대 최치원이 조성한 인공림으로, 주변의 함양사람들은 함양상림에는 뱀과 개미가 없다고 믿는다.

② 제주 산천단 곰솔 군 : 곰솔은 소나무과로 잎이 소나무 잎보다 억세기 때문에 곰솔이라고 부르며, 소나무의 겨울눈은 붉은색인 데 반해 곰솔은 회백색인 것이 특징이다. 바닷가를 따라 자라기 때문에 해송(海松)이라고도 부르며, 또 줄기 껍질의 색이 소나무보다 검다고 해서 흑송(黑松)이라고도 한다. 바닷바람과 염분에 강하여 방풍림이나 방조림으로 많이 심는다.

⑩ 김해 천곡리 이팝나무 : 이팝나무란 이름은 꽃이 필 때 나무 전체가 하얀꽃으로 뒤덮여 이밥, 즉 쌀밥과 같다고 하여 붙여진 것이라고도 하고, 여름이 시작될 때인 입하에 꽃이 피기 때문에 '입하목(立夏木)'이라 부르다가 이팝나무로 부르게 되었다고도 한다. 김해 주촌면의 이팝나무는 그 수령이 확실하지는 않지만 500년 정도로 추정되며 높이는 18.3m, 둘레는 4~4.73m이다. 이 나무가 자라고 있는 천곡리에는 성, 지석묘, 패총 등 선사시대의 유적이 많다. 따라서 이 나무도 다른 유물과 더불어 보존되어 온 것이라고 보고 있다.

(2) 특수한 식물군
① 나무들이 군락화되어 있는 형태를 말하며 임총, 원시림, 인공림 등이 있다.
② 임총은 성황림 또는 당산림 등을 일컫는데, 이것은 숲 전체를 보존하기 위한 것이므로 식물생태학과 임산학의 자료로 매우 중요하다.
③ 원시림은 원시적 상태의 숲 군락을 일컫는 것으로, 우리나라에서 천연기념물로 지정된 원시림은 울릉도 성인봉의 원시림뿐이다.
④ 인공림은 인간이 자연재해를 예방하거나 풍경을 미화하기 위하여 심어놓은 숲으로 방풍림, 방사림, 호안림, 풍치림 등이 있다. 인공림으로서 천연기념물로 지정된 예로는 경남 함양군 함양읍 대덕리의 함양상림(천연기념물), 경남 남해군 삼동면 물건리의 방조어부림(천연기념물) 등이 있다.

(3) 분포상의 한계지
① 우리나라의 식물분포는 그 식물구계로 볼 때 북방계(분포상 남쪽 한계선)와 남방계(분포상 북쪽 한계선)로 나뉜다.
② 우리나라는 북방계와 남방계를 별도로 구분하여 천연기념물로 지정하고 있다.

(4) 식물의 자생지(自生地)* 15 기출

① 측백나무(대구 동구 도동 소재) : 측백나무과에 딸린 상록교목으로 큰 것은 20m에 이르며, 대구광역시 달성지역이 집중적으로 수림을 이루고 있다. 대구 도동 측백나무 숲은 천연기념물로 지정되었으며, 우리나라에서 자라는 측백나무는 이들이 자랄 수 있는 분포지역의 남쪽 한계선에 있는 것들이어서 식물지리학상 중요한 가치가 있다.

② 등나무 : 부산 금정구 소재
③ 팔손이나무 : 경남 통영시 한산면 소재
④ 향나무 : 경북 울릉군 서면 소재
⑤ 모감주나무 : 충남 태안군 안면읍 소재

*자생지 : 식물의 원종이 자라던 지역을 말한다.

2. 동물분야

(1) 개 요
동물의 천연기념물로는 종 자체가 절멸 위기에 있는 포유류, 조류, 곤충류, 저명한 동물의 서식지, 도래지, 집단 번식지, 축양동물 등을 지정한다.

(2) 고유종
크낙새, 한강의 황쏘가리, 사향노루

(3) 진귀한 동물 중요
따오기, 황새, 먹황새, 팔색조, 저어새, 느시(들칠면조), 흑비둘기, 산양

(4) 분포와 한계지
① 울산 귀신고래회유해면
② 장수하늘소

(5) 동물의 서식지와 도래지 중요
① 서식지 : 광릉 크낙새 서식지, 제주 무태장어 서식지, 정선 정암사 열목어 서식지, 봉화 대현리 열목어 서식지, 울릉 사동 흑비둘기 서식지
② 철새 도래지 : 진도 고니류 도래지, 낙동강 하류 철새 도래지, 거제 연안 아비 도래지, 철원 천통리 철새 도래지, 한강 하류 재두루미 도래지

▶ 탱자·동백나무
- 탱자나무 : 북방한계지는 강화도이며, 두 그루가 천연기념물로 지정되어 있다.
- 동백나무 : 대청도가 북방한계지이며, 자생지는 천연기념물로 지정되어 있다.

▶ 황쏘가리

쏘가리와 같은 종류이지만 몸의 색이 황갈색을 띠고 있으며, 전 세계에서 한강 유역에서만 발견되는 희귀어종이다.

▶ 따오기

멸종위기에 처한 희귀새로 중국에 서식하고 있는 20마리가 지구상에 남아 있는 전부로 추측되는 국제보호조류이다.

▶ 광릉 크낙새 서식지

크낙새는 딱따구리과의 일종으로 지구상에서 한반도 중부지역에만 생존하고 있으며, 현재는 멸종위기에 처해있다.

▶ 경주개 동경이

동경이는 「동경잡기」나 「증보문헌비고」 등의 옛 문헌을 통해 경주지역에서 널리 사육되던 개로 알려졌으며, 신라고분에서 토우로 발굴되는 등 그 역사와 문화적 가치가 크다.

▶ 서귀포층의 패류화석

▶ 천연기념물 - 광물 및 동굴

천연동굴	석회동굴
	용암동굴
암석, 광물	석회동굴
지 질	온천, 용천
	지형, 화산
화 석	고생물 화석(동식물 화석)
기 타	우흔(빗방울 자국 화석)
	특이 자연 현상(얼음골)

(6) 축양(가축)동물

진도의 진돗개(진도개), 연산 화악리의 오계, 제주의 제주마, 경산의 삽살개, 경주개 동경이

3. 지질광물 및 동굴분야

(1) 지질광물분야
 ① 상주 운평리 구상화강암
 ② 칠곡 금무봉 나무고사리화석 산지
 ③ 제주 서귀포층 패류화석 산지
 ④ 의령 서동리 함안층 빗방울 자국
 ⑤ 함안 용산리 함안층 새발자국화석 산지
 ⑥ 무주 오산리 구상화강편마암

(2) 동굴분야 14 16 기출
 ① 제주 김녕굴 및 만장굴
 ② 울진 성류굴
 ③ 익산 천호동굴
 ④ 삼척 대이리 동굴지대
 ⑤ 영월 고씨굴
 ⑥ 삼척 초당굴
 ⑦ 제주 한림 용암동굴지대(소천굴, 황금굴, 협재굴)
 ⑧ 단양 고수동굴
 ⑨ 평창 백룡동굴
 ⑩ 단양 온달동굴
 ⑪ 단양 노동동굴
 ⑫ 제주 당처물동굴
 ⑬ 제주 용천동굴
 ⑭ 제주 수산동굴
 ⑮ 제주 선흘리 벵뒤굴
 ⑯ 정선 산호동굴
 ⑰ 평창 섭동굴
 ⑱ 제주 어음리 빌레못동굴
 ⑲ 정선 용소동굴
 ⑳ 정선 화암동굴
 ㉑ 영월 분덕재동굴

4. 천연보호구역

① 홍도 천연보호구역
② 설악산 천연보호구역
③ 한라산 천연보호구역
④ 대암산·대우산 천연보호구역
⑤ 향로봉·건봉산 천연보호구역
⑥ 독도 천연보호구역
⑦ 성산일출봉 천연보호구역
⑧ 문섬·범섬 천연보호구역
⑨ 차귀도 천연보호구역
⑩ 마라도 천연보호구역
⑪ 창녕 우포늪 천연보호구역

04 무형유산

1 연극과 놀이 16 20 기출

1. 연극

(1) 인형극

꼭두각시놀음, 박첨지놀음, 홍동지놀음이라고도 하는데, 이러한 명칭은 모두 인형의 이름에서 유래한 것이다. 남사당놀이는 국가무형유산으로 지정되었다.

(2) 가면극

연극의 주류를 이루고 있는 것으로, 가면극 가운데서도 「산대놀이」는 우리나라의 대표적인 민속극이며 「산대도감놀이」라고도 한다.

① 가면극의 분포
  ㉠ 서낭굿 계통
  • 강릉 관노(官奴)탈놀이 : 강릉에서 성황제를 지낼 때 연희하던 가면극으로 연희자가 관노였으므로 관노탈놀이라 한다.
  • 하회별신(別神)굿탈놀이(국가무형유산) 21 기출
    – 별신굿이란 3·5년 혹은 10년마다 마을의 수호신인 성황(서낭)님에게 마을의 평화와 농사의 풍년을 기원하는 굿을 말한다.

▶ 하회별신굿탈놀이(국가무형유산)

▶ 통영오광대(국가무형유산) 18 기출

놀이는 문둥탈·풍자탈·영노탈·농창탈·포수탈의 5마당으로 구성되며, 총 31명의 배역이 등장한다. 우리나라 남부지역의 탈춤 전통을 잘 보여주는 탈놀이로 서민생활의 애환을 담고 있다.

▶ 수영야류(국가무형유산)

탈을 쓰고 벌이는 전통 가면극으로, 주로 산신제와 함께 벌어지며 국가무형유산으로 지정되어 있다. 양반마당, 영노마당, 할미마당 등으로 구성되어 있다.

(출처 : 국가유산청)

- 하회별신굿탈놀이는 경북 안동시 하회동, 병산동에서 전승되는 탈놀이이다. 안동 하회마을에서는 약 500년 전부터 10년에 한 번 섣달 보름날(12월 15일) 내지는 특별한 일이 있을 때 무진생(戊辰生) 성황님께 별신굿을 해왔는데, 굿과 더불어 성황님을 즐겁게 해드리기 위해 탈놀이를 해왔다.
- 놀이에 사용되는 탈은 주지탈 등을 포함해 모두 10종 11개로 오리나무로 만들었으며, 옻칠과 안료를 두세 겹 칠하여 색조의 강도를 높였고, 원본은 1964년 하회탈 및 병산탈(국보)로 지정되었다. 탈놀이의 반주는 꽹과리가 중심이 되는 풍물꾼이 하며, 즉흥적이고 일상적인 동작에 약간의 율동을 섞은 춤사위로 이루어진다.
- 가면극으로 사회풍자와 비판내용을 담고 있으며, 우리나라 가면극의 발생이나 기원을 밝히는 데 귀중한 자료가 되고 있어 국가무형유산으로 지정되었다.

ⓒ 산대도감 계통
- 양주별산대놀이 : 경기도 양주에서 공연되던 가면극(국가무형유산)으로, 송파산대놀이에서 별도로 분리하여 별산대놀이라 한다.
- 송파산대놀이 : 서울의 송파 지역에서 연희하던 가면극(국가무형유산)으로, 옛날 송파시장의 상인들이 시장의 활성화를 위하여 행했던 일종의 축제였다.

ⓒ 오광대(五廣大) 계통 : 경남지방에 두루 분포되어 있던 가면극으로, 다섯 광대가 나오거나 다섯 과장으로 구성되어 있으므로 오광대라고 한다.
- 통영오광대 : 현재 통영시에 전해 내려오는 민속가면극으로 국가무형유산으로 지정되어 있다.
- 고성오광대 : 고성 지방에서 행해지는 가면극 놀이로 국가무형유산으로 지정되어 있다.
- 가산오광대 : 경남 사천시 축동면 가산리에 전승되는 가면극인 가산오광대는 국가무형유산으로 지정되어 있는데, 일명 조창오광대라고도 부른다.

ⓔ 야류 계통 : '들놀음'이라 하며, 야류(野遊 또는 冶遊)라고도 한다. → 동래야류(국가무형유산), 수영야류(국가무형유산) 등

- ㉤ 해서 계통 : 황해도 일대의 가면극으로 봉산탈춤(국가무형유산), 강령탈춤(국가무형유산) 등이 있다.
- ㉥ 사당패 덧보기 : 유형극단이라고 할 수 있는 사당패들이 공연하던 가면극을 말하는데, 이 밖에도 북청사자놀이, 마을 동제(洞祭) 때의 탈춤 등이 있다.

2. 민속놀이

(1) 놀이의 이해
- ① 놀이의 목적
  - ㉠ 민속놀이는 그 목적이나 내용에 따라 놀이 자체가 목적인 놀이, 풍농을 기원하는 놀이, 내기놀이, 겨루기놀이, 풍어를 기원하는 놀이, 개인의 복락이나 마을의 태평을 기원하는 놀이로 나눌 수 있다.
  - ㉡ 우리나라의 놀이는 **생산을 위한 제의**가 큰 몫을 차지한다.
- ② 놀이의 주체자 : 주체자의 나이와 성별에 따라 소년놀이, 소녀놀이, 어린이놀이, 성인남자놀이, 성인여자놀이, 어른놀이, 특정인이 행하는 재주꾼놀이로 구분할 수 있다.

(2) 민속놀이의 성격
- ① 제의성
  - ㉠ 우리 민족은 농경민족이므로 **생활풍속이 농경의례와 깊은 관련**을 맺고 있으며, 세시풍속은 물론, 신앙이나 놀이들도 여기에서 발생하여 변화해 왔다.
  - ㉡ 대부분의 집단놀이는 제의를 위한 전반부와 놀이 자체를 위한 후반부의 두 부분으로 나뉘어 있다.
- ② 향토성
  - ㉠ 향토놀이는 그 지역 특유의 개성을 강하게 풍기면서도 누구나 즐길 수 있는 보편적인 예술성과 친근미를 갖추었다.
  - ㉡ 향토놀이는 놀이를 준비하는 과정을 통해 사람들의 협동심을 길러주고, 자기 고장에 대한 긍지와 애정을 느끼게 하는 계기를 마련해 주기도 한다.
- ③ 예술성 : 우리의 민속놀이 가운데는 오랜 기간 전승되어 오는 동안에 세련미를 더하여 민속예술의 경지에까지 이른 것도 있다.

> **봉산탈춤(국가무형유산)**
> (소재지 : 서울특별시) 16 기출

해서(海西 ; 황해도 일대) 탈춤에 속하며 산대도감(山臺都監) 계통의 극이다.

> **농경의례**
> - **기풍의례** : 정월에 그 해의 농사가 잘되기를 바라며 행하는 의례로, 전체 농경의례의 절반을 차지함
> - **성장의례** : 뿌린 씨앗이나 옮겨 심은 모가 잘 자라주기를 바라는 뜻에서 5월 수릿날과 칠월 백중 사이에 행함
> - **수확의례** : 그 해의 풍년을 감사하고 이듬해에도 연풍이 되기를 기원하는 의례

(3) 민속놀이의 종류

① 영산줄다리기(국가무형유산) 17 기출
  ㉠ 줄다리기는 오래 전부터 중부 이남에서 널리 하였고, 오늘날에도 가장 많이 하는 민속놀이이다. 영산 이외에도 경남 의령지방, 전남 장흥지방, 충남 아산지방 등에서 성행하는데, 보통 **정월대보름 이후**에 한다.
  ㉡ 경남 창녕군 영산면에서도 옛날부터 전승된 향토놀이의 하나로 나무쇠싸움과 함께 줄다리기가 전해지고 있다. 원래는 정월대보름을 전후해서 행해졌으나, 현재는 3·1문화제 행사의 하나로 시행하고 있다.
  ㉢ 동·서부로 나누고, 동부에서 수줄, 서부에서 암줄을 각각 만들어 줄다리기를 한다. 서부줄(암줄) 몸줄 길이는 약 40m이며 동부줄(수줄) 몸줄 길이도 약 40m다.

② 광주칠석고싸움놀이(국가무형유산) 20 기출
  ㉠ 주로 전라남도 일대(현재의 광주광역시 남구 대촌동 칠석마을)에서 정월대보름 전후에 행해지는 격렬한 남성들의 집단놀이이다.
  ㉡ 고싸움은 **줄다리기와 마찬가지로 풍요를 기원하는 농경의식의 한 형태**이며, 놀이를 통하여 마을사람들의 협동심과 단결력을 다지는 집단놀이로서 의의를 지닌다.

③ 안동차전놀이(국가무형유산)
  ㉠ 정월대보름을 전후하여 안동지방에서 행해지던 민속놀이의 하나로 '동채싸움'이라고도 부른다. 유래에 대하여 정확한 기록은 없으나 후백제의 견훤과 고려 태조 왕건의 싸움에서 비롯되었다는 설이 전해진다.
  ㉡ 남자들의 집단놀이를 한층 세련되게 향상시킨 모의전투놀이이며, 우리 민족의 흥겨운 민속놀이로 안동지방 특유의 상무정신을 보여 주고 있다.
  ㉢ 동부가 이기면 동부에 풍년이 들고, 서부가 이기면 서부에 풍년이 든다고 믿어 농경민의 풍년기원을 바탕으로 한 농경의례 놀이라 할 수 있다.

④ 남사당놀이(국가무형유산) 22 기출
  ㉠ 꼭두쇠(우두머리)를 비롯해 최소 40명에 이르는 **남자들로 구성된 유랑연예인인 남사당패**가 주로 서민층을 대상으로 농·어촌을 돌며 조선 후기부터 1920년대까지 행했던 놀이이다.
  ㉡ 주요 상연은 풍물, 버나(대접돌리기), 살판(땅재주), 어름(줄타기), 덧보기(가면극), 덜미(꼭두각시) 등으로 재인광대의 가무부백희의 전통을 이어 온 것이었다.

▶ 영산줄다리기

풍요를 비는 민속신앙적 놀이이다.

▶ 고싸움놀이

▶ 안동차전놀이

'동채싸움'이라고도 한다.

ⓒ 서민층에서 발생하여 서민들을 위해 공연된 놀이로, 당시 사회에서 천대받던 한(恨)과 양반사회의 부도덕성을 놀이를 통해 비판하며 풀고 민중의식을 일깨우는 역할을 했으며, 오늘날 민족예술의 바탕이 되었다.

⑤ 봉죽놀이 17 기출
ⓐ 서해안 일대 어촌에서 만선을 상징하는 깃발인 봉죽을 들고 풍어를 기원하며 즐기던 민속놀이이다.
ⓑ 봉죽타령 혹은 봉기타령이라고 하는 소리와 춤으로 엮어진 집단 가무놀이로서 배꾼들의 결속과 삶의 의지를 강화하는 수단의 하나로 작용하였다.

2 음악과 무용

1. 음 악 중요

(1) 개 요

우리나라의 음악은 궁중음악 또는 양반층의 음악을 통괄하는 '정악'이 그 주류를 이루고, 서민층에서 성행하던 '민속악'이 대응을 이루어 왔다.

① 정 악 18 기출
ⓐ 나라의 제사나 의식·잔치·조회 등에 주로 사용된 음악으로, 꾸밈이나 과장이 적어 담백하고 아담하게 느껴진다.
ⓑ 중국의 민속악에 해당하는 '당악', 중국의 궁중음악에 해당하는 '아악'과 함께 한국의 전통음악인 '향악'이 있으며, 가곡·가사·시조 등의 성악곡이 있다.

② 민속악
ⓐ 전체적으로 흥겹고 구성진 가락이 많으며, 지방마다 다른 강한 특색 때문에 이채로운 편이다. 장단이 빨라 생동감이 넘치는 음악이 대부분이어서 자유분방하며 살아 있는 느낌을 주는 음악으로 평가된다.
ⓑ 농악·판소리·범패·민요 등이 있는데, 이 가운데 범패는 불교에서 제를 지낼 때 승려들이 부르던 노래(종교음악)이다.

▶ 궁중음악 14 기출
• 연례악 : 여민락, 수제천, 보허자, 낙양춘
• 군례악 : 취타
• 향악 : 수제천, 취타, 여민락
• 당악 : 보허자, 낙양춘

▶ 대금정악(국가무형유산)

정악(正樂)이란 궁정이나 관아 및 풍류방(각 지방의 풍류객들이 모여서 음악을 즐기던 장소)에서 연주하던 음악으로, 우아하고 바른 음악이란 뜻이다. 대금정악은 정악을 대금으로 연주하는 것을 가리킨다.

▶ 대표적 민속악곡
• 합주곡 : 시나위
• 독주곡 : 거문고산조, 가야산조
• 판소리 : 춘향가, 심청가, 흥보가
• 산타령 : 사당패의 타령
• 십이잡가 : 유산가, 적벽가, 선유가
• 잡가 : 새타령, 공명가, 성주풀이
• 민요 : 육자배기, 정선아리랑 등

▶ 등가(종묘제례악)

등가(登歌)는 위패를 모시는 신전(神殿)의 대뜰 위에서 연주하는 합주단을 말한다.

▶ 판소리

(2) 종묘제례악(국가무형유산) 17 23 기출

① 조선시대 역대 왕과 왕비의 신위를 모신 사당(종묘)에서 제사(종묘제례)를 지낼 때 무용과 노래와 악기를 사용하여 연주하는 음악으로, '종묘악'이라고도 한다.
② 종묘제례의식의 각 절차마다 보태평과 정대업이라는 음악을 중심으로 조상의 공덕을 찬양하는 내용의 '종묘악장'을 부른다. 종묘제례악이 연주되는 동안, 문무인 보태평지무(선왕들의 문덕을 칭송)와 무무인 정대업지무(선왕들의 무공을 찬양)가 곁들여진다.
③ 본래 세종 29년(1447년) 궁중회례연에 사용하기 위해 창작하였으며, 세조 10년(1464년) 제사에 적합하게 고친 후 지금까지 전승되고 있다. 매년 5월 첫째 일요일에 행하는 종묘대제에서 보태평 11곡과 정대업 11곡이 연주되고 있다.
④ 종묘제례악은 조선 시대의 기악연주와 노래·춤이 어우러진 궁중음악의 정수로서 우리의 문화적 전통과 특성이 잘 나타나 있으면서도 외국에서는 볼 수 없는 독특한 멋과 아름다움을 지니고 있다.
⑤ 국가무형유산 종묘제례와 더불어 2001년 5월 18일 유네스코 인류무형문화유산으로 등재되었다.

(3) 판소리(국가무형유산) 14 19 21 기출

한 명의 소리꾼이 고수(북치는 사람)의 장단에 맞추어 창(소리), 말(아니리), 몸짓(너름새)을 섞어가며 긴 이야기를 엮어가는 것을 말한다.
① **유래**: 정확히 알 수 없으나 조선 영조 30년(1754년)에 유진한이 지은 춘향가의 내용으로 보아 적어도 숙종(재위 1674~1720) 이전에 발생하였을 것으로 추측하기도 하고, 조선 전기 문헌에 보이는 광대소학지희(廣大笑謔之戲)가 토대가 되었을 것으로 보기도 한다.
② **종류**: 송만재(宋晚載)의 「관우희」(觀優戲)에는 판소리 12마당이 기록되어 있다. 즉, 춘향가·심청가·흥보가·수궁가·적벽가·가루지기타령·배비장타령·장끼타령·옹고집타령·강릉매화타령·왈자타령·가짜신선타령이다. 그러나, 조선 후기 신재효(申在孝)에 의해 다섯 마당으로 정리되어 오늘날에는 춘향가·심청가·흥보가·수궁가·적벽가만 전해지고 있다.
③ 2003년 11월 7일 유네스코 인류무형문화유산으로 등재되었다.

(4) 민요 19 기출

어느 정도 파급되었는가에 따라 통속민요와 토속민요로 나누기도 하고, 어느 지역의 특성을 띠는가에 따라 경기민요·남도민요·동부민요·서도민요·제주민요 등으로 나누기도 한다.

① **통속민요** : 이미 넓은 지역에 퍼져서 음악적으로 많이 세련된 민요를 말한다. 예 아리랑·밀양아리랑·도라지타령·방아타령·강원도아리랑·농부가·육자배기·수심가·천안삼거리 등

② **토속민요** : 어느 한 지역에 한정되어 불리고 있는 민요들을 말한다. 예 농요·어요·의식요·부녀요·동요 등

③ **지역별 민요** 22 기출
   ㉠ 경기민요 : 서울·경기 지방의 민요 예 아리랑·경복궁타령·군밤타령·노들강변·닐리리야·도라지타령·방아타령·양산도·자진방아타령·창부타령·태평가 등
   ㉡ 남도민요 : 전라도를 중심으로, 충청남도 일부 지역과 경상남도의 일부 지역을 포함하는 지방의 민요 예 강강술래·남원산성·농부가·육자배기·진도아리랑·흥타령 등
   ㉢ 동부민요 : 태백산맥 동쪽의 강원도·함경도·경상도 지방의 민요 예 함경도의 신고산타령·애원성·궁초댕기, 강원도의 한오백년·정선아리랑·강원도아리랑, 경상도의 밀양아리랑·울산아가씨·쾌지나칭칭나네·옹헤야 등
   ㉣ 서도민요 : 평안도와 황해도 지방의 민요 예 평안도의 수심가·긴아리·자진아리·안주애원성·배따라기 등과, 황해도의 산염불·자진염불·긴난봉가·자진난봉가·몽금포타령 등
   ㉤ 제주도민요 : 오돌또기·이야홍타령·봉지가·산천초목·중타령·서우제소리·개구리타령·계화타령 등

(5) 농악

① **기원** : 농악은 삼한 시대 이전부터 정착 영농이 이루어지면서 발생하여 발달된 것으로 보이며, 진수의 '삼국지' 동이전에는 마한의 천군 행사로서 표현하고 있다.

② **연주** : 지휘자격인 상쇠가 꽹과리를 맡고 부쇠 역시 꽹과리를 맡으며, 장구·북·징 등이 따르고, 태평소가 유일한 선율악기이다. 때에 따라서는 나발·피리·대금 등도 곁들여진다.

③ 국가무형유산으로는 진주삼천포농악, 평택농악, 이리농악, 강릉농악, 임실필봉농악, 구례잔수농악이 지정·관리되어 왔으며, 농악은 다양한 형태와 목적으로 다수의 행사장에서 공연됨으로써 공연자와 참가자들에게 정체성을 부여한다는 점에서 그 가치를 인정받아 2014년 11월 유네스코 인류무형문화유산으로 등재되었다.

▶ **아리랑(국가무형유산)**
- 우리나라의 대표적 구전민요의 하나이다.
- 어느 시대부터 발생하였는지 확실하지 않으나 고대로부터 조금씩 첨가·개조되면서 오늘의 노래가 이루어진 듯하며, 남녀노소를 불문하고 가장 널리 애창되었다.
- 아리랑이 넓게 퍼지고 생명이 길었던 이유는 기본장단 '세마치'로서 우리의 정서에 맞을뿐더러 한말(韓末)에 일제의 암흑기를 통하여 겨레의 비분을 이 노래에 얹어 호소한 까닭이다.
- 지방에 따라 여러 가지 별조(別調)아리랑이 많고 장단과 사설도 매우 다양하다. 즉, 본조아리랑과 신아리랑은 현재의 곡조와 같은 것이나, 그 밖에도 밀양아리랑·강원도아리랑·정선아리랑·진도아리랑·긴아리랑·별조아리랑·아리랑세상 등 매우 다양하다.

▶ **서도소리** 19 기출
- 국가무형유산이다.
- 콧소리를 이용한 창법을 구사한다.
- 난봉가, 자진염불, 수심가 등이 있다.

▶ **사물놀이** 17 기출
- 네 개의 타악기(꽹과리, 북, 장구, 징)를 가지고 연주하는 음악을 지칭한다.
- 가장 많이 연주되는 곡으로는 호남우도농악을 비롯하여 짝두름·비나리·설장고놀이·판굿·길군악칠채 등을 들 수 있다.
- 사물이란 원래 절에서 불교의식 때 쓰인 법고·운판·목어·범종의 네 악기를 가리키던 말이었으나 뒤에 이것이 북·징·목탁·태평소로 바뀌고, 지금은 다시 '북·장구·징·꽹과리'의 네 가지 민속 타악기로 바뀌었다.

▶ **농악의 형태**
농가의 축원 행사의 하나인 메귀굿·기우제굿·당상굿과 농사 때의 모내기굿·김매기 때의 두레굿·작업이 끝날 때의 술메기농악 등과 농군 훈련의 방법으로 쓰인 진풀이 농악·절의 재원 궁핍을 메우기 위하여 화주승이 연출하면서 생활의 방편으로 삼던 화관대와 남사당패들의 연예 농악 등이 있다.

▶ 궁중무용의 종류
- 고려
  - 향악무 : 무고·무애무·학무 등
  - 당악무 : 포구락·수연장·연화대·오양선·헌선도 등
- 조선
  - 향악무 : 가인전목단·무산향·처용무·검무·광수무·선유락·사선무 등
  - 당악무 : 몽금척·수보록·하황은 등

▶ 오방처용무

▶ 태평무

▶ 살풀이

2. 무용

(1) 궁중무용

① 궁중무용의 특성
- ㉠ 국가기관에 예속되어 장구한 세월 동안 성장하고 발달된 무용으로 나라의 경사나 궁중의 향연, 외국 국빈을 위한 연회 등에서 추었다. 지방 관아에까지 전파되었으며, 민간 대중과는 관계가 없다.
- ㉡ 한국의 궁중무용을 총칭하여 **정재**라고 하는데, 이는 대개 왕과 조정의 공덕을 찬양하고 국가의 안녕과 왕의 만수무강을 축원하는 의미를 담고 있기 때문에 **춤추는 사람의 감정이나 정서의 표현은 절제**되었다.
- ㉢ 아악이나 정악이 정재의 반주음악으로 쓰였으며, 빠르고 신명나는 춤사위가 없고 느리고 큰 동작의 춤사위로 구성되었다.

② 대표적인 궁중무용의 예
- ㉠ 처용무 : 국가무형유산과 유네스코 인류무형문화유산으로 등재된 처용무는 처음에는 1인무로 추었으나 점차 5인에 의해 이루어지는 처용무로 확대되었다.
- ㉡ 태평무 : 국가무형유산으로, 무속장단에 맞추어 궁중 복식을 갖추고 태평성대를 나타내는 우아하고 화려한 민속춤이다.
- ㉢ 춘앵무 : 효명세자의 어머니 순원왕후의 40세를 축하하기 위한 예제로 전하며 이른 봄날 버드나무에서 노래하는 꾀꼬리를 무용화한 것이다.

(2) 민속무용

① 민속무용의 특성
- ㉠ 생산의 직접적 담당층인 민중의 생활 체험에 그 기반을 두고 있다. 따라서 민속무용의 표현 형식은 궁중무용에서 보이는 고정된 틀의 형태에서 벗어나 민중생활의 실체를 자유로운 몸짓으로 표현한다.
- ㉡ 주변 아시아 국가들의 춤이 주로 손이나 발 특히 손끝을 이용한다는 것과 비교할 때 **춤사위에 팔과 어깨, 다리 전체를 사용한다는 것이 한국 무용의 특징**이다.
- ㉢ 전문성을 띠지 않고 일반인들이 생활 속에서 즐길 수 있는 집단놀이의 성격을 띤 춤과 전문적인 예능인들에 의해서 민간에서 전승되어 온 춤으로 공연의 성격을 띠는 춤이 있다.

② 대표적인 민속무용의 예
- ㉠ 살풀이춤(국가무형유산) : 무속의식에서 '**액을 풀어낸다**'는 뜻으로 무당들이 신을 접하기 위한 수단으로 행해졌던 춤이다. 훗날 광대나 기생들에 의해 한층 예술적으로 다듬어져 기방무용으로 계승·발전되었다.

ⓒ 승무(국가무형유산) : 인간 본연의 애정과 낭만의 표현인 동시에 인간의 희비를 높은 차원에서 극복하고 승화시킨 이지적인 춤이라 할 수 있다. 긴 소매가 마치 날개, 연, 또는 구름처럼 보이다가 나중에 북채를 빼고 점점 동작이 빨라져 마치 몸 주위에 뿌연 성운을 만들어내는 것 같은 아름다움의 극치를 보여준다.

ⓒ 강강술래(국가무형유산) : 호남 지방의 집단 무용으로 삼한 시대의 제천의식에서 5월의 기풍제와 10월의 추수감사제를 행한 집단 원무에서 유래한다. 강강술래의 '술래'는 순라꾼의 순라(巡邏)가 변한 것이라 한다.

(3) 의식무용

① 특 성
  ㉠ 종교의식이 수반되어 엄숙하고 심오하다.
  ㉡ 기복적인 요소와 토속 신앙의 혼합 요소가 적고 단지 순수한 마음의 정화를 위한 춤이기 때문에 춤사위의 종류가 몇 가지 되지 않고, 움직이는 형태가 간결하고 평이하다.
  ㉢ 궁중무용이나 의식무용은 대륙으로부터 유입된 것이나 우리의 것으로 재창조하였으며, 특히 불교의식 무용은 발생지인 인도나 중국에서는 이미 소멸되었으므로 우리만이 지닌 유산이라 할 수 있다.

② 의식무용의 종류 18 기출
  ㉠ 문무 : 일무 가운데 문무로써 왼손에는 약(피리)을 들고 오른손에는 적(꿩깃)을 들고 대열을 이루어 춘다.
  ㉡ 바라춤 : 서양악기인 심벌즈처럼 생긴 '(자)바라'를 들고 춤을 춘다 하여 이름 붙여졌으며, 불교의식에서 가장 춤사위가 화려하다. 하얀 장삼에 두 손에 바라를 들고 장중하면서도 무겁지 않게 몸을 놀리는 이 춤은 들뜨지 않은 색감과 움직임 속에서 화려함을 이끌어 낸다.
  ㉢ 나비춤 : 나비모양의 의상을 입고 추기 때문에 나비춤이라 불리나 원래 명칭은 '착복무'라 한다. 빠른 동작은 거의 없는 완만하고 조용한 동작의 느린 춤으로, 이는 다른 한국무용에서는 찾아볼 수 없는 특징이다.
  ㉣ 법고춤 : 불교의식에서 행하는 무용의 하나로 동작이 크고 활기가 있는 춤이다. 절에서는 조석(朝夕)의 예불이나 각종 의식에 쓰인다.

▶ 승 무

▶ 한량무 18 기출

진주 관아의 행사 때 여흥으로 춘 춤으로, 7인 배역이 등장해서 이야기를 엮어가는 형태이다. 부패한 양반과 파계승 등을 응징하는 내용으로 조선 시대의 퇴폐성을 풍자하는 무용극이다.

▶ 작 법

불교 의식을 거행할 때 장중한 범패에 맞추어 동작을 지어 불전에 공양을 드리는 춤으로 작법에는 나비춤, 바라춤, 법고춤이 있다.

▶ 바라춤

3 전통공예

1. 토기

(1) 토기의 정의
고운 점토에 물을 섞어 반죽한 덩어리를 손이나 물레로 성형하여 구운 그릇을 말하는데, 우리나라에서는 주로 **신석기 시대부터 통일신라 시대까지 사용된 모든 용기류**를 말한다.

(2) 토기의 시대적 변천
시대와 문화적 변천에 따라 신석기 시대의 이른 민무늬토기와 빗살무늬토기 · 청동기 시대의 민무늬토기, 초기 철기 시대와 원삼국 시대의 연질토기 · 와질토기 · 경질토기, 삼국시대의 토기로 구분할 수 있다.

① **고구려토기** : 주둥이가 크게 벌어지고 손잡이가 네 개 달린 항아리, 배부른 단지, 깊은 바리 등이 대표적인데, 대부분 납작밑이다.

② **백제토기**
   ㉠ 적갈색 연질토기, 검은색 토기, 회청색 토기 등으로 구분할 수 있다.
   ㉡ 경질토기는 백제토기를 대표하는 것으로 고운 바탕흙을 써서 구운 것인데, 말기에는 청록색 또는 황갈색의 유약을 바른 것도 있다.
   ㉢ 항아리나 단지가 대부분이지만, 생활용기인 바리 · 대접 · 자배기잔 · 접시 · 합 · 시루 · 병 등도 출토된다. 초기에는 둥근 바닥을 가진 토기가 많이 만들어졌으나, 중기 이후부터는 납작바닥이 주류를 이루게 된다.
   ㉣ 세발토기는 다른 지역에서는 볼 수 없는 특이한 토기이며, 불교의 영향으로 화장용의 뼈단지도 많이 만들어졌다.

③ **신라토기**
   ㉠ 신라 영역 내에서 출토되는 회청색의 경질토기와 적갈색의 연질토기를 가리킨다.
   ㉡ 토기의 형태로는 목이 길거나 짧은 항아리와 굽다리접시가 기본형태이며, 이 밖에 손잡이 달린 잔, 뚜껑접시, 그릇받침 등의 생활용기와 동물, 배, 수레, 등잔모양의 특수한 목적의 이형토기 등이 있다.

④ **가야토기**
   ㉠ 신라의 것에 비해 보다 날렵하고 세련되게 만들어져 있으며, 신라지역에서 흔히 볼 수 없는 동물 · 집 · 신발 · 배 · 수레 · 등잔 등의 상형토기와 용도를 알 수 없는 이형토기들이 많은 것이 특색이다.
   ㉡ 가야토기는 지역에 따라서 서로 차이를 보여 고령군 · 함안군 · 김해군 등 여러 개의 지역군으로 구분하기도 한다.

▶ 민무늬토기

▶ 고구려토기

▶ 백제 세발토기

▶ 신라토기

▶ 가야토기

2. 도자기

(1) 고려 시대 도자기
① 고려자기의 출현
  ㉠ 고려 시대의 도자기문화는 10세기 중엽부터 청자기술이 뿌리내리게 되었다. 그 후 중국의 남·북방 청자양식을 두루 소화하면서 독자적인 비색과 모양, 그리고 청자바탕에 흑백무늬를 상감해서 장식하는 상감기법 등 3대 특색을 갖는 세계적인 고려청자로 자리 잡게 된 것이다.
  ㉡ 주요한 청자산지는 전남 강진군 대구면과 전북 부안군 보안면 일대였는데, 지금도 많은 청자조각들이 흩어져 있다.

② 고려자기의 종류
  ㉠ 순청자 : 상감이나 다른 안료에 의해 채색을 가미하지 않은 청자로, 표면에 문양이나 형태를 장식하는 기법에 따라 소문청자·청자음각·청자양각·청자투각·청자상형으로 세분된다. 문양은 사람·사자·원숭이·오리 등의 동물형태와 참외·죽순·연꽃 등 식물형태가 주로 사용되었다.
  ㉡ 상감청자
    • 상감이란 태토로 그릇모양을 만든 다음, 그릇표면에 나타내고자 하는 문양을 음각하고, 이 음각한 부분을 자토나 백토로 메꾸는 기법을 말한다. 이것을 구워내면 자토는 검은색을, 백토는 흰색을 띠는데, 전자를 흑상감, 후자를 백상감이라 한다.
    • 주로 사용된 문양은 매병에 많이 쓰이는 운학문, 대접 등에 많이 나타나는 들국화와 보상당초문, 그리고 한 폭의 전원풍경과 같은 포유수금문 등 전체적으로 여성적이고 섬세하며 곡선적인 것들로서 고려 상류사회의 미의식이 반영되었다고 볼 수 있다.
    • 고려 시대에 세계에서 처음으로 도자기에 상감을 적용하였으며, 이 기법은 우리나라에서만 시작되어 우리나라에서 끝난 기법이다.
  ㉢ 철화청자 : 철분이 많은 자토를 물에 타서 태토 위에 먼저 무늬를 그리고, 그 다음에 청자유를 씌워 구운 청자이다.
  ㉣ 동화청자 : 적색계통의 광물성 안료인 산화구리로 무늬를 그리거나, 양각·음각·상감문 등에 일부 가채하여 청자유약을 입혀 구워낸다. 붉은 색으로 장식된 청자로 매우 귀하며, 그 수도 그다지 많지 않다.
  ㉤ 화금청자 : 상감된 무늬의 일부에 금을 칠한 청자이다.
  ㉥ 퇴화청자 : 백토 또는 자토로 그릇표면에 점 또는 무늬를 도드라지게 그린 다음, 청자유약을 입혀서 구운 청자이다.

▶ 청자 참외모양 병(순청자, 국보)

▶ 청자 상감모란문 항아리 (상감청자, 국보)

▶ 청자 철화양류문 통형 병 (철회청자, 국보)

▶ 분청사기의 명칭
백토를 분장한 회청색의 사기라는 뜻의 분장회청사기를 줄인 말이며, 더 줄여서 분청이라고도 한다.

분청사기 인화국화문 태항아리(국보)

15세기 중엽 인화문(印花文) 분청사기의 가장 세련된 작품이다.

분청사기 철화당초문 장군(보물, 귀얄문)

백자 청화매조죽문 유개항아리(국보)

조선 시대의 백자 항아리

(2) 조선 시대 도자기

① **분청사기** : **흙으로 그릇의 형태를 만든 후 그 위에 토를 분장하고 유약을 입히는 수법**은 청자나 백자에서는 볼 수 없는 분청의 특징이다.

㉠ 상감문 : 고려청자의 상감기법을 계승한 것이다. 상감기법으로는 선상감기법과 면상감기법이 있다.

㉡ 인화문 : 도장과 같은 시문도구로 문양을 찍어내는 획일적인 수법에 의한 것이다. 인화분청의 소재로는 작은 국화문이 주종을 이루었으며, 나비나 커다란 꽃도 인화문으로 표현되었다.

㉢ 조화문과 박지문 : 조화문은 백토를 입히고 그 위에 문양을 선각한 것이다. 박지문은 조화문에서 시문과정을 한 단계 더 거친 것으로 문양을 새긴 후 바탕의 백토를 긁어내어 문양이 백토로 남는 것이다.

㉣ 철회문 : 백토를 입힌 후에 철사안료로 문양을 그린 것으로, 비교적 사실적인 문양과 간략하면서도 극도로 추상화된 문양의 두 종류가 보인다.

㉤ 분장문과 귀얄문 : 그릇표면을 백토로 빈틈없이 씌우는 분장문과 풀을 바를 때 사용하는 붓의 일종인 귀얄로 백토를 입혀 귀얄자국이 선명하게 나타나는 귀얄문이 있다.

② **백 자** 기출

㉠ 순백자 : 백자태토로 그릇을 빚은 다음 무색·투명한 백자유약을 입혀 구운 백자로 백자의 90% 이상을 차지한다.

㉡ 상감백자 : 고려 시대 상감청자의 기법을 그대로 계승한 것으로 15세기에만 제작되었다. 경기도 광주 우산리·번천리 등지의 가마에서 출토되었다.

㉢ 청화백자 : 조선 시대에 새롭게 제작된 독특한 도자기로 푸른 코발트 안료로 문양을 나타낸다.

㉣ 철화백자 : 석간주로 통칭되는 이 검붉은 색의 철화백자나 철채자기류는 생활자기로서 생산되어 임진왜란 이후 조선 말까지 일반서민들을 중심으로 애용되었다.

㉤ 진사백자 : 붉은 색은 주로 산화구리로 인해 발색된 것인데, 혹 철분이나 기타 성분으로 인해 붉은 색을 띠는 경우가 있다. 붉은 색의 문양을 통칭하여 '진사문'이라고 한다.

3. 기타 공예

(1) 갓일 [중요] 24 기출

① 갓은 조선 시대 선비들이 외출할 때 쓰던 의관의 하나로 갓을 만드는 작업을 통칭하여 갓일이라고 한다. 모자집을 만드는 총모자, 갓의 테를 만드는 양태, 이것들을 조립하여 완성시키는 입자 등으로 이루어져 있다.

② 갓의 종류
- ㉠ 형태상 분류
  - 방갓형 : 삿갓, 방갓, 전모 등
  - 패랭이형 : 패랭이, 초립, 흑립, 전립, 주립, 백립 등
- ㉡ 싸기(갓싸개)의 종류에 따른 분류 : 진사립, 음양사립, 음양립, 포립, 마미립 등

▶ 갓일(국가무형유산)

(2) 나전칠기 15 기출

① 나전(螺鈿)은 고유어로 '자개'라 하며, 여러 무늬의 조개껍질조각을 물체에 붙이는 것을 말한다. 나전칠기는 나전 위에 옻칠을 해서 만든 공예품을 말하며, 이러한 기술이나 만드는 사람을 '나전장'이라 한다.

② 재료는 옻나무 수액인 칠과 자개인데, 자개는 전복·소라·진주조개가 주로 쓰이며, 남해안과 제주도 근해에서 나는 것이 가장 곱고 우수하다. 현재 나전칠기로 가장 유명한 지역은 경남 통영이며, 강원도 원주는 우수한 옻칠 생산지로 널리 알려져 있다.

③ 우리나라의 나전칠기 기술은 중국 당나라에서 전래된 것으로 추정되며, 삼국 시대에 이르러 생활용기로 널리 사용했던 것으로 짐작된다.

▶ 나전장(국가무형유산) 24 기출

(3) 한산모시짜기 25 기출

① 모시는 마에 속하는 다년생 초본으로 삼을 가늘게 하여 만든 베를 저이라 하고, 저이 가늘고 하얀 것을 저라고 한다. 모시는 모시풀의 껍질을 벗겨 삼베와 같은 과정으로 만든 것이다. 그것을 모시베라 하고 날을 아주 가늘게 짠 모시베를 세모시베라 한다.

② 한산모시는 한국의 미를 상징하는 여름 전통옷감으로 역사적 가치가 높아 제작기술을 보호하고자 국가무형유산으로 지정했다.

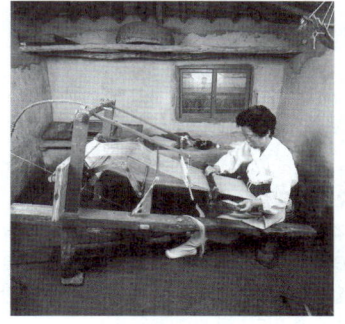

▶ 한산모시짜기(국가무형유산)

▶ 장도장(국가무형유산)

▶ 낙죽장(국가무형유산)

▶ 유기장(쇳물붓기)(국가무형유산)

▶ 안성맞춤
경기도 안성은 옛날부터 유기(鍮器)로 유명했고, 그것을 맞춤으로 할 때는 참으로 일품이었으므로, 거기에서 생겨난 말이 '안성맞춤'이다.

(4) 장도장
① 장도는 몸에 지니는 자그마한 칼로 일상생활이나 호신용 또는 장신구로 사용되었고, 장도를 만드는 기능과 그 기능을 가진 사람을 '장도장'이라 한다.
② 장도는 서울을 중심으로 하여 울산·영주·남원 등지에서 많이 만들었다. 그중에서도 전라남도 광양지방의 장도가 역사가 깊고 섬세하며 종류 또한 다양하여 한국적 우아함과 장식용으로 뛰어난 공예미를 나타내고 있다.
③ 각종 재료를 사용하는 장도의 제작기법은 조선 시대의 우수하고 다양한 공예기법을 알려주는 것으로서 그 중요성을 인정받아 국가무형유산으로 지정하여 보호하고 있다.

(5) 낙죽장
① 낙죽장(烙竹匠)이란 불에 달군 인두를 대나무에 지져가면서 장식적인 그림이나 글씨를 새기는 기능 또는 그러한 기술을 가진 사람을 말한다.
② 낙죽은 온도를 맞추어 그려야 하고 인두가 식기 전에 한 무늬나 글씨를 마무리 지어야 하기 때문에 작업 경험과 속도를 필요로 하며, 주로 화살대·침통·칼자루·병풍·담뱃대·부채·대나무 필통 등에 쓰인다.

(6) 유기장
① 유기장은 놋쇠로 각종 기물을 만드는 기술과 그 기술을 가진 사람을 말한다.
② 유기의 종류
　㉠ 성분비율에 따른 분류
　　• 방짜유기 : 구리와 주석을 7 : 3으로 합금하여 만든 놋그릇이다.
　　• 황동유기 : 구리와 아연을 합금하여 만든 그릇이다.
　　　→ 두 종류는 노르스름한 빛깔에 은은한 광택이 남
　　• 백동유기 : 구리에 니켈을 합금한 것으로 흰 빛을 띤다.
　㉡ 제작기법에 따른 분류
　　• 방짜유기 : 일명 양반쇠라고도 하는데, 북한의 납청유기가 가장 유명하다. 방짜로는 징이나 꽹과리, 식기, 놋대야 등을 만들 수 있다.
　　• 주물유기 : 일명 '퉁쇠'라 부르는데, 제작방법이 방짜에 비해 쉽기 때문에 각지에서 제작되며, 그중 안성유기가 가장 유명하다.
　　• 반방짜유기 : 절반은 주물로 만들고, 절반은 방짜기법으로 만드는 것으로 전남 순천에서 성행하였다.

4 의식과 의례

1. 무속의식

(1) 굿의 개념
우리나라의 굿은 종합예술이어서 무용을 비롯하여 음악・미술・연극・문학 등 여러 분야에서 접근이 가능하다.
① 종교적인 관점에서의 굿 : 굿이 가지고 있는 종교적인 의미, 무당의 사제로서의 기능, 굿판에 참가한 사람들의 신격에 대한 반응, 신관과 내세관 등을 고찰하는 것이다.
② 예술적인 관점에서의 굿 : 굿에 담겨 있는 미학, 연극적인 구조, 음악과 춤의 구조와 형식과 원리 등을 고찰하는 것이다.
③ 민속적인 관념에서의 굿 : 한국의 굿을 실상 그대로 제시하고, 주어진 자료를 바탕으로 의미를 규명하는 것이다.
④ 관광적인 측면에서의 굿 : 예술적인 관점에서나 민속적인 관점에서 외국인관광객들에게 설명하는 것이다.

(2) 무당의 유형
① 강신무
  ㉠ 강신체험을 통해 무당이 된 자로서 강신적인 춤과 노래로 굿을 주관하면서 신의 영력을 얻어 신점을 치게 된다. 한국무속의 대종을 이룬다.
  ㉡ 굿은 타악기 중심의 요란한 악기반주에 맞추어 동적인 춤을 위주로 하는 춤을 추어 진행하며, 각각의 거리에 따라 신복을 갈아입으며 진행된다.
  ㉢ 강신무들은 대개 무당・무녀・만신・기자・박수(남자무당에 한함) 등으로 호칭된다.
② 세습무
  ㉠ 혈통에 의해 사제권을 세습해 간다.
  ㉡ 강신무의 굿에 비해 세습무의 굿이 훨씬 예술적인 느낌을 주는데, 그중에서도 국가무형유산으로 지정된 진도씻김굿과 남해안별신굿 등이 좋은 본보기이다.
  ㉢ 호남지역에서는 당골, 경기도 수원・오산지역이나 동해안지역에서는 화랭이로 지칭되며, 제주지역에서는 심방이라고 부른다.

▶ 남해안별신굿(국가무형유산)

▶ 은산별신제

별신제의 꽃받기 행렬이다.

▶ 영산재

▶ 진도씻김굿

넋올리기(망자의 맺힌 한이 풀어졌는가를 보는 대목) 절차를 행하는 중이다.

(3) 목적에 따라 분류한 굿의 종류

① 마을굿 : 마을 공동의 액을 막고 풍농·풍어를 비는 굿
   예 도당굿·별신굿·서낭굿·당굿·산신굿·대동굿 등
② 집굿 : 집안의 재복·안녕을 기원하는 굿
   예 재수굿·천신굿·도신·안택굿 등
③ 넋굿 : 죽은 혼을 위로하는 굿
   예 진오귀굿·씻김굿·다리굿·오우굿·시왕굿 등
④ 내림굿 : 신이 내린 사람이 무당이 되고자 할 때 벌이는 굿

(4) 대표적인 굿 중요

① 은산별신제(국가무형유산)
   ㉠ 충청남도 부여군 은산면 은산리 마을 사당인 별신당에서 열리는 제사로 **백제 군사들의 넋을 위로**하고, 마을의 풍요와 평화를 기원하는 향토축제이다.
   ㉡ 별신제는 3년에 1번씩 1월 또는 2월에 열리고, 보통 15일 동안 약 100여 명의 인원이 참가한다.

② 영산재(국가무형유산) 24 기출
   ㉠ 영산재는 49재의 한 형태로, 영혼이 불교를 믿고 의지함으로써 **극락왕생하게 하는 의식**이다.
   ㉡ 불교 천도의례 중 대표적인 제사로 '영산작법'이라고 한다.
   ㉢ 영산재는 전통문화의 하나로, 살아있는 사람과 죽은 사람 모두 부처님의 참 진리를 깨달아 번뇌와 괴로움에서 벗어날 수 있는 경지에 이르게 하고 공연이 아닌 대중이 참여하는 장엄한 불교의식으로서 가치가 있다.
   ㉣ 2009년 유네스코 인류무형문화유산에 등재되었다.

③ 진도씻김굿(국가무형유산)
   ㉠ 무당이 하는 제사 중 하나로 이승에서 풀지 못한 죽은 사람의 원한을 풀어주고, 즐겁고 편안한 세계로 갈 수 있도록 기원하는 굿이며, 원한을 씻어준다 해서 씻김굿이라 부른다.
   ㉡ 씻김굿은 **불교적인 성격**이 강해 고려 시대에 만들어진 것으로 보이며, 시간과 장소에 따라 굿의 내용이 다르다.
   ㉢ 진도씻김굿의 음악은 육자배기목(시나위목)을 중심으로 피리와 대금, 해금, 장고, 징으로 이루어진 삼현육각반주로 진행된다.
   ㉣ 죽은 사람뿐 아니라 산 사람의 무사함을 빌고 불교적인 성격을 띠는 굿으로, **춤이나 음악에서 예술적 요소가 뛰어나고 자료 가치가 커서 국가무형유산으로 지정**되었다.

④ 풍어제 : 바다에서의 여러 가지 사고를 막고, 마을의 풍요와 어민들이 고기를 많이 잡을 수 있도록 기원하는 마을굿이다.

　㉠ 동해안별신굿(국가무형유산)
　　• 부산에서 강원도에 이르는 동해안 지역에서 1년 또는 2~3년마다 열린다. '풍어제, 풍어굿, 골매기당제'라고도 한다.
　　• **추는 춤이 다양하고, 익살스러운 대화와 몸짓 등 오락성이** 강하다.

　㉡ 서해안배연신굿 및 대동굿(국가무형유산)
　　• 황해도 해주와 옹진, 연평도 지방에서 해마다 행해진다.
　　• 배연신굿은 배를 가지고 있는 배주인이 벌이는 굿으로, 배의 안전과 고기를 많이 잡고 집안이 번창하기를 기원한다. 바다에 배를 띄우고 그 위에서 굿을 한다는 점이 특이하고, 놀이적인 요소가 많으며 아기자기하다.
　　• 대동굿은 음력 정월이나 2·3월에 주로 하며, 무당이 하는 굿 중에서 가장 규모가 큰 굿으로, **마을 사람들 모두의 이익을 빌고 단결을 다지는 마을의 축제이다.**
　　• 대동굿은 산에서 소원을 비는 굿을 하고, 마을의 각 가정에서 세경굿을 한 후 바닷가를 돌며 강변용신굿을 하여 마을 전체가 굿 공간이 된다.
　　• 서해안배연신굿과 대동굿은 신이 내린 무당이 굿을 하며, 사람의 몸에 신이 내리는 신비한 분위기를 갖는다. 둘 다 화려하고 규모가 큰 굿으로, 소용되는 소도구 또한 상당히 많다.

　㉢ 위도띠뱃놀이(국가무형유산)
　　• 부안군 위도면 대리 마을에서 매년 1월 초에 열린다.
　　• 바닷가에서 용왕굿을 할 때 띠배를 띄워 보내기 때문에 띠뱃놀이라 하며, 소원을 빌기 위해 세운 집인 원당에서 굿을 하기 때문에 원당제라고도 한다.
　　• **뱃노래와 술, 춤이 함께 하는 마을의 향토축제**로 고기를 많이 잡고 안전을 바라는 어민들의 신앙이 담겨 있다.

　㉣ 남해안별신굿(국가무형유산)
　　• 남해안의 통영과 거제도를 중심으로 2년에 한 번씩 열린다.
　　• 무당의 노래가 뛰어나고 반주악기에 북이 첨가되는 것이 특징이다. 동해안별신굿과 달리 진행과정에서 무당이 악사와 주고받는 재담이 극히 드물고 사설이 없으며, 굿이 진지하다.
　　• 오락성이 적고 이야기는 많지 않으나, 오랜 전통으로 규모가 크며 관중에게 주는 신앙의 신뢰성이 뛰어나다.

▶ 동해안별신굿

▶ 서해안대동굿

▶ 위도띠뱃놀이

▶ 남해안별신굿 용선놀이

▶ 도당할머니굿

▶ 서울새남굿

전복을 입고 월두(오른손)와 창검(왼손)을 들어 상산거리를 하는 중이다.

▶ 제주칠머리당영등굿(국가무형유산)
영등 시기가 돌아올 때 바다의 평화와 풍어를 기원하기 위해 행해지는 제주도의 영등굿 중 건입동 칠머리당에서 펼쳐지는 굿으로, 영등신에 대한 제주도 특유의 해녀신앙과 민속신앙이 담겨져 있는 굿이다. 2009년 유네스코 인류무형문화유산에 등재되었다.

⑤ 경기도도당굿(국가무형유산)
  ㉠ 도당굿은 서울을 비롯한 한강 이북지방과 수원·인천 등지에서 마을의 평화와 풍년을 목적으로 매년 혹은 2년이나 그 이상의 해를 걸러 정월초나 봄·가을에 정기적으로 행해지는 굿을 말한다.
  ㉡ 경기도 일대의 한강 이남지역에 전해져 오는 마을굿으로, 지금은 부천의 장마루에서만 완전한 형태의 경기도도당굿을 볼 수 있다.
  ㉢ 다른 지방의 도당굿에서는 찾아볼 수 없는 남자무당인 화랭이들이 굿을 하며, 음악과 장단도 판소리기법을 따르고 있어 예술성이 뛰어나고 전통문화연구에 귀중한 자료가 되고 있다.

⑥ 서울새남굿(국가무형유산)
  ㉠ 서울지역의 전통적인 망자천도굿으로 사회의 상류층이나 부유층을 위해 베풀어졌다.
  ㉡ 망자천도굿은 죽은 사람의 넋을 위로하고 좋은 세상으로 인도하는 것을 목적으로 한다. 새남굿은 조선시대에 형성되었다가 17·18세기경에 오늘날의 형태가 된 것으로 보인다.
  ㉢ 서울새남굿은 다른 곳에서는 볼 수 없는 특징을 지니는데, 굿이 많고 치밀한 구성이며 화려하다. 또한 망자와 관련된 무속(巫俗)과 불교·유교사상이 적절하게 혼합되어 있고, 조선 시대의 궁중문화적인 요소가 포함되어 있어 망자천도의례였음을 알려준다.

[각 지역의 굿노래·음악·특징적인 장단]

지 방	굿노래	굿음악	장 단
서울천신굿	창부타령·노래가락	염불·타령·굿거리·당악	도드리·당악·엇모리
경기도당굿	노래가락·가래조·푸살	경기시나위	도살풀이·모리·발발드래·덩덕궁이·터벌림·진쇠·청배섭채
동해별신굿	청보무가·팔상가	-	청보장단·제마수·푸너리·풀림채
진도씻김굿	고풀이·오구오세·축원굿노래	남도시나위	흘림·선부리·삼장개비·진양
제주칠머리당굿	배포도업침·날과 국섬김	-	중중모리·자진모리
황해철물이굿	만수받이·지점이소리	허튼타령	긴만세·산유장단·벅구장단·승거장단

2. 유교의식

(1) 종묘제례(국가무형유산)

① 조선 시대 역대 왕과 왕비의 신위를 모셔 놓은 사당(종묘)에서 지내는 제사를 가리키며, '대제(大祭)'라고도 부른다. 종묘는 사직과 더불어 **국가존립의 근본이 되는** 중요한 상징물로 정전(19실)과 영녕전(16실)이 있다.

② 종묘제례는 정시제와 임시제로 나뉘어, 정시제는 4계절의 첫 번째 달인 1월, 4월, 7월, 10월에 지냈고, 임시제는 나라에 좋은 일과 나쁜 일이 있을 때 지냈으나, 광복 후부터는 5월 첫 일요일에 한 번만 지내고 있다. 제사를 지내는 예법이나 예절에 있어서 모범인 의식만큼 순서와 절차는 엄격하고 장엄하게 진행된다.

③ 종묘제례는 예(禮)를 소중히 여긴 조상들의 유교 사회에서 예술의 기준이 된 귀중한 의식으로 웅장함과 엄숙함이 돋보인다.

④ 국가무형유산 종묘제례악과 더불어 2001년 5월 18일 유네스코 인류무형문화유산으로 등재되었다.

▶ 종묘제례

술잔을 올리는 헌작을 행하는 중이다.

(2) 석전(釋奠)대제(국가무형유산)

① 공자를 모시는 사당인 문묘에서 지내는 큰 제사로, 예법과 음악이 존중되는 국가의 의례이다. 일명 문묘대제, 석전제(고기를 올리고 음악을 연주하는 의식)라고 한다.

② 매월 2월과 8월의 정해 놓은 날에 공자를 비롯하여 옛 성인들의 학덕을 추모하며 행해진다.

③ 석전대제는 국가적인 행사로 정숙하고 엄숙한 분위기 속에서 진행되는데, 음악이 연주되고 춤이 곁들여지는 종합예술적 성격을 띠고 있다.

▶ 관수(석전대제)

(3) 사직대제(국가무형유산) 15 기출

① **땅의 신과 곡식의 신에게 드리는 국가적인 제사로**, 사(社)는 땅의 신, 직(稷)은 곡식의 신을 의미한다. 예로부터 나라를 세우면 먼저 조상에게 제사를 지내고, 이와 함께 땅과 곡식의 신에게 백성이 편안하게 살 수 있도록 풍요를 기원하는 사직제를 올렸다.

② 삼국 시대부터 행해진 사직에 대한 제사는 **자연에 감사하는 우리 조상들의 마음을 읽을 수 있다.** 조선의 태조는 나라를 세우면서 궁궐과 함께 종묘, 사직단(사직)을 마련하여 경복궁의 동쪽에는 종묘를, 서쪽에는 사직단을 설치하고, 각 지방에도 사직단을 세워 백성의 편안함과 풍년을 기원하였다.

▶ 향례(사직대제)

③ 사직제에 사용되는 음악, 무용, 음식, 의복, 의기(儀器) 등을 비롯하여 제사를 행하는 우리 고유의 제사절차 등은 전통문화를 이해하는 데 도움이 된다. 제사의식은 아직도 곳곳에 남아 있는 **터줏대감**이나 산신 등에 제사하는 **민속**이나 **전통관습**을 올바르게 이해하고 정리하는 데 기준이 되는 중요한 우리의 문화유산이다.

5 풍 속

1. 한국의 세시풍속 중요 17 기출

(1) 세시풍속은 세시에 따라 행하던 한민족의 풍속을 가리키는 말로, 전통적인 농경 문화를 바탕으로 행하던 여러 행사들을 아우르는 말이다.

(2) 월별 세시 풍속

계 절	월(음력)	내 용	계 절	월(음력)	내 용
봄	1월	설, 정월대보름	가 을	7월	칠석, 백중
	2월	머슴날, 영등제		8월	추 석
	3월	삼짇날, 한식		9월	중양절
여 름	4월	4월 초파일	겨 울	10월	상달 고사, 시제
	5월	단 오		11월	동 지
	6월	유두, 삼복		12월	제 석

(3) 이 중에서 특별히 설, 한식, 단오, 추석을 4대 명절이라 한다.

2. 설 19 기출

(1) 개 요

설은 '신정, 설날, 신일'이라고도 하며 새해를 시작하는 첫날로서 주위와 자신을 깨끗이 하고 제례의식을 갖추며, 다양한 풍속과 놀이로서 함께하는 명절이다.

(2) 설의 풍속
① **설빔** : 설날 아침에 일찍 일어나 세수한 다음 미리 준비해 둔 새 옷으로 갈아입는 것
② **차례** : 온 가족이 사당에 모여 4대조의 신주를 모셔두고 제사를 지내는 것
③ **세배** : 차례가 끝난 후 웃어른에게 새해 첫인사를 큰절로 하는 것
④ **성묘** : 조상의 무덤에 세배를 드리는 것, 즉 묵은해를 보내고 새해를 맞이했다는 인사를 조상의 무덤에 고하는 것
⑤ **세찬** : 설날 차례를 위해서 만드는 음식

> **설의 어원**
> - 「동국여지승람」에서 보듯 '몸을 삼긴다'는 신일(愼日)의 뜻이다.
> - 새해가 시작되어 '섦다', '슬프다'는 뜻이다.
> - 나이를 뜻하는 살(歲)의 고어 '술'에서 기원한다.
> - 설식, 설장고, 설소리, 설북 등에서 보듯 본래 처음을 뜻하고, 으뜸을 뜻하는 말에서 비롯된 것으로 말하기도 한다.
> - 새로 솟아난다는 뜻과 마디의 뜻을 지닌 산스크리트어 살(sal)에서 나왔을 것으로 보기도 한다.

⑥ 세주 : 설날 차례에 사용하는 술
⑦ 수세 : 섣달 그믐날 밤에 잠들면 눈썹이 센다고 하여 집에 등불을 밝히고 밤을 새우는 것
⑧ 복조리 : 섣달 그믐날 자정이 지나서 팔거나 돌리는 조리
⑨ 세화 : 설날 대문에 걸어두는 장군상, 귀두상, 선녀상, 호랑이상 같은 그림
⑩ 소발 : 설날 저녁에 1년 동안 모아 두었던 머리털을 불에 태우는 것
⑪ 설놀이 : 널뛰기, 윷놀이, 연날리기 등

3. 한식(寒食)

(1) 개 요

동지가 지난 후 105일째 되는 날로 음력으로는 대개 2월이 되고 양력으로는 4월 5일경이다. 일정 기간 불의 사용을 금하며 찬 음식을 먹는 고대 중국의 풍습에서 시작되었으며, 한식날 민간에서는 여러 가지 주과(酒果)를 마련하여 차례를 지내고 성묘를 한다. 한편, 한식은 농사를 준비하는 시점이기도 하므로 소의 상태를 살피기 위해 소를 부려 보기도 한다.

(2) 한식의 풍속

① 개사초 : 산소 손실의 일종으로 무덤이 헐었거나 떼(잔디)가 부족할 때 무덤의 봉분 등에 떼를 다시 입히는 일로 '사초(莎草) 또는 떼입히기'라고도 한다.
② 성묘 : 조상의 산소에 가서 돌보고 살피는 것으로 한식이면 묘소에 가서 제사를 지냄. 한식에 지내는 제사라 하여 한식제사(寒食祭祀), 한식차례(寒食茶禮), 한식성묘(寒食省墓)라고도 한다.
③ 산신제 : 마을의 수호신을 주신으로 모시면서 공동체의 안녕과 풍요를 기원하기 위한 제의. 고대사회에서부터 명산으로 알려진 산과 산악지대 또는 산악과 인근한 마을들에서 행했다.
④ 제기차기
  ㉠ 제기를 발로 차면서 떨어뜨리지 않고 얼마나 많이 차는가를 겨루는 놀이로 고대의 공차기인 축국에서 비롯된 놀이
  ㉡ 제기는 엽전이나 쇠붙이에 얇고 질긴 종이나 천을 접어서 싼 다음 끝을 여러 갈래로 찢어 너풀거리게 한 놀이기구
  ㉢ 조선 시대에 아이들이 겨울에 즐겨 하던 놀이

4. 단오(端午)

(1) 개 요

음력 5월 5일을 일컫는 말로서 '천중절(天中節)'이라고도 하며, 모내기를 끝내고 풍년을 기원하였다. 단옷날은 절기 중 양기가 가장 왕성한 때로, 여름철의 더위도 이때부터 시작된다.

▶ **강릉단오제(국가무형유산)**
우리나라에서 역사가 가장 깊은 축제이며, 마을의 평안과 농사의 번영을 기원하는 민간신앙이 결합된 향토축제이다.

> **진연상**
> 왕이나 왕족들의 생일, 혼인, 환갑잔치 혹은 세자책봉 때, 단오와 추석, 왕이 행차할 때 그리고 외국사신을 맞을 때 차리는 음식상으로 단번에 다종다양한 음식을 차리는 것이 특징이다. 조선 시대 '진연도감' 또는 '진연청'이라는 기구가 있어 진연에 관한 일을 맡아 보았다.

(2) 단오의 풍속 16 21 23 기출
① 단오선(단오부채) : 조선 시대 때 단옷날에 공조에서 진상한 부채를 임금이 신하에게 나누어주던 부채이다.
② 그네타기 : 단옷날의 놀이로서 여성들의 자유와 개방을 실현하는 대표적인 풍속이다.
③ 씨름 : 단옷날 남자들이 하는 대표적인 풍속으로, 현대에는 천하장사 씨름대회로 발전하였다.
④ 창포물로 머리 감기 : 단옷날 여인들이 창포 삶은 물에 머리를 감던 풍속이다.
⑤ 단오부적(천중부적) : 단옷날 각 가정에서 주사(朱砂)로 부적을 써서 기둥이나 벽에 붙이는 풍속(천중부적은 가정에 잡병을 없애고 잡귀를 쫓는 민간신앙 중의 하나)이다.
⑥ 대추나무 시집 보내기 : 대추열매를 많이 달리게 하기 위해 단옷날 대추나무의 가지 사이에 돌을 끼워 두는 것이다.

5. 추석(秋夕)

(1) 개 요
음력 8월 15일로 '한가위, 가배일, 중추절'이라고도 한다. 신라 유리왕 때 궁녀들이 두 패로 나뉘어 길쌈하기 대회를 벌여 상을 주고 가무를 즐겼다는 고사에서 비롯된 풍속으로, 외국의 경우 추수감사절로 즐기는 명절이기도 하다.

(2) 추석의 풍속
① 벌초 : 추석날 성묘에 앞서 조상들의 무덤에 난 풀을 깎는 풍속이다.
② 차례 : 추석날 아침에 풍성한 햇곡식과 햇과일로 푸짐하게 차려놓고 제사를 지내는 것이다.
③ 강강술래 : 전남 무안, 해남, 진도, 완도지방에서 널리 행하던 놀이로, 대표적인 추석놀이이며, 국가무형유산으로 지정·전승되고 있다.

6. 초파일(初八日)

(1) 개 요
불교의 개조인 석가모니의 탄생일로, '석가탄신일' 혹은 '초파일'이라고도 한다.

(2) 초파일의 풍속
① 관등놀이 : 석가의 탄일을 축하하기 위하여 등에 불을 밝혀 달아매는 행사이다.
② 성불도놀이 : 깨달음을 이루어가는 과정으로 구성된 불교의 주사위 놀이이다.

③ 탑돌이 : 승려가 염주를 들고 탑을 돌면서 부처의 큰 뜻과 공덕을 노래하면, 신도들이 그 뒤를 따라 등을 밝혀 들고 탑을 돌면서 극락왕생을 기원하는 의식이 풍속화된 놀이이다.

> **더 알아보기** 정월대보름(음력 1월 15일) 15 기출
>
> 한자어로는 '상원(上元)'이라고 한다. 한 해를 처음 시작하는 달로서 그 해를 계획하고, 한 해 동안의 무사태평을 기원하는 날이다. 정월대보름의 풍속으로는 줄다리기, 놋다리밟기, 차전놀이, 쥐불놀이, 부럼깨기, 달맞이, 관원놀음, 달집태우기, 지신밟기, 귀밝이술 마시기, 더위팔기 등이 있다.

> **더 알아보기** 한국의 절기 24 기출
>
> | 절기 | 내용 | 절기 | 내용 |
> |---|---|---|---|
> | 입춘(立春) | 봄의 시작 | 입추(立秋) | 가을의 시작 |
> | 우수(雨水) | 눈이 그치고 비가 옴 | 처서(處暑) | 더위가 한 풀 꺾임 |
> | 경칩(驚蟄) | 개구리나 벌레가 땅 밖으로 나옴 | 백로(白露) | 일교차가 커지고 이슬이 맺힘 |
> | 춘분(春分) | 봄의 한가운데, 밤과 낮 길이가 같음 | 추분(秋分) | 가을의 한가운데, 밤과 낮 길이가 같음 |
> | 청명(淸明) | 화사한 봄 | 한로(寒露) | 이슬이 차가워짐 |
> | 곡우(穀雨) | 봄비가 내리며 새싹이 움틈 | 상강(霜降) | 서리가 내림 |
> | 입하(立夏) | 여름의 시작 | 입동(立冬) | 겨울의 시작 |
> | 소만(小滿) | 식물이 잘 성장하는 시기 | 소설(小雪) | 적은 눈이 내림 |
> | 망종(芒種) | 씨(종자)를 뿌리며 농사를 시작 | 대설(大雪) | 많은 눈이 내림 |
> | 하지(夏至) | 여름의 한가운데, 낮 길이가 가장 긺 | 동지(冬至) | 겨울의 한가운데, 밤 길이가 가장 긺 |
> | 소서(小暑) | 작은 더위 | 소한(小寒) | 작은 추위 |
> | 대서(大暑) | 큰 더위 | 대한(大寒) | 큰 추위 |

05 박물관

1 박물관의 개요

1. 정의 및 역사

(1) 정의

그 나라 민족 또는 지방민의 문화유산, 즉 역사적 유물과 고고학자료, 미술품 중 역사적·학술적·예술적 가치가 있는 것을 체계적으로 정리하여 전시해 놓은 문화적 시설로서 '문화유산의 보고'이다.

> **국제박물관협의회(ICOM)의 정의 (2023.6.20.)**
> - 박물관은 유무형 유산을 연구·수집·보존·해석·전시하여 사회에 봉사하는 비영리, 영구기관이다.
> - 박물관은 모든 사람에게 열려 있어 이용하기 쉽고 포용적이어서 다양성과 지속 가능성을 촉진한다.
> - 박물관은 공동체의 참여로 윤리적, 전문적으로 운영하고 소통하며, 교육·향유·성찰·지식·공유를 위한 다양한 경험을 제공한다.

(2) 박물관의 기원

기원은 BC 300년으로 거슬러 올라가며, 이집트의 알렉산드리아 궁전의 일부에 무세이온(Museion)을 설치하여 문예·미술의 여신 뮤즈에게 바치는 장소로 정하고, 여기에서 학문연구를 하였던 것에서 비롯되었다고 한다.

(3) 우리나라 박물관의 역사

① 고려·조선 시대에 박물관과 비슷한 보고(寶庫)가 더러 있기는 하였으나, 여러 차례의 병화와 재난으로 소실되어 버렸다.
② 우리나라에서 박물관이라는 정식 명칭이 나타나기 시작한 것은 1908년 9월, 현재의 창경궁 안에 이왕가박물관(李王家博物館)이 발족하였을 때부터이다. 주로 고려 자기와 삼국 시대 이래의 불교 공예품, 조선 시대의 회화·역사·풍속 자료·도자기 등을 수집·공개하였다.
③ 일제강점기의 조선총독부는 1915년에 시정 5년을 대대적으로 선전하는 물산공진회(物産共進會)를 경복궁에서 열고, 미술관 건물을 본관으로 하여 박물관을 설립하였다. 1938년에는 덕수궁을 일반에게 공개함과 동시에 석조전에서는 일본의 근대미술품을 진열하고, 상설미술관으로서 회화·조각·공예의 3부문으로 분류하여 전시하였다.
④ 1945년 8·15광복이 되자 9월에 종래의 총독부 박물관을 국립박물관으로 개편하고 경주와 부여의 분관을 흡수하였으며, 12월에는 공주(公州) 박물관을 분관으로 설치하였다. 이어 1946년 4월에는 개성(開城)에 시립박물관이 국립박물관의 분관으로 설치되었다.
⑤ 1975년 국립민속박물관이 개관되고, 진주·광주·청주·대구·전주·부여·김해·공주·경주에서 새 국립박물관이 개관되었으며, 국립중앙박물관은 용산으로 이전되었다.

2. 박물관의 종류

(1) 종합박물관

① 모든 분야의 자료를 수장하고 있는 박물관을 말한다.
② 무엇이든지 수집하여 전시해 놓은 점으로 볼 때 향토박물관이라고도 할 수 있다.
③ 대상지역이 한정되어 있기 때문에 그 종류도 적다. 미국의 스미스소니언 박물관(Smithsonian Museum)은 종합박물관 중에서 세계 최대의 것이며, 한국의 지방박물관도 이에 속한다고 할 수 있다.

▶ 박물관의 분류

구 분	내 용
설립·운영주체	국립, 공립, 사립, 대학, 기업
이용자	공공, 학교, 아동, 특수
전시물의 범위	종합, 전문
전시물의 성격	인문계열, 자연계열
전시 장소	실내, 실외, 사이버

(2) 전문박물관

미술·역사·과학 등 특정분야의 자료를 전문적으로 수장하고 있는 박물관을 말한다. 이 박물관은 다시 미술관·역사박물관·과학박물관의 3가지로 대별된다.

① 미술관
  ㉠ 자료의 지리적·민족적 분포 등에 의해서 동양미술관·티베트 미술관 등으로 나뉘고, 자료의 시대에 따라 고미술박물관·근대미술관 등으로 분류된다.
  ㉡ 자료에 따라 공예·민예·회화·조각·서예·연극·악기·영화·의상 박물관 등으로 분류된다. 전시장소로 볼 때에는 야외 조각전시장 등의 종류도 있다.

② 역사박물관
  ㉠ 문화적 유산의 시대적 흐름에 의해서 추구되고 파악되는 점으로 볼 때 미술관과 자료의 취급을 달리하고 있지만, 실제로는 자료가 중복되는 경우가 많다.
  ㉡ 종합역사박물관은 민속·민족학·고고학·사회사·혁명 등의 자료를 수집한 박물관이나, 기념관 및 역사적 기념물(건물·환경 등), 박물관과 같은 종류가 있다.

③ 과학박물관 : 자연사, 이공학, 산업, 농업, 어업 등에 관한 자료를 수집한 박물관과 동식물원, 수족관, 야외 자연박물관, 자연보호박물관 등의 종류가 있다.

3. 박물관의 기능

(1) 박물관 자료의 수집
① 박물관의 기본적 요소는 그 자료에 있으므로, 항상 가치 있고 풍부한 실물자료를 준비하여야 한다.
② 예술·역사·과학 등 박물관의 성질에 의해 자료의 수집방법도 다소 다르다.

(2) 정리·보관
① 수집된 자료는 보존을 위하여 계통적으로 정리·분류하고, 퇴색방지·방충·방습 등을 완비한 자료고(資料庫)에 보관한다.
② 연구·전시·대출 등의 요구에 능률적이고 안전하게 대응하도록 배려한다.

▶ 박물관의 기능
- 자료의 수집
- 수집된 자료의 정리·분류·보관
- 수집·정리된 자료의 연구
- 전 시
- 교육활동

(3) 조사연구
① 박물관에 수집·정리된 여러 자료는 학예관이나 기타 전문가에 의해 모든 기회에 학술적 조사연구 자료로서 이용되고 있다.
② 박물관의 자료는 조사연구에 의해 학문적인 가치를 부여하지 않으면 아무런 의미가 없다.

(4) 전 시
① 대중에게 박물관 자료와 그 성과를 전시 및 보급하여 그들의 문화적·과학적 수준을 향상케 해야 한다. 박물관은 이것을 최우선의 목표로 삼고 활동해야 한다.
② 전시는 이용자 누구에게나 흥미롭고 매혹적이며, 정확하고 심미적(審美的)으로 전시되어야 한다.

(5) 교육활동
① 일종의 사회화기관인 박물관은 적시에 적절한 교육활동을 수행하여 전시물이 내포하는 지식을 대중에 효과적으로 보급하여야 한다.
② 박물관 활성화의 정도는 교육활동의 수행 및 효과로 결정된다고 할 수 있다.

2 한국의 박물관

1. 개 요

(1) 박물관 시설
소장 품목들은 금속·옥석·도자기·골각·목죽과 초칠·피지와 모직·서화와 탁본·편직제품·무구·의상 등이다.

(2) 유물을 보유하고 있는 곳
장서각·창경궁·창덕궁·덕수궁·경복궁·종묘·민속박물관 등이다.

(3) 박물관 현황
전국 박물관 수는 서울이 가장 많고, 경기, 강원 등의 순이다. 인구 백만 명당 시설 수를 살펴보면, 제주가 가장 많고, 대구가 가장 적은 것으로 나타났다. 수도권(서울, 인천, 경기)과 지방으로 구분하여 살펴보면, 수도권이 지방보다 시설 수는 적지만 시설평균 인력 및 관람인원 수는 양호한 것으로 나타났다.

2. 주요 박물관

(1) 국립중앙박물관

▶ 국립중앙박물관

① 1945년 9월 조선총독부박물관을 인수·개편하여 덕수궁 안의 석조전 건물에서 처음으로 업무를 시작하였다. 1953년 8월 서울환도 이후 잠시 남산 분관에서 머무르다 1954년 10월 덕수궁 석조전으로 이전하고, 1972년 경복궁에 박물관을 신축하여 확장 이전하였으며, 1986년 옛 중앙청 건물로 이전하였으나 건물이 철거됨에 따라 1996년 경복궁 내의 사회교육관 건물을 증개축하여 개관했다. 2004년 10월까지 경복궁에서 운영되다가 2005년 10월 28일 용산가족공원 내의 새로운 건물로 개관했다.

② 207,000여 점이 넘는 유물을 7개의 관과 39개의 실에 상설 전시하고 있다. 1층에는 선사·고대관과 중·근세관이, 2층에는 기증관과 서화관이, 3층에는 세계문화관과 조각·공예관이 위치하고 있다.

> **더 알아보기** 국립중앙박물관 이외 주요 지방 국립박물관
>
> - 국립경주박물관
> - 국립대구박물관
> - 국립춘천박물관
> - 국립광주박물관
> - 국립청주박물관
> - 국립진주박물관
> - 국립익산박물관
> - 국립전주박물관
> - 국립김해박물관
> - 국립공주박물관
> - 국립부여박물관
> - 국립제주박물관
> - 국립나주박물관

(2) 국립경주박물관

▶ 국립경주박물관

① 신라 천년의 찬란한 민족문화유산을 소장하여 전시하고 있는 박물관이다.

② 상설전시관
  ㉠ 신라역사관 : 제1~3전시실, 국은기념실
  ㉡ 신라미술관 : 불교미술Ⅰ·Ⅱ, 박물관 가게 등
  ㉢ 월지관 : 동궁과 월지(안압지) 발굴조사에서 발굴된 1,100여 점의 유물 전시
  ㉣ 신라천년보고 : 경상도 출토 유산들을 보관하기 위해 지은 수장고

③ 옥외전시관 : 성덕대왕신종을 비롯하여 고선사터 삼층석탑 등 경주지역에서 수집된 많은 석조 유물들을 전시하고 있다.

④ 특별전시관, 어린이 박물관, 서별관, 수묵당과 고청지, 종각 등이 있다.

▶ 국립부여박물관

(3) 국립부여박물관
① 백제 시대의 찬란한 민족문화유산을 소장하여 전시하고 있는 박물관이다.
② 전시실
  ㉠ 제1전시실 : 청동기 시대부터 사비 백제 이전 충남지역의 역사를 살펴볼 수 있는 유물 전시
  ㉡ 제2전시실 : 백제의 역사문화와 사비 시대 생활문화를 역사순으로 전시
  ㉢ 제3전시실 : '백제의 미소'로 유명한 백제의 다양한 불상 전시
  ㉣ 기증유물전시실 : 박만식 교수를 비롯한 50여 명의 기증자들의 유물 전시
  ㉤ 어린이 박물관 : 백제금동대향로와 백제문화를 즐겁게 체험하는 공간
  ㉥ 야외전시실 : 중정에 있는 부여석조(보물)를 비롯하여 박물관 앞 뒤뜰에 마련된 전시장에 탑, 불상, 비석, 석조 등 많은 석조 유물 전시

▶ 국립광주박물관

(4) 국립광주박물관
① 1978년 12월 6일 개관하였다. 광주·전남지역의 문화유산 수집 및 보존관리로 전통문화를 창조적으로 계승하고, 문화유적 조사·연구, 유물전시, 사회교육 기능을 통한 지역문화 창달과 민족문화 선양을 목표로 하고 있다.
② 소장 및 전시 유물은 호남지방의 선사 시대 유물, 백제·통일신라·고려·조선 시대에 걸친 불교미술품과 각종 도자기와 신안 앞바다의 해저유물 등이다.
③ 역사문화실 1, 역사문화실 2, 아시아도자문화실로 나누어 전시하고 있다.
④ 2006년에는 어린이 박물관을 신설하여 운영하고 있다.

▶ 국립대구박물관

(5) 국립대구박물관
① 대구·경북지역의 특색있는 문화유산을 보존·연구 및 전시하는 한편, 각종 사회교육프로그램 운영 등을 통한 지역 주민들의 문화 향수권 신장을 위해 1994년 12월 7일 개관하였다.
② 전시된 내용에 따라 고대문화실·중세문화실·복식문화실 등 세 개의 상시전시실과 옥외전시로 정원 석조물과 유적공원이 마련되어 있다.

(6) 국립청주박물관

① 1970년대 후반부터 중원문화권이 새롭게 부각되어 이곳에서 출토된 찬란한 민족문화유산을 보존·전시하기 위하여 1987년에 개관한 박물관이다.
② 상설전시관은 선사문화실, 고대문화실, 고려문화실, 조선문화실 등으로 구성되어 있다.

(7) 국립민속박물관

① 향토풍습 및 민속유물을 보존·전시하고 있는 박물관으로 전시실은 3개의 상설전시실과 기획전시실로 구성되어 있다.
② 제1전시관은 조선 후기 이후 한국인의 일상을 전시하였고, 제2전시관은 19~20세기까지의 한국인의 일년 생활상을 전시하였으며, 제3전시관은 출생에서 죽음에 이르기까지 한국인의 일생을 체계적으로 전시하였다.

(8) 제주특별자치도 민속자연사박물관

① 1984년에 개관하였으며, 제주도 내의 고유 민속유물, 자연사 자료를 연구·수집하는 박물관이다.
② 제주 초가지붕을 모방한 개성적인 건물양식과 그 전시내용 등이 우리나라의 높은 문화수준을 보여주고 있는 제주도의 대표적인 문화시설이자 새로운 문화관광자원이다.

> **더 알아보기** 그 밖에 특색 있는 박물관 14 15 기출
>
> - 국립등대박물관 : 1985년 호미곶 등대가 있는 경상북도 포항시 남구 호미곶면에 개관하였다. 한국 최초의 등대박물관으로 등대원 생활관, 운항 체험실, 등대유물관 등을 갖추고 있으며, 한국 등대의 발달사와 각종 해양 수산자료를 볼 수 있는 곳이다.
> - 철도박물관 : 경기도 의왕시에 소재하고 있으며, 1988년 1월 26일 개관하였다. 1만여 점의 소장품과 각종 철도 관련 자료들이 실내 및 야외전시장에 마련되어 있다.
> - 전주한지박물관 : 전라북도 전주시에 위치하고 있으며, 한지공예품, 한지 제작도구, 고문서, 고서적 등 한지 관련 유물을 다수 소장하고 있다.
> - 동강사진박물관 : 국내 최초의 공립사진박물관으로, 2005년 7월 강원도 영월군에 개관하였다. 약 1,500여 점의 사진작품과 130여 점의 클래식 카메라 등을 소장하고 있다.
> - 하회동탈박물관 : 안동 하회마을에 위치하고 있는 하회동탈박물관은 하회마을에서 전승되어 오는 하회별신굿 탈놀이에 사용되는 탈뿐만 아니라 국내외의 중요한 탈들을 수집하여 전시하고 있다.
> - 그 외 : 세계무술박물관(충주), 에디슨과학박물관(강릉), 한독의약박물관(음성) 등

국립청주박물관

국립민속박물관

제주특별자치도 민속자연사박물관

PART 04 | 핵심 실전 문제

※ 해설 부분을 가리고 문제를 푼 후, 해설을 통해 정답 혹은 오답의 이유를 확인해보세요.

해설
국가유산에 관한 법률에는 「국가유산기본법」, 「문화유산의 보존 및 활용에 관한 법률」, 「자연유산의 보존 및 활용에 관한 법률」, 「무형유산의 보전 및 진흥에 관한 법률」 등이 있다.

01 다음 중 국가유산에 관한 법률이 아닌 것은?
① 문화유산의 보존 및 활용에 관한 법률(문화유산법)
② 자연유산의 보존 및 활용에 관한 법률(자연유산법)
③ 무형유산의 보전 및 진흥에 관한 법률(무형유산법)
④ 문화다양성의 보호와 증진에 관한 법률(문화다양성법)

해설
공예기술은 무형유산이다.

02 다음 중 문화유산에 속하지 않는 것은?
① 건조물　　② 공예품
③ 고문서　　④ 공예기술

해설
신라의 삼보(三寶)는 신라 시대에 만들어졌으나 현재는 전하지 않는 세 가지 보물로, '황룡사 장륙존상, 황룡사 구층탑, 진평왕의 천사옥대'를 말한다.

03 다음 중 '신라의 3보'라 칭해지는 것이 아닌 것은?
① 황룡사 장륙존상
② 황룡사 구층탑
③ 진평왕의 천사옥대
④ 선덕여왕릉

해설
서울 흥인지문은 보물에 해당한다.

04 다음 중 국보가 아닌 것은?
① 서울 숭례문
② 서울 흥인지문
③ 서울 원각사지 십층석탑
④ 경주 불국사 다보탑

정답 01 ④　02 ④　03 ④　04 ②

05 다음 중 소재지가 다른 것은?

① 옛 보신각 동종
② 원각사지 대원각사비
③ 흥인지문
④ 불국사 삼층석탑

> **해설**
> ④ 경상북도 경주시
> ① · ② · ③ 서울특별시

06 다음 중 국가무형유산을 모두 고른 것은?

① 양주별산대놀이, 정선아리랑
② 강강술래, 한산세모시짜기
③ 종묘제례악, 판소리
④ 통영오광대, 동래학춤

> **해설**
> ① 정선아리랑(강원도 무형유산)
> ② 한산세모시짜기(충청남도 무형유산)
> ④ 동래학춤(부산광역시 무형유산)

07 다음 중 사적에 해당하지 않는 것은?

① 수원화성
② 보은 법주사 쌍사자 석등
③ 김해 봉황동 유적
④ 부여 가림성

> **해설**
> 법주사 쌍사자 석등은 국보에 해당한다.

08 목조건축물 중 주심포양식으로 지어진 건축물로 볼 수 없는 것은?

① 봉정사 극락전
② 수덕사 대웅전
③ 법주사 팔상전
④ 수원화성

> **해설**
> 주심포양식으로 지어진 건축물로는 ① · ② · ③ 외에 송광사 국사전, 부석사 무량수전, 강릉 임영관 삼문 등이 있다.

정답 05 ④ 06 ③ 07 ② 08 ④

해설
독립문은 사적이다.

09 다음 중 명승이 아닌 것은?
① 완도 정도리 구계등
② 거제 해금강
③ 명주 청학동 소금강
④ 서울 독립문

해설
② 서울, ③ 진도, ④ 보은

10 다음 중 제주도에 있는 천연기념물은?
① 산천단 곰솔 군
② 재동 백송
③ 진도개
④ 속리 정이품송

해설
일성록에 관한 설명이다.

11 왕의 입장에서 편찬한 일기 형식의 책은?
① 일성록
② 징비록
③ 조선왕조실록
④ 동의보감

해설
산악, 국립공원, 해상공원은 자연적 관광자원이고, 마리나는 사회적 관광자원이다.

12 다음 중 문화적 관광자원으로만 연결된 것은?
① 기념물, 유적, 고궁
② 사찰, 산악, 궁터
③ 국립공원, 명승고적, 서원
④ 해상공원, 마리나, 패총

정답 09 ④ 10 ① 11 ① 12 ①

13 보물 및 국보의 지정은 다음 중 누가 할 수 있는가?

① 대통령
② 국가유산청장
③ 시·도지사
④ 행정안전부장관

해설
보물 및 국보는 국가유산청장이 문화유산위원회의 심의를 거쳐 지정할 수 있다(문화유산법 제23조).

14 다음 중 국보가 아닌 것은?

① 서울 숭례문
② 서울 문묘 및 성균관
③ 경주 첨성대
④ 경주 불국사 다보탑

해설
서울 문묘 및 성균관은 보물이다.

15 병자호란의 최대 전적지는 어디인가?

① 남한산성
② 북한산성
③ 광성진
④ 강화외성

해설
병자호란은 조선과 청나라의 싸움으로, 인조는 강화로 피난하려다 길이 막혀 남한산성으로 피하였으나 결국 항복하였다.

16 다음 설명에 해당하는 궁궐은?

> 사적으로, 서울 종로구에 위치해있다. 세종대왕이 선왕인 태종을 모시기 위해 지었던 것을 성종 때 증축하였다. 일제강점기에 유원지로 바뀌는 수모를 겪었으나, 1983년 이후 복원사업을 통해 궁궐로서의 위상을 되찾게 되었다.

① 창덕궁
② 창경궁
③ 덕수궁
④ 경복궁

해설
창경궁에 대한 설명이다. 광해군 때 건립된 정전인 명정전이 있다.

정답 13 ② 14 ② 15 ① 16 ②

해설
국보의 지정기준은 역사적·예술적·학술적 가치가 높고, 제작 연대가 오래되었으며 그 시대의 대표적인 것이어야 한다. 또, 형태·품질·제재·용도가 현저히 특이하고, 저명한 인물과 관련이 깊거나 그가 제작한 것이어야 한다(문화유산법 시행령 별표 1의2).

해설
② 국보에 해당한다.
①·③·④는 보물에 해당한다.

해설
미륵전
미래의 부처인 미륵이 용화세계에서 중생을 교화하는 것을 상징하는 사찰로, 가장 대표적으로는 김제 금산사 미륵전(국보)이 있다. 백제법왕 2년(600)에 지은 거대한 미륵존불을 모신 법당으로, 용화전 또는 산호전, 장륙전이라고도 한다.

해설
그렝이는 전통 한옥을 지을 때 사용하는 기법 중 하나이다.
① 고래 : 방의 구들장 밑으로 불길과 연기가 통하여 나가는 길
③ 부넘이 : 불길이 아궁이로부터 골고루 고래로 넘어가게 만든 언덕, '부넘기'가 표준어
④ 개자리 : 불기운을 빨아들이고 연기를 머무르게 하기 위해 고래보다 더 깊이 판 고랑

정답 17 ④   18 ②   19 ①   20 ②

17 다음 중 국보의 지정기준이 아닌 것은?
① 역사적·예술적·학술적 가치가 높은 것
② 제작 연대가 오래되고, 그 시대에 대표적인 것
③ 형태·품질·제재·용도가 현저히 특이한 것
④ 고가품이거나 화려한 것

18 다음 중 성질이 다른 하나는?
① 흥인지문
② 화엄사 각황전 앞 석등
③ 원각사지 대원각사비
④ 석빙고

19 미래에 나타날 부처를 모신 건물로 일명 용화전이라고도 불리는 전각은?
① 미륵전
② 대웅전
③ 관음전
④ 팔상전

20 온돌의 구조와 관련이 없는 것은?
① 고래
② 그렝이
③ 부넘이
④ 개자리

21 다음 중 시기적으로 가장 앞선 분묘는?

① 강서고분
② 문무대왕릉
③ 무령왕릉
④ 장군총

해설

④ 장군총 : 석총, 장수왕의 능으로 추정(5세기 초)
① 강서고분 : 토총, 고구려 후기의 고분 (6~7세기)
② 문무대왕릉 : 신라 문무왕의 해릉(7세기 말)
③ 무령왕릉 : 벽돌 무덤으로 백제 고분(6세기 초)

22 다음은 선사 시대 유적들이다. 이 시대와 관련된 사실로 바르지 못한 것은?

- 웅기 부포리
- 만달리 유적
- 통영 상노대도
- 홍천 하화계리 유적

① 구석기 시대에서 신석기 시대로 넘어가는 과도기적 단계라 할 수 있다.
② 간석기를 이용한 이음도구로 톱이나 활, 창 등이 있었다.
③ 식물 채집과 물고기잡이를 많이 하였다.
④ 빙하기가 유지되었다.

해설

제시된 것은 중석기 시대의 유적들이다. 빙하기가 끝나고 중석기가 시작되었는데, 토끼, 여우 등 작고 날쌘 짐승을 잡기 위해 활 등을 사용하였다.
④ 빙하기가 유지된 것은 구석기 시대이다.

23 도교사상과 관련이 적은 것은?

① 산수문전
② 사택지적비
③ 사신도
④ 임신서기석

해설

④ 임신서기석은 유교 경전을 공부하자는 내용이므로 유교사상과 관련이 있다.
도교사상을 엿볼 수 있는 문화유산
- 고구려 : 강서고분의 사신도 벽화
- 백제 : 산수문전, 사택지적비, 무령왕릉의 지석
- 신라 : 화랑도

정답 21 ④ 22 ④ 23 ④

해설
신석기인들은 돌보습, 돌삽, 돌괭이 등을 사용하여 조·피를 재배하였는데, 봉산 지탑리에서 탄화된 피, 평양 남경 유적에서 탄화된 조가 발견되었다.

24 다음 유적지의 발굴을 통해서 알 수 있는 사실은?

- 봉산 지탑리
- 평양 남경 유적

① 피나 조와 같은 잡곡류를 경작하였다.
② 청동기 시대에 벼농사가 이루어졌다.
③ 하천이나 해안에 움집을 짓고 취락을 형성하였다.
④ 토기를 제작하여 음식물을 저장하거나 조리하였다.

해설
미륵사지 석탑은 목탑에서 석탑으로 넘어가는 과도기 형식이다.

25 목조탑의 양식을 모방한 최고(最古)의 석탑은?

① 불국사 삼층석탑
② 황룡사 구층탑
③ 부여 정림사지 오층석탑
④ 미륵사지 석탑

해설
①·④ 신라
③ 고구려

26 다음 중 백제의 문화유산은?

① 분황사 모전석탑
② 서산 용현리 마애여래삼존상
③ 금동연가7년명여래입상
④ 금관총 금제 허리띠

해설
① 수렵도는 고구려의 무용총 벽화이다.
② 천마총은 돌무지 덧널무덤이며, 천마도는 벽화가 아니다.
④ 장군총은 석총이고 벽화가 없다.

27 삼국 시대 고분의 형태와 벽화가 바르게 연결된 것은?

① 무령왕릉 – 벽돌무덤 – 수렵도
② 천마총 – 굴식벽돌무덤 – 천마도
③ 강서고분 – 굴식돌방무덤 – 사신도
④ 장군총 – 굴식돌방무덤 – 기마인물도

정답 24 ① 25 ④ 26 ② 27 ③

28 고대 사회 예술품의 특징을 잘못 설명한 것은?

① 백제 – 서산 용현리 마애여래삼존상 – 온화한 아름다움
② 신라 – 금동미륵보살반가사유상 – 세련미와 조화미
③ 고구려 – 무용총 수렵도 – 씩씩한 기상
④ 통일신라 – 신라 성덕왕릉 둘레돌 – 추상적인 아름다움

해설
신라 성덕왕릉의 호석(둘레돌)은 사실적인 미를 보여주고 있다.

29 가야를 통해 일본에 전해진 대표적인 것은?

① 조선술, 축제술
② 토기제작기술
③ 유학, 불교, 천문, 역법
④ 회화, 종이, 붓

해설
① 신라에서, ③ 백제에서, ④ 고구려에서 일본으로 전파되었다.

30 다음의 경향을 가장 잘 반영하고 있는 예술품은?

- 귀족적이며 불교적인 색채가 강하다.
- 원(元)의 영향을 받은 이색적인 형태이다.
- 조선 초기의 양식에 영향을 끼쳤다.

① 법천사지 지광국사탑
② 개태사지 석조여래삼존입상
③ 부석사 무량수전
④ 개성 경천사지 십층석탑

해설
개성 경천사지 십층석탑은 고려 후기에 원나라 탑의 영향을 받은 것으로, 일본으로 반출되었던 것을 돌려받아 복원하여 현재 용산의 국립중앙박물관에 전시되어 있다.

31 다음 중 신라의 불상 양식을 계승한 고려 시대 제일의 걸작품은?

① 부석사 소조여래좌상
② 금동미륵보살반가사유상
③ 관촉사 석조미륵보살입상
④ 금동연가7년명여래입상

해설
②·④ 삼국 시대의 불상, ③ 고려 시대의 석불로 인체의 비례가 맞지 않아 제작기법이 신라에 뒤진 것이다.

정답 28 ④ 29 ② 30 ④ 31 ①

해설

논산 관촉사 석조미륵보살입상은 향토적 특색이 있는 고려 초기의 거대 불상으로, 통일신라의 석굴암 본존불보다는 조형미나 균형미의 측면에서 뒤처진다는 평가를 받는 불상이다. 고려 시대를 대표하는 불상은 영주 부석사 소조여래 좌상이다.

32 고려 예술의 각 분야에 대한 설명이 잘못된 것은?

① 건축 – 석왕사 응진전은 원의 영향을 받아 다포양식을 취하고 있다.
② 석탑 – 경천사지 십층석탑은 원의 영향을 받은 이색적인 석탑이다.
③ 불상 – 고려 시대를 대표하는 가장 우수한 불상으로는 관촉사 석조미륵보살입상을 들 수 있다.
④ 자기 – 신라 토기의 전통을 계승하고 송의 자기 기술의 영향을 받아 발달하다가 11세기경에 고려자기의 독특한 미가 완성되었다.

해설

② 월정사 탑은 송나라의 영향을 받았다.
③ 고려의 석탑은 조형감각 면에서 신라에 다소 떨어진다.
④ 경천사 탑은 고려 후기에 원의 영향을 받은 것이다.

33 고려 시대 석탑에 대해 바르게 설명한 것은?

① 신라 계통에서 이탈한 것이 많다.
② 월정사 팔각구층석탑은 신라 계통의 탑이다.
③ 신라 탑보다 안정되고 조형감각이 뛰어나다.
④ 고려 전기 석탑은 개성 경천사지 십층석탑이 대표적이다.

해설

① 분청사기는 화려하고 정교하지는 못하지만, 우아한 멋이 있다.
③ 15세기에는 궁궐, 관아, 성곽 등이 중심을 이루었다.
④ 처용무와 나례춤은 궁중무용이다.

34 조선 초기(15세기)의 예술에 대하여 바르게 서술한 것은?

① 공예 – 고려청자의 영향을 받아 화려하고 세련된 분청사기가 만들어졌다.
② 그림 – 인물과 산수를 씩씩하고 낭만적으로 묘사하였다.
③ 건축 – 유교의 영향을 받아 서원 건축 중심이었으며 주위 환경과의 조화를 중시하였다.
④ 무용 – 처용무, 나례춤, 산대놀이 등이 민간 사회에 유행되기 시작하였다.

정답 32 ③ 33 ① 34 ②

35 조선 전기에는 불교를 대신하여 유교가 지배적인 사상으로 자리 잡게 되었다. 이러한 유교와 불교의 교체를 잘 보여주는 건축(양식)은?

① 개성 남대문
② 서원(書院)
③ 정자(亭子)
④ 해인사장경판고

해설
성리학과 관계있는 건축물로 대표적인 것이 서원이다.

36 통일신라 3대 금동불상이 아닌 것은?

① 금동계미명삼존불입상
② 경주 백률사 금동약사여래입상
③ 경주 불국사 금동아미타여래좌상
④ 경주 불국사 금동비로자나불좌상

해설
통일신라 3대 금동불상
경주 불국사 금동비로자나불좌상(국보), 경주 불국사 금동아미타여래좌상(국보), 경주 백률사 금동약사여래입상(국보)
① 금동계미명삼존불입상(국보)은 백제 위덕왕 10년(563)에 만든 것으로 추측된다.

37 우리나라 궁궐 중 1997년 유네스코 지정 세계문화유산으로 등록된 것은?

① 덕수궁　② 창덕궁
③ 경복궁　④ 창경궁

해설
창덕궁은 서울시에 있는 조선 시대 궁궐로 동쪽으로 창경궁과 맞닿아 있다. 조선 시대에는 창경궁과 함께 동궐이라 불렀다. 1997년에 유네스코 지정 세계문화유산으로 등록되었다.

38 다음 중 화가와 화풍이 바르게 연결된 것은?

① 정선 – 농촌 서민생활의 애환을 표현
② 김홍도 – 우리 자연을 있는 그대로 표현
③ 신윤복 – 부녀자들의 풍습을 서정적으로 풍자
④ 장승업 – 양반들의 풍류생활을 익살스럽게 묘사

해설
신윤복은 도회지 양반의 풍류생활과 부녀자 풍습, 남녀간의 애정을 풍자적으로 묘사하였다.
① 김홍도, ② 정선, ④ 신윤복

정답 35 ② 36 ① 37 ② 38 ③

해설
정림사지 오층석탑은 부여 정림사터에 세워져 있는 석탑이다.

해설
금관총은 신라의 왕릉이다.

해설
식리총은 널의 동쪽에서 금속용기·칠기·토기와 각종 마구류와 무기류가 출토되었다. 출토 유물로 보아 각종 무기를 소지하고 위엄을 갖춘 남자 귀족으로 추정된다. 그렇지만 금관이 출토되지 않고 규모가 비교적 작은 점으로 미루어 대형분보다 한 단계 낮은 2급 무덤으로 추정된다.

해설
국보는 2025년 기준 서울이 163개로 전국에서 가장 많이 소유하고 있다(국가유산청 누리집 참고).

해설
법주사 쌍사자 석등은 국보에 해당한다.

39 다음 중 탑의 형식이 바르게 묶인 것이 아닌 것은?
① 정림사 – 목탑
② 분황사 – 모전석탑
③ 황룡사 – 목탑
④ 감은사 – 석탑

40 다음 중 고구려 고분이 아닌 것은?
① 금관총
② 강서3묘
③ 쌍영총
④ 무용총

41 신라의 무덤 중 금관이 발굴된 무덤이 아닌 것은?
① 천마총
② 금령총
③ 서봉총
④ 식리총

42 우리나라에서 국보를 가장 많이 소재하고 있는 지역은?
① 경주
② 서울
③ 공주
④ 부여

43 다음 중 연결이 잘못된 것은?
① 국보 – 서울 숭례문
② 국보 – 원각사지 십층석탑
③ 보물 – 법주사 쌍사자 석등
④ 보물 – 논산 관촉사 석등

정답 39 ① 40 ① 41 ④ 42 ② 43 ③

44 조선 세종 때에 집현전이 있었던 곳은 어디인가?

① 천추전 ② 사정전
③ 수정전 ④ 만춘전

해설
수정전은 경복궁 근정전 서쪽에 있고, 넓은 월대(越臺) 위에 세워졌다. 세종 때 집현전으로 사용하였고, 임진왜란 때 소실된 것을 1867년(고종 4년)에 재건하였다.

45 종이나 천으로 불상을 만든 후 옻칠을 입힌 불상의 종류는?

① 석불 ② 소조불
③ 협저상 ④ 금불상

해설
① 석불 : 질 좋은 화강암으로 만든 불상
　[예] 서산의 마애삼존불상, 석굴암의 불상 등
② 소조불 : 흙으로 만든 불상
　[예] 경주 소조상 등
④ 금불상 : 금으로 만든 불상
　[예] 경주 구황동 금제여래입상, 나원리 오층석탑 순금불입상 등

46 1979년 태국에서 개최된 유네스코 회의에서 10대 문화유적지로 선정된 곳은?

① 부여 ② 서울
③ 공주 ④ 경주

해설
경주역사유적지구는 신라 천년의 고도인 경주의 역사와 문화를 고스란히 담고있는 불교유적, 왕경(王京)유적이 잘 보존되어 있어 세계유산으로 등록되었다.

47 중국 지린성 지안현에 있는 고구려 고분으로 장수왕의 무덤이라고 추정되는 것은?

① 사신총 ② 장군총
③ 태왕릉 ④ 개마총

해설
장군총은 피라미드 모양으로 광개토대왕비 근처에 있기 때문에 광개토대왕의 무덤이라는 주장도 있다. 그러나 지금은 장수왕릉이라는 설이 유력하다.

정답 44 ③　45 ③　46 ④　47 ②

해설
서울 독립문은 더 이상 청의 간섭을 받지 않겠다는 의지를 표명키 위해 구한말 독립협회가 세운 기념물이다. 3·1운동과는 무관하다.

48 국가유산과 관련된 인물 또는 단체와 역사적 사건을 연결한 것으로 옳지 않은 것은?

① 서울 독립문 - 독립협회 - 3·1운동
② 정림사지 오층석탑 - 소정방 - 삼국통일
③ 징비록 - 류성룡 - 임진왜란
④ 남한산성 - 인조 - 병자호란

해설
영화당은 조선 시대 과거 시험장으로 사용되었던 창덕궁의 건물로 숙종 18년에 재건되었으며, 영조가 친필로 기록한 현판이 걸려있다.

49 영조의 친필 현판이 걸려 있고, 조선 시대 과거 시험장으로 사용되었던 건물은?

① 경복궁 강령전
② 경운궁 함녕전
③ 창경궁 승전전
④ 창덕궁 영화당

해설
②·③·④ 모두 백제의 불상이다.

50 다음 불상 중 고구려 시대의 것은?

① 금동연가7년명여래입상
② 금동관음보살입상
③ 서산 용현리 마애여래삼존상
④ 금동정지원명석가여래삼존입상

해설
백제 무왕이 부인인 선화공주와 함께 사자사로 행차하다 현재 미륵사지 터인 용화산 아래 연못에 이르렀을 때 미륵 삼존이 나타나자 이를 본 왕비(선화공주)의 부탁으로 이곳 연못을 메우고 미륵사를 지었다.

51 백제의 제30대 무왕이 연못을 메우고 세운 절은?

① 미륵사
② 화암사
③ 수덕사
④ 백제사

정답 48 ① 49 ④ 50 ① 51 ①

52 다음의 국가유산을 제작된 순서대로 옳게 나열한 것은?

> ㄱ. 무구정광대다라니경 ㄴ. 덕수궁 석조전
> ㄷ. 칠지도 ㄹ. 측우기
> ㅁ. 삼국사기 ㅂ. 영통골입구도

① ㄷ - ㄱ - ㅁ - ㄹ - ㅂ - ㄴ
② ㄷ - ㄹ - ㅁ - ㄱ - ㅂ - ㄴ
③ ㄷ - ㄱ - ㅂ - ㅁ - ㄹ - ㄴ
④ ㄷ - ㄹ - ㅂ - ㄱ - ㄹ - ㄴ

해설
ㄷ(삼국 시대) – ㄱ(통일신라 시대) – ㅁ(고려 시대) – ㄹ(조선 전기) – ㅂ(조선 후기) – ㄴ(대한제국)

53 다음 중 신라 석상의 최대 걸작품은?

① 군위 아미타여래삼존 석굴
② 석굴암 석굴
③ 서산 용현리 마애여래삼존상
④ 경주 배동 석조여래삼존입상

해설
신라 석상의 최대 걸작품은 토함산의 석굴암 석굴(국보)이다.

54 우리나라의 세계기록유산으로 등재되지 않은 것은?

① 승정원일기
② 조선왕조실록
③ 직지심체요절
④ 경국대전

해설
유네스코 지정 국내 세계기록유산
훈민정음(1997), 조선왕조실록(1997), 직지심체요절(2001), 승정원일기(2001), 해인사 대장경판 및 제경판(2007), 조선왕조의궤(2007), 동의보감(2009), 5·18 민주화운동기록물(2011), 일성록(2011), 난중일기(2013), 새마을운동기록물(2013), 한국의 유교책판(2015), KBS 특별생방송 '이산가족을 찾습니다' 기록물(2015), 조선왕실어보와 어책(2017), 국채보상운동기록물(2017), 조선통신사기록물(2017), 4·19혁명기록물(2023), 동학농민혁명기록물(2023), 제주4·3기록물(2025), 산림녹화기록물(2025)

55 서원에 관한 설명으로 옳지 않은 것은?

① 조선 시대의 국립교육기관이다.
② 조선 최초의 사액서원은 소수서원이다.
③ 조선 최초의 서원은 백운동서원이다.
④ 흥선대원군은 서원철폐령을 내렸다.

해설
서원은 사설적으로 운영되던 교육기관이다.

정답 52 ① 53 ② 54 ④ 55 ①

해설

한국의 인류무형문화유산

종묘제례 및 종묘제례악(2001), 판소리(2003), 강릉단오제(2005), 강강술래・남사당놀이・영산재・처용무・제주칠머리당영등굿(2009), 가곡・대목장・매사냥(2010), 택견・줄타기・한산모시짜기(2011), 아리랑(2012), 김장문화(2013), 농악(2014), 줄다리기(2015), 제주해녀문화(2016), 씨름(2018), 연등회, 한국의 등불 축제(2020), 한국의 탈춤(2022), 한국의 장 담그기 문화(2024)

56 다음 중 한국의 인류무형문화유산이 아닌 것은?

① 승 무
② 종묘제례 및 종묘제례악
③ 판소리
④ 강릉단오제

해설

관촉사 석조미륵보살입상은 고려의 대표적 불상으로서 우리나라에 현존하고 있는 불상 중 제일 큰 것으로 귀의 길이만 2m가 되는 불상이다. 이 불상은 「은진미륵」이라고도 불리며, 고려 광종 19년(968)에 조성하였다는 기록이 있다.

57 고려의 불상으로서 우리나라에 현존하고 있는 불상 중 가장 큰 것은?

① 관촉사 석조미륵보살입상
② 보림사 철조비로자나불좌상
③ 하사창동 철조석가여래좌상
④ 서산 용현리 마애여래삼존상

해설

부여 정림사지 오층석탑은 백제 말기에 화강암으로 건축된 오층석탑으로 국보로 지정되었다.

58 다음 중 백제의 석탑은?

① 부여 정림사지 오층석탑
② 분황사 석탑
③ 의성 탑리리 오층석탑
④ 고선사지 삼층석탑

해설

안동 봉정사 극락전은 1972년 해체・수리할 때 고려 공민왕 12년(1363) 지붕을 수리하였다는 기록이 나와, 적어도 1363년 이전인 고려 중기(12~13세기)에 지은 것으로 보고 있다.

59 우리나라에서 현존하는 최고의 목조건축물은 무엇인가?

① 속리산 법주사
② 가야산 법주사
③ 북한산 태고사
④ 안동 봉정사 극락전

정답 56 ① 57 ① 58 ① 59 ④

60 다음 중 원나라의 영향을 받은 석탑은?

① 불국사 다보탑
② 경천사지 십층석탑
③ 감은사지 삼층석탑
④ 분황사 석탑

> **해설**
> 경천사지 십층석탑(국보)은 원나라의 영향을 받아 고려 말기에 건축된 석탑으로 대리석재를 사용하여 목조건물의 亞자형을 도입한 특수형이다.

61 일본의 국보 제1호와 매우 유사하여 우리 문화의 우수성을 증명해 준 문화유산은?

① 석굴암의 불상
② 불국사다보탑
③ 금관총 금관
④ 금동미륵보살반가사유상

> **해설**
> 일본의 국보 제1호는 목조미륵보살반가사유상으로, 한국의 금동미륵보살반가사유상과 매우 흡사해 한국이 일본문화의 원류임을 실제로 증명하는 좋은 사례이다.

62 고려자기 중 음각한 부분을 자토나 백토로 메워서 만든 청자의 기법은?

① 상감청자
② 순청자
③ 철회청자
④ 동화청자

> **해설**
> 상감이란 태토로 그릇모양을 만든 다음, 그릇표면에 나타내고자 하는 문양을 음각하고, 이 음각한 부분을 자토나 백토로 메우는 기법을 말한다.

63 다음 중 보물로 지정될 수 없는 것은?

① 연 희   ② 건조물
③ 조 각   ④ 병 기

> **해설**
> 보물은 유형문화유산 중에서 일정한 기준에 따라 지정하는 것이다. 무형유산의 일종인 연희는 국가무형유산으로 지정될 수 있다.

정답 60 ② 61 ④ 62 ① 63 ①

해설
덕수궁(경운궁)은 비운의 황제 고종이 즉위식을 거행하고 결국에는 독살설에 시달리면서 서거한 곳이다.

해설
이팝나무가 천연기념물로 지정된 지역으로는 경남 김해 외에도 전북 고창, 전남 광양, 전남 순천 등이 있다.

해설
건축 기술이 가장 발달한 백제에서는 목탑 양식을 모방하여 석탑을 세웠다.

해설
청자의 역사적인 변천에 따른 종류를 보면 순청자, 상감청자, 화청자 시대로 구분된다.

정답 64 ③ 65 ① 66 ③ 67 ④

---

64 다음 중 고종의 황제즉위식이 있었던 장소는?
① 창덕궁
② 경복궁
③ 경운궁
④ 창경궁

65 다음 설명에 해당하는 식물의 명칭과 천연기념물로 지정된 지역이 바르게 연결된 것은?

> 5월 초에 꽃이 피기 시작하여 한 달 정도 계속 피며, 꽃의 모습이 밥그릇에 소복이 담은 흰쌀밥같이 보인다 하여 이런 이름이 붙여졌다.

① 이팝나무 – 경남 김해
② 조팝나무 – 경남 김해
③ 이팝나무 – 경기 수원
④ 조팝나무 – 경기 수원

66 석탑과 부도에 대한 설명 중 옳지 않은 것은?
① 탑은 부처의 진신사리나 유품을 봉안하기 위해 만든 조형물이다.
② 불교가 전래된 4세기 무렵은 주로 목탑이 만들어졌다.
③ 건축 기술이 가장 발달한 고구려에서는 목탑 양식을 모방하여 석탑을 세웠다.
④ 부도는 고승의 사리를 모신 탑이다.

67 다음 중 청자의 종류가 아닌 것은?
① 순청자
② 상감청자
③ 화청자
④ 대문청자

68 조선 궁궐들의 정전과 정문이 바르게 연결된 것은?

	궁 궐	정 전	정 문
①	경복궁	근정전	광화문
②	창덕궁	숭정전	흥화문
③	창경궁	인정전	돈화문
④	덕수궁	명정전	홍화문

해설

조선 시대 5대 궁궐의 정전과 정문
- 경복궁 : 근정전(광화문)
- 창덕궁 : 인정전(돈화문)
- 창경궁 : 명정전(홍화문)
- 덕수궁 : 중화전(대한문)
- 경희궁 : 숭정전(흥화문)

69 다음 중 우리나라 주심포양식의 기본 형식을 가장 잘 보존하고 있는 건축물은?

① 부석사 무량수전
② 법주사 팔상전
③ 무위사 극락보전
④ 봉정사 극락전

해설

부석사 무량수전(국보)
고려 말기의 우리나라 주심포양식의 기본 형식을 가장 잘 보존해 주고 있는 귀중한 건축물이다. 부석사의 본당이며, 무량수불인 아미타여래를 봉안하고 있는 명찰이다.

70 다음 중 서울의 4대문에 속하지 않는 것은?

① 숭례문
② 흥인지문
③ 돈의문
④ 창의문

해설

서울의 4대문
- 숭례문(남대문)
- 흥인지문(동대문)
- 돈의문(서대문)
- 숙정문(북대문)

71 다음 중 고려 시대 건축물이 아닌 것은?

① 개심사지 오층석탑
② 부석사 무량수전
③ 수덕사 대웅전
④ 무위사 극락보전

해설

무위사는 신라 진평왕 39년에 창건된 고찰이다.

정답 68 ① 69 ① 70 ④ 71 ④

해설

법주사 팔상전(국보)
조선 후기 주심포양식의 5층 네모지붕건물이다. 팔상전은 우리나라에 현재 남아 있는 유일한 오층목탑이라는 점에서 그 의의가 크다.

72 현재 우리나라에 남아 있는 유일한 오층목탑은?
① 법주사 팔상전
② 무위사 극락보전
③ 부석사 조사당
④ 송광사 국사전

해설

금관총 금관은 국보로 1921년 9월 경주시 노서동 가옥공사 중 발견된 것으로 높이가 44.4cm, 머리띠 지름 19cm의 순금제금관이다. 고(古) 신라의 금관 중에서 가장 우수한 것으로서 우리나라의 금관을 대표하고 있다.

73 고(古) 신라의 금관 중에서 가장 우수하다고 평가받는 것은?
① 금관총 금관
② 천마총 금관
③ 금령총 금관
④ 무령왕 금관

해설

무령왕 금제관식(국보), 무령왕비 금제관식(국보)은 백제 금관으로 1971년 송산리 6호분의 배수로 공사 중 발견되었다.
②·③·④ 모두 신라 금관이다.

74 다음 중 백제의 금관은?
① 무령왕 금제관식
② 황남대총 북분 금관
③ 천마총 금관
④ 금령총 금관

해설

몽유도원도는 조선 시대 전기 화단을 대표하는 산수화의 대가 안견의 작품이다.

75 다음 중 고려 시대의 회화가 아닌 것은?
① 예성강도
② 천수사남문도
③ 몽유도원도
④ 하경산수도

해설

정선은 조선 시대 후기 화단을 창시한 근대적 자각이 뛰어난 작가로 금강전도, 인왕제색도 등을 그렸다.

76 다음 중 정선의 작품은?
① 송하보월도
② 금강전도
③ 예성강도
④ 세한도

정답 72 ① 73 ① 74 ①
75 ③ 76 ②

77 흥선대원군이 경복궁의 중건을 위해 발행한 동전은?

① 당백전
② 상평통보
③ 조선통보
④ 대동전

해설

1866년(고종 3) 흥선대원군이 세도 정치로 인해 실추된 왕실의 권위를 회복하기 위한 경복궁 중건 사업을 강행하면서 재원확보를 위해 원납전, 호포제 등의 제도와 함께 발행된 화폐로 당시 통용되던 상평통보의 100배의 가치를 가진 화폐는 당백전이다. 그러나 당백전 발행으로 인해 화폐가치가 하락하고 물가가 폭등하는 등 대혼란이 일어나며 주조가 중단되었고 유통이 금지되었다.

78 다음 중 김정희가 이룩한 독자적인 글씨체는?

① 추사체
② 왕희지체
③ 궁 체
④ 구양순체

해설

추사체는 김정희가 이룩한 독자적인 글씨체로, 공간을 획과 선으로 메우는 구성의 예술체이다.

79 경복궁의 전각 중 보물로 지정된 건축물로 꽃담과 십장생 굴뚝이 있는 것은?

① 교태전
② 경회루
③ 자경전
④ 근정전

해설

경복궁 자경전(보물)
조선 시대 정궁이라 할 수 있는 건물로 경복궁 안에 남아 있는 유일한 대비전이다. 글자와 꽃·나비·대나무 형태를 흙으로 구워 새겨 넣은 아름다운 꽃담장과 동식물 무늬인 십장생을 조화있게 새겨 넣은 집 모양의 굴뚝이 남아 있다.

80 다음 중 명성황후의 시해 장소는 어디인가?

① 경복궁 건청궁
② 경희궁 숭정전
③ 덕수궁 중화전
④ 창덕궁 인정전

해설

건청궁
경복궁 안에 있는 궁궐로 명성황후가 일본의 낭인들에게 시해당한 곳이다. 1873년 고종이 사비를 들여 짓기 시작하여 1884년부터 기거하였다.

정답 77 ① 78 ① 79 ③ 80 ①

해설

고려는 불교를 국교로 삼아 찬란한 문화유산을 남겼는데, 그중에서도 고려를 대표하는 3대 유산은 고려청자, 팔만대장경, 금속활자이다.

81 다음 중 고려를 대표하는 3대 유산이 아닌 것은?

① 고려청자
② 팔만대장경
③ 금속활자
④ 고려금관

해설

팔만대장경(총 81,258장)은 강화도 선원사에 보관됐다가 조선 태조 때 서울 지천사를 거쳐 해인사로 옮겨졌다.

82 팔만대장경을 처음 보관했던 곳은 어디인가?

① 해인사　　② 선원사
③ 황룡사　　④ 상원사

해설

성덕대왕신종(국보)
현존하는 고대의 종 가운데 최대 크기로 높이 3.66m, 입지름 2.72m, 두께 11~25cm, 무게 18.9톤이다.

83 현존하는 고대의 종 가운데 가장 큰 종은?

① 성덕대왕신종
② 상원사 동종
③ 용주사 동종
④ 옛 보신각 동종

해설

조선 시대에는 불교를 숭상하지 않았으므로 종의 주조가 많지 않았으며, 지금 남아있는 해인사 동종, 보신각 동종, 강화 동종 등이 대표적이다. 상원사 동종은 신라 725년에 만들어졌다.

84 다음 중 조선 시대에 만들어진 종이 아닌 것은?

① 상원사 동종
② 해인사 동종
③ 강화 동종
④ 보신각 동종

정답 81 ④　82 ②　83 ①　84 ①

85 다음 석비 중 가장 오래된 것은?

① 신라태종무열왕릉비
② 광개토대왕비
③ 북한산 신라 진흥왕 순수비
④ 사택지적비

해설
우리나라에서 세운 역사상 가장 오래된 비는 414년 건립된 중국 지린성 지안현 퉁거우에 있는 고구려 광개토대왕비이다.

86 다음 중 신라 진흥왕의 순수비가 아닌 것은?

① 창령비   ② 마운령비
③ 황초령비 ④ 사택지적비

해설
사택지적비는 백제의 비이다.

87 다음 중 동양에서 가장 오래된 천문관측대는?

① 낙성대   ② 첨성대
③ 앙부일구 ④ 태종대

해설
경주 첨성대(국보)
동양에서 가장 오래된 천문관측대로 신라 27대 선덕여왕 때 축조되었다.

88 1985년까지 제야의 종으로 사용되었던 종은?

① 상원사 동종
② 성덕대왕신종
③ 옛 보신각 동종
④ 강화 동종

해설
옛 보신각 동종(보물)
1985년까지 종로 보신각에 현수되어 제야의 종으로 사용되었던 조선 시대의 종이다. 이 종은 현재 국립중앙박물관 경내로 이관하여 보존 중이다.

89 신라화랑의 세속오계를 정해 호국불교로서의 역할을 수행할 수 있게 한 스님은?

① 원효대사   ② 원광법사
③ 대각국사   ④ 상장법사

해설
원광법사는 신라 시대에 새로운 불교지식을 신라에 보급한 업적이 큰 승려로, 그가 지은 세속오계는 이후 화랑도의 중심이념이 되었다고 한다.

정답 85 ② 86 ④ 87 ②
88 ③ 89 ②

해설
징비록(국보)
임진왜란 이전의 일본과의 관계, 명나라의 구원병 파견, 제해권의 장악에 관한 정황이 가장 정확히 기록되어 있어 임진왜란 전후 상황을 연구하는 데 귀중한 자료로 높이 평가된다.

90 조선 중기 류성룡이 임진왜란 때의 상황을 기록한 것으로, 미리 징계하여 후환을 경계한다는 의미의 제목을 가진 책은?
① 비변사등록
② 징비록
③ 일성록
④ 정만록

해설
덕수궁(사적)
1593년(선조 26년)부터 궁으로 사용하였으며 본래 경운궁으로 불리다가, 1907년 고종황제의 장수를 빈다는 뜻에서 덕수궁이라 부르게 되었다.

91 조선조 성종의 형 월산대군의 사저였으며, 고종이 승하하기도 한 궁은?
① 경복궁
② 덕수궁
③ 창덕궁
④ 창경궁

해설
수덕사 대웅전은 백제 계통의 목조건축 양식을 이은 고려 시대 건물로, 건립연대가 분명하고 형태미가 뛰어나 한국 목조건축사에서 매우 중요한 문화유산으로 평가받고 있다.

92 다음 중 탑의 형식으로 된 건물이 아닌 것은?
① 금산사 미륵전
② 쌍봉사 대웅전
③ 법주사 팔상전
④ 수덕사 대웅전

해설
방상시탈
국가민속문화유산인 방상시탈은 나례와 장례의식에 사용되었던 탈로, 주로 궁중에서 임금의 행차나 사신의 영접 등의 행사 때 이용되었다. 네 개의 눈은 음각하였으나 뚫려있지는 않으며, 장례 연구와 민속사 연구에 귀중한 조선 시대 유물이다.

93 궁중에서 나례나 장례 때 악귀를 쫓기 위해 사용했던 것으로 네 개의 눈을 가진 탈은?
① 영노탈
② 주지탈
③ 청계씨탈
④ 방상시탈

정답 90 ② 91 ② 92 ④ 93 ④

94 다음 중 지역과 사찰의 연결이 옳지 않은 것은?

① 서울 – 조계사
② 화성 – 용주사
③ 인제 – 백담사
④ 평창 – 동학사

> **해설**
> 평창에는 오대산 월정사가 있고, 공주 계룡산에 동학사가 있다.

95 솔거의 노송도가 있었다고 전해지는 절은?

① 분황사
② 미륵사
③ 황룡사
④ 불국사

> **해설**
> 솔거는 황룡사의 벽화 노송도를 그린 신라 진흥왕 때의 화가이다.

96 나라의 각종 행사나 의식, 궁중연례 때 추는 춤은 무엇인가?

① 정재무
② 처용무
③ 승 무
④ 바라무

> **해설**
> 정재무는 궁중을 중심으로 발전·계승된 춤으로 민간에서 연희되던 민속무용과 대응하는 춤이다.

97 다음 중 연결이 잘못된 것은?

① 고성 – 오광대
② 은산 – 별신제
③ 진주 – 검무
④ 삼척 – 단오제

> **해설**
> 단오제는 강릉에서 개최된다.

98 다음 중 무형유산과 지방의 연결로 옳지 않은 것은?

① 양주 – 별산대놀이
② 통영 – 오광대
③ 안동 – 차전놀이
④ 강령 – 돌실나이

> **해설**
> 강령은 탈춤이 유명하며, 돌실나이는 곡성 지방에서 유행하였다.

> **정답** 94 ④ 95 ③ 96 ①
> 97 ④ 98 ④

해설
경남지방은 오광대 계통이 유행하였고, 경북지방은 별신굿놀이가 유행하였다.

99 다음 중 가면극의 지역별 명칭으로 옳지 않은 것은?

① 경남 – 오광대
② 황해 – 탈춤
③ 경기 – 산대놀이
④ 경북 – 사자놀이

해설
신라방은 통일신라 시대에 당(唐)나라에 있던 신라인의 집단 거류지이다.

100 당나라에 설치되었던 신라인의 거주지는?

① 신라방　　② 신라촌
③ 경주방　　④ 경주촌

해설
꼭두각시놀음은 인형극이다.

101 다음 중 가면극에 해당하지 않는 것은?

① 양주별산대놀이
② 고성오광대
③ 수영야류
④ 꼭두각시놀음

해설
동래야류(국가무형유산)는 가면극의 일종이다.

102 다음 중 인형극이 아닌 것은?

① 홍동지놀음　　② 박첨지놀음
③ 꼭두각시놀음　　④ 동래야류

해설
〈직지심체요절〉은 전 세계에 남아 있는 금속활자로 인쇄된 책 중에서 가장 오래된 것으로, 2001년 〈승정원일기〉와 함께 유네스코 세계기록유산에 등재되었다.

103 전 세계에 남아 있는 금속활자로 인쇄된 책 중에서 가장 오래된 것은?

① 직지심체요절　　② 무구정광대다라니경
③ 세종실록지리지　　④ 동국문헌비고

정답 99 ④　100 ①　101 ④
102 ④　103 ①

104 다음 중 대보름에 영남지방에서 산신제와 함께 연행되던 민속극은?

① 수영야류
② 꼭두각시놀음
③ 별산대놀이
④ 북청사자놀음

해설

수영야류(국가무형유산)
정월대보름에 산신제와 함께 연행되던 민속극으로, 탈을 쓰고 벌이는 전통 가면극이다. 양반마당·영노마당·할미마당 등으로 구성되어 있으며, 현존하는 가산·통영·고성오광대, 동래야류와 함께 한국 가면극 중 영남형의 하나이다.

105 다음 중 국가무형유산과 지역의 연결이 옳지 않은 것은?

① 산대놀이 – 송파
② 샛골나이 – 나주
③ 쇠머리대기 – 영산
④ 모시짜기 – 진주

해설

모시짜기(국가무형유산)는 한산이 유명하고, 검무(국가무형유산)는 진주가 유명하다.

106 다음 중 지역과 국가무형유산의 연결이 바르지 못한 것은?

① 강릉 – 단오제
② 안동 – 차전놀이
③ 영산 – 줄다리기
④ 송파 – 오광대

해설

송파산대놀이(국가무형유산)
서울 송파지역에서 연회하던 가면극이다.

107 대웅전 중수를 맡은 도편수가 달아난 여인에 대한 배반감으로 나부상을 조각했다는 전설이 내려오는 사찰은?

① 상원사
② 전등사
③ 용주사
④ 법주사

해설

전등사(인천 정족산성 위치) 대웅전은 보물로 지정되어 있으며, 약사전, 범종 등 보물급 유적을 비롯해 국가사적, 인천시 지정 유형유산 등이 있다. 대웅전 지붕을 떠받치고 있는 나부상은 벌거벗은 여인을 묘사하고 있으며, 대웅전 중수를 맡은 도편수가 달아난 여인에 대한 배반감으로 조각했다는 전설이 내려온다.

정답 104 ① 105 ④ 106 ④ 107 ②

해설
국악의 4물
꽹과리, 징, 장구, 북

108 국악의 4물에 속하지 아니하는 것은?
① 꽹과리   ② 징
③ 장 구   ④ 대 금

해설
농악에 쓰이는 주요 악기로는 꽹과리, 징, 장구, 북, 소고, 태평소 등이 있다.

109 다음 중 농악에 쓰이는 주요 악기가 아닌 것은?
① 꽹과리   ② 소 고
③ 태평소   ④ 가야금

해설
남한산성은 경기도 광주지역에 있는 도립공원이다.

110 다음 중 공주지방에 있는 사적이 아닌 것은?
① 무령왕릉   ② 공산성
③ 남한산성   ④ 송산리 고분군

해설
감은사지는 신라의 사적으로 감은사가 있던 곳이다.

111 다음 중 부여지방에 있는 사적이 아닌 것은?
① 부소산성   ② 능산리 고분군
③ 궁남지   ④ 감은사지

해설
궁남지는 부여군 부여읍 동남리에 위치한 백제의 별궁 연못이다.

112 다음 중 신라와 관련된 사적이 아닌 것은?
① 포석정지   ② 동궁과 월지
③ 황룡사지   ④ 궁남지

정답 108 ④   109 ④   110 ③
      111 ④   112 ④

113 다음 중 수중릉(해중릉)은 누구의 묘인가?
① 문무왕 ② 김수로왕
③ 무열왕 ④ 유리왕

해설
경주시 양북면 봉길리 앞바다 200m 지점에 위치한 바위섬에 있는 해중릉은 삼국통일의 위업을 달성한 신라 30대 문무왕의 능이다(사적).

114 다음 중 가야의 사적은?
① 수로왕릉 ② 괘 릉
③ 임해전지 ④ 동궁과 월지(안압지)

해설
수로왕릉은 금관가야(가락국)를 건국한 김수로왕의 능으로 경상남도 김해시의 상징적인 문화유적이다.

115 삼국유사에 전하는 아사달과 아사녀의 전설이 있는 석탑은?
① 다보탑 ② 석가탑
③ 정림사지석탑 ④ 황룡사 구층탑

해설
무영탑이라고도 하며, 이 탑에는 석가탑을 지은 백제의 석공(石工) 아사달을 찾아 신라의 서울 서라벌에 온 아사녀가 남편을 만나보지도 못한 채 연못에 몸을 던져야 했던 슬픈 전설이 서려 있다.

116 세계에서 가장 오래된 목판인쇄물은?
① 무구정광대다라니경
② 직지심경
③ 고려대장경
④ 보협인다라니경

해설
무구정광대다라니경
'무구정경'이라고도 하는 세계에서 가장 오래된 목판인쇄물로 닥나무 종이로 만들어졌다. 경주 불국사 석가탑에서 발견되었으며, 현재 불교중앙박물관에서 보관하고 있다.

117 조선왕조의 역대 왕, 왕비 등의 위패를 모셔둔 사당은?
① 서 묘 ② 동 묘
③ 종 묘 ④ 문 묘

해설
서울 종로구에 있는 종묘는 조선 시대 역대 왕과 왕비, 그리고 추존왕과 왕비의 신주를 봉안한 사당이다.

정답 113 ① 114 ① 115 ②
116 ① 117 ③

해설

우리나라에는 관우를 모시는 관왕묘가 4군데 있다. 경북의 성주와 안동에 임진왜란 때 세운 관왕묘가 있고, 그 뒤에 세운 것으로 보이는 서울의 동묘와 남묘의 두 개가 있다.

118 관운장의 영정을 모셔 그 영험을 기원드리는 곳은?

① 종 묘   ② 동 묘
③ 문 묘   ④ 서 묘

해설

독립문(사적)
1896년 서재필 박사가 중심이 된 독립협회가 우리나라의 영구 독립을 선언하기 위하여 청나라 사신을 맞이하던 영은문 자리에 세운 문으로서, 프랑스 파리의 개선문을 본떠서 만든 것이다.

119 서재필 박사가 중심이 된 독립협회가 영은문 자리에 세운 문은?

① 광희문   ② 독립문
③ 서소문   ④ 동대문

해설

「삼국사기」의 임해전에 관한 기록을 보면 '931년 경순왕(敬順王)은 고려 태조 왕건(王建)을 초청하여 큰 잔치를 베풀었다'고 되어 있다. 사적으로, 지정명칭은 '경주 동궁과 월지'이다.

120 신라의 경순왕과 고려 태조 왕건의 회담지로서 신라 영토의 형을 본떠 만든 못을 갖고 있는 관광자원은?

① 임해전지   ② 황룡사지
③ 궁남지   ④ 포석정지

해설

법주사는 충북 보은에 있다.

121 다음 중 사찰과 지역의 연결이 잘못된 것은?

① 전등사 – 강화
② 용문사 – 양평
③ 신륵사 – 여주
④ 법주사 – 단양

해설

5대 사찰
통도사, 해인사, 송광사, 범어사, 화엄사

122 다음 중 5대 사찰에 속하지 않는 것은?

① 통도사   ② 전등사
③ 해인사   ④ 송광사

정답 118 ② 119 ② 120 ①
121 ④ 122 ②

123 다음 중 해인사와 관련이 없는 것은?

① 경남 합천에 소재
② 법보사찰
③ 팔만대장경 보관
④ 보조국사 지눌

해설
해인사는 애장왕 3년(802)에 순응과 이정 두 대사가 창건하였다.

124 다음 중 의상대사에 의해 창건된 절은?

① 범어사　　② 통도사
③ 해인사　　④ 송광사

해설
① 범어사는 신라 제30대 문무왕 때 의상대사에 의해 창건되었고, 원효, 서산대사 등 고승이 수도하였다.

125 다음 중 사적에 속하지 아니하는 것은?

① 불국사　　② 법주사
③ 해인사　　④ 범어사

해설
④ 범어사 대웅전, 범어사 삼층석탑 등 보물을 보유하고 있는 사찰이다.

126 일반적으로 사찰의 중심 구조물은 어느 것인가?

① 극락전　　② 대웅전
③ 관음전　　④ 약사전

해설
대웅전은 사찰의 중심이 되는 건물이다. 대웅이란 뜻은 큰 영웅, 즉 석가모니 부처를 의미한다.

127 다음 중 분류가 다른 하나는?

① 나주 운흥사 석장승　　② 불국사 석가탑
③ 동궁과 월지　　　　　④ 종묘제례악

해설
종묘제례악은 무형유산이다.

정답 123 ④　124 ①　125 ④
126 ②　127 ④

해설
피리정악 및 대취타는 국가무형유산이다.

128 다음 중 국가민속문화유산이 아닌 것은?
① 통영 문화동 벅수
② 나주 운흥사 석장승
③ 피리정악 및 대취타
④ 정읍 김명관 고택

해설
애월 말방아는 제주도에 있다.

129 다음 중 국가민속문화유산과 소재지의 연결이 옳지 않은 것은?
① 선교장 – 강릉
② 삼덕리 마을제당 – 통영
③ 오거리 당산 – 고창
④ 애월 말방아 – 강화

해설
삼충사(三忠祠)
충청남도 부여군 부소산성 내에 있으며, 백제 말엽 의자왕(641~660)의 충신인 성충, 흥수, 계백의 충절을 기리기 위해 1957년 건립한 사당이다.

130 부소산성 내의 삼충사(三忠祠)에 모셔진 인물이 아닌 사람은?
① 흥 수
② 계 백
③ 성 충
④ 흑치상지

해설
② 봉황동 유적(패총) – 김해
③ 부소산성 – 부여
④ 망덕사지 – 경주

131 다음 중 사적과 사적지의 연결이 바른 것은?
① 포석정지 – 경주
② 봉황동 유적 – 나주
③ 부소산성 – 공주
④ 망덕사지 – 울진

정답 128 ③ 129 ④ 130 ④ 131 ①

132 우리나라의 문화재보호법이 제정된 해는?

① 1962년
② 1964년
③ 1970년
④ 1972년

해설
1962년 1월 10일 우리 민족의 문화유산 전반을 보호·관리하는 최초의 기본법인「문화재보호법」이 법률 제961호로 제정·공포되었으나, 2024년 5월 17일 문화재의 명칭과 관계 법령이 전면 개정되었다. 개정된 법령의 명칭은「문화유산의 보존 및 활용에 관한 법률」, 약칭 '문화유산법'이다.

133 신라의 시조 박혁거세의 태생지와 관계 깊은 곳은?

① 계 림
② 나 정
③ 삼성혈
④ 장 릉

해설
경주 나정(사적)은 박혁거세의 태생지로 유명하다.

134 충무공의 위패를 모시고 있으며, 춘추에 제사를 지내는 곳은?

① 현충사
② 충렬사
③ 전등사
④ 해인사

해설
현충사(아산 이충무공 유허, 사적)
충무공 이순신 장군의 영정을 모신 사당으로 조선 숙종 33년에 세워졌다.

135 다음 중 불국사 경내에 없는 국보는?

① 석굴암
② 연화교·칠보교
③ 석가탑
④ 다보탑

해설
석굴암은 석불사에 있던 사원이다.

136 사적과 지역의 연결이 잘못된 것은?

① 경주 - 포석정지
② 김해 - 패총(봉황동 유적)
③ 수원 - 화성
④ 공주 - 이견대

해설
이견대는 경북 경주시 감포읍 대본리 감은사지(感恩寺址) 앞에 있는 신라 시대의 유적이다.

정답 132 ① 133 ② 134 ①
135 ① 136 ④

해설
효창공원의 북쪽 높은 동산 위에는 백범 김구의 묘소가 자리 잡고 있으며, 그 동쪽 다른 동산에는 이봉창·윤봉길·백정기 세 의사의 묘가 있다.

137 김구 선생의 묘가 있는 공원은?
① 효창공원
② 장충공원
③ 사직공원
④ 파고다공원

해설
「삼국사기」는 1145년에 편찬되었으며, 울릉도와 독도가 '우산국'으로 불렸다는 기록이 있다.

138 다음 중 독도가 언급된 최초의 역사적 기록은?
① 동국통감
② 세종실록지리지
③ 동국문헌비고
④ 삼국사기

해설
정선 필 금강전도는 국보이다.

139 다음 중 국가민속문화유산이 아닌 것은?
① 국사당의 무신도
② 인왕산 국사당
③ 남은들 상여
④ 금강전도

해설
계림(사적)은 경상북도 경주시 교동에 있는 경주 김씨 시조의 발상지로서, 신라의 건국 초부터 있던 숲으로 경역은 약 7,300㎡이고, 느티나무, 물푸레나무, 싸리나무 등의 고목이 무성하다.

140 다음 중 경주 김씨 시조의 발상지와 관계 깊은 곳은?
① 나 정
② 월 성
③ 계 림
④ 표 암

해설
단청은 오행사상에 따라 기본적으로 청, 적, 황, 백, 흑을 배합하여 사용한다.

141 단청에 쓰이는 다섯 가지 기본색으로 옳은 것은?
① 청색, 자색, 황색, 회색, 남색
② 청색, 녹색, 흑색, 백색, 남색
③ 청색, 적색, 흑색, 백색, 회색
④ 청색, 적색, 황색, 백색, 흑색

정답 137 ① 138 ④ 139 ④
140 ③ 141 ④

142 다음 중 천연기념물과 지역이 잘못 연결된 것은?

① 크낙새 서식지 – 광릉
② 문주란 자생지 – 제주도
③ 비자나무 – 울진
④ 고니류 도래지 – 진도

> **해설**
> 비자나무는 진도, 백양사 등에서 자생하고 있다.

143 다음 새 중 천연기념물이 아닌 것은?

① 크낙새
② 따오기
③ 황새
④ 앵무새

> **해설**
> 크낙새, 따오기, 황새, 먹황새, 고니, 두루미, 재두루미, 팔색조, 저어새, 느시 등이 천연기념물이다.

144 다음 중 살풀이춤에 대한 설명이 아닌 것은?

① 수건춤이나 즉흥무라고도 한다.
② 액을 푼다라는 뜻을 가진 민속무용이다.
③ 일반적으로 흰 치마와 저고리에 흰 수건을 들고 춘다.
④ 현재는 무속인들이 명맥을 잇고 있다.

> **해설**
> 살풀이춤은 국가무형유산으로 경기지방과 호남지방에서 계승되었으며, 현재 김숙자(경기)와 이매방(호남) 명예보유자는 작고하였다.

145 다음 중 철새의 도래지로서 천연기념물로 지정된 곳이 아닌 것은?

① 낙동강 하류 철새 도래지
② 거제 연안 아비 도래지
③ 진도 고니류 도래지
④ 나주 오골계 도래지

> **해설**
> 오골계는 사육하는 닭이다.

정답 142 ③ 143 ④ 144 ④ 145 ④

해설

천연기념물(동물)
진도개 · 동경이 · 제주마 · 삽살개 · 오계 등

146 다음 중 천연기념물로 보호되고 있는 동물이 아닌 것은?
① 진도개
② 동경이
③ 오소리
④ 삽살개

해설

제주 무태장어 서식지(천연기념물)
무태장어는 뱀장어보다 크고 길이가 1.5m나 되는데, 원래 대만 등지에서 서식하는 것으로 우리나라에서는 제주도 서귀포시 천지연에서 서식하고 있는 매우 희귀한 종류이다.

147 다음 중 우리나라에서 무태장어가 서식하고 있는 곳은?
① 서귀포시 천지연
② 봉화 소천면
③ 한라산의 백록담
④ 백두산의 천지

해설

기로소는 조선 시대 태조가 나이 많은 문신을 예우하기 위해 설치하였으며, 왕이나 조정원로의 친목이나 연회 등을 주관하였다.

148 나이가 많은 왕이나 정2품 이상 문관의 친목 및 예우를 위해 태조가 1394년에 설치한 곳은?
① 영화당
② 기로소
③ 낙선재
④ 수궁청

해설

통영오광대(국가무형유산)
경상남도 통영시에 전해 내려오는 민속가면극으로 반주음악은 꽹과리가 주도하며, 장구와 북 등 타악기를 많이 사용하는 것이 특색이다.

149 다음 중 지금까지 통영시에 전승되고 있는 가면극은?
① 관노탈놀이
② 하회별신굿탈놀이
③ 처용극놀이
④ 오광대놀이

해설

동양에서 가장 오래된 나무로 꼽히는 용문사 은행나무(천연기념물)는 나이가 1,100살 정도로 추정되며, 높이 42m에 뿌리부분 둘레가 15.2m나 된다.

150 다음 중 우리나라 최대 · 최고(古)의 은행나무는?
① 용문사 은행나무
② 문묘의 은행나무
③ 두서면의 은행나무
④ 영월의 은행나무

정답 146 ③ 147 ① 148 ②
149 ④ 150 ①

151 혼례 과정 중 폐백을 진행할 때 덕담과 함께 시부모가 던져주는 것은 무엇인가?

① 돈과 대추
② 밤과 대추
③ 은행과 사과
④ 약과와 밤

해설
자손 번성의 의미로 밤과 대추를 던져준다.

152 다음 중 천연기념물인 정이품송과 관련이 없는 것은?

① 보은군 속리산면
② 세종대왕
③ 법주사
④ 연걸이 소나무

해설
세종대왕이 아니라 세조와 관련이 있다.

153 갓일의 구성이 아닌 것은?

① 총모자　　② 입 자
③ 양 태　　　④ 조 각

해설
갓일은 총모자, 양태, 입자로 나뉜다. 총모자는 컵을 뒤집어 놓은 듯한 갓 대우 부분을 말꼬리털 또는 목덜미털을 사용해 만드는 것을 가리킨다. 양태는 대나무를 머리카락보다 잘게 쪼개서 엮어내는 과정을 말하며, 입자는 명주를 입히고 옻칠을 해서 제품을 완성시키는 것이다.

154 다음 중 국제보호조로 지정·보호되고 있는 천연기념물이 아닌 것은?

① 저어새　　② 개개비
③ 팔색조　　④ 황 새

해설
국제보호조로 등록되어 있는 조류로는 따오기, 황새, 팔색조, 저어새, 두루미 등이 있다.

정답 151 ② 152 ② 153 ④ 154 ②

해설

충북 괴산군 장연면 송덕리에 있는 미선나무(천연기념물)는 세계적인 희귀종 식물로 보호받고 있다.

155 다음 중 세계적인 희귀종 식물로 보호받고 있는 천연기념물은?

① 은행나무
② 미선나무
③ 팔손이나무
④ 왕벚나무

해설

남사당놀이(국가무형유산)에서 인형극을 이르는 '덜미'는 중요 등장인물에 따라 꼭두각시놀음, 박첨지놀음 또는 홍동지놀음이라고 한다.

156 다음 중 나머지 셋과 가장 거리가 먼 것은?

① 홍동지놀음
② 꼭두각시놀음
③ 박첨지놀음
④ 하회별신굿탈놀이

해설

3월 세시풍속
- 삼짇날(음력 3월 3일)은 머리감기, 나비점, 화전이라 하여 봄꽃을 넣어 전이나 국수를 해먹는다. 강남 갔던 제비가 돌아온다는 날이다.
- 그 외 꽃놀이, 청춘경로회, 가시놀음 등이 있다.

157 월별 세시풍속이 잘못 연결된 것은?

① 3월 – 수릿날
② 6월 – 유두날
③ 7월 – 백중날
④ 9월 – 중양절

해설

② 닭 : 자손 번영
③ 대나무 : 변함없는 사랑과 정절
④ 청실 : 부부의 화합

158 다음 중 혼례상의 물건과 그 의미를 바르게 연결한 것은?

① 밤·대추·쌀 – 장수와 다산
② 닭 – 변함없는 사랑과 정절
③ 대나무 – 가족에게 신의를 다함
④ 청실 – 얽혀서 묶인 어려움을 극복하는 의지

정답 155 ② 156 ④ 157 ① 158 ①

159 고인돌의 유적지로 유네스코에 등재된 지역이 아닌 것은?

① 인천광역시 강화군
② 전라남도 화순군
③ 전라북도 고창군
④ 충청남도 부여군

해설
유네스코에 등재된 우리나라의 고인돌 유적지로는 고창, 화순, 강화가 있다. 거대한 석조로 만들어진 무덤과 장례의식 기념물로 당시 사회현상과 기술을 잘 보여주는 유적들이다.

160 다음 중 정월대보름의 풍속은?

① 세 배
② 벌 초
③ 천중부적
④ 달맞이

해설
정월대보름 놀이
거북놀이, 기세배, 다리밟기, 달맞이, 시절윷놀이, 줄다리기, 횃불싸움, 쥐불놀이, 지신밟기, 차전놀이 등

161 다음 중 십장생에 속하지 않는 것은?

① 불로초
② 거 북
③ 소나무
④ 매 화

해설
십장생은 해·산·물·돌·소나무·달(구름)·불로초·거북·학·사슴을 말하는데, 중국의 신선 사상에서 유래한다. 매화는 사군자의 하나이다.

162 다음 중 단오에 대한 내용이 아닌 것은?

① 그네뛰기, 씨름, 수리취떡먹기 등을 즐긴다.
② 수릿날이라고도 한다.
③ 단옷날 오시(午時)에 목욕을 한다.
④ 불을 피우지 않고 찬 음식을 먹는다.

해설
④ 한식에 대한 내용이다.

163 다음 세시풍속 중 8월과 가장 관계없는 것은?

① 벌초와 성묘
② 반보기
③ 강강술래
④ 그네뛰기

해설
그네뛰기는 5월의 세시풍속이다. 반보기는 친정어머니와 딸이 날짜를 잡아 중간지점에서 만나는 것을 말한다.

정답 159 ④ 160 ④ 161 ④
162 ④ 163 ④

해설
장승은 지역 간의 경계표 구실, 이정표 구실, 마을의 수호신 역할을 한다.

164 다음 중 장승의 역할로 볼 수 없는 것은?

① 지역 간의 경계표 구실
② 이정표 구실
③ 마을의 수호신 역할
④ 마을의 신성지역 표기

해설
강강술래(국가무형유산)의 여러 가지 기원 중에는 이순신 장군이 임진왜란 때 병사가 많은 것처럼 왜군을 속이기 위하여 부녀자들을 모아 돌도록 했다는 설이 있다. 그러나 1년 중 달이 가장 밝은 밤에 노래와 춤으로 축제를 벌이던 데서 비롯된 민속놀이라고 보는 것이 타당하다.

165 이순신 장군과 관계 깊은 민속놀이는?

① 차전놀이　　　② 횃불싸움
③ 강강술래　　　④ 쇠머리대기

해설
안동 차전놀이는 정월대보름을 전후하여 안동지방에서 행해지던 민속놀이의 하나로, '동채싸움'이라고도 부른다.

166 안동 차전놀이에 대한 설명으로 옳지 않은 것은?

① 동채싸움이라고도 한다.
② 후백제의 견훤과 고려 태조 왕건의 싸움에서 비롯되었다는 설이 전해진다.
③ 국가무형유산으로 지정되었다.
④ 추석을 전후하여 안동지방에서 행해지던 민속놀이다.

해설
놋다리밟기는 고려 공민왕이 노국공주와 안동으로 피난을 갔을 때, 그곳의 부녀자들이 개울 위에 엎드려 다리를 놓고 노국공주를 지나가게 하였다는 데서 유래했다는 설이 있다.

167 안동지방에 전승되어 내려온 대보름날 행해지는 유일한 여성들의 놀이는?

① 석 중　　　　② 횃불싸움
③ 놋다리밟기　　④ 지신밟기

정답 164 ④ 165 ③ 166 ④ 167 ③

168 다음 중 우리나라 고유의 4대 명절에 속하지 않는 것은?

① 한 식
② 추 석
③ 단 오
④ 동 지

해설
고유의 4대 명절은 설날, 한식, 단오, 추석이다.

169 다음 중 종묘제례에 해당하는 것은?

① 땅의 신과 곡식의 신에게 드리는 국가적인 제사이다.
② 삼국 시대부터 행해졌다.
③ 조선 시대 역대 왕과 왕비의 신위를 모셔 놓은 사당(종묘)에서 지내는 제사를 가리키며, '대제(大祭)'라고도 부른다.
④ 공자를 모시는 사당인 문묘에서 지내는 큰 제사로, 예법과 음악이 존중되는 국가의 의례이다.

해설
①·② 사직대제, ④ 석전대제이다.

170 다음 중 동제(洞祭)에 대한 설명으로 옳지 않은 것은?

① 정치적·축제적·협동의 기능이 있다.
② 마을사람들의 연중무병과 평온무사를 비는 제사이다.
③ 창포에 머리를 감고 찬밥을 먹어야 한다.
④ 동신제(洞神祭)·대동치성(大洞致誠)·산제(山祭)라고도 한다.

해설
동제는 마을의 조상신·수호신에게 마을 사람들의 연중무병과 평온무사를 비는 제사이다.
③ 창포에 머리를 감는 것은 단오, 찬밥을 먹는 것은 한식의 풍습이다.

171 판소리에 대한 다음 설명 중 맞지 않는 것은?

① 예전에는 판소리를 하는 사람을 광대, 소리광대라고 불렀다.
② 판소리는 본래 하층민 사이에서 불리던 것이다.
③ 현전하는 판소리 다섯 마당에는 춘향가, 심청가, 흥부가, 수궁가, 옹고집타령이 있다.
④ 판소리는 북장단에 맞추어 긴 이야기를 노래와 말로 엮어 몸짓을 곁들이며 구연하는 민속음악이다.

해설
판소리 12마당
송만재(宋晩載)의 「관우희(觀優戲)」에는 판소리 12마당이 기록되어 있다(춘향가·심청가·흥부가·수궁가·적벽가·가루지기타령·배비장타령·장끼타령·옹고집타령·강릉매화타령·왈자타령·가짜신선타령). 그러나 오늘날에는 이 가운데 5마당, 즉 춘향가·심청가·흥부가·수궁가·적벽가만 전해지고 있다.

정답 168 ④ 169 ③ 170 ③ 171 ③

해설

①·③ 동편제, ② 중고제이다.

172 다음 중 서편제에 대한 설명으로 옳은 것은?

① 소리가 웅장하고 가맥마다 힘이 들어 있다.
② 경기도 남부와 충청도 지역에서 전승된 소리이다.
③ 서편제의 대표적 판소리는 적벽가이다.
④ 가창의 성색이 부드러우며 구성지고 애절한 느낌을 준다.

해설

봉산탈춤
1967년 6월 16일 국가무형유산으로 지정되었다. 해서(황해도 일대) 탈춤에 속하며, 산대도감 계통의 극이다.

173 다음 중 민속극과 그 발달 지방을 잘못 연결한 것은?

① 오광대놀이 – 경상남도 일대
② 북청사자놀음 – 함남 북청군 일대
③ 양주별산대놀이 – 서울과 중부지방 일대
④ 봉산탈춤 – 평안도 일대

해설

두레는 지역에 따라 두레, 돌개, 동네 논매기, 농사(農社), 농계(農契), 농상계(農桑契), 농청(農廳), 계청(契廳), 목청(牧廳) 등 다양한 이름으로 불렸다. 일감에 따라서 초벌 두레, 두벌 두레, 만물 두레 등의 농사 두레뿐 아니라 꼴을 베는 꼴베기 두레, 여자들만으로 조직되는 길쌈 두레도 있었다.

174 두레에 관한 다음 설명 중 옳지 않은 것은?

① 주로 농번기의 모내기에서 김매기를 마칠 때까지 시행된다.
② 두레가 끝나면 풍농(豊農)을 기원하고 술과 노래, 농악으로 마을 잔치가 벌어지기도 한다.
③ 본격적인 두레의 발생은 조선 후기에 전국적으로 보편화된 모내기의 확산과 때를 같이해서 이루어졌다.
④ 두레 조직은 부락 내의 장정이 주가 되며, 여자들은 참가할 수 없었다.

해설

남사당(남사당패)
남사당의 무리, 곧 남자들로 구성된 집단으로 유랑·공연하며 춤과 소리를 파는 놀이패이다. 조선 후기에 자연발생한 민중놀이 집단이 처음에는 사당패라고 하여 여자들이 술자리에서 노래를 부르고 춤을 추는 집단에서 출발하였으나, 조선 말기 남자들만의 사당패가 생겨나 남사당패라고 하였다.

175 남자들로만 구성되어 유랑·공연하며 춤과 소리를 팔았던 조선 후기의 놀이패는?

① 보부상
② 시정상인
③ 풍물패
④ 남사당

정답 172 ④ 173 ④ 174 ④ 175 ④

176 성곽의 유형과 설명이 바르게 연결되지 않은 것은?

① 읍성 – 지방행정관서가 있는 고을에 축성되는 것으로, 관아와 민가를 함께 수용하는 성
② 진성 – 왕궁과 종묘사직, 의정부가 위치한 도읍을 방어하기 위해 축조한 성곽
③ 상주성 – 군대가 항상 주둔하는 성
④ 장성 – 국경의 변방에 외적을 막기 위해 쌓은 성

해설
왕궁과 종묘사직, 의정부가 위치한 도읍을 방어하기 위한 성은 도성이다. 국경과 해안 및 내륙의 요충지에 쌓은 성이 진성이다.

177 국가민속문화유산으로 지정된 민속마을이 아닌 것은?

① 경주 양동마을
② 제주 성읍마을
③ 고성 왕곡마을
④ 전주 한옥마을

해설
국가민속문화유산 지정 마을
경주 양동마을, 고성 왕곡마을, 제주 성읍마을, 성주 한개마을, 아산 외암마을, 안동 하회마을, 영주 무섬마을 등

178 다음 중 국가무형유산으로 지정되어 있는 농악이 아닌 것은?

① 진주삼천포농악
② 고산농악
③ 이리농악
④ 강릉농악

해설
국가무형유산으로 지정된 농악으로는 진주삼천포농악, 평택농악, 이리농악, 강릉농악, 임실필봉농악, 구례잔수농악이 있으며, 고산농악은 대구광역시 무형유산이다.

179 불을 밝혀놓고 밤새면서 설을 준비하는 대표적인 풍속은?

① 설 빔　　② 수 세
③ 세 찬　　④ 세 배

해설
① 설빔 : 설을 맞이해 새로 입거나 신는 옷, 신발
③ 세찬 : 설에 차리는 음식
④ 세배 : 설에 웃어른께 인사로 하는 절

정답 176 ② 177 ④ 178 ② 179 ②

해설

① 옹성 : 성문을 보호하고 성을 지키기 위해 성문 밖에 쌓은 작은 성
③ 적대 : 성문 양옆에 돌출시켜 옹성과 성문을 적으로부터 지키는 대
④ 해자 : 성주위에 둘러 판 못

180 성벽 위에 설치하는 낮은 담장으로, 적으로부터 몸을 보호하고 적을 효과적으로 공격하기 위한 구조물은?

① 옹 성 ② 여 장
③ 적 대 ④ 해 자

해설

경주 불국사 삼층석탑(석가탑)에 대한 설명이다. 불국사 삼층석탑은 신라 석탑 중 가장 균형잡힌 아름다움을 자랑한다.

181 다음 설명에 해당하는 석탑은?

> 간결하고 직선적인 선의 아름다움은 완전한 안정감을 갖추고 있다. 이 탑을 만들기 위해 고향을 떠나온 석공 아사달과 남편을 찾아온 그의 처 아사녀와의 슬픈 전설 때문에 일명 무영탑이라 부르고 있다.

① 익산 미륵사지 석탑
② 월정사 팔각구층석탑
③ 경주 불국사 삼층석탑
④ 부여 정림사지 오층석탑

해설

춘앵무는 궁중무용이다.

182 우리나라 전통무용의 일종인 민속무가 아닌 것은?

① 춘앵무 ② 승 무
③ 살풀이춤 ④ 한량무

해설

해인사 장경판전은 1995년 등재된 유네스코 세계문화유산이다.

183 유네스코에 등재된 세계기록유산이 아닌 것은?

① 해인사 장경판전
② 승정원일기
③ 일성록
④ 동의보감

정답 180 ② 181 ③ 182 ① 183 ①

184 판소리에 관한 설명으로 옳지 않은 것은?

① 고수의 장단에 맞추어 한 명의 소리꾼이 소리, 아니리, 너름새를 섞어가며 구연(口演)한다.
② 지역적 특징에 따라 동편제, 서편제, 중고제로 구분된다.
③ 춘향가, 심청가, 적벽가, 수심가, 흥보가는 판소리 다섯마당으로 정착되었다.
④ 독창성과 우수성을 세계적으로 인정받아 유네스코 지정 인류무형유산으로 등재되었다.

해설

판소리 다섯마당은 춘향가, 심청가, 적벽가, 수궁가, 흥보가이다. 수심가는 평안도 민요의 하나이다.

185 하천을 이용하거나 성벽의 주변에 인공적으로 도랑을 파서 만든 성의 방어물은?

① 성문(城門)
② 옹성(甕城)
③ 돈대(墩臺)
④ 해자(垓字)

해설

① 성문 : 성곽의 문
② 옹성 : 성문 밖에 쌓은 작은 성으로 성문을 보호하는 역할
③ 돈대 : 평지보다 높직하게 두드러진 평평한 땅

186 정월대보름에 행해지는 민속놀이가 아닌 것은?

① 줄다리기
② 지신밟기
③ 백중놀이
④ 관원놀음

해설

백중놀이는 승려들이 부처를 공양하기 위해 재(齋)를 올리던 백중날(음력 칠월 보름) 행해지던 놀이이다.

187 안동 하회마을에 관한 설명으로 옳지 않은 것은?

① 보물 양진당과 충효당이 있다.
② 하회란 물이 돌아서 흘러간다는 의미이다.
③ 류성룡 형제의 유적이 마을의 중추를 이루고 있다.
④ 안강평야의 동쪽 구릉지에 위치하고 있다.

해설

안강평야의 동쪽 구릉지에 위치하고 있는 곳은 경주 양동마을이다.

정답 184 ③ 185 ④ 186 ③ 187 ④

> 해설

영릉(세종)의 소재지는 경기도 여주시이다.

188 왕릉과 소재지의 연결이 옳지 않은 것은?

① 헌인릉 – 서울특별시
② 동구릉 – 경기도 구리시
③ 장릉(단종) – 강원도 영월군
④ 영릉(세종) – 경기도 고양시

> 해설

동궁은 궁궐의 동쪽에 있는 것으로 태자나 세자가 거처하는 곳을 말한다.

189 조선 시대 궁궐의 명칭에 대한 설명으로 옳지 않은 것은?

① 정궁 – 왕의 침전
② 서궁 – 대비의 침전
③ 동궁 – 후궁의 침전
④ 중궁 – 왕비의 침전

> 해설

제주도에 있는 국립박물관은 제주박물관이다.

190 다음 중 국립박물관이 아닌 것은?

① 경주박물관
② 제주도민속자연사박물관
③ 대구박물관
④ 부여박물관

> 해설

② 기단 : 건물의 터를 잡은 다음, 터보다 한층 높게 쌓은 단
③ 대들보 : 작은 보의 하중을 받기 위해 기둥과 기둥 사이에 건너지른 큰 들보
④ 단청 : 목조건물 등의 벽, 기둥, 천장에 여러 가지 빛깔로 그림이나 무늬를 그려 넣은 것

191 우리나라 전통 건축양식 중 처마 끝의 하중을 기둥에 전달하고 장식적 의장을 더해주는 부재는?

① 공 포   ② 기 단
③ 대들보   ④ 단 청

정답 188 ④ 189 ③ 190 ② 191 ①

192 다음 석탑의 구성요소에서 가장 꼭대기에 위치하는 것은?

① 찰 주
② 보 륜
③ 복 발
④ 옥개석

해설
찰주는 탑 꼭대기에 세운 장식의 중심을 뚫고 세운 기둥을 말한다.
② 보륜 : 탑의 상륜부에 있는 기둥머리의 금속 장식
③ 복발 : 탑의 노반 위에 그릇을 엎어놓은 것처럼 만든 장식
④ 옥개석 : 석탑 위에 지붕처럼 덮는 돌

193 우리나라의 세계문화유산 지정순서로 올바른 것은?

ㄱ. 양동마을
ㄴ. 종 묘
ㄷ. 조선왕조 왕릉

① ㄱ - ㄴ - ㄷ
② ㄱ - ㄷ - ㄴ
③ ㄴ - ㄷ - ㄱ
④ ㄷ - ㄴ - ㄱ

해설
종묘(1995), 조선왕릉(2009), 하회와 양동(2010)

194 다른 유적에서는 발견되지 않은 특이한 유물이 발견되거나, 다른 무덤과 차별화되는 특징을 가진 무덤은?

① 묘(墓)
② 총(塚)
③ 능(陵)
④ 분(墳)

해설
① 묘 : 왕족의 혈통 또는 모든 일반사람의 무덤을 총칭하는 말
③ 능 : 왕과 왕비의 무덤에 쓰이는 칭호
④ 분 : 무덤의 주인이 누구인지 알 수 없고 별다른 특징이 없을 때 붙이는 칭호

정답 192 ① 193 ③ 194 ②

해설
동의보감(2009), 5·18 민주화운동기록물(2011)

195 다음 중 2013년에 세계기록유산으로 등재된 것만 고른 것은?

> ㄱ. 동의보감
> ㄴ. 난중일기
> ㄷ. 새마을운동기록물
> ㄹ. 5·18 민주화운동기록물

① ㄱ, ㄴ
② ㄱ, ㄹ
③ ㄴ, ㄷ
④ ㄷ, ㄹ

해설
승정원일기는 유네스코 세계기록유산으로 등재되어 있다.

196 우리나라의 세계유산 중 무형유산으로 등록되지 않은 것은?

① 아리랑
② 택견
③ 줄타기
④ 승정원일기

정답 195 ③ 196 ④

197 조선 시대 도자기의 특징으로 옳지 않은 것은?

① 왕실에 백자를 공급하기 위해 사옹원을 설치하였다.
② 고려 시대에 비해 실용성이 강조되었다.
③ 임진왜란 이후 분청사기는 쇠퇴하였다.
④ 주류를 이루는 것은 청자이다.

해설
청자는 고려 시대를 대표하는 자기로, 조선 시대에 성행한 것은 백자이다.

198 불교 재(齋) 의식 때 추는 춤이 아닌 것은?

① 살풀이춤
② 나비춤
③ 바라춤
④ 법고춤

해설
살풀이춤은 민속춤의 하나로, 액을 풀기 위해 굿판에서 추는 춤을 말한다.

199 관현악 반주에 맞추어 시조시를 노래하며 국가무형유산인 한국의 전통 성악곡은?

① 제례악
② 가 곡
③ 민 요
④ 농 악

해설
① 제례악 : 제향에 쓰이는 음악(종묘제례악과 문묘 제례악 등)
③ 민요 : 예부터 민중 사이에 구전되어 불려오던 전통 노래를 이르는 말
④ 농악 : 농촌에서 농부들 사이에 행하여지는 우리나라 고유의 음악

정답 197 ④　198 ①　199 ②

배우는 사람은 모름지기 심신을 수련해야 한다.

– 퇴계 이황 –

벼락합격
Booster

관광자원해설 기출족보

대중교통으로 이동할 때, 시험장에서 대기할 때 등 자투리 시간을 활용해 보세요!

■ 4・19혁명기록물(2023)
- 2023년 5월 18일 기록물이 유네스코 세계기록유산으로 등재
- 혁명의 원인과 전개 과정, 혁명 직후의 처리 과정을 보여주는 기록유산으로 국가기관과 국회・정당의 자료, 언론 기사, 개인의 기록, 수습조사서, 사진과 영상 등 1019점으로 구성

■ 동학농민혁명기록물(2023)
- 혁명 당시 조선 정부와 동학동민군, 농민군의 진압에 참여한 민간인, 일본공사관 등이 생산한 자료 총 185점이 2023년 세계시록유산에 등재
- 등재 신청 심사 당시 동학농민혁명 기록물은 조선 백성이 주체가 돼 자유・평등・인권의 보편적 가치를 지향했던 '기억의 저장소'로서 세계사적 중요성을 널리 인정받음

■ 제주4・3기록물(2025)
- 냉전에 대한 지역 차원의 기억을 인류의 역사로 보존
- 해방 이후 한국 사회의 탈식민 전환 과정에서 억눌려온 기억을 보존하고 있으며, 오랫동안 공산주의와 관련된 낙인 속에 살아온 희생자들의 명예를 회복하려는 노력을 보여줌
- 과거 가해자였던 이들을 포용하고, 제주를 '공존의 공동체'로 만들고자 했던 지역사회의 집단적 노력을 담고 있음

■ 산림녹화기록물(2025)
- 산림을 복원하기 위해 추진한 산림녹화 사업을 기록한 자료
- 정부 관보, 법령, 공식 문서, 안내 책자, 사진 등을 포함한 총 9,619건의 자료로 구성
- 기후변화, 토양 침식, 산림 생태계 복원 등 다양한 산림 문제에 대응하기 위한 정책과 프로그램의 내용을 보여줌
- 개발도상국의 산림 분야 공무원을 대상으로 한 국제 연수 프로그램이나 산림 중심 공적개발원조(ODA) 사업에서도 널리 활용되고 있음

※ 출처 : 국가유산청 홈페이지(www.khs.go.kr)
유네스코 한국위원회(www.unesco.or.kr)

- **한국의 유교책판(2015)**
  - 국가가 아닌 각 지역의 지식인 집단들이 시대를 달리하여 만든 것. 문학을 비롯하여 정치, 경제, 사회, 대인관계 등 다양한 분야를 다루고 있지만 궁극적으로 유교의 인륜공동체를 실현하기 위한 공통성을 지님
  - 인쇄문화사에서 드물게 '공론'에 의해 제작이 허용되었기 때문에 제작과정에서 수차례 교열이 이루어져 내용에 허위나 오류가 수록될 여지가 없었고, 공론을 통해 인정된 매우 정제된 내용만 수록되어 내용상의 진정성 확보
  - 단순한 인쇄매체의 기능을 넘어 선현의 학문을 상징하는 존재로 인식되어 후학들에 의해 보관 전승된 것

- **KBS 특별생방송 '이산가족을 찾습니다' 기록물(2015)**
  - KBS가 1983년 6월 30일 밤 10시 15분부터 11월 14일 새벽 4시까지 방송기간 138일, 방송시간 453시간 45분 동안 생방송한 비디오 녹화원본 테이프 463개와, 담당 프로듀서 업무수첩, 이산가족이 직접 작성한 신청서, 일일 방송진행표, 큐시트, 기념음반, 사진 등 20,522건의 기록물을 총칭
  - 전쟁의 참상을 전 세계에 고발하고 인권과 보편적 인류애를 고취한 생생한 기록

- **조선왕실 어보와 어책(2017)**
  - 금·은·옥에 아름다운 명칭을 새긴 어보, 오색 비단에 책임을 다할 것을 훈계하고 깨우쳐 주는 글을 쓴 교명, 옥이나 대나무에 책봉하거나 아름다운 명칭을 수여하는 글을 새긴 옥책과 죽책, 금동판에 책봉하는 내용을 새긴 금책 등
  - 1392년부터 1966년까지 570여 년이라는 장기간에 걸쳐 지속적으로 책보를 제작하여 봉헌한 사례는 한국이 유일무이함
  - 인류문화사에서 볼 때 매우 독특한 문화양상을 표출하였다는 점에서 그 가치가 매우 높은 기록문화유산이라 할 수 있음

- **국채보상운동기록물(2017)**
  - 국가가 진 빚을 국민이 갚기 위해 1907년부터 1910년까지 일어난 국채보상운동의 전 과정을 보여주는 기록물
  - 국가적 위기에 자발적으로 대응하는 시민적 책임의 진면목을 보여주는 역사적 기록물
  - 시기적으로 가장 앞섰으며, 가장 긴 기간 동안 전 국민이 참여하는 국민적 기부운동이었다는 점에서 기념비적이며, 당시의 역사적 기록물이 유일하게 온전히 보존되어 있다는 점에서도 역사적 가치가 큼

- **조선통신사기록물(2017)**
  - 1607년부터 1811년까지 일본 에도막부의 초청으로 12회에 걸쳐 조선국에서 일본국으로 파견되었던 외교사절단에 관한 자료를 총칭
  - 역사적인 경위로 인해 한국과 일본에 소재하고 있음
  - 양국의 역사적 경험으로 증명된 평화적·지적 유산으로, 항구적인 평화공존관계와 이문화 존중을 지향해야 할 인류공통의 과제를 해결하는 데 있어서 현저하고 보편적인 가치를 가짐

- **직지심체요절(2001)**
  - 금속활자를 이용한 인쇄술이 책의 신속한 생산에 공헌
  - 실용적인 인쇄술로 동양 인쇄사에 영향

- **승정원일기(2001)**
  - 조선왕조 최대의 기밀 기록이며, 사료적 가치를 지님
  - 〈조선왕조실록〉의 기본 자료로 실록보다 가치 있는 자료로 평가받음

- **조선왕조 의궤(2007)**
  - 유교적 원리에 입각, 국가의 중요 행사를 정리하여 작성한 기록물
  - 600여 년의 생활상을 시각적으로 이해할 수 있는 자료이며, 유교 전통의 핵심을 대표하는 기록

- **해인사 대장경판 및 제경판(2007)**
  - 고려대장경판은 동아시아 지역의 모든 불교 경전을 집대성한 방대한 문헌으로 아시아에서 유일하게 완벽한 형태로 현존하는 자료
  - 초기 목판제작 기술의 자료이자 고려 시대 정치, 문화, 사상의 흐름을 나타내는 자료

- **동의보감(2009)**
  - 허준이 16년간의 연구 끝에 완성한 한의학의 백과사전격 의서
  - 중국, 일본에도 소개되었으며, 현재까지 우리나라 최고의 한방의서

- **일성록(2011)**
  - 임금의 일기 형식이지만 실질적으로는 정부의 공식적 기록물
  - 18~20세기 동·서양의 정치, 문화적 교류의 실상을 나타냄

- **5·18 민주화운동기록물(2011)**
  - 5·18 민주화운동과 이후 사건에 대한 문건, 사진, 영상 등의 자료를 총칭
  - 우리나라 민주화의 전기이자 동아시아 민주화에 영향

- **난중일기(2013)**
  - 이순신이 노량해전에서 전사하기 직전까지 7년의 기간 망라
  - 전투에 대한 기록과 당시의 지형, 기후, 서민의 삶에 대한 기록이 있어 과거 환경과 생활상 연구 자료로 활용

- **새마을운동기록물(2013)**
  - 새마을운동(1970~1979) 과정에서 생산된 약 22,000건의 자료 총칭
  - 농촌개발, 빈곤퇴치의 모범 사례인 새마을운동의 역사적 기록물

■ 씨름(2018)
- 두 선수가 상대의 샅바를 잡고 여러 기술을 사용하여 반대편 선수를 넘어뜨리는 전통 민속 경기
- 남과 북의 공통된 무형유산으로 최초로 유네스코에 공동 등재

■ 연등회, 한국의 등불 축제(2020)
- 음력 4월 8일 석가모니 탄신일을 기념하는 종교의식에서 비롯됨
- 등불을 밝히는 것은 부처님의 지혜를 통해 개인·공동체·전체 사회의 마음을 밝히는 것을 의미함
- 즐거움과 행복을 나누는 장이 됨과 동시에 사회적 역경이 찾아올 때 사회통합 및 당면문제 극복에 중요한 역할을 함

■ 한국의 탈춤(2022)
- 조선 시대에 성행했던 탈을 쓰고 하는 연극
- 2022년 11월 30일, 유네스코 인류무형문화유산으로 정식 등재
- 등재된 탈춤은 국가무형유산과 시도무형유산을 합쳐 총 18종목

■ 한국의 장 담그기 문화(2024)
- '장'으로 알려진 전통 한국 소스를 만드는 것, 나누는 것, 소비하는 것과 관련된 지식, 신념, 관행 포괄
- 장 만들기 : 삶은 콩을 메주(발효 콩 벽돌)로 만드는 것, 메주 발효 및 건조하는 것, 메주를 소금물에 담그는 것, 고체(된장)와 액체(간장)로 분리하는 것

• 세계기록유산 •

■ 훈민정음(1997)
- 문자를 만든 창제자를 밝힐 뿐만 아니라 문자의 창제 원리, 음가, 운용법을 알리고 해설책을 간행한 것이 세계적으로 유일한 사례
- 독창적이고 과학적인 문자 체계(한글)이자 저작물(훈민정음 해려 본)

■ 조선왕조실록(1997)
- 472년간의 역사를 수록한 역사적 기록으로 진실성·신빙성이 높음
- 활자로 인쇄되어 인쇄문화의 전통과 문화수준을 보여주며 완전하게 보전된 것이 특징

■ 줄타기(2011)
- 공중에 있는 줄 위에서 이야기, 발림과 재주를 부림
- 기술뿐만 아니라 노래나 재담이 있고 구경꾼이 있는 놀이판이 특징

■ 택견(2011)
- 전통무술로 정신 수양 강조의 측면에서 격투기와는 차이점을 가짐
- 음악적·무용적 리듬을 가지며 발을 많이 움직이는 것이 특징

■ 한산모시짜기(2011)
- 모시풀 생장조건에 적합한 한산지역에서 만든 모시가 재료
- 품질이 우수하고 섬세하며 우리나라를 상징하는 대표적인 여름철 전통옷감 제조술

■ 아리랑(2012)
- 지역과 세대를 초월하여 전승·재창조되고 있는 노래
- 주제가 개방적이고 누구나 쉽게 부를 수 있는 다양성이 특징

■ 김장문화(2013)
- 가족의 일상 속에서 여러 세대에 걸쳐 전해 내려옴
- 나눔과 공동체 문화 상징
- 한국인으로서의 정체감과 소속감을 부여하는 유산

■ 농악(2014)
- 다양한 형태와 목적으로 다수의 행사장에서 공연됨으로써 공연자와 참가자들에게 정체성을 부여
- 인류무형문화유산 등재를 통해 가시성을 높이고 국내외 다양한 공동체들 간의 대화를 촉진하는 데 이바지할 것으로 기대

■ 줄다리기(2015)
- 줄다리기는 풍농을 기원하고 공동체 구성원 간의 화합과 단결을 위하여 동아시아와 동남아시아 도작(稻作, 벼농사) 문화권에서 널리 연행
- 영산줄다리기(국가지정), 기지시줄다리기(국가지정), 삼척기줄다리기(강원지정), 감내게줄당기기(경남지정), 의령큰줄땡기기(경남지정), 남해선구줄끗기(경남지정) 등이 포함
- 캄보디아, 필리핀, 베트남과 수년간의 협력을 통해 공동 등재

■ 제주해녀문화(2016)
- 공동체의 사회적 응집력과 문화적 지속성을 촉진하는 활동
- 무형유산으로서의 여성의 일이 갖는 중요성에 대한 세계적 인식을 제고
- 해녀 공동체 및 유사한 관습을 보유한 여타 다른 공동체 사이의 문화 간 대화를 촉진함으로써 무형문화유산의 가시성을 제고

- **강릉단오제(2005)**
  - 음력 5월 5일 수릿날의 전통계승 축제
  - 강릉시를 중심으로 영동지역에서 벌이는 우리나라 최대 규모 전통축제로 독창성과 예술성을 지님

- **강강술래(2009)**
  - 민요와 민속무용, 민속음악의 일체화
  - 여성의 삶의 애환이 담긴 구비문학으로 문학성이 풍부

- **남사당놀이(2009)**
  - 서민층에서 발생, 민중의식과 민족예술의 바탕
  - 풍자를 통한 현실비판성을 담고 있음

- **영산재(2009)**
  - 49재의 한 형태, 영혼이 불교를 믿고 의지함으로써 극락왕생하게 하는 의식
  - 전통문화이자 불교의식으로서의 가치

- **제주칠머리당영등굿(2009)**
  - 마을 수호신 부부에게 평안과 풍요를 비는 굿
  - 해녀신앙과 민속신앙이 결합된 굿으로, 우리나라에서 유일한 해녀 굿

- **처용무(2009)**
  - 궁중무용에서 사람 가면을 쓰고 추는 유일한 춤
  - 음양오행설의 기본, 악운을 쫓는 의미

- **가곡(2010)**
  - 시조시에 곡을 붙여 관현악 반주에 맞추어 부르는 전통음악
  - 예술적 가치가 높고 오랫동안 명맥을 유지하고 있음

- **대목장(2010)**
  - 나무를 재료로 집을 짓는 전 과정의 책임자로, 건축가의 전통적언 명칭
  - 우리나라의 문화적·자연적 환경에 맞는 건축문화 발전 및 지속의 기능

- **매사냥(2010)**
  - 훈련된 매로 야생 먹이를 잡는 것
  - 식량 확보 수단에서 자연과 융화하는 야외활동으로 변모

■ 산사, 한국의 산지승원(2018)
- 한국의 산지형 불교 사찰의 유형을 대표하는 7개의 사찰로 구성된 연속 유산
- 공간 조성에서 한국 불교의 개방성을 대표하며, 승가공동체의 신앙·수행·일상생활의 중심지이자 승원으로서 기능을 유지하고 있음
- 경남 양산 통도사, 경북 영주 부석사, 경북 안동 봉정사, 충북 보은 법주사, 충남 공주 마곡사, 전남 순천 선암사, 전남 해남 대응사의 7개 사찰이 포함되며, 대한민국 전국에 걸쳐 분포하고 있음

■ 한국의 서원(2019)
- 조선 중기 이후로 설립된 성리학 교육기관으로, 인재 교육과 함께 선현들에 대한 제사를 지냈고 사림의 향촌 활동 구심체로써 정치·사회적 기구의 성격을 가짐
- 안동 도산서원, 안동 병산서원, 달성 도동서원, 경주 옥산서원, 장성 필암서원, 함양 남계서원, 정읍 무성서원, 논산 돈암서원

■ 한국의 갯벌(2021)
- 지구 생물다양성의 보존을 위해 중요하고 의미 있는 서식지
- 멸종 위기에 처한 22종 포함 2,150종의 동식물군, 118종의 철새 서식
- 서천갯벌, 고창갯벌, 신안갯벌, 보성 – 순천갯벌

■ 가야고분군(2023)
- 고대국가 가야의 무덤 문화를 대표하는 7개 지역의 고분들로 이루어진 연속유산
- 2023년 5월 11일 유네스코에서 가야 고분군에 대해 세계유산 등재 권고가 내려져 등재가 확실시되었고, 2023년 9월 17일 사우디아라비아 리야드에서 열린 제45회 유네스코 세계유산위원회 등재 결정 회의에서 최종 확정

■ 반구천의 암각화(2025)
- 울주 대곡리 반구대 암각화와 울주 천전리 명문 및 암각화를 포함하는 단일 유산
- 바다 및 육지 동물, 사냥 장면, 사람들과 도구, 기하학적 무늬 등이 다양하게 표현되어 있음

● 인류무형문화유산 ●

■ 종묘제례 및 종묘제례악(2001)
- 종묘제례 : 유교절차에 따른 왕실의례로 민족공동체 유대감과 질서 형성
- 종묘제례악 : 의식을 장엄하게 치르기 위한 기악과 노래, 춤으로 보태평과 정대업에 연원을 둠

■ 판소리(2003)
- 한 명의 소리꾼이 고수의 장단에 맞추어 소리, 아니리, 너름새를 섞어가며 구연
- 우리 민족문화의 전통과 함께 계승되고 발전하였으며, 독창성과 우수성을 가짐

■ 고창·화순·강화 고인돌 유적(2000)
우리나라의 고인돌 분포 지역 중 밀집도나 형식의 다양성에서 뛰어나며, 선사 시대 연구의 중요한 자료가 되는 지역
- 고창 고인돌 유적 : 우리나라에서 가장 큰 고인돌 군집을 이루고 있으며 탁자식, 바둑판식, 지상석곽형 등 다양한 형식 분포
- 화순 고인돌 유적 : 보존상태가 좋고 석재 기술이나 축조, 운반방법의 확인이 가능한 유적
- 강화 고인돌 유적 : 우리나라 최대의 탁자식 고인돌로 높은 해발까지 분포한 고인돌이 특징

■ 제주화산섬과 용암동굴(2007)
- 지정지역은 한라산, 성산일출봉, 거문오름용암동굴계 등
- 세계적인 규모의 용암동굴과 다양한 생물의 서식지가 분포하고 있어 생태계의 학술적 가치·자연유산의 가치를 지님

■ 조선왕릉(2009)
- 유교의 예법에 따라 공간의 크기나 석물과 시설물 등의 배치가 시대별로 다양한 특색을 지님
- 시대별로 달라지는 사상을 반영하고 있으므로 역사의 흐름을 알 수 있는 귀중한 문화유산이며, 능역의 공간이 사후의 세계관을 강조하는 진입·제향·성역 공간 등으로 구분

■ 한국의 역사마을 : 하회와 양동(2010)
- 우리나라의 씨족마을 중 역사가 가장 오래되었으며, 전통적인 풍수원칙을 지키고 있음
- 생산·생활·의식영역으로 구성되는 공간구성을 잘 유지하고 있으며, 다수의 건축물을 보유하고 있는 점 등이 우리나라의 대표적인 씨족마을

■ 남한산성(2014)
- 16~19세기 동안 동아시아 국가들 간에 축성술이 상호 교류한 증거
- 조선의 독립성과 다양한 종교·철학이 종합된 비상시의 임시 수도로, 축성술의 발달단계와 무기의 변화상을 잘 나타내고 있음

■ 백제역사유적지구 - 공주·부여·익산(2015)
- 고고학 유적과 건축물이 고대 동아시아 왕국들 사이의 교류를 보여주며, 그 결과로 나타난 건축기술의 발전과 불교의 확산을 보여주는 유산
- 수도 입지 선정, 불교 사찰, 성곽과 건축물, 고분과 석탑 등을 통해 백제의 역사, 내세관과 종교, 독특한 건축기술, 예술미 등을 찾아볼 수 있음

꼭 알아야 할 우리나라 유네스코 등재유산

● 세계유산(세계문화유산/세계자연유산) ●

■ 석굴암 · 불국사(1995)
- 석굴암 : 불교사상을 바탕으로 완벽하고 독창적인 조각과 건축양식을 가지고 있으며, 신라 시대 최고 걸작으로 조영계획에 있어 건축·수리·기하학·종교·예술이 총체적으로 실현
- 불국사 : 불교교리가 형상화된 사찰로 독특한 건축미를 지닌 기념비적 예술품

■ 해인사 장경판전(1995)
- 해인사의 건물 중 가장 오래되었으며, 고려 대장경판을 보존하는 보고
- 세계유일 대장경판 보관용 건물이자, 조선 초기 목조 건축 양식으로 자체적인 환기, 온도· 습도 조절 기능을 수행하도록 설계

■ 종묘(1995)
- 조선의 역대 왕과 왕비 및 추존된 왕과 왕비의 신주를 모시는 유교 사당
- 종묘제례악은 오늘날까지도 선율이 전해지고 있어 그 의의가 크며 16세기 이래로 원형이 잘 보존되고 있는 대표적인 유교 사당으로, 독특한 건축양식을 지닌 의례공간

■ 창덕궁(1997)
- 태종 5년 경복궁의 이궁으로 지어졌으며, 자연지형을 변형하지 않고 자연과 조화를 이루고 있는 건물 배치가 특징
- 비정형적인 조형미로 주변 자연환경과 완벽한 조화를 이루고 있음

■ 화성(1997)
- 정조가 아버지 사도세자의 무덤을 옮기면서 축성한 성으로 효심이 축성의 근본이 되었으며, 국방요새로 활용
- 동양과 서양의 군사시설이 잘 배합되어 있으며, 방어적인 기능이 뛰어나 건축사적 의의가 큼

■ 경주역사유적지구(2000)
- 불교유적지 등 경주의 역사와 문화가 보존되어 있는 곳으로 유적의 밀집도가 높고 그 종류가 다양
- 남산지구, 월성지구, 대릉원지구, 황룡사지구, 산성지구 등으로 구분되며, 우리나라의 건축물과 불교 역사에서 많은 유적과 기념물을 보유

북한의 조선 시대 왕릉	제2대 정종(후릉)으로, 경기도 개성시 판문군 영정리에 소재해 있음
남한의 고려 시대 왕릉	고려고종, 고려희종(강화도)
민속문화유산	의식주, 생업, 신앙, 연중행사 등에 관한 풍속이나 관습에 사용되는 의복, 기구, 가옥 등으로서 국민생활의 변화를 이해하는 데 반드시 필요한 것
무형유산	여러 세대에 걸쳐 전승되어 온 무형의 문화적 유산 중 다음의 어느 하나에 해당하는 것 • 전통적 공연·예술 • 공예, 미술 등에 관한 전통기술 • 한의약, 농경·어로 등에 관한 전통지식 • 구전 전통 및 표현 • 의식주 등 전통적 생활관습 • 민간신앙 등 사회적 의식(儀式) • 전통적 놀이·축제 및 기예·무예
우리나라 최초의 호텔	대불호텔
솟 대	새해의 풍년과 마을의 안녕을 기원하고자 하는 것으로, 볍씨를 주머니에 넣어 장대에 걸기도 함
석전대제	공자와 그의 제자, 그리고 우리나라의 유명 유학자 16위에 지내는 제사
사직대제	자연의 신에게 지내는 제사
대동여지도	김정호가 철종 12년에 완성한 조선의 대표적인 지도

이동식 해설	넓은 지역을 돌아다니면서 관광객에게 해설 서비스를 제공하거나 박물관에서 이동하며 전시물에 관한 해설을 해줌
정지식 해설	동굴이나 관광객 안내소 및 박물관 등 관광객이 많은 곳에 자원해설가가 고정적으로 배치되어 해설 서비스를 제공하는 것
동행해설기법	관광객들과 함께 움직이며 관광자원에 대한 해설을 해주는 기법
디오라마	인물들이 등장하여 과거의 체험이나 영웅담을 재현시켜 주는 방법
온천의 종류	보양지·요양지로서의 온천, 관광지로서의 온천, 도시화된 온천
향약의 4대 덕목	• 덕업상권 : 착한 일은 서로 권장함 • 과실상규 : 잘못된 일은 서로 규제함 • 예속상교 : 예의로써 사귐 • 환난상휼 : 어려울 때 서로 도움
산업적 관광자원	• 한 나라의 산업시설과 그 기술수준을 대상으로 삼는 것 • 도로·운하·항만·철도 등이 포함
대관령 주변의 관광지	오대산 국립공원, 용평스키장, 양떼목장, 고랭지 채소단지 등
소양강문화제	매년 9월 열리며, 취지는 향토문화와 예술의 진작, 시민의 체위 향상과 애향심·단결심의 배양, 관광지 개발 및 산업진흥 선전, 고유한 민속의 계승 등
왕인문화축제	백제 때 학자로 일본에 건너가 한문학을 일으킨 왕인의 탄생을 기념하고 업적을 기리기 위해 왕인의 고향인 전라남도 영암에서 펼쳐지는 축제
이명주	정월대보름에 귀가 밝아지길 기대하며 마시는 술로, 귀밝이술이라고도 함
신선로	여러 가지 어육과 채소를 색스럽게 돌려 담고 장국을 부어 끓이면서 먹는 음식
대한 8경	백두산 천지, 금강산 일만이천봉, 묘향산, 대동강 을밀대, 석굴암 일출, 한라산 백록담, 지리산 운해, 해운대 저녁달
도담 3봉	충북 단양군 남한강 한가운데 위치한 3개 바위섬으로 이루어져 있으며, 단양 8경의 상징적인 존재로 널리 알려짐
지정 관광단지	보문, 중문, 해남 오시아노, 감포, 성산포해양관광단지, 원주 오크밸리 등
내장산의 유래	원래 본사 영은사의 이름을 따서 영은산이라고 불렸으나, 산 안에 숨겨진 것이 무궁무진하다하여 내장산으로 불리게 됨
조선왕조실록	조선 태조에서 철종까지 472년간의 역사적 사실을 왕별로 기록한 편년체 사서 (국보)
보은 삼년산성	돌로 쌓은 산성으로 신라 자비왕 때 쌓았으며, 소지왕에 고쳐 세웠는데 성을 쌓는 데 3년이 걸렸기 때문에 삼년산성이라 불렸다고「삼국사기」에 기록되어 있음(사적)
수덕사 대웅전	국보로 충청남도 예산군 덕산면 사천리 수덕사에 있는 고려 시대의 건물
법주사 팔상전	• 국보로 충청북도 보은군 법주사 경내에 있는 조선 시대의 건물 • 우리나라의 탑 가운데 가장 높은 건축물일 뿐 아니라 하나뿐인 목조탑
해인사 장경판전	경상남도 합천군에 있으며 장경판고라고도 함. 고려 시대에 만들어진 8만여 장의 대장경판을 보관하고 있는 건물로 해인사에 남아있는 건물 중 가장 오래된 것(국보)
만월대	고려의 왕궁 터

강화 마니산	단군왕검이 강림한 곳으로, 참성단이 있는 산
장충단	을미사변 때 순국한 장병들을 위해서 제사를 지내던 단
비원	조선조 임금이 가장 오랫동안 머문 곳으로 부용정 영화당, 어수문, 주합루 등 한국의 고전적 건축미를 자랑하는 곳이며 왕실이 풍류를 즐기던 정원
강릉 오죽헌	주위에 검은 대나무가 많아 붙여진 이름(보물)
우리나라 전탑의 종류	안동 신세동 칠층탑, 안동 동부동 오층탑, 여주 신륵사 다층탑, 경북 칠곡 송림사 오층전탑, 안동 조탑동 오층전탑 등
익산 미륵사지 석탑	목조탑 양식을 모방한 우리나라 최고(最古)의 석탑
한려수도의 범위	경남 거제도에서 여수 오동도까지
삼각산	북한산 국립공원 봉우리들로, 인수봉·만경봉·백운대를 일컬음
제주특별자치도의 3보	언어, 식물, 해산물
우리나라 3대 불전	화엄사 각황전, 법주사 대웅전, 무량사 극락전
명동성당	우리나라에서 가장 규모가 크고 장엄한 최초의 네오고딕식 건축물
팔미도 등대	우리나라 최초의 등대
해운대 온천	우리나라 유일의 임해 온천
안동 봉정사 극락전	우리나라에 현존하는 최고의 목조건축물
조선 시대 5대 궁궐의 정전과 정문	• 경복궁 : 근정전(광화문) • 창덕궁 : 인정전(돈화문) • 창경궁 : 명정전(홍화문) • 덕수궁 : 중화전(대한문) • 경희궁 : 숭정전(흥화문)
창덕궁	조선 시대 궁궐 가운데 원형이 가장 잘 보존되어 있으며, 사적으로 지정·보호되고 있음
덕수궁	• 조선 9대 성종의 형인 월산대군의 사저였는데, 임진왜란 때 환도한 선조가 궁궐로 삼았으며, 이후 고종이 아관파천에서 환궁하면서 경운궁이라 함 • 고종의 장수를 기원하는 뜻에서 덕수궁으로 개칭
부석사 무량수전	고려 말기 우리나라 주심포양식의 기본 형식을 가장 잘 보존하고 있는 건축물
서울 운현궁	흥선대원군의 둘째 아들인 고종이 출생하여 12세에 왕위에 오르기 전까지 성장한 곳(사적)
두레	농민들이 농번기에 농사일을 공동으로 하기 위해 부락이나 마을 단위로 만든 조직으로, 주로 농번기의 모내기에서 김매기를 마칠 때까지 시행
칠궁	청와대 내에 위치하고 있으며 육상궁, 연우궁, 저경궁, 대빈궁, 선희궁, 경우궁, 덕안궁 등 왕을 낳은 후궁 7인의 사당
주유형 관광의 특징	• 수려한 볼거리 • 맛있는 음식 • 재미있는 놀이 추구 • 상대적으로 낮은 연령층
해설가의 자질	열정, 유머감각과 균형감각, 명료성, 자신감, 따뜻함, 침착성, 신뢰감, 즐거운 표정과 태도

마리나	유람선이나 보트 또는 요트 등 레크리에이션 선박들을 위한 정박지
옐로스톤 국립공원	와이오밍, 몬타나, 아이다 주에 걸쳐 있는 미국 최대·최고(最古)의 국립공원으로, 만 가지가 넘는 지리적 물질이 있으며, 지구 간헐천의 3분의 2에 해당하는 300개의 간헐천이 있음
간헐천	더운 물과 수증기, 기타 가스를 일정한 간격을 두고 주기적으로 분출하는 온천
사빈해안	사빈, 사취, 사주, 석호, 육계도, 육계사주, 사구 등이 발달한 해안
지리산의 관광자원	천왕봉, 반야봉, 토끼봉, 노고단, 문창대, 칼바위, 망바위, 피아골계곡, 뱀사골계곡, 심원계곡, 구룡폭포, 쌍계사, 화엄사 등
계룡산의 관광자원	갑사, 동학사, 신원사
설악산의 관광자원	대청봉, 한계령, 천불동계곡, 백담사계곡, 비룡폭포, 옥녀탕, 흔들바위, 울산바위 등
속리산의 관광자원	천왕봉, 비로봉, 묘봉, 수정봉, 오송폭포, 장각폭포, 문장대, 법주사, 쌍사자 석등, 팔상전, 정이품송, 망개나무 등
부산 태종대	• 명승으로 지정 • 영도등대가 가파른 해안 절벽 위에 서 있고, 부근에는 신선대바위·망부석이 있음
조선 시대 목조건축물(국보)	법주사 팔상전, 금산사 미륵전, 화엄사 각황전, 송광사 국사전, 도갑사 해탈문, 무위사 극락보전, 통도사 대웅전 및 금강계단, 해인사 장경판전
주심포양식	• 우리나라와 중국, 일본 등지의 전통적 목조건물에 쓰이는 조립부분 • 궁궐, 사찰, 기념적 건물에 쓰이며, 삼국 시대를 비롯하여 조선 시대까지 계속 사용됨
다포양식	• 조선 시대의 궁궐의 정전이나 사찰의 주불전 등의 주요건물에 사용 • 후기로 갈수록 공포양식이 장식적이고 화려해짐
고구려의 불상	금동연가7년명여래입상(국보), 금동신묘명삼존불입상(국보), 금동미륵보살반가사유상(국보)
백제의 불상	서산 용현리 마애여래삼존상(국보), 태안 동문리 마애삼존불입상(국보), 금동미륵보살반가사유상(국보), 금동정지원명석가여래삼존입상(보물), 금동관음보살입상(국보)
돌널무덤	땅 속에 널찍한 돌로 상자 모양의 널을 만든 것으로, 그 생김새가 돌로 짠 상자 같은 무덤이라 하여 석상분 또는 석관묘라 함
고인돌	우리나라 청동기 시대의 대표적인 무덤 중의 하나로, 세계적인 분포를 보이고 있으며 지역에 따라 시기와 형태가 다르게 나타남
남사당놀이	꼭두쇠를 비롯해 최소 40명에 이르는 조선후기 남자들로 구성된 남사당패가 서민층을 대상으로 유랑·공연하던 놀이(국가무형유산)
판소리	한 명의 소리꾼이 고수(북 치는 사람)의 장단에 맞추어 창(소리), 말(아니리), 몸짓(너름새)을 섞어가며 긴 이야기를 엮어가는 것(국가무형유산)
정월대보름 풍속	놋다리밟기, 석전, 횃불싸움, 줄다리기, 차전놀이, 달맞이, 더위팔기, 다리밟기, 지신밟기 등
신라의 3보	황룡사 장륙존상, 황룡사 구층탑, 진평왕 천사옥대
구인사	천태종의 총본산이며, 현재 우리나라에서 규모가 가장 큰 절로 충북 단양군에 소재

금강산 명칭	금강산(봄), 봉래산(여름), 풍악산(가을), 개골산(겨울)
관광의 어원	중국의 주나라 시대에 발간된 「역경」에서 유래
관광자원의 가치결정요인	접근성, 매력성, 이미지, 관광시설, 하부구조 등
주유형 관광자원	친구, 친척, 축제, 토속음식, 쇼핑센터, 도시 등
자연공원의 유형	국립공원, 도립공원, 군립공원 및 지질공원
설악산 국립공원	• 동북부의 금강산과 동남부의 오대산 사이에 있는 명산으로 제2의 금강산으로 불림 • 내설악과 외설악으로 구분, 최고봉인 대청봉이 있음
가야산 국립공원	팔만대장경을 소장하고 있는 명찰 해인사가 있음
주왕산 국립공원	경북의 청송군과 영덕군 일부가 포함된 곳으로 수달래가 유명함
지리산 국립공원	1967년 국립공원 제1호로 지정된 국내 최대(해상공원 제외) 규모의 국립공원
다도해해상 국립공원	우리나라 14번째 국립공원으로 지정된 최대의 국립공원
한려해상 국립공원	우리나라 최초의 해상 국립공원
경복궁 근정전	• 1985년 1월 8일 국보로 지정 • 조선 초기부터 역대 국왕의 즉위식이나 대례 등을 거행하던 곳 • 다포양식(多包樣式)의 건물로, 현존하는 최대의 목조건물
경복궁 자경전	꽃담과 십장생 굴뚝이 있는 궁궐
놋다리밟기	안동지방의 민속놀이로, 공민왕 당시 '홍건적의 난'과 관련있는 놀이
수원화성의 4대문	장안문(북문), 팔달문(남문), 창룡문(동문), 화서문(서문)
와우정사	세계 최대 규모의 와불(누워있는, 입적하시는 모습)이 있는 사찰
효창공원	조선 제22대 왕 정조의 맏아들인 문효세자의 무덤이 있는 곳
선농단	조선 시대와 중국에서 농사와 인연이 깊은 신농씨오·후직씨를 주단으로 모시고 풍년들기를 기원하던 제단
십장생	해, 달(구름), 물, 거북, 소나무, 바위, 학, 사슴, 불로초, 산
산대놀이	서울을 중심으로 전승되어 오는 탈놀이로, 양주별산대놀이(국가무형유산)와 송파산대놀이(국가무형유산)가 있음
4대 명절	설, 한식, 단오, 추석
도첩제	승려의 수를 제한하기 위해 실시한 제도로, 도첩은 국가가 승려에게 그 신분을 인정해주는 증명서인 동시에 군역의 면제가 이루어짐
현존하는 최대의 범종	성덕대왕신종
임진왜란의 3대첩	한산도대첩, 진주대첩, 행주대첩
꼭두각시 놀이	일명 박첨지놀음, 홍동지놀음이라 불리는 전통 인형극
우리나라 3대 아리랑	진도아리랑, 정선아리랑, 밀양아리랑
오름	제주 화산도상에 산재해 있는 기생화산구
제주 한림 용암동굴지대	협재굴, 소천굴, 황금굴, 협재굴과 이어진 쌍룡굴을 천연기념물로 지정

제주특별자치도의 3대 폭포	정방폭포, 천지연폭포, 천제연폭포
진흥왕 순수비	창녕비(경남 창녕), 북한산비(서울 북한산), 황초령비(함남 함흥), 마운령비(함남 이원)
미륵사지 석탑	목탑양식에 따라 만들어진 백제의 탑
정림사지 오층석탑	부여 정림사지에 있는 백제 말기의 화강석 석탑
분황사 모전석탑	안산암을 벽돌 크기로 작게 잘라서 쌓아 전탑양식을 모방한 신라의 탑
감은사지 삼층석탑	가장 규모가 크고 웅장한 기풍을 지닌 통일신라의 탑
천마총	경북 경주시 황남동 고분군에 속하는 제155호 고분으로 천마도가 그려진 장니가 발견됨
직지심체요절	전 세계에 남아 있는 금속활자로 인쇄된 책 중에서 가장 오래된 것으로, 2001년 승정원일기와 함께 유네스코 세계기록유산에 등재
소백산맥에 있는 고개	조령, 죽령, 추풍령, 육십령, 팔량치
김제 벽골제	삼한 시대 저수지로, 가장 오래되고 규모가 가장 큰 저수지
길쌈놀이	왕도의 부녀자를 두 패로 나누어 한 달간 길쌈을 하게 하여 추석날 비교·품평을 한 놀이
나례	민가나 궁중에서 잡귀를 쫓기 위해 베푼 의식
가거도	우리나라 최서단에 위치하고 있으며 후박나무 군락지가 있는 섬
세시풍속	계절에 따라 관습적으로 되풀이하는 생활행위
백제 금동대향로	1993년 12월 나성과 부여 능산리 고분군 사이 절터의 한 구덩이에서 450여 점의 유물과 함께 발견된 백제의 향로(국보)
강서고분 사신도	청룡(동), 백호(서), 주작(남), 현무(북)
통과의례	사람이 일상을 살아가면서 거치는 모든 과정과 의식
수정전	세종 때 집현전으로 사용하고, 국립민속박물관으로 임시 개관했던 전각
번사창	우리나라 최초로 근대식 무기를 제조하던 공장
우리나라 3대 전통성악	정가, 판소리, 범패
제를 올리던 제단	선농단, 사직단, 원구단
세종실록지리지	독도가 우리나라 영토임을 입증해주는 최초의 기록
독도	경상북도 울릉군 울릉읍 독도리에 있는 우리나라 최동단의 섬
을숙도	우리나라 최대의 철새도래지
마라도	우리나라 가장 남쪽에 있는 섬
백령도	서해 최북단의 섬으로 국내 유일의 물범 서식지
온천	지하에서 용출되는 온수로, 광물질을 함유하고 있는 광천

2010 이전 출제 키워드

핵심 키워드	정답 키워드
유형관광자원	• 자연관광자원 : 산악, 하천, 동굴, 천연기념물, 온천, 약수 등 • 인문관광자원 : 국가유산, 휴양지, 산업시설, 답 등
무형관광자원	• 인적 관광자원 : 국민성, 풍속, 습관, 언어, 인심, 예절 등 • 비인적 관광자원 : 종교, 철학, 사상체계, 역사, 제도 및 문학 등
유교의식 국가무형유산	• 종묘제례 • 석전대제 • 사직대제
연경당	비원 내에 있는 전각 중 사대부의 집을 본떠 만든 건축물
개천예술제	경상남도 진주시에서 1949년 정부수립을 기리고 예술문화의 발전을 위해 개최하는 예술제
무주 반딧불축제	반딧불이 서식지인 전라북도 무주군에서 반딧불이를 소재로 다양한 행사를 치르는 축제
Mapping Method	관광자원의 잠재력 평가기법 중 입지인자 조사를 위한 기본 조사
헌인릉	조선 태종의 능명
석호의 종류	송지호, 청초호, 영랑호, 경포호, 화진포호 등
문경새재	• 경상북도 문경시 문경읍 새재로에 있는 고개로, 명승으로 지정 • 주흘관, 조곡관, 조령관 3개의 관문을 축조
보은 속리 정이품송	• 충북 보은군 속리산면 상판리에 있는 소나무로, 세조가 행차 중 가지를 들었다 하여 벼슬을 줌 • 천연기념물로 지정
부석사 소조여래좌상	경상북도 영주시 부석면 북지리 부석사에 있는 고려 시대의 불상으로 국보로 지정
자연공원	국립・도립・군립공원 및 지질공원이 있으며, 자연경관, 문화경관, 지형보존, 위치 및 이용편의, 토지소유를 기준으로 함
경주 국립공원	경북 경주시 일대에 산재하며 신라 문화의 사적이 보존되어 있는 공원
자연공원의 용도지구	공원자연보존지구, 공원자연환경지구, 공원마을지구, 공원문화유산지구
우리나라 국립공원의 특징	사적(도시)형, 해안 및 해상형, 산악형
홍 도	섬 전체가 천연보호지구로 지정
관광개발의 3대 조건	지리적・자연적・사회적 조건
낙산사 동종	조선 시대 예종이 아버지 세조를 위해 보시한 종(현재 소실됨)
경천사지 십층석탑	• 원나라의 영향을 받아 고려 말기에 건립된 대리석 탑(국보) • 일본으로 반출되었다가 돌아온 탑으로, 국립중앙박물관에 있음
우리나라 5대 적멸보궁	오대산(상원사), 태백산(정암사), 영축산(통도사), 사자산(법흥사), 설악산(봉정암)

대한민국 5대강 유역의 댐	• 한강 : 소양강댐, 청평댐, 팔당댐 등 • 금강 : 대청댐, 금강하구언 • 낙동강 : 안동댐, 진양호 등 • 섬진강 : 섬진강댐, 동복댐 • 영산강 : 담양댐, 장성댐, 나주댐 등
유형문화유산	건조물, 전적, 서적, 고문서, 회화, 조각, 공예품 등 유형의 문화적 소산으로서 우리나라의 역사적·예술적 또는 학술적 가치가 큰 것과 이에 준하는 고고자료
종묘제례	역대 왕과 왕비에게 지내는 제사, 정시제와 임시제로 나뉘어 정시제는 1월, 4월, 7월, 10월에 지냈고 임시제는 나라에 안 좋은 일이 있을 때 지냈으나 해방 후부터는 5월 첫 일요일에 한 번만 지냄. 제례악은 정대업과 보태평으로 이루어져 있음
총	주인은 누구인지 알지 못하지만 벽화, 금관, 호우 등 특징적인 것이 무덤에 있을 경우에 이름을 붙인 무덤
장 승	마을의 수호신, 이정표, 지역의 경계 구실을 함
하회탈	우리나라에서 가장 오래된 목재 가면으로 원래 12개 면이었으나 9개 면만 전승되어 현존
자연휴양림	수림이 빼어난 국유지를 총망라, 등산과 산림욕을 즐길 수 있도록 산림청이 조성한 국민휴식공간
소수서원	우리나라 최초의 사액서원으로 유학을 다시 세우기 위해 설립

2011 출제 키워드

핵심 키워드	정답 키워드
북한산 진흥왕 순수비	신라 진흥왕이 세운 비로, 국보로 지정되었으며 국립중앙박물관이 관리
나전칠기	• 나전 위에 옻칠을 해서 만들어낸 공예품 • 가장 유명한 지역은 경남 통영
강화도 애기봉	서부전선 최북단에 위치하고 있으며 육군이 아닌 해병대가 관리
단양팔경	도담삼봉, 하선암, 중선암, 상선암, 구담봉, 옥순봉, 석문, 사인암
경복궁 강녕전	조선 시대 왕이 거처하던 침전
강릉단오제	음력 5월 5일을 중심으로 행해지는 행사로 창포물에 머리감기, 그네뛰기, 씨름, 줄다리기 등 각종 행사가 어우러지는 강원도 강릉의 향토축제
고려 시대 목조건축물(국보)	강릉 임영관 삼문, 수덕사 대웅전, 은해사 거조사 영산전, 부석사 무량수전, 부석사 조사당, 봉정사 극락전
배흘림기둥	기둥 중 원형 기둥의 가운데가 굵고 밑과 위로 갈수록 가늘게 한 것
안동차전놀이	국가무형유산으로 정월대보름을 전후하여 안동지방에서 행해지던 민속놀이의 하나이며 동채싸움이라고도 함
우포늪	가장 오래된 자연습지
국보 지정기준	역사적·예술적·학술적 가치가 크고, 제작 연대가 오래되었으며, 그 시대를 대표할 수 있는 것
수원화성	과학적이고 합리적이며 실용적 구조로 동양성곽의 백미, 실학자 정약용·유형원이 설계
우리나라 성의 특징	산의 지세를 활용해 만든 산성이 가장 대표적인 형태이며, 거주 주체에 따라 도성, 궁성, 행재성, 읍성 등으로 구분. 읍성은 지방행정관서가 있는 마을에 축성된 것
승무	남색 치마에 흰 저고리·흰 장삼을 걸쳤고, 머리에는 흰 고깔을, 어깨에는 붉은 가사를 입었으며 양손에는 북채를 들고 추는 독무(국가무형유산)
관광농원	농업을 대상으로 한 레크리에이션 활동으로 자연자원, 농업, 여가활동이 조화되어 제3차 산업화된 것
우데기	울릉도의 가옥에서 보이는 벽의 형태로 눈보라와 비바람 등을 막기 위해 설치한 외벽
석굴암의 세계유산적 가치	석굴암은 신라 시대 전성기의 최고 걸작으로 그 조영계획에 건축·수리·기하학·종교·예술이 총체적으로 실현된 유산이며, 인도·중국 등의 경우와 같이 천연의 암벽을 뚫고 조성한 천연석굴이 아니라 화강암의 자연석을 다듬어 인공적으로 축조한 석굴사찰

2012 출제 키워드

핵심 키워드	정답 키워드
3보사찰	송광사, 통도사, 해인사
동굴의 종류	• 석회동굴 : 고수굴, 고씨굴, 초당굴, 환선굴, 용담굴, 비룡굴, 관음굴, 연지굴, 성류굴 등 • 용암동굴 : 만장굴, 김녕사굴, 빌레못굴, 협재굴, 황금굴, 쌍용굴, 소천굴, 미천굴, 수산굴 등 • 해식동굴 : 금산굴, 산방굴, 용굴, 오동도굴, 정방굴, 가사굴 등
대표적 천연기념물	• 대구 도동 측백나무 숲 • 제주 산천단 곰솔군 • 양평 용문사 은행나무 • 김해 천곡리 이팝나무 • 순천 송광사 천자암 쌍향수 • 진도 진도개 • 보은 속리 정이품송
우리나라 천연보호구역	• 홍도천연보호구역 • 성산일출봉천연보호구역 • 설악산천연보호구역 • 문섬·범섬천연보호구역 • 한라산천연보호구역 • 차귀도천연보호구역 • 대암산·대우산천연보호구역 • 마라도천연보호구역 • 향로봉·건봉산천연보호구역 • 창녕 우포늪천연보호구역 등 • 독도천연보호구역
온양온천	충남 아산시에 위치하고 있는 온천으로 가장 오래되고 전국에서 수량이 가장 풍부하여 최대 규모의 온천 휴양지로 널리 알려짐
일성록	1760(영조 36)~1910년까지 국왕의 동정과 국정을 기록한 일기로, 정부의 공식 기록으로서의 성격을 지니는 국보
영산재	49재의 한 형태로, 영혼이 극락왕생하게 하는 의식이며, 국가무형유산으로 지정되어 있음
사물놀이	북·장구·징·꽹과리의 4가지 민속타악기로 연주되는 음악 또는 놀이
주요 향토축제	• 경기 지역 : 세종문화제, 행주문화제 등 • 강원도 지역 : 강릉단오제, 소양강문화제, 춘천 마임축제, 대현율곡이선생제 등 • 충청도 지역 : 우륵문화제, 백제문화제, 보령 머드축제 등 • 전라도 지역 : 함평 나비대축제, 김제 지평선축제, 춘향제, 남도문화제, 담양 대나무축제 등 • 경상도 지역 : 진주 남강유등축제, 신라문화제, 안동 민속축제 등 • 제주도 지역 : 성산일출축제, 유채꽃축제 등

자연동굴의 종류	• 석회동굴 : 고수굴, 고씨굴, 초당굴, 환선굴, 도담굴 등 • 용암동굴 : 만장굴, 김녕사굴, 빌레못굴, 협재굴, 황금굴 등 • 해식동굴 : 금산굴, 산방굴, 용굴 등
성(城)의 보호 및 방어시설	• 여장(성가퀴) : 성 위에 쌓은 낮은 담, 몸을 숨기거나 적을 감시·공격 • 옹성 : 성문 밖에 쌓은 작은 성, 성문 보호 역할 • 적대 : 성문 양옆으로 옹성과 성문을 지키는 네모난 대 • 해자 : 성 주위에 둘러 파낸 못
경주 불국사 삼층석탑	백제의 석공인 남편 아사달을 찾아 온 아사녀의 슬픈 전설 때문에 무영탑이라고도 불림(국보)
한국무용의 종류	• 궁중무용 : 처용무, 검무, 춘앵무, 만수무 등 • 민속무용 : 승무, 살풀이, 한량무, 남무, 진주검무 등
강릉단오제	강원도 강릉에서 해마다 열리는 전통축제로, 신주빚기·대관령산신제·국사성황제·영신제·단오굿·관노가면극 등으로 구성
소금강	율곡 이이의 〈청학산기〉에서 이름이 유래(명승)
판소리 다섯마당	춘향가, 심청가, 흥보가, 수궁가, 적벽가
백중놀이	음력 칠월 보름에 승려들이 부처를 공양하기 위해 재(齋)를 올리던 백중날 행해지던 놀이
공 포	우리나라 전통 건축양식의 하나로, 처마 끝의 하중을 기둥에 전달하고 장식적 의장을 더해주는 부재
찰 주	석탑의 구성요소에서 가장 꼭대기에 위치함
은산별신제	• 충청남도 부여군에서 3년에 1번씩 음력 1월 또는 2월에 열림 • 국가무형유산으로 지정
총(塚)	다른 유적에서는 발견되지 않은 특이한 유물이 발견되거나, 다른 무덤과 차별화되는 특징을 가진 무덤
가 곡	한국의 전통 성악곡으로, 관현악 반주에 맞추어 시조시를 노래함
참성단	단군왕검이 민족 만대의 영화와 발전을 위하여 춘추로 하늘에 제사를 올리던 제단

2013 출제 키워드

핵심 키워드	정답 키워드
창경궁	• 세종이 즉위하면서 태종을 모시기 위해 지은 수강궁을 성종이 확장하여 세운 별궁(사적) • 일제강점기 훼손 → 1983년 복원사업 이후 회복
미륵전	미래불인 미륵을 모시는 법당으로 용화세계를 상징하여 '용화전'으로도 불리며, 전라북도 김제의 금산사 미륵전(국보)이 대표적
온돌의 구조	• 아궁이 : 방이나 솥에 불을 때기 위한 구멍 • 부넘기(이) : 온돌을 빨리 데우고 재를 가라앉히는 턱 • (방)고래 : 구들장 밑으로 불길과 연기가 통하여 나가는 길 • 개자리 : 불기운을 빨아들이기 위해 고래보다 깊게 판 고랑
서원	• 조선 중기 이후 인재 양성·학문 연구·제사를 위해 사림에 의해 설립된 사설 교육기관 • 백운동서원(최초의 서원) → 소수서원(사액서원의 시초) • 초기에는 유교적 향촌 질서 유지 → 양반층 이익화 폐단으로 변모 → 흥선대원군의 서원 철폐
이팝나무	• 이름의 유래 : '입하'의 변음, 또는 쌀밥을 연상시켜 '이팝(이밥)'이 됨 • 천연기념물 지정지역 : 김해 천곡리, 순천 평중리, 김해 신천리, 고창 중산리 등
주요 지역축제	• 진도 : 신비의 바닷길 축제 • 문경 : 찻사발축제 • 함평 : 나비대축제 • 강진 : 청자축제 • 김제 : 지평선축제 • 금산 : 인삼축제 • 양양 : 송이축제 • 남원 : 춘향제 • 보령 : 머드축제 • 무주 : 반딧불축제 • 이천 : 쌀문화축제 • 담양 : 대나무축제
방상시탈	궁중의 나례나 장례 또는 국가 행사나 임금 행차, 중국 사신 영접 등에 악귀를 쫓기 위해 사용한 탈로, 눈이 네 개인 것이 특징
유네스코 등재 고인돌 유적지	• 고창 고인돌 유적 : 우리나라에서 가장 큰 고인돌 군집 지역 • 화순 고인돌 유적 : 채석장 발견으로 석재기술과 축조과정 확인 • 강화 고인돌 유적 : 높은 해발지역까지 고인돌 분포
주요 지역별 향토 특산물	• 영양 : 고추 • 한산 : 모시 • 안성 : 유기 • 남원 : 목기 • 안동 : 삼베 • 가평 : 잣 • 무등산 : 수박 • 나주 : 배 • 순창 : 고추장 • 영광 : 굴비 • 원주 : 한지 • 양양 : 송이버섯
천연보호구역	• 홍도 • 설악산 • 한라산 • 대암산·대우산 • 향로봉·건봉산 • 독도 • 성산일출봉 • 문섬·범섬 • 차귀도 • 마라도 • 창녕 우포늪
국가민속문화유산 지정 마을	제주 성읍마을, 안동 하회마을, 경주 양동마을, 고성 왕곡마을, 성주 한개마을, 아산 외암마을, 영주 무섬마을 등
수세	섣달 그믐날 불을 밝혀놓고 밤샘하면서 설을 준비하는 풍속

익산 미륵사지 석탑	목조건축의 기법을 사용하여 만든 우리나라 최고(最古)의 석탑
황룡사 구층목탑	• 선덕여왕 12년(643)에 자장율사의 권유로 외적의 침입을 막기 위해 탑을 지음 • 각 층마다 적국을 상징하도록 하였으며, 백제의 장인 아비지에 의하여 645년에 완공
주심포(柱心包)양식	전통 건축양식 중 기둥 위에만 공포(栱包)를 배치하는 형식으로, 봉정사 극락전, 부석사 무량수전, 수덕사 대웅전 등에 쓰인 건축양식
징비록	조선 중기 문신인 서애 류성룡이 임진왜란 때의 상황을 기록한 사료
연례악	궁중 조하(朝賀)와 연향에 쓰이던 음악
승 무	불교적인 색채가 강하며 주로 머리에는 흰 고깔을 쓰고, 흰 장삼에 붉은 가사를 걸치고 추는 민속무용
고 팡	제주도의 전통가옥에서 주로 곡류 등을 항아리에 넣어 보관하는 창고
신윤복	• 조선 시대 3대 풍속 화가 • 선이 가늘고 유연하며, 부드러운 담채 바탕에 원색을 즐겨 사용 • 미인도, 단오풍정, 뱃놀이 등

2014 출제 키워드

핵심 키워드	정답 키워드
계례	여자가 혼인할 연령이 되면 올리던 성인례
정지식 해설기법	동굴이나 박물관 등 관광객이 많은 곳에 해설가가 고정 배치되어 해설 서비스를 제공
독도	• 천연기념물로 지정 • 동도, 서도로 구성 • 경상북도 울릉군이 행정구역
제주특별자치도 소재 관광자원	성읍 민속마을, 추사적거지, 정방폭포 등
비무장지대(DMZ)	• 1953년 휴전협정에 따라 설정 • 길이 155마일(약 248km) • 보호종, 위기종 등 서식 동식물의 생태학적 보존가치가 매우 높음 • 군사분계선을 기준으로 남북 양쪽 2km씩 설정
슬로시티와 전통산업의 연결	• 경남 하동군(악양면) : 대봉곶감, 야생녹차 • 전남 신안증도 : 천일염, 김 • 충북 제천시 수산·박달재 : 약초 베개, 민물 어탕, 황기 막걸리
봉정사 극락전	전통 목조건축물
한옥	• 사랑채와 안채의 영역 구분 • 자연재료로 마감된 전통적인 외관 • 풍수지리를 바탕으로 배치
국가유산 유형별 제1호	• 국보 제1호 : 서울 숭례문 • 보물 제1호 : 서울 흥인지문 • 국가무형유산 제1호 : 종묘제례악 • 천연기념물 제1호 : 대구 도동 측백나무 숲 ※ 국가유산 지정번호 제도의 폐지로 출제가능성이 적다.
해인사	국보로 지정된 장경판전이 있는 법보사찰
판소리	• 한 명의 소리꾼이 고수의 장단에 맞추어 이야기를 엮어감 • 유네스코 인류무형유산 지정 • 전라도 동북지역 – 동편제, 서남지역 – 서편제
온돌	• 열의 전도·복사·대류를 이용한 난방 방식 • 방바닥 밑의 구들장을 데워 방안을 따뜻하게 함
강강술래	• 추석날 밤에 여인들이 손을 잡고 둥그렇게 원을 그리며 집단으로 추는 춤 • 앞사람의 앞소리에 따라 나머지 사람들이 뒷소리로 받음
무등산 국립공원	• 광주광역시와 담양군·화순군에 위치한 산 • 천왕봉·지왕봉·인왕봉 등 3개의 바위봉으로 이루어짐 • 서석대·입석대 등의 기암괴석이 있음
5대강 유역의 댐	• 한강 유역 : 화천댐, 춘천댐, 소양강댐, 의암댐, 청평댐 등 • 금강 유역 : 대청댐, 금강하구언 • 낙동강 : 안동댐, 진양호, 합천댐 • 영산강 : 영산호, 담양댐, 장성댐 등 • 섬진강 : 섬진강댐, 동복댐

품계석	• 벼슬의 높낮이 순서대로 관계(官階)의 품(品)을 새겨 세운 돌 • 근정전까지 이어진 삼도(三道)를 따라 좌우에 세워짐 • 동편에는 문관, 서편에는 무관이 위치 • 1품에서 3품까지는 정(正), 종(從)으로 구분
모임지붕	한 꼭짓점에서 지붕골이 만나는 형태로 주로 정자에 사용되는 지붕
불교의 삼보(三寶)	• 불보(佛寶) : 진리를 깨친 모든 부처님 • 법보(法寶) : 모범되고 바른 부처님의 교법 • 승보(僧寶) : 부처님의 가르침대로 수행하는 사람
상원사 동종	국보로 국내 현존하는 최고(最古)의 범종
김홍도	• 한국적 정서가 물씬 풍기는 풍속화 및 진경산수화를 즐겨 그림 • 영조의 어진(御眞)과 왕세자(훗날 정조)의 초상화 • 무동, 병진년화첩, 무이귀도도 등의 작품을 남김
홍살문	• 서원이나 향교를 비롯해 능(陵) 앞에 설치 • 신성한 구역임을 알리는 상징적 구조물
가칠단청	문양을 그리지 않고 바탕색으로 마무리하는 단순한 형태의 단청
행 궁	왕이 궁궐을 떠나 지방에서 임시로 머무르는 궁(宮)
삼성각	통상 사찰 뒤쪽에 위치하며 독성, 산신, 칠성신을 모신 곳
산 조	• 한국의 전통음악에 속하는 기악독주곡의 하나 • 느린 장단으로부터 빠른 장단으로 연주하는 민속음악 • 장구 반주가 따르며, 무속 음악과 시나위에 기교가 더해져 19세기 무렵에 만들어짐

2015 출제 키워드

핵심 키워드	정답 키워드
관광자원해설	• 단순한 정보를 제공하는 것이 아니라 관광대상의 가치를 높여 주는 교육적 활동 • 자원보전적 활동으로서 관광대상과 환경 간의 상호관련성을 파악하고 이해시키는 행위 • 해설사가 직접 의사를 전달하는 인적기법과 시설 및 매체를 활용하는 비인적 기법으로 구분
우리나라 관광권 설정순서	10대 관광권(1972) - 5대 관광권(1990) - 7대 문화관광권(1998)
임진각	• 경기도 파주시에 위치 • 1972년 북한 실향민을 위해 세워짐 • 망배단, 미얀마 아웅산 순국외교사절 위령탑 등이 설치
정낭	• 제주특별자치도 전통취락구조 중 집의 대문과 같은 기능 • 긴 나무 3개를 양쪽 돌담 사이에 가로로 끼워 넣고 집주인의 외출여부 등을 알려줌
낙안읍성	• 전라남도 위치 • 1397년 절제사 김빈길이 흙으로 쌓은 성 • 남부지방 특유의 주거양식 • 부엌·토방·툇마루 등이 원형대로 보존
불상의 나발	부처님의 머리카락
사직대제	국가무형유산으로 땅과 곡식의 신에게 드리는 국가적인 제사의 명칭
유네스코 세계유산 등재기준의 기본원칙	진정성, 완전성, 뛰어난 보편적 가치 등
귀얄기법	넓고 굵은 붓으로 형체가 완성된 그릇에 백토를 바르는 기법
나전장	• 국가무형유산으로 지정 • 공정상 바탕이 되는 목기나 유기 또는 도자기 위에 헝겊을 입히고 그 위에 옻을 올리고 자개를 박아 윤을 내는 것
광릉	• 조선 세조와 그 비인 정희왕후의 능으로 경기도 남양주시에 위치 • 정자각을 중심으로 좌우 언덕에 세조의 능과 정희왕후의 능이 각각 단릉의 형식 • 봉분에 병풍석을 두르지 않았고, 석실과 석곽도 사용하지 않음
영주 부석사	• 부석은 '뜬 바위'란 뜻 • 신라의 의상대사가 창건한 사찰 • 선묘각은 선묘라는 여인의 초상화를 모신 사당
전통 건축물의 기와	• 막새 : 지붕의 추녀 끝에 사용되는 기와(수막새와 암막새) • 치미 : 용마루의 양 끝에 높게 부착하던 대형의 장식기와 • 곱새 : 원통형이나 약간 굽은 형태로 내림마루와 귀마루 끝단에 사용되는 기와 • 취두 : 전통 건물의 용마루 양쪽 끝머리에 얹는 장식기와

서울 구(舊) 서대문형무소	• 1907년 일본인이 설계한 목조건물로 경성감옥이라 불림 • 1987년까지 민주화운동 관련 인사들이 수감되는 등 한국 근현대사의 상징적 장소 • 1988년에는 사적으로 지정, 2007년에는 제1종 전문박물관으로 등록
개최지와 지역문화축제의 연결	• 산청 : 지리산한방약초축제(산청한방약초축제) • 풍기 : 인삼축제
성황신	마을 어귀의 고갯마루 등에 있는 고목이나 돌무더기를 마을의 수호신으로 상징하고 숭배하며, 옆에 당(堂)을 짓기도 함
국립공원	• 현재 우리나라 국립공원은 모두 23개소 • 태백산 국립공원은 2016년 8월에 공식 지정 • 우리나라 해상 국립공원은 모두 4개소 • 국립공원은 사적(도시)형, 해안형, 산악형으로 구분 가능
해미읍성	• 사적으로 지정된 조선 시대의 읍성으로, 왜구 침입에 효율적으로 방어하기 위한 거점성 • 성(城) 내에는 천주교인들이 갇혀 있던 감옥터와 고문을 받았던 회화나무가 있어, 오늘날 천주교인들의 순례지가 되고 있음 • 충무공 이순신이 군관으로 근무하기도 함
해파랑길	• 2013년 문화체육관광부가 지정한 문화생태탐방로의 하나 • 부산 오륙도에서 강원도 고성의 통일전망대에 이르는 광역탐방로 • 떠오르는 해와 푸른 바다를 바라보며, 파도소리를 벗 삼아 함께 걷는 길이라는 의미
금동미륵보살 반가사유상	• 국보로, 의자 위에 앉아 오른발을 왼쪽다리 위에 올려놓고, 오른쪽 팔꿈치를 무릎 위에 올린 채 손가락을 뺨에 댄 모습의 보살상으로 높이는 80cm • 상체는 당당하면서도 곧고 늘씬한 모습이며, 하체에서는 우아한 곡선미를 엿볼 수 있음
유네스코 인류무형문화유산	• 종묘제례 및 종묘제례악(2001) • 판소리(2003) • 강릉단오제(2005) • 강강술래(2009) • 남사당놀이(2009) • 영산재(2009) • 제주칠머리당영등굿(2009) • 처용무(2009) • 가곡(2010) • 대목장(2010) • 매사냥(2010) • 줄타기(2011) • 택견(2011) • 한산모시짜기(2011) • 아리랑(2012) • 김장문화(2013) • 농악(2014) • 줄다리기(2015) • 제주해녀문화(2016) • 씨름(2018) • 연등회, 한국의 등불 축제(2020) • 한국의 탈춤(2022)
안 견	• 조선 전기 화단을 대표하는 산수화의 대가 • 대표 작품은 '몽유도원도(夢遊桃源圖)'
장지문	방과 방 사이, 방과 마루 사이에 칸을 막아 끼우는 문(門)
행재성	왕이 군사 및 행정상 중요한 지역에 가서 임시로 거무는 성(城)

옹성	• 성문 보호를 목적으로 성문 밖에 쌓은 성벽 • 모양이 마치 항아리와 같다고 해서 붙여진 명칭
양양 낙산사	• 낙산사 홍련암은 1984년 강원도 문화유산자료로 지정 • 2005년 화재로 인해 큰 피해를 입음 • 신라 문무왕 때 의상대사에 의해 창건됨 • 양양 낙산사 건칠관음보살좌상은 2003년 보물로 지정
전주 경기전	조선 태조 이성계의 어진(御眞)을 모신 곳
경희궁	• 조선 인조부터 철종에 이르기까지 임금이 이궁(離宮)으로 사용 • 서궐(西闕)이라고도 불림
대암산용늪	국내에서 '람사르 습지'로 가장 먼저 지정된 고층습원지역
국가중요농업유산	• 제1호 청산도 구들장 논 • 제2호 제주 밭담 • 제3호 구례 산수유농업 • 제4호 담양 대나무 밭 • 제5호 금산 인삼농업 • 제6호 하동 전통 차농업 • 제7호 울진 금강송 산지농업 • 제8호 부안 유유동 양잠농업 • 제9호 울릉 화산섬 밭 농업 • 제10호 의성 전통수리 농업시스템 • 제11호 보성 전통차 농업시스템 • 제12호 장흥 발효차 청태전 농업시스템 • 제13호 완주 생강 전통 농업시스템 • 제14호 고성 해안지역 둠벙 관개시스템 • 제15호 상주 전통곶감 • 제16호 강진 연방죽 생태순환 수로 농업시스템 • 제17호 창원 독뫼 감 농업 • 제18호 서산 한산모시 전통농업
관광자원	• 관광자원은 보호와 보존, 개발 등의 조화가 필요 • 관광자원의 범위는 다양하게 확대되고 있음 • 관광객의 관광욕구나 동기유발의 유인성을 지녀야 함
자연호수와 지명의 연결	• 송지호 : 강원도 고성군 • 경포호 : 강원도 강릉시 • 화진포호 : 강원도 고성군 • 영랑호 : 강원도 속초시
해수욕장	• 대천해수욕장 : 서해안에 위치하고, 머드축제가 열리며 패각모래가 특징 • 중문해수욕장 : 제주도에 위치하고 있는 활처럼 굽은 해수욕장으로, 흑·백·적·회색 등의 모래가 특징
천도재	죽은 사람의 영혼을 극락으로 보내기 위해 치르는 불교의식
2012 여수세계박람회	• 박람회의 주제는 '살아있는 바다, 숨 쉬는 연안' • 박람회 마스코트로는 '여니'와 '수니'가 있음 • 박람회 성과를 기념하고, 효율적 시설활용을 위해 박람회재단이 조직

택견	• 2011년 유네스코 인류무형유산에 등재 • 택견의 수련은 혼자익히기, 마주메기기, 견주기로 나눌 수 있음 • 1983년 국가무형유산으로 지정 • 우리나라 전통무술의 하나로, 고구려 고분인 무용총 벽화에 그려져 있음
무형유산	• 무형문화재는 문화재보호법에 따라 지정 • 무형문화재에는 전통적 공연·예술 / 공예, 미술 등에 관한 전통기술 / 한의약, 농경·어로 등에 관한 전통지식 / 구전 전통 및 표현 / 의식주 등 전통적 생활관습 / 민간신앙 등 사회적 의식(儀式) / 전통적 놀이·축제 및 기예·무예 등이 포함 • 국가무형문화재와 시도무형문화재로 구분 • 국가무형문화재는 문화재청장이 무형문화재 우원회의 심의를 거쳐 지정
국가무형유산	• 안동 차전놀이 • 북청사자놀음 • 조선왕조 궁중음식
단오의 풍속	• 그네뛰기와 씨름 • 창포물에 머리감기 • 대추나무 시집보내기
카지노	• 1994년 관광진흥법 개정에 의해 관광사업으로 규정 • 강원랜드 카지노는 2000년 10월 개장 • 강원랜드 카지노는 내국인출입이 가능
유형문화유산 중 보물로 지정된 것	보은 법주사 사천왕 석등
낙안읍성	• 1983년 사적으로 지정됨 • 객사, 노거수 은행나무, 임경업장군비각이 있음
국보의 명칭과 지정번호의 연결	• 서울 원각사지 십층석탑 : 국보 제2호 • 경주 불국사 다보탑 : 국보 제20호 • 익산 미륵사지 석탑 : 국보 제11호 • 보은 법주사 쌍사자 석등 : 국보 제5호 ※ 국가유산 지정번호 제도의 폐지로 출제가능성이 적다.
문화유산에 관한 설명	• 부도 : 승려의 사리를 안치한 묘탑 • 석조 : 주로 사찰에서 돌을 넓게 파서 물을 받아 사용하도록 만든 것 • 당간지주 : 사찰입구의 당간을 세우는 기둥
향교와 서원	• 향교 : 관학(官學)으로 지방의 중등교육기관 • 서원 : 조선 시대 학문연구와 성리학적 인재양성을 위해 설립되었던 지방의 사설교육기관
유형문화유산	• 유형문화재는 건조물, 전적, 회화, 조각, 공예품 등 유형의 문화적 소산으로 역사적·예술적 또는 학술적 가치가 큰 것과 에에 준하는 고고자료 • 문화재청장은 문화재위원회의 심의를 거쳐 유형문화재 중 중요한 것을 보물로 지정할 수 있음
근정전과 광화문	• 근정전 : 국보로 지정되어 있으며, 왕이 신하들의 조례를 받던 곳 • 광화문 : 경복궁의 정문이며 남문에 해당
건축양식과 건축물	• 숭례문 : 다포양식 • 부석사 무량수전 : 주심포양식 • 수덕사 대웅전 : 주심포양식 • 봉정사 극락전 : 주심포양식

관광진흥법에 의해 지정된 관광특구 (2025.06 기준)	서울(8)	명동·남대문·북창동·다동·무교동	충북(3)	수안보온천
				속리산
		이태원		단양
		동대문 패션타운	충남(2)	아산시온천
		종로·청계		보령해수욕장
		잠실	전북(2)	무주 구천동
		강남 마이스		정읍 내장산
		홍대 문화예술	전남(2)	구례
		고터·새빛		목포
	부산(2)	해운대	경북(4)	경주
		용두산·자갈치		백암온천
	인천(1)	월미		문경
	대전(1)	유성		포항 영일만
	경기(5)	동두천	경남(2)	부곡온천
		평택시 송탄		미륵도
		고양	제주(1)	제주도
		수원화성	대구(1)	동성로(2024년 지정)
		통일동산		
	강원(2)	설악		
		대관령		
국가지질공원	• 제주도 국가지질공원 • 울릉도·독도 국가지질공원 • 부산 국가지질공원 • 강원평화지역 국가지질공원 • 청송 국가지질공원 • 무등산권 국가지질공원 • 한탄강 국가지질공원 • 강원고생대 국가지질공원		• 경북 동해안 국가지질공원 • 전북 서해안권 국가지질공원 • 백령·대청 국가지질공원 • 진안·무주 국가지질공원 • 단양 국가지질공원 • 고군산군도 국가지질공원 • 의성 국가지질공원 • 화성 국가지질공원		
관광농원	• 농업인의 소득증대를 도모하는 사업 • 사업규모는 100,000m^2 미만 • 농촌의 쾌적한 자연환경과 전통문화 등을 농촌체험·관광자원으로 개발하는 사업				
유네스코 인류무형유산에 등재된 순서	남사당놀이(2009) – 대목장(2010) – 한산모시짜기(2011) – 농악(2014)				
무형유산과 그 소재지	• 줄타기 : 경기 • 강강술래 : 전남 • 봉산탈춤 : 서울 • 은산별신제 : 충남				

2016 출제 키워드

핵심 키워드	정답 키워드
천연기념물 지정 동굴	제주 김녕굴 및 만장굴, 익산 천호동굴, 정선 신호동굴 등
자연공원	• 금오산 : 1970년 지정된 최초의 도립공원 • 천마산 : 1983년 지정된 군립공원 • 소백산 : 1987년 지정된 국립공원 • 남한산성 : 1971년 지정된 도립공원
단방향 해설매체 (길잡이식 해설)	• 문자형과 상징형 등으로 나눌 수 있음 • 이용자의 선호에 따라 취사선택이 가능 • 이용자의 정보해독 능력에 따라 다른 학습효과를 낼 수 있음
람사르 습지 목록에 등재된 곳	• 대암산용늪 • 순천만·보성갯벌 • 신안장도 산지습지 • 무제치늪 • 제주 물영아리오름 • 무안갯벌 • 두웅습지 • 오대산 국립공원 습지 • 제주 물장오리오름 • 제주 1100고지 • 강화 매화마름 군락지 • 고창·부안갯벌 • 서천갯벌 • 고창 운곡습지 • 제주 동백동산 습지 • 한강밤섬 • 증도갯벌 • 제주 숨은물뱅듸 • 송도갯벌 • 순천 동천하구 • 한반도습지 • 고양 장항습지 • 대부도갯벌 • 문경 돌리네습지 • 우포늪 • 평두메습지
서울특별시에 소재한 왕릉	태릉, 정릉, 헌릉 등
전(殿)	한국 전통건물에 붙는 명칭으로 가장 격조가 높은 것
월성지구	유네스코 세계유산으로 등재된 경주역사유적지구 중 첨성대, 동궁, 계림 등이 있는 지구
안동놋다리밟기	• 음력 정월대보름에 여자들이 하는 민속놀이 • 공주로 뽑힌 소녀가 한 줄로 늘어선 여자들의 등을 밟고 걸어감 • 공민왕과 노국공주의 피난에서 유래되었다는 설이 전해짐
해수욕장과 그 소재지	• 전라북도 : 격포해수욕장 • 인천광역시 : 하나개해수욕장 • 충청남도 : 춘장대해수욕장 • 경상북도 : 구룡포해수욕장

통도사	• 우리나라 삼보사찰 가운데 하나인 불보(佛寶)사찰 • 경상남도 양산시에 소재 • 자장율사가 당나라에서 귀국할 때 가지고 온 불사리와 가사, 그리고 대장경 400여 함을 봉안한 사찰
온천과 그 소재지	• 오색온천 : 강원특별자치도 양양군 • 수안보온천 : 충청북도 충주시 • 덕구온천 : 경상북도 울진군 • 도고온천 : 충청남도 아산시
용암동굴	만장굴, 김녕사굴, 빌레못굴, 협재굴, 황금굴, 쌍용굴, 소천굴, 미천굴, 수산굴 등
사적(史蹟)	• 부여 부소산성 • 김해 봉황동 유적 • 경주 포석정지
원각사지 십층석탑	• 탑신을 받쳐주는 기단(基壇)은 3단으로 되어 있음 • 각 층 옆면에는 여러 가지 장식이 화사하게 조각되어 있음 • 대리석으로 만들어짐
관광자원 분류	• 유형관광자원 : 사적, 동식물, 천연자원 등 • 무형관광자원 : 풍속, 음악, 종교 등
천연기념물	• 서울 재동 백송 • 광릉 크낙새 서식지 • 제주 무태장어 서식지
호수관광자원	• 자연호수 : 영랑호, 화진포호, 경포호 등 • 인공호수 : 시화호, 충주호, 소양호 등
해수욕장과 그 소재지	• 꽃지해수욕장 : 충청남도 • 화진포해수욕장 : 강원특별자치도 • 대천해수욕장 : 충청남도 • 망상해수욕장 : 강원특별자치도

2017 출제 키워드

핵심 키워드	정답 키워드
관광자원의 개념적 특성	• 범위의 다양성 • 매력성 • 개발요구성 • 자연과 인간의 상호작용 • 유인성 • 가치의 변화 • 보존과 보호의 필요성
주제공원	• 인공적으로 연출한 산업 • 특정 주제를 중심으로 한 문화가 있음 • 각종 유희시설과 이벤트 등 복합성을 지니고 있음
사물놀이 4대 악기	꽹과리, 북, 장구, 징
축제명칭과 개최지역의 연결	• 전통찻사발축제 : 경상북도 문경시 • 나비대축제 : 전라남도 함평군 • 고래축제 : 울산광역시 남구 • 한국선비문화축제 : 경상북도 영주시
카지노산업의 특성	• 인적서비스 의존도가 높음 • 다른 산업에 비해 고용창출 효과가 높음 • 관광객 체재기간을 연장하여 관광객 경비를 늘림 • 호텔영업에 기여도 및 의존도가 높음
영산줄다리기	• 국가무형유산 • '줄쌈', '색전'이라고도 불리는 풍요를 비는 민속놀이
통과의례	• 사람이 태어나서 삶을 마감하기까지 일생의 전 과정을 통해 반드시 통과해야 하는 의식과 의례 • 성인식, 결혼식, 출산의례, 상례 등
세시풍속과 시기의 연결	• 단오(천중절) : 5월 5일 • 한가위 : 8월 15일 • 중양절 : 9월 9일
산업관광	산업시찰, 기업자료관과 박물관 견학, 산업유산관광 등
주제공원의 공간적 분류별 예시	• 자연공간 + 주제형 : 동·식물자연파크, 바다수족관, 바이오파크 • 자연공간 + 활동형 : 자연리조트형파크, 바다, 온천형파크 • 도시공간 + 주제형 : 외국촌, 역사촌, 사이언스파크 • 도시공간 + 활동형 : 도시리조트형파크, 어뮤즈먼트파크, 워터파크
봉죽놀이	• 서해안 일대 어촌에서 풍어를 기원하며 행해던 집단 가무놀이 • 배꾼들의 소리와 춤으로 엮어짐
창덕궁	• 1997년에 유네스코 세계유산으로 등재 • 조선 태종 때 세워짐 • 이궁으로 만들어짐
국립공원과 행정구역의 연결	• 오대산 국립공원 : 강원특별자치도 • 주왕산 국립공원 : 경상북도 • 변산반도 국립공원 : 전라북도 • 월출산 국립공원 : 전라남도

전라북도 관광지	변산해수욕장, 백제가요 정읍사
강원랜드	• 복합리조트시설로 운영되고 있음 • 강원특별자치도 정선군 사북읍에 위치함 • 폐광지역의 경제 활성화를 위해 설립됨
강과 댐의 연결	• 한강 : 팔당댐, 충주댐 • 금강 : 대청댐 • 낙동강 : 안동댐
산사, 한국의 산지승원	양산 통도사, 영주 부석사, 안동 봉정사, 보은 법주사, 공주 마곡사, 순천 선암사, 해남 대흥사
화진포	• 동해안 최북단 강원특별자치도 고성군에 위치한 자연석호 • 이승만 전 대통령 등의 별장이 있음

통일신라 시대 3대 금동불상	• 경주 백률사 금동약사여래입상(국보) • 경주 불국사 금동비로자나불좌상(국보) • 경주 불국사 금동아미타여래좌상(국보)
석회동굴	고수굴, 고씨굴, 초당굴, 환선굴, 용담굴, 비룡굴, 관음굴, 성류굴, 노동굴 등
한량무	• 진주 관아의 행사 때 여흥으로 춘 춤 • 부패한 양반과 파계승을 풍자한 무용극 • 7인 배역이 등장해서 이야기를 엮어가는 형태
개최지역과 축제명의 연결	• 광주광역시 : 추억의 충장축제 • 서울특별시 : 한성백제문화제 • 경상남도 : 함양산삼축제 • 충청남도 : 해미읍성역사체험축제
국가지질공원	• 교육·관광사업에 활용됨 • 관리·운영현황을 4년마다 조사·점검함 • 2012년에 제주도와 울릉도·독도가 최초로 ㅈ정됨 • 지구과학적으로 중요하고 경관이 우수한 지역이어야 함
도립공원	금오산, 남한산성, 모악산, 덕산, 칠갑산, 대둔산 마이산, 가지산, 조계산, 두륜산, 선운산, 문경새재, 경포, 청량산, 연화산, 고복, 천관산, 연인산, 신안갯벌, 무안갯벌, 마라해양, 성산일출해양, 서귀포허양, 추자, 우도해양, 수리산, 제주곶자왈, 벌교갯벌, 불갑산, 철원DMZ성재산
통영오광대	• 국가무형유산으로 지정 • 남부지역의 탈춤 전통을 잘 보여주는 탈놀이 • 문둥탈·풍자탈·영노탈·농창탈·포수탈의 5마당으로 구성
관광농원사업	• 도시와 농어촌의 교류 촉진 • 농어촌지역과 농업인의 소득증대 도모 • 농어촌의 자연자원과 농림수산 생산기반 이용
온천과 그 소재지	• 충청남도 : 도고온천, 온양온천 • 충청북도 : 수안보온천 • 경상남도 : 부곡온천 • 경상북도 : 덕구온천, 백암온천 • 강원특별자치도 : 척산온천 • 대전광역시 : 유성온천
강릉 선교장	• 국가민속문화유산으로 지정 • 조선 시대 상류층의 가옥을 대표하는 건축물 • 전주이씨(全州李氏) 이내번(李乃蕃)이 지은 것으로 전해짐
아산 외암마을	• 예안이씨(禮安李氏) 후손들을 중심으로 구성된 마을 • 설화산과 봉수산을 잇는 지역에 위치

2018 출제 키워드

핵심 키워드	정답 키워드
관광자원해설의 주요 목적	• 관광객의 만족 • 관광자원 훼손의 최소화 • 관광자원에 대한 이해 향상
순천 송광사 국사전	• 조계산 자락에 위치 • 나라를 빛낸 큰 스님 16분의 영정을 모시고 그 덕을 기리기 위해 세운 건물 • 국보로 지정됨
궁궐과 정전(正殿)의 연결	• 창덕궁 : 인정전 • 경희궁 : 숭정전 • 창경궁 : 명정전 • 덕수궁 : 중화전
법고춤	• 불교의식에서 행하는 무용의 하나 • 동작이 크고 활기가 있는 춤 • 절에서는 조석(朝夕)의 예불이나 각종 의식에 쓰임
한려해상 국립공원	• 1968년 국립공원 지정 • 충무공 이순신이 전사한 노량지구를 포함 • 해금강지구는 십자굴을 비롯한 기암괴석과 노송, 동백숲 등이 절경을 이룸
장승업	• 주요 작품은 〈삼인문년도〉, 〈기명절지도〉, 〈호취도〉, 〈귀거래도〉 등이 있음 • 산수화, 도석·고사인물화, 화조영모화, 사군자 등 다양한 소재를 다루었음
궁중음악	아악, 당악, 향악
유네스코 등재 세계기록유산	• 훈민정음(1997) • 조선왕조실록(1997) • 직지심체요절(2001) • 승정원일기(2001) • 조선왕조 의궤(2007) • 해인사 대장경판 및 제경판(2007) • 동의보감(2009) • 일성록(2011) • 5·18 민주화운동기록물(2011) • 난중일기(2013) • 새마을운동기록물(2013) • 한국의 유교책판(2015) • KBS 특별생방송 '이산가족을 찾습니다' 기록물(2015) • 조선왕실 어보와 어책(2017) • 국채보상운동기록물(2017) • 조선통신사기록물(2017) • 4·19혁명기록물(2023) • 동학농민혁명기록물(2023) • 제주4·3기록물(2025) • 산림녹화기록물(2025)

청화백자	푸른색의 코발트 안료로 그림을 그린 백자
소호요트 마리나	전남 여수시 소호동에 위치
강원도 향토음식	칡부침, 산마루밥, 감자송편, 오징어순대, 닭갈비 등이 있음
숭례문	대한민국 국보
완도 정도리 구계등	• 활 모양으로 휘어져 있는 해안 자갈밭으로 그 끝은 수중절벽으로 이어져 장엄한 경관을 이루고 있음 • 명승으로 지정
부소산성	• 사적으로 지정되어 있음 • 538년 백제 성왕이 웅진에서 사비로 도읍을 옮겨 사용
봉선 홍경사 갈기비	고려 시대의 석비로, 충청남도 천안에 위치하며 1962년 12월 대한민국 국보로 지정
다포양식 건축물	• 통도사 대웅전 • 경복궁 근정전 • 창덕궁 인정전 • 남대문 • 동대문 • 창경궁·명정전 • 덕수궁 중화전 • 화엄사 각황전 • 금산사 미륵전 • 봉정사 대웅전 • 심원사 보광전 • 석왕사 응진전
설의 세시풍속	• 설빔 : 설날 아침에 일찍 일어나 세수한 다음 미리 준비해 둔 새 옷으로 갈아입는 것 • 차례 : 온 가족이 사당에 모여 4대조의 신주를 모셔두고 제사지내는 것 • 세배 : 차례가 끝난 후 웃어른께 새해 첫 인사를 큰 절로 하는 것 • 성묘 : 조상의 무덤에 세배를 드리는 것, 즉 묵은해를 보내고 새해를 맞이했다는 인사를 조상의 무덤에 고하는 것 • 세찬 : 설날 차례를 위해서 만드는 음식 • 세주 : 설날 차례에 사용하는 술 • 수세 : 섣달 그믐날 밤에 잠들면 눈썹이 센다고 하여 집에 등불을 밝히고 밤을 새우는 것 • 복조리 : 섣달 그믐날 자정이 지나서 팔거나 돌리는 조리 • 세화 : 설날 대문에 걸어두는 장군상, 귀두상 선녀상, 호랑이상 같은 그림 • 소발 : 설날 저녁에 1년 동안 모아 두었던 머리털을 불에 태우는 것 • 설놀이 : 널뛰기, 윷놀이, 연날리기 등
대원각사비	• 원각사의 창건 내력을 기록함 • 성종 2년(1471)에 건립
농촌관광 기대효과	• 농촌 지역주민 소득증대 • 농촌 지역경제 활성화 • 농촌과 도시의 상호교류 촉진 • 도시와 농촌의 소득 재분배 촉진
하동군	하동군은 대봉감, 야생 천연녹차가 유명
상업관광자원	• 시 장 • 박람회 • 전시회 • 백화점

2019 출제 키워드

핵심 키워드	정답 키워드
천연보호구역	• 홍도 • 설악산 • 한라산 • 대암산·대우산 • 향로봉·건봉산 • 독도 • 성산일출봉 • 문섬·범섬 • 차귀도 • 마라도 • 창녕 우포늪
부곡온천	• 경남 창녕군 부곡면에 위치 • 국내에서 가장 높은 78°C 수온 • 해인사, 표충사, 곽재우와 17장수의 의령탑 등의 주변관광지 • 피부병, 관절염, 부인병, 신경통, 위장병, 무좀, 동맥경화 등에 효과
서도소리	평안도와 황해도 지방의 민요로 평안도의 수심가, 긴아리, 자진아리 황해도의 산염불, 자진염불, 긴난봉가, 자진난봉가, 몽금포타령 등이 있음
속리산 국립공원	• 1970년 3월에 지정된 속리산 국립공원은 충북 보은군과 경북 상주시에 걸친 자연경관지 • 태백산맥에서 갈라지는 소백산맥 중 천왕봉(1,058m)을 중심으로 북쪽에 비로봉, 입석대, 문장대, 관음봉, 묘봉 등 해발 1,000m 내외의 9개 산봉이 솟아나고 명산으로서의 지세 형성에 부족함이 없어 구봉산으로도 일컬음 • 속리산 내의 법주사는 수려한 자연경관과 함께 이 지역의 관광가치를 더욱 돋보이게 하는 값진 문화관광자원 • 법주사 입구에는 유명한 정이품송이 자리하고 넓은 잔디밭을 지나 조금 오르면 수백년은 됨직한 노송과 도토리나무가 울창한 숲을 이루며 장관을 이루고 있는데, 이곳을 오리숲이라고 함 • 사찰로는 법주사가 유명하고, 법주사 쌍사자 석등, 법주사 석련지, 법주사 팔상전 등이 있음 • 속리산을 중심으로 사내천은 남한강의 발원, 서남으로 흐르는 삼가천은 금강, 장각폭포 계곡은 낙동강의 시원이 되어 삼대강의 원류임
현전하는 판소리 5마당	• 춘향가 • 심청가 • 수궁가 • 적벽가 • 흥보가
승무	• 흰 장삼에 붉은 가사를 어깨에 매고 흰 고깔을 쓰고 추는 춤 • 민속무용의 일종
진연상	• 왕이나 왕족들의 생일, 혼인, 환갑잔치 혹은 세자책봉 때, 단오와 추석, 왕이 행차할 때 그리고 외국사신을 맞을 때 차리는 음식상으로 단번에 다종다양한 음식을 차리는 것이 특징 • 조선 시대 '진연도감' 또는 '진연청'이라는 기구가 있어 진연에 관한 일을 맡아 봄
자기안내기법	자기안내기법은 흥미와 동기를 지속적으로 부여하기 어렵고, 독해자의 인식수준과 정신적 노력이 요구됨
무형 관광자원	인적 자원과 비인적 자원으로 구분
안동 소주	경상북도 무형유산
주요 강의 길이	낙동강 : 521km > 한강 : 514km > 금강 : 395km > 영산강 : 136km

승정원일기	국보로 지정되었으며, 조선왕조에 관한 방대한 규모의 사실적 역사기록과 국가의 기밀을 담은 유네스코 세계기록유산
국보의 지정기준	• 보물에 해당하는 문화유산 중 특히 역사적·학술적·예술적 가치가 큰 것 • 보물에 해당하는 문화유산 중 제작 연대가 오래 되었으며, 그 시대의 대표적인 것으로서, 특히 보존가치가 큰 것 • 보물에 해당하는 문화유산 중 조형미나 제작기술이 특히 우수하여 그 유례가 적은 것 • 보물에 해당하는 문화유산 중 형태·품질·제재(製材)·용도가 현저히 특이한 것 • 보물에 해당하는 문화유산 중 특히 저명한 인물과 관련이 깊거나 그가 제작한 것
한국의 서원	• 소수서원(경상북도 영주시) • 옥산서원(경상북도 경주시) • 도산서원(경상북도 안동시) • 병산서원(경상북도 안동시) • 도동서원(대구광역시 달성군) • 남계서원(경상남도 함양군) • 무성서원(전라북도 정읍시) • 필암서원(전라남도 장성군) • 돈암서원(충청남도 논산시)
양주별산대놀이	서울·경기 지방에서 즐겼던 산대도감극의 한 갈래로, 춤과 무언극, 덕담과 익살이 어우러진 민중놀이
세한도	완당 김정희가 그린 세련미가 뛰어난 걸작품
성(城)의 구성	• 여장 : 성벽 위에 설치하는 낮은 담장으로, 적으로부터 몸을 보호하고 적을 효과적으로 공격하기 위한 구조물 • 옹성 : 성문을 보호하고 성을 지키기 위해 성문 밖에 쌓은 작은 성 • 적대 : 적의 정세를 살피는 망대. 성문 양옆에 돌출시켜 옹성과 성문을 적으로부터 지키는 대 • 해자 : 성 주위에 둘러 판 못. 하천을 이용하거나 성벽의 주변에 인공적으로 도랑을 파서 만든 성의 방어물 • 현안 : 성벽에 가까이 다가온 적을 공격하기 위해 성벽 외벽 면을 수직에 가깝게 뚫은 것
창경궁의 주요건물	• 홍화문 • 숭문당 • 양화당 • 옥천교 • 함인정 • 영춘헌 • 명정문, 행각 • 경춘전 • 풍기대 • 명정전 • 환경전 • 관천대 • 문정전 • 통명전 • 춘당지
나한전	사찰에 있는 당우 중 하나로 응진전이라고도 하며, 부처님의 제자인 나한을 모신 법당
오죽헌	우리나라 주택건물 중에서 매우 오래된 것 중 하나로, 보물로 지정된 이율곡의 생가
법라	대중을 모이게 하고 의식을 행할 때 사용, 소라의 끝 부분에 피리를 붙인 불교 악기
광주 칠석 고싸움놀이	국가무형유산으로 지정되어 있으며 정월 대보름 전후에 행해지는 남성의 격렬한 집단놀이

2020 출제 키워드

핵심 키워드	정답 키워드
자연적 관광자원	• 인간의 노동력·자본·기술이 투여되지 않은 자연적 소산의 상태 • 오늘날에는 인간의 노동력·자본·기술이 투여되더라도 자연경관지로서의 원형을 보전하고 있을 때는 자연자원이 됨 • 온천, 동식물, 산림 등
산업관광	• 인문적 관광자원 구성요소 중 하나 • 산업과 참여 기업 및 지역경제 활성화에 기여하려는 목적 • 1·2·3차 산업현장이 관광 대상 • 농림업, 어업, 공업, 상업

초광역 관광벨트	• 접경 및 내륙 관광벨트
	  – 접경 : 한반도 평화생태 관광벨트
	  – 내륙 : 백두대간 생태문화 관광벨트, 강변 생태문화 관광벨트
	• 해안 관광벨트
	  – 동해안 관광벨트
	  – 서해안 관광벨트
	  – 남해안 관광벨트

표충사	경상남도 밀양시, 전라남도 해남군에 있는 사찰
세계지질공원	• 제주도(2010년 지정) • 청송군(2017년 지정) • 무등산(2018년 지정) • 한탄강(2020년 지정)
언택트관광지	코로나19를 피하여 안전한 관광을 할 수 있도록 한국관광공사가 발표한 관광지
코리아 둘레길	동·서·남해안 및 비무장지대 접경지역 등 한반도 둘레를 이어 걸을 수 있도록 한 길 • 동해안 : 해파랑길 • 서해안 : 서해랑길 • 남해안 : 남파랑길 • 비무장지대 접경지역 : DMZ 평화의 길
컨벤션센터	• 서울시 : COEX • 경주시 : HICO • 제주도 : ICC JEJU • 고양시 : KINTEX
임진각	경기도 파주시에 위치하며 6·25 전쟁의 비통한 한이 서려 있는 안보관광자원
문화축제	• 논산 : 딸기축제 • 금산 : 인삼축제 • 기장 : 멸치축제 • 진주 : 진주남강유등축제
설악산 국립공원	• 1970년 3월에 지정된 국립공원 • 우리나라 산악자원으로는 최대의 절승이며 비경을 갖고 있는 곳
오대산 국립공원	• 1975년 2월에 지정된 국립공원 • 강원특별자치도 강릉시, 평창군, 홍천군에 걸쳐있는 총면적 326.348km^{2}의 공원으로서 산세가 빼어난 산악경관지역

도 성	왕궁과 종묘사직, 의정부가 위치한 도읍을 방어하기 위해 축조
경상북도의 조선 시대 서원	소수서원, 도산서원, 병산서원
조선왕조실록	• 1997년 유네스코 세계기록유산에 등재됨 • 태조부터 철종까지 472년의 역사를 기록 • 기술·간행 담당사관의 독립성과 비밀을 보장하여 사실성과 신빙성 확보
백제의 불탑	익산 미륵사지 석탑
창덕궁	1997년 유네스코 세계문화유산으로 등록
문화유산 중 국보로 지정된 것	• 익산 미륵사지 석탑 • 부여 정림사지 5층 석탑 • 경주 불국사 다보탑
단 오	• 부녀자들은 그네뛰기를, 남자들은 씨름을 함 • 창포물에 머리를 감음 • 음력 5월 5일에 모내기를 끝내고 풍년을 기원함
양동마을	• 2010년 세계문화유산에 등재 • 여강 이씨와 월성 손씨의 집성촌 • 보물 : 무첨당, 향단, 관가정 • 국가민속문화유산 : 서백당, 이향정, 심수정
주심포공포양식	봉정사 극락전, 부석사 무량수전, 수덕사 대웅전
종 묘	• 조선 시대 왕, 왕비의 신주를 모신 사당 • 19개의 신실이 있음 • 유교사당의 전형 • 건축이 간결하면서 대칭을 이룸
소재지별 왕릉	• 광릉(경기도) • 태릉(서울시) • 정릉(서울시) • 헌릉(서울시)

2021 출제 키워드

핵심 키워드	정답 키워드
매체이용해설	• 모형기법・시청각기법 활용 • 최신장비 도입으로 관람객 관심 유도 • 매체 관리유지를 위한 정기적 보수 필요
관광자원의 특성	• 보존과 보호를 필요로 함 • 매력성과 유인성 • 범위가 넓고 다양함 • 사회구조・시대에 따라 가치를 달리함
국가지질공원	• 지구과학적으로 중요하고 경관이 우수한 지역 • 인증기간은 고시일로부터 4년 • 교육・관광사업으로 활용 • 울릉도・독도, 제주도가 최초 지정
인공호	충청북도 충주호, 강원도 소양호, 경기도 시화호
해파랑길	부산 오륙도에서 강원 고성 통일전망대까지 이르며, 동해안의 해변길・숲길・마을길을 잇는 탐방로
월출산	1988년 도립공원에서 국립공원으로 승격
지역별 관광단지	• 오시아노 관광단지(전라남도) • 감포해양 관광단지(경상북도) • 마우나오션 관광단지(경상북도) • 구산해양 관광단지(경상남도)
민속주	• 한산 소곡주 • 서울 문배주 • 진도 홍주 • 경주 교동법주 • 면천 두견주 • 김천 과하주 • 안동 소주 • 제주 오메기술
강원랜드 카지노	2000년 10월 최초로 내국인 출입이 허용된 카지노로 2045년까지 내국인 출입이 허용됨. 2020년 기준 국내 카지노 업체 중 매출액이 가장 높음
관광레저형 기업도시	• 자족적 생활공간 기능을 갖추도록 함 • 관광휴양 도시 추구 • 다양한 관광레저시설의 유기적 배치 계획
관광두레	• 소프트웨어 중심적 지역관광 활성화가 목적 • 관광두레PD는 주민사업체의 육성 및 창업을 지원 • 주민사업체별 최대 5년간 지원이 가능 • 주민사업체는 매년 진단평가를 받음
지역관광거점도시	강릉, 목포, 안동, 전주
하회별신굿탈놀이	• 안동 하회동, 병산동에서 전승 • 마을굿에서 유래 • 사회풍자와 비판내용을 담고 있음

수영야류	• 탈을 쓰고 벌이는 전통 가면극 • 주로 산신제와 함께 벌어지며 국가무형유산으로 지정 • 양반마당, 영노마당, 할미마당 등으로 구성
인류무형문화유산	택견, 줄타기, 영산재
한국의 전통 지붕	• 모임지붕 : 하나의 꼭짓점에서 지붕골이 만나는 형태 • 맞배지붕 : 책을 엎어 놓은 것과 같은 형태 • 우진각지붕 : 지붕면이 4면으로 되어 있는 형태
경복궁 내 건축물	자경전, 사정전, 강녕전
불교의 수인	• 지권인 : 진리는 하나라는 것을 의미 • 선정인 : 참선할 때 짓는 수인 • 항마촉지인 : 깨달음을 얻는 모습을 형상화
일주문	불교 사찰의 입구에 있는 문으로 기둥이 일렬로 서있다는 뜻을 가짐
미륵사지 석탑	국보로 지정된 최고(最古) 석탑
소수서원	• 사적으로 지정 • 경북 영주시에 위치 • 임금이 현판을 하사한 최초의 서원(사액서원)
경기민요	• 국가무형유산으로 지정 • 태평가, 늴리리야, 도라지타령 등 • 평조가락이 많아 부드럽고 서정적이며 경쾌함
진사백자	산화구리로 문양을 그려 붉은색으로 나타낸 백자
두견주	충남 면천지역에서 전승되어 온 진달래향의 청주
서삼릉	희릉, 예릉, 효릉

2022 출제 키워드

핵심 키워드	정답 키워드
인적서비스기법	담화, 재현, 동행해설기법
호수와 지명의 연결	• 화진포 : 강원특별자치도 고성군 • 송지호 : 강원특별자치도 고성군 • 경포호 : 강원특별자치도 강릉시 • 영랑호 : 강원특별자치도 속초시
용암동굴과 석회동굴	• 용암동굴 : 김녕굴, 만장굴, 협재굴 • 석회동굴 : 고수굴
강원도 지역의 국립공원	설악산, 태백산, 오대산, 치악산
농촌관광의 경제적 기대효과	• 농촌 지역경제의 활성화 • 농촌 지역주민의 소득증대 • 유휴자원의 소득자원화
지역과 특산물의 연결	• 담양 : 죽세공품 • 강화 : 화문석 • 금산 : 인삼 • 안동 : 하회탈
지역과 축제명 연결	• 화천 : 산천어축제 • 진도 : 영등제 • 인제 : 빙어축제 • 보령 : 머드축제
유네스코 세계문화유산 등재 민속마을	안동 하회마을
카지노	• 호텔업에 대한 의존도가 높음 • 강원랜드는 내·외국인 대상 카지노 • 카지노는 정치·경제·사회의 영향을 받음 • 외화획득이 높은 서비스 산업
다목적댐	임하댐

조선의 궁궐들과 정전	• 경복궁 : 근정전 • 창경궁 : 명정전 • 덕수궁 : 중화전 • 창덕궁 : 인정전
공포의 양식과 건축물	• 부석사 무량수전 • 수덕사 대웅전 • 봉정사 극락전
수원화성	• 세계문화유산에 등재됨 • 성곽을 따라 성문과 수문, 암문 등이 분포하는데 성문에는 반원형의 옹성을 쌓았음 • 정조의 효심과 당파정치 근절, 왕도정치 실현, 한양 남쪽의 국방요새, 정치, 행정, 상업이 망라된 종합기능의 성곽임
광 릉	조선 시대 세조와 정희왕후의 능
적멸보궁 사찰	속리산 법주사
한국의 삼보사찰	• 승보사찰 : 순천 송광사 • 법보사찰 : 합천 해인사 • 불보사찰 : 양산 통도사
종묘제례악	• 조선 시대 역대 왕과 왕비의 신위를 모신 사당(종묘)에서 제사를 지낼 때 무용과 노래와 악기를 사용하여 연주하는 음악 • 조선 시대의 기악연주와 노래, 춤이 어우러진 궁중음악의 정수로서 우리의 문화적 전통과 특성이 잘 나타나 있음 • 유네스코 인류무형문화유산으로 등재됨
단오의 풍속	• 씨 름 • 그네뛰기 • 창포로 머리 감기
한국의 세계기록유산	• 조선왕조실록 • 훈민정음 • 직지심체요절 • 일성록
안동 도산서원	• 퇴계 이황이 유생을 교육하며 학문을 쌓던 곳 • 2019년 유네스코 세계유산으로 등재됨 • 임금에게 이름을 받아 사액서원이 되면서 옻남지방 유학의 중심지가 됨

2023 출제 키워드

핵심 키워드	정답 키워드	
관광자원의 가치결정요인	• 접근성 • 매력성 • 이미지	• 관광시설 • 하부구조
자연적 관광자원의 성격	• 비이동성 • 비저장성	• 변화성 • 복잡성
위락적 관광자원	• 해양 관광시설 • 육지형 관광시설	• 숙박 휴양시설
관광권역 설정 기준	• 관광자원의 가치와 대표성 • 산업시설 및 이용의 편리성	• 거주자 수
지정 관광단지	• 보문관광단지 • 화원관광단지	• 중문관광단지 • 용평관광단지
자연공원법상 공원과 지정권자	• 군립공원 : 군수 • 시립공원 : 시장	• 도립공원 : 도지사 • 국립공원 : 환경부장관
관광자원해설의 목적과 효과	• 관광자원의 형성과정과 특성, 장소성을 설명함 • 관광객의 흥미를 증진해 만족도를 높임 • 관광자원의 이용과 보전에 대한 폭넓은 시각과 지역사회와의 우호적인 관계 형성을 유도함 • 관광의 지속성에 기여함	
관광자원해설사의 자질	• 열 정 • 유머감각 및 균형감각 • 명료성 • 자신감	• 따뜻함 • 침착성 • 신뢰감 • 즐거운 표정과 태도
국립공원	• 국립공원심의위원회의 심의를 거쳐 환경부장관이 지정함 • 자연의 원형보존 및 후손에게 물려주기 위함임 • 학술적 연구를 통해 인류복지에 기여하기 위함임 • 생태계의 균형을 유지하기 위함임	
관광농업의 기능별 분류	• 자연 학습형 • 주말 농원형 • 심신 수련형	• 숙박 휴식형 • 음식 판매형
창덕궁	1997년 유네스코 세계문화유산으로 등록된 궁궐	

한국의 절기	• 백로 : 일교차가 커지고 이슬이 맺히기 시작하는 시기 • 한로 : 이슬이 찬 공기와 만나 서리로 변하기 직전의 시기 • 상강 : 서리가 내리는 시기 • 입동 : 겨울이 시작되는 시기
우리나라 국가무형유산	남사당놀이, 택견, 판소리
유네스코 등재 세계유산	• 남한산성　　　　　　　　　• 화 성 • 조선왕릉　　　　　　　　　• 가야고분군
국가무형유산 가곡의 특징	• 관현악 반주에 맞추어 시조시(한국 고유의 정형시)에 곡을 붙여 부르는 우리나라 전통음악 • 유네스코 인류무형문화유산
숭례문	• 1962년 국보로 지정 • 사대문(四大門) 중 남대문
합천 해인사 장경판전	• 팔만대장경을 보관하고 있는 건물 • 세계 유일의 대장경판 보관용 건물 • 1995년 12월 유네스코 세계문화유산 등재
해 자	성 주위에 둘러 판 못으로, 하천을 이용하거나 성벽의 주변에 인공적으로 도랑을 파 물을 채워 적의 침입을 막는 시설
영산재	• 49재(사람이 죽은 지 49일째 되는 날 지내는 제사)의 한 형태 • 영혼이 불교를 믿고 의지함으로써 극락왕생하게 하는 의식
배흘림기둥 형태로 지어진 건축물	• 영주 부석사 무량수전 • 안동 봉정사 극락전 • 예산 수덕사 대웅전
서울 원각사지 십층석탑	• 조선시대 석탑 • 대리석으로 만들어짐 • 탑을 받쳐주는 기단(基壇)이 3단으로 구성 • 국보로 지정
유네스코에 등재된 무형문화유산	• 강릉단오제　　　　　　　　• 제주해녀문화 • 영산재　　　　　　　　　　• 한국의 탈춤 • 줄다리기
창덕궁 내 건축물	희정당, 인정전, 선정전

2024 출제 키워드

핵심 키워드	정답 키워드
길잡이시설 해설	• 해설자의 도움 없이 관광객 독자적으로 관람대상을 추적하며 제시된 안내문에 따라 그 내용을 이해 • 해설의 신뢰도를 높이기 위해 내용을 구성할 때 정확한 자료로 명료히 서술
관광자원의 일반적 특성	• 매력성 • 다양성 • 유인성 • 가변성
경상북도 지역의 관광자원	• 백암온천 • 구룡포 해수욕장 • 성류굴
소재지별 관광지	• 변산반도국립공원(부안군) • 이월드(대구광역시) • 세계무술박물관(충주시) • 선샤인랜드(논산시)
고성 통일전망대	• 우리나라 전망대 중 최동북단에 위치 • 민통선 이북에서 최초로 개관한 전망대
우리나라 최초 지정 국립공원과 도립공원	• 국립공원 : 지리산(1967) • 도립공원 : 금오산(1970)
서울 소재 관광지	북악스카이웨이, 조계사, 정릉
산업적 관광자원	• 농업관광자원 : 관광농원, 농장, 목장, 어장, 임업 등 • 공업관광자원 : 공장시설, 기술, 생산공정, 생산품, 후생시설 등 • 상업관광자원 : 시장, 박람회, 전시회, 백화점 등
외암민속마을	• 충청남도 아산시 • 영암댁, 참판댁, 송화댁 • 설화산 남서쪽에 위치 • 국가민속문화유산 지정
관동팔경	• 통천 총석정 • 고성 삼일포 • 간성 청간정 • 양양 낙산사 • 강릉 경포대 • 삼척 죽서루 • 울진 망양정 • 평해 월송정(혹은 흡곡 시중대)
문화관광축제 개최지역	• 보령 : 머드축제 • 산청 : 한방약초축제 • 영암 : 왕인문화축제 • 음성 : 품바축제
한국의 슬로시티 (Slow City)	• 전남 신안군 증도 • 전남 완도군 청산도 • 전남 담양군 창평면 • 경남 하동군 악양면 • 충남 예산군 대흥면 • 경북 상주시 함창읍, 이안면, 공검면 • 경북 청송군 주왕산면, 파천면 • 강원도 영월군 김삿갓면 • 충북 제천시 수산면 • 충남 태안군 소원면 • 경북 영양군 석보면 • 경남 김해시 봉하마을, 화포천습지생태공원 • 충남 서천군 한산면 • 강원도 춘천시 실레마을 • 전남 장흥군 유치면, 방촌문화마을

농촌관광의 운영형태	• 생산수단대여형 • 이용장소제공형 • 농산물채취형
문화관광축제	• 진안 : 홍삼축제 • 금산 : 인삼축제 • 평창 : 송어축제 • 산청 : 한방약초축제
국가유산의 정의	"국가유산"이란 인위적이거나 자연적으로 형성된 국가적·민족적 또는 세계적 유산으로서 역사적·예술적·학술적 또는 경관적 가치가 큰 문화유산·자연유산·무형유산을 말함(국가유산기본법 제3조)
문화유산의 분류	• 유형문화유산 : 건조물, 전적, 서적, 고문서, 회화, 조각, 공예품 등 • 기념물 : 절터, 옛무덤, 조개무덤, 성터, 궁터, 가마터, 유물포함층 등의 사적지와 기념이 될 만한 시설물 • 민속문화유산 : 의식주, 생업, 신앙, 연중행사 등에 관한 풍속이나 관습에 사용되는 의복, 기구, 가옥 등
무형유산의 종류	전통적 공연·예술, 공예·미술 등에 관한 전통기술, 한의약 및 농경·어로 등에 관한 전통지식, 구전 전통 및 표현, 의식주 등 전통적 생활관습, 민간신앙 등 사회적 의식, 전통적 놀이·축제 및 기예·무예
고인돌 유적지	전북 고창, 전남 화순, 인천 강화
의궤(儀軌)	조선시대에 작성된 것으로 2007년 세계기록유산에 등재
한산모시짜기	• 충남 서천군에서 전승 • 여름철 겉옷 등으로 폭넓게 사용 • 전통적으로 여성이 이끄는 가내 작업
무등산권 지질공원	광주광역시, 전남 화순군, 전남 담양군에 분포되어 있으며 2014년 국가지질공원으로 인증받음
종 묘	• 조선시대 역대 왕과 왕비의 위대를 모신 사당 • 1995년 세계문화유산으로 등록 • 무용과 노래, 악기를 사용한 종묘제례를 지냄
단청(丹靑)	• 청(靑)·적(赤)·황(黃)·백(白)·흑(黑)의 5색 사용 • 건축물을 장엄하게 하거나 조상(造像)·공예품(工藝品) 등을 채화하여 장식
갯 벌	• 지구 생물 다양성의 보전을 위한 중요하고 의미 있는 서식지 • 고유종과 멸종위기 해양 무척추동물과 국제적 위협 또는 준위협 상태의 이동성 물새 종 부양 • 지질 다양성과 생물 다양성 사이의 연관성 • 자연환경에 의존하는 인간활동과 문화 다양성
유산 지정권자	• 천연기념물 : 국가유산청장 • 시·도자연유산 또는 자연유산자료 : 시·도지사

벼락합격 Booster 관광자원해설 기출족보

2025 출제 키워드

핵심 키워드	정답 키워드
관광시장특성	• 이용자 중심형 관광자원 • 중간형 관광자원 • 자원 중심형 관광자원
관광특구	• 외국인관광객 유치 촉진 • 관광활동과 관련된 법령에서 적용 배제 또는 완화
관광자원의 분류	• 문화관광자원 : 문화유산관광(국가유산, 유적지, 고분 등), 예술관광(미술관, 문화센터 등) • 사회관광자원 : 민속, 풍습, 생활양식 등 • 산업관광자원 : 농업관광(농원, 목장, 어장 등), 공업관광(공장 견학, 생산기술 습득 등), 상업관광(백화점, 쇼핑 등) • 위락관광자원 : 카지노, 리조트, 스키, 골프 등
테마파크(주제공원)	• 특정 주제를 바탕으로 비일상적 공간을 창조해 즐기는 오락공원 • 가상과 허구의 세계 체험 • 과거부터 미래까지 시간의 제약 없이 다양한 세계 설정
자연관광자원	비이동성, 비저장성, 비소모성, 계절성, 다양성, 가변성, 공공재적 성격, 비계량적 성격
관광자원해설의 목적	• 방문자 만족 : 관광지에 대해 인식능력·감상능력·이해능력을 갖게 도와줌 • 자원관리 목표 달성 : 관광지에서 적절한 행동 교육 및 안내, 관광자원에 대한 인간의 영향을 최소화 • 이미지 개선 : 관광자원 관리당국자와 진행 프로그램에 대한 대중의 이해를 촉진
산업관광의 유형	• 비즈니스형 : 비즈니스와 연결된 거래처와 신규고객 등에게 설명하고 자사제품 PR의 장으로 활용 • 일반관광형 : 널리 관광객을 수용하여 상품과 기업의 PR 및 판매 식음료시설로 관광사업 전개 • 리쿠르트형 : 취업을 목적으로 하는 학생들을 대상으로 기업에 대한 관심을 높이고 기업이 요구하는 인재 확보 • 기술인재 육성형 : 초중고 학생들의 견학 등 수용지역과 사회로의 공헌 지향
텀블린형	• 관광객이 한 지점에 직행하여 관광한 뒤 다른 목적지에 직행하여 관광하는 것을 반복한 후 거주지로 돌아오는 형태 • 시간과 경제적 여유가 있으며 관광 목적지가 여러 곳에 있는 경우 선택
제주곶자왈	화산활동 중 분출한 용암류가 만든 암괴지대이다. 북방계와 남방계 식물이 공존하는 난대림 지대

벼락합격 Booster
관광자원해설 기출족보

기출족보

- 2025 출제 키워드   3
- 2024 출제 키워드   5
- 2023 출제 키워드   7
- 2022 출제 키워드   9
- 2021 출제 키워드   11
- 2020 출제 키워드   13
- 2019 출제 키워드   15
- 2018 출제 키워드   17
- 2017 출제 키워드   20
- 2016 출제 키워드   22
- 2015 출제 키워드   27
- 2014 출제 키워드   29
- 2013 출제 키워드   31
- 2012 출제 키워드   33
- 2011 출제 키워드   34
- 2010 이전 출제 키워드   36
- 꼭 알아야 할 우리나라 유네스코 등재유산   43

벼락합격
Booster

관광자원해설 기출족보

기출문제의 핵심 키워드만 쏙!
2010~2025년 출제 키워드

시대에듀

2026 관광통역안내사 필기 2과목 관광자원해설

PART 5
복합형 관광자원

CHAPTER 01 산업적 관광자원
CHAPTER 02 사회적 관광자원
CHAPTER 03 위락 관광자원
핵심 실전 문제

복합형 관광자원 중요도 ★★☆

출제 키워드

- 지정 관광단지
- 관광농업의 기능별 분류
- 산업관광
- 국가중요농업유산
- 향토주
- 주요 향토축제
- 문화관광축제
- 스키장
- 카지노
- 안보관광자원

관광통역안내사 관광자원해설 기출 빈도표

출제 영역	2025년	2024년	2023년	2022년	2021년
관광자원의 이해	1	1	5	2	1
관광자원의 해설	1	2	2	1	1
자연관광자원	7	3	3	6	4
문화관광자원	14	14	12	12	13
복합형 관광자원	1	3	2	4	6
기타 및 통합 문제	1	2	1	–	–
합 계	25	25	25	25	25

- '제5장 복합형 관광자원'에서는 복합형 관광자원에 속하는 산업적 관광자원, 사회적 관광자원, 위락 관광자원의 개념과 특성, 종류 및 현황 등을 학습합니다.
- 출제 비중이 10% 이상으로 고득점을 얻기 위해서 철저히 학습해야 하는 부분입니다. 특히 향토축제와 음식, 특산물, 카지노에 대한 출제 비중이 높은 편이므로 해당 부분을 주의 깊게 학습해야 합니다.

PART 05 복합형 관광자원

01 산업적 관광자원

1 산업적 관광자원의 개념 및 분류

1. 산업적 관광자원의 개념 및 특성

(1) 산업적 관광자원의 개념

산업적 관광자원(Industrial Tourism Resources)이란 일국의 산업시설과 그 기술수준을 보고, 또한 보이기 위한 산업적 대상으로서 관광 매력성을 가진 것이다. 즉, 관광객들이 이러한 산업시설의 견학·시찰·체험 등을 통해서 그 나라의 산업수준에 깊은 감동을 받고, 지식 확장, 교양 및 자기 확장의 욕구를 충족시킬 수 있는 시설·기술·생산공정·생산품 등을 산업적 관광자원이라고 한다.

▶ 항만시설(울산단지)

(2) 산업적 관광자원의 특성 17 기출

① 오늘날 산업관광은 관광객이 산업시설을 관광함으로써 직접 산업현장을 상세히 볼 수 있고, 관광대상에 따라서는 직접 이용 및 구입도 가능하기 때문에 흥미로운 관광대상이 되고 있다.
② 관광객체가 되는 산업체의 입장에서는 내·외국관광객에게 선전효과를 쉽게 얻을 수 있으며, 국가적인 차원에서는 한 나라의 산업수준을 외국관광객에게 소개함으로써 산업발달의 정도를 평가할 수 있는 척도가 되어 외국과의 경제·무역 및 기술교류에 직·간접적 효과를 거둘 수 있다.
③ 관광측면에서 보면, 산업내용에 따라 한국적 특성이 뚜렷이 부각될 수 있는 한국고유의 전통적 산업시설을 개발하여 내국인은 물론, 외국관광객에게 관광효과를 볼 수도 있다.

▶ 여천단지(가스탱크)

2. 산업적 관광자원의 분류

(1) 농림업 관광자원

① 개념 : 농업관광은 농업을 대상으로 하는 관광으로 협의로는 농업경영의 견학·시찰 연수를 말하고, 광의로는 농업을 대상으로 하는 레크리에이션이라고 말할 수 있다.

② 농업관광의 성립조건
  ㉠ 도시사람들이 자연을 즐기며 과실을 따기도 하고 토지를 경작하기도 하는 레크리에이션을 위해 농원, 목장 등의 장소를 방문하는 것이다.
  ㉡ 목장과 시설을 보면서 자연 속에서 여가를 즐길 수 있는 장소이다.

③ 농업관광의 특성
  ㉠ 농업관광은 **농산물을 생산하는 1차 산업이 서비스와 결부되어 3차 산업의 성격**을 띰으로써 하나의 새로운 관광형태로 탄생하게 된다.
  ㉡ 오늘날 환경의 질 악화에 의한 자연에 대한 동경 및 도시생활에서의 탈출욕구 증가, 특히 농산물 수입개방에 의해 농업구조 개편이 절실히 요구되고 있는 우리의 농촌현실을 감안해 볼 때 농업·임업관광의 중요성은 더욱 커지고 있다.

(2) 공업 관광자원

① 개념 : 공업관광은 시설과 경영이 모범적인 공장을 선정하여 관광코스에 포함하여 공장의 기계설비, 제조공정, 공장부설기술연구소, 종업원교육, 후생시설 등을 관광하게 하는 것으로, 관광객의 욕구를 충족시킬 수 있는 대상을 공업 관광자원이라고 한다.

② 공업관광의 특성
  ㉠ 단체관광이 주가 되며, 대상업체는 관광단에게 사업체를 두루 소개함으로써 업적에 대한 국민들의 인식을 높이고, 업체의 PR은 물론 외국인에게는 방문국의 인식을 새롭게 하며, 고객에게는 투자의 동기를 유발하는 계기가 되기도 한다.
  ㉡ 우리나라 산업적 관광자원의 주축을 이루고 있는 것은 공장시설과 공업단지이다.

(3) 수산업 관광자원

① 종래의 어업은 생업의 수단으로 고기를 잡는 영세한 산업으로밖에 인식되지 않았다. 그러나 관광의 욕구가 다양해지면서 어촌의 생활모습에서부터 갖가지 생물자원, 어로활동 등이 관광의 대상이 되고 있다.

▶ 농촌관광개발의 유형

구 분	유형분류
법제도	• 농촌휴양단지 • 관광농원 • 주말농원 • 농촌민박마을
입 지	• 산촌촌락형 • 농촌마을형 • 해안어촌형
이용형태	• 생산수단대여형 • 농산물채취형 • 이용장소제공형
관광형태	• 농촌체험형 • 농촌휴양형 • 농산물판매형 • 자연학습형 • 주말농원형 • 심신수련형 • 숙박휴식형 • 음식판매형
경영주체	• 개 별 • 마을공동 • 지역공동 경영체
추진주체	• 민·관합동개발형 • 공공주도개발형 • 민간주도개발형 • 지역주민의 직접 참여 • 파트너십

② 수산업 관광자원은 수산업을 관광대상으로 하는 것이다. 즉, 수산물의 가공처리공장, 어장 및 양식장을 견학, 낚시, 해초 채취, 낙지 및 조개 잡이 등을 직접 체험함으로써 **내륙에서는 느낄 수 없는 새로운 차원의 관광욕구**를 충족시킬 수 있다.

2 농업 관광자원

1. 농촌경관

(1) 농촌경관의 의의

① 농촌이 관광대상으로서 특별한 의의를 가질 수 있는 것은 국지적 생활세계의 영역으로 의식되는 장소이기 때문이다. 농촌 공간의 각 부분은 거주자들의 특별한 체험을 통하여 고유한 의미가 부여된 세계, 즉 '체험된 세계'이다.

② 우리나라의 전통농촌은 거의 예외 없이 경관과 영역의 상징화로 충만한 장소를 형성하고 있다. 마을의 영역화가 풍수의 국면으로 상징화되거나 그것이 없더라도 배후의 진산은 있기 마련이다. 고목・숲・바위・들・못이나 샘물 등의 자연경관뿐만 아니라, 비각・가묘・누각・정자・장승 등의 사회적 경관구성들이 상징적 경관을 이룬다.

(2) 가옥의 건축재료

① 대나무・엽재(葉材)가옥 : 베트남을 중심으로 한 동남아시아에서는 대나무와 나뭇잎을 주로 사용하는 방갈로(Bungalow) 구조가 보편적이다.

② 초재(草材)가옥
  ㉠ 자연적으로 생장하고 있는 잔디, 억새, 갈대, 왕골 등 초근식물을 이용하여 축조된 가옥을 말한다.
  ㉡ 한국 전통농촌의 상징적인 가옥으로서 초가삼간은 자연적 초재가 아닌 볏짚을 가리키는 것이다.
  ㉢ 대표적인 자연적 초재는 제주도의 새지붕이다.

③ 목재가옥
  ㉠ 우리나라에는 상고대에 이미 판자집이 출현되었다는 기록이 있고, 산간의 화전지대에는 일목으로 급조한 **귀틀집과 너와지붕**이 있다. 너와집은 현재 강원도 도계읍을 중심으로 분포되어 있으며, 민속촌으로 지정되어 보호받고 있다.

▶ 초가삼간

초가의 가장 기본적인 평면구조는 초가삼간(草家三間)이라고 부르는 방 2칸, 부엌 1칸으로 구성된 일자형 집으로, 1970년대 중반까지만 해도 전국 어디서나 쉽게 볼 수 있었다.

▶ 귀틀집

통나무를 우물 정(井)자 모양으로 쌓아 올려서 벽을 삼은 집으로 방틀집・목채집・틀목집・말집・투방집 등으로도 불린다.

▶ 삼척 신리 너와집(국가민속문화유산)

지붕을 붉은 소나무 조각으로 덮은 집으로 지방에 따라 느에·능에·너새 등으로 불리기도 한다.

▶ 정주간

부엌과 안방 사이에 벽이 없이 부뚜막과 방바닥이 한 데 잇달린 것으로 함경도 지방에서 많이 볼 수 있다.

▶ 우데기

울릉도에서 방설·방우·방풍 등을 위해 본채의 벽 바깥쪽에 기둥을 세우고 억새나 옥수숫대 등을 엮어서 만든 외벽을 말한다. 폭설 때문에 외출할 때 불편을 많이 겪다보니 우데기를 설치함으로써 눈으로부터 어느 정도의 공간을 만든 것이다. 여름에는 햇살을 막아 시원하며, 저장 공간으로도 활용된다.

ⓒ 삼림이 울창한 울릉도에는 비교적 잘 쪼개지고 부식에 강한 고래솔, 엄나무 등으로 너와를 만들어 지붕을 잇고 누목형 귀틀집을 축조하고 있음이 울릉도 북면 나리에서 조사되었다.

④ **토조가옥** : 주로 지중해 연안의 아프리카와 중동 등 석재가 없는 건조기후에서 점토를 재료로 하여 축조된 것을 말한다.

⑤ **석조가옥** : 대개 바람이 많은 해안지역의 석조가옥은 건축적인 탁월함이 있다. 우리나라 남해안의 도서와 제주도, 영국 서해안의 오두막집(Cottages)은 이를 실증하는 경관이 되고 있다.

(3) 농촌경관의 유형

① **괴촌(塊村)** : 취락을 구성하는 기본요소들이 불규칙하게 모여서 덩어리 모양으로 집단을 이루고 있는 형태로 자연발생적인 것이다. 우리나라 농촌경관의 대부분이 괴촌이다.

② **가촌(街村)** : 열촌(列村)이라고도 하며, 경지와 도로가 직각으로 배치되고 도로변에 농가가 편재된 형태로, 일본인에 의해 조성된 전라북도의 옥구와 김제의 간척지에서 도로와 수로변에 농가가 입지해 있다.

③ **환촌(環村)** : 원촌(圓村)이라고도 하며, 원형 또는 타원형의 광장 또는 목초지를 중심으로 그 주위에 가옥이 고리 모양으로 둘러싸고 있는 촌락이다. 광장에는 주민의 공동생활 시설(교회, 우물, 마을회관 등)과 가축의 공동사육을 위한 목장이 있어 주민들이 공동생활 공간과 전란에 대비한 시설공간으로 이용한다. 광장의 배후지에는 기하학적 경계가 명료한 개인소유의 경지와 삼포식 농업경영에 맞춘 공동의 경지가 규칙적으로 배열되어 있다.

2. 관광농원

(1) 관광농원의 의미

① 농촌지역사회의 자연자원과 지역조건을 바탕으로 현대 산업사회의 도시화·산업화로 급증하는 도시민의 관광·여가욕구를 충족시킬 수 있는 관광사업의 한 종류이다.

② 특히 농업을 관광대상으로 한 여행형태로서 협의로는 '농업경영의 견학·관찰·연수'라고 할 수 있으며, 광의로는 '농업을 대상으로 한 일반적 레크리에이션 활동'이라고 할 수 있다.

③ 자연자원, 농업, 여가활동이 멋지게 조화되어 '제3차 산업화'된 것이며, '각종 과수원을 비롯하여 화초나 딸기 등을 재배하고 있는 농원을 수확기에 관광자에게 개방하여 미각이나 감상을 만족시킴과 동시에 수입을 올리는 방식으로 농업경영의 개선을 도모하는 농원'을 의미한다.

(2) 관광농원의 유형 25 기출

① 경작지 임대형 : 관광객들에게 경작지(농장, 과수원 등)를 일정하게 구분해 주고, 토지와 과수목·작물 등을 임대하여 농산물을 직접 생산하게 하는 것으로 임대농원, 임대과수원 등이 있다.
② 농산물 채취형 : 농장 내에서 농민들이 재배한 각종 농산물을 관광객들에게 직접 채취하도록 해서 노동의 즐거움도 맛보고 채취한 농산물을 저렴한 가격으로 직접 구매하게 하는 형태이다.
③ 장소 제공형 : 농장 소유자가 자기의 목장, 화원, 과수원 등을 관광객들에게 입장료를 받고 이를 견학·감상하도록 함과 동시에 레크리에이션시설 등을 설치하여 휴식장소를 제공하는 형태이다.
④ 농산물 판매형 : 지방 특유의 농산물을 관광객들에게 직·간접적으로 판매하는 형태이다.

3. 관광토산품

(1) 관광토산품의 특성

① 토산품은 그 지방주민의 생활과 마음을 표현하는 것으로, 지방성·민족성·전통성이 담긴 상품이다.
② 토산품은 토속성(대중성), 실용성, 다양성, 저렴성(적절한 가격)을 특징으로 하며, 중소기업이나 소규모 공장에서 제작된다.
③ 관광토산품은 지역의 풍토, 생활양식, 역사, 신앙 및 예술 등을 바탕으로 형성되므로 우리의 의·식·주 생활을 반영하는 것이다.

(2) 관광토산품의 개발방안

① 지역적 특색을 나타내어야 한다.
② 가볍고 휴대가 편리하게 구성해야 한다.
③ 장기간 보존에 유리하게 구성해야 한다.
④ 실용적으로 구성해야 한다.
⑤ 가격을 합리적으로 책정해야 한다.

▶ **농어촌관광휴양사업(농어촌정비법 제2조)** 16 18 기출

- **농어촌 관광휴양단지사업** : 농어촌의 쾌적한 자연환경과 농어촌 특산물 등을 활용하여 전시관, 학습관, 지역 특산물 판매시설, 체육시설, 청소년 수련시설, 휴양시설 등을 갖추고 이용하게 하거나 휴양 콘도미니엄 등 숙박시설과 음식 등을 제공하는 사업
- **관광농원사업** : 농어촌의 자연자원과 농림수산 생산기반을 이용하여 지역특산물 판매시설, 영농 체험시설, 체육시설, 휴양시설, 숙박시설, 음식 또는 용역을 제공하거나 그 밖에 이에 딸린 시설을 갖추어 이용하게 하는 사업
- **주말농원사업** : 주말영농과 체험영농을 하려는 이용객에게 농지를 임대하거나 용역을 제공하고 그 밖에 이에 딸린 시설을 갖추어 이용하게 하는 사업
- **농어촌민박사업** : 농어촌지역 또는 준농어촌지역의 주민이 소유 및 거주하고 있는 주택을 이용하여 농어촌 소득을 늘릴 목적으로 투숙객에게 숙박·취사시설·조식 등을 제공하는 사업

▶ **국가중요농업유산** 16 기출

- 제1호 : 청산도 구들장 논
- 제2호 : 제주 밭담
- 제3호 : 구례 산수유농업
- 제4호 : 담양 대나무 밭
- 제5호 : 금산 인삼농업
- 제6호 : 하동 전통 차농업
- 제7호 : 울진 금강송 산지농업
- 제8호 : 부안 유유동 양잠농업
- 제9호 : 울릉 화산섬 밭 농업
- 제10호 : 의성 전통수리 농업시스템
- 제11호 : 보성 전통차 농업시스템
- 제12호 : 장흥 발효차 청태전 농업시스템
- 제13호 : 완주 생강 전통 농업시스템
- 제14호 : 고성 해안지역 둠벙 관개시스템
- 제15호 : 상주 전통곶감
- 제16호 : 강진 연방죽 생태순환 수로 농업시스템
- 제17호 : 창원 독뫼 감 농업
- 제18호 : 서산 한산모시 전통농업

> **관광토산품의 유형**
> - 원산지 자체에서 생산하는 것
> - 원료에 대한 가공기술의 부족으로 대도시에 의존하는 유형
> - 지역적인 산물은 아니지만 비치상품의 구색을 갖추기 위한 특산물

> **강화 화문석**

고려 시대부터 시작되어 가내수공업으로 발전된 것으로, 100여 년 전 조선왕실로부터 화문석의 도안을 특수하게 제작하라는 명을 받고, 당시 백색자리의 생산지인 강화군 송해면 양오리 한충교 선생이 연구한 결과 도안에 의한 화문석 제작에 성공, 다양한 도안개발과 제조 기술개발로 오늘에 이르고 있다.

> **한산 세모시**

예로부터 품질이 우수하며 섬세하고 단아하여 모시의 대명사로 불려왔다. 한산 세모시는 우리나라의 미를 상징하는 역사적 가치가 높은 여름 전통 옷감으로, 제작기술을 보호하고 전승하고자 '한산 세모시 짜기'를 충청남도 무형유산으로 지정하였다.

(3) 특산물 현황 22 기출

① 서울·경기·인천

지역	특산물	지역	특산물	지역	특산물
가평	잣	서울	허브, 순무	옹진	단호박, 바지락
강화	화문석, 강화약쑥	성남	매듭, 나전칠기	용인	백암순대
고양	화훼, 열무	수원	수원갈비	의왕	꿀
과천	장미, 선인장, 분재	시흥	미나리, 주꾸미	의정부	송산배
광명	유기	안산	대부포도	이천	쌀, 도자기
광주	토마토, 도자기	안성	안성맞춤(유기)	인천	까나리액젓
구리	먹골배	안양	옥미주	파주	한과, 미숫가루
군포	방짜유기, 옥로주	양주	부추, 밤	평택	오이
김포	인삼, 폐백음식	양평	버섯, 산채, 포도	포천	막걸리, 버섯
남양주	딸기, 먹골배	여주	쌀, 밤고구마, 도자기	하남	부추, 화훼
동두천	적상추	연천	콩, 율무	화성	블루베리, 젓소
부천	복숭아	오산	애호박		

② 강원

지역	특산물	지역	특산물	지역	특산물
강릉	초당두부, 황태	태백	고랭지배추	정선	둥굴레, 황기, 곤드레
동해	문어, 오징어, 명란	고성	명태	철원	오대쌀
삼척	장뇌, 마늘	양구	도토리, 감자, 곰취	평창	표고버섯, 고랭지배추
속초	콩	양양	송이, 도토리, 인진쑥	홍천	대추
원주	복숭아, 한지, 표고버섯	영월	고추	화천	잣
춘천	옥가공품, 동충하초	인제	목공품, 석공품, 운지	횡성	한우, 더덕

③ 충남·대전·세종

지역	특산물	지역	특산물	지역	특산물
계룡	물엿, 팥	보령	남포오석, 남포벼루	예산	사과
공주	밤	부여	수박	천안	호두, 참외
금산	인삼	서산	굴, 마늘	청양	구기자, 표고버섯
논산	딸기, 오골계	서천	한산모시	태안	대하
당진	바지락	세종	복숭아	홍성	새우젓, 광천김
대전	유성배	아산	배		

④ 충북

지역	특산물	지역	특산물	지역	특산물
괴산	고추, 한지	옥천	포도, 묘목	진천	장미, 관상어
단양	오곡밥, 양파, 마늘	음성	고추, 복숭아	청주	분재, 대추, 파
보은	목공품, 취나물	제천	약초, 당귀	청원	치커리, 영지, 땅콩
영동	감, 곶감, 감식초	증평	인삼	충주	사과

⑤ 부산·울산·경남

지역	특산물	지역	특산물	지역	특산물
거제	죽순	사천	옹기	창원	피조개, 고추
거창	솔잎, 호박, 고추	산청	두릅, 복조리, 느타리	통영	굴, 나전칠기
고성	방울토마토	양산	박, 감자	하동	녹차
김해	단감	울산	은장도, 돌미역	함안	곶감
남해	유자	의령	수박	함양	고로쇠
밀양	들깻잎, 맥문동, 한천	진주	고추	합천	돼지
부산	어묵, 미역	창녕	양파		

⑥ 대구·경북

지역	특산물	지역	특산물	지역	특산물
경산	대추	상주	곶감, 누에, 쌀	울릉	호박엿, 오징어
경주	법주, 황남빵	성주	참외	울진	대게, 돌미역
고령	딸기	안동	하회탈, 한지, 삼베	의성	마늘
구미	화훼	영덕	대게, 은어	청도	감
김천	사과, 포도	영양	고추	청송	사과, 고춧가루
대구	사과, 미나리	영주	인삼, 사과	칠곡	꿀, 화훼
문경	도자기, 호산춘주	영천	포도, 자두	포항	과메기, 시금치
봉화	약초, 벌꿀	예천	국궁, 참기름		

⑦ 광주·전남

지역	특산물	지역	특산물	지역	특산물
강진	토하젓	목포	낙지	완도	김
고흥	김, 멸치	무안	양파	장성	새송이버섯, 숯 공예
곡성	약대추	보성	참다래, 녹차	장흥	표고버섯
광양	매실	순천	흑미	진도	구기자
광주	무등산수박, 붓	신안	천일염, 흑산도홍어	함평	돗자리
구례	오이, 고추	여수	갓	해남	호박고구마
나주	배	영광	굴비	화순	수박, 모란, 삼베
담양	죽세공품	영암	참빗, 참깨		

▶ 진도 돌김

▶ 창녕 송이버섯

▶ 보성차 재배단지

보성차 단지 일대는 차나무 생육조건에 필요한 천혜의 경작 기후조건을 갖추고 있다. 이곳은 오래전부터 소규모로 차를 재배하였다는 내용이 고문헌에 기록되어 있다. 상업적 성격을 지닌 대규모 단지조성은 1940년경 일본인에 의해 인도산 차 종자를 보성면 봉화의 산기슭 일대에 약 30ha의 다원을 조성한 것이 그 시초라고 한다.

▶ 한국대나무박물관

담양에 있는 세계 최대의 대나무박물관이다.

▶ 순창 전통고추장 판매관

순창은 고추장으로 유명한 곳으로 고려말 태조 이성계가 무학대사를 찾아 순창군 소재 안정사를 찾아가던 도중 한 농가에서 점심으로 고추장을 맛있게 먹고는 그 맛에 반해 조선 창건 이후 궁중에 진상하도록 한 데서 유래되었다고 한다.

▶ 영광굴비

굴비라는 이름으로 불리게 된 데에는 고려 인종 때 영광 법성포로 유배된 척준경이 조기를 먹고, 칠산바다에서 잡은 조기를 소금에 절여 진상하면서 결코 자기의 잘못을 용서받기 위한 아부가 아닌 뜻을 굴하지 않겠다는 의미로 '굴비'라 명명한 유래가 있다.

⑧ 전 북

지역	특산물	지역	특산물	지역	특산물
군산	가물치	정읍	잡곡, 백합	완주	생강
김제	쌀, 송순주	고창	복분자, 수박	임실	된장, 쌀
남원	목공예, 질그릇	무주	오미자, 사과, 느타리버섯	장수	고사리
익산	칡	부안	김, 쌀	진안	인삼, 마이산 표고
전주	태극선, 한과, 한지	순창	고추장, 장아찌		

⑨ 제 주

지역	특산물	지역	특산물	지역	특산물
제주	감귤, 흑돼지	서귀포	감귤, 한라봉, 옥돔	한라산	표고버섯, 영지버섯

4. 향토음식

(1) 향토음식의 개념과 관광가치

① 개념 : 그 지방에서 생산되는 재료를 그 지방의 조리법으로 조리하여 과거로부터 그 지방 사람들이 먹어온 것으로, 현재에도 그 지방 사람들이 먹고 있는 것이라 할 수 있다.

② 향토음식의 유형
  ㉠ 그 지방에서만 생산되는 특산재료를 적합한 조리법에 의해 발전시킨 음식이다(예 영광굴비). → 생산량이 한정된 한 지방의 특산재료와 특유의 조리법을 사용하기 때문에 타 지방에서는 그 맛을 흉내내기 어려움
  ㉡ 그 지방에서 많이 생산되거나 타 지방으로부터 많이 공급받을 수 있는 재료를 사용하여 적합한 조리법에 의해 발전시킨 음식이다(예 춘천 막국수).
  ㉢ 전국 각지의 어디에나 있는 흔한 재료를 사용하더라도 조상들의 생활상, 기후, 풍토 등 지역적 특성이 반영된 특유의 조리법이나 타 지방과 차별적으로 발전한 가공기술을 이용하여 발전시킨 음식이다(예 충무김밥).
  ㉣ 옛날부터 그 지방 행사와 관련하여 만든 음식으로 오늘날까지 전해져 오는 음식이다(예 설렁탕).

③ 향토음식의 관광가치
  ㉠ 향토음식은 단순히 관광객에게 미식의 즐거움을 제공하는 차원에서만 관광적으로 가치가 있는 것은 아니다.
  ㉡ 경제, 사회, 문화 등 여러 가지 여건 변화에 따라 오늘날 향토음식은 여러 가지 면에서 소비자의 각광을 받는 관광자원으로 부상하고 있다. 공급자의 측면에서도 경제적인 측면 이외에도 여러 가지 면에서 유익성이 크고 효과적인 지역발전수단으로 인식되기 시작했다.

④ 우리나라의 대표적인 향토주 16 19 21 22 기출
　㉠ 서울 문배주(국가무형유산) : 문배주는 평안도 지방에서 전승되어 오는 술로, 문배나무의 과실을 전혀 사용하지 않고도 문배향을 풍기는 특징 때문에 붙여진 이름이다.
　㉡ 한산 소곡주(충청남도 무형유산)
　㉢ 면천 두견주(국가무형유산) : 진달래꽃잎을 섞어 담는 향기 나는 술로 진달래꽃을 두견화라고도 하므로 두견주라고 부른다.
　㉣ 제주 오메기술(제주특별자치도 무형유산)
　㉤ 진도 홍주(전라남도 무형유산)
　㉥ 경주 교동법주(국가무형유산) : 경북 경주시 교동에 있는 최부자 집에서 대대로 빚어 온 전통있는 술이다.
　㉦ 안동 소주(경상북도 무형유산)
　㉧ 김천 과하주(경상북도 무형유산)

▶ 강원도의 향토음식
칡부침, 산마루밥, 감자송편, 오징어순대, 닭갈비 등이 있다.

(2) 고유한 농촌문화자원
① 한 민족의 식생활은 긴 역사의 조류 속에서 환경적인 영향을 받으며 형성되어 온 민족 특유의 문화적 유산이다.
② 음식은 토지의 산물이며 기후풍토에 의해 좌우된다.

▶ 설렁탕의 유래
선농제를 지내고 나서 국왕을 비롯 조정중신은 물론, 서민에 이르기까지 함께 밭을 간 뒤 백성을 위로하기 위하여 소를 잡아 국말이 밥과 술을 내렸다. 그 국밥을 선농단에서 내린 것이라 하여 '선농단 → 선농탕 → 설롱(렁)탕'으로 변한 것이라는 설이 있다.

3 수산 관광자원

1. 수산 관광의 유형

(1) 어패류 채취형
임해어장, 양식장에서 조개잡이, 굴따기, 고기잡이 등을 비롯한 해산물의 채취활동을 할 수 있도록 하는 형태

(2) 장소 제공형
수족관을 개설하여 어류집단을 관찰·견학할 수 있도록 하고 낚시터를 설치하거나, 어장·양식장을 빌려주고 고기잡이, 조개잡이 등 레크리에이션장소로 이용하게 하는 형태

(3) 내수면 어업형
하천, 호수 등에서 양식한 어류를 잡도록 하는 형태

(4) 수산물 가공 시설 및 공급형
수산물의 건조, 가공 등의 제조과정의 견학 및 직·간접적으로 판매 공급을 하는 형태

▶ 자갈치시장

우리나라 최대의 어패류 전문시장으로 숱한 사연과 애환이 서려있는 곳이다. 6·25전쟁 후 여인네들 중심의 어시장 형태로 자리를 굳히게 되어 '자갈치 아지매'라는 정겨운 이름이 생겨났다.

2. 수산 관광자원의 분포

(1) 동해안

① 특 징
- ㉠ 단조로운 해안 : 지반이 융기된 이수해안으로 해안선이 단조롭고 섬, 만, 반도가 적다.
- ㉡ 조경 수역 : 동한 난류와 북한 한류가 조경 수역을 이루어 좋은 어장을 형성한다.
- ㉢ 해분 형성 : 해저가 급경사면으로 수심이 깊어지면, 평균 깊이가 1,864m에 이르는 큰 해분(海盆)을 형성한다.
- ㉣ 암석해안 : 강릉 이남의 해안으로 해식애, 해식굴이 발달하였다.
- ㉤ 사빈해안 : 강릉 이북의 해안으로 사취, 사주, 석호, 육계도 등의 지형이 발달하였다. 모래는 하천에서 공급한다.
- ㉥ 좁은 해안 평야 : 단구상의 좁은 해안 평야가 농경지로 이용된다.

② 동해안 지역의 특산물
- ㉠ 거진 : 명란·창난·젓갈세트
- ㉡ 경포대 : 다시마
- ㉢ 동해 : 대구포, 오징어, 북어포
- ㉣ 속초 : 명란·창난·젓갈세트, 오징어, 오징어순대, 황태
- ㉤ 주문진 : 건어물세트, 오징어, 명란·창난·젓갈세트, 황태채
- ㉥ 울릉도 : 돌미역, 오징어, 호박엿

(2) 서해안

① 특 징
- ㉠ 리아스식 해안 : 침수해안(침강해안)으로 섬, 만, 반도들이 많아 해안선이 복잡하다.
- ㉡ 넓은 대륙붕 : 해저가 완경사로 수심(평균 40.4m)이 얕은 대륙붕이 넓게 분포되어 있다.
- ㉢ 넓은 간석지 : 홍수 시에 하천이 운반한 토사가 조류 작용에 의해 해안에 퇴적되어 이루어진 넓고 저평한 지형이다.
- ㉣ 조류의 영향이 큰 해안 : 조차가 크며(6~8m), 아산만 일대는 특히 차이가 매우 크다. → 특수 항만 시설(수문식 독, 부교), 조력 발전

② 서해안 지역의 특산물
- ㉠ 광천 : 젓갈, 토굴젓갈
- ㉡ 당진·대천 : 김
- ㉢ 서산 : 어리굴젓
- ㉣ 서천 : 전통 자하젓
- ㉤ 여수 : 피문어, 해초멸치

▶ 융기해안
해안이 융기 또는 해수면이 하강하여 과거의 해저면이 육지화 되어 형성된 해안으로, 전자를 융기해안, 후자를 이수해안이라 하지만, 해안 지형의 특징이 같기 때문에 함께 쓰인다.

▶ 침강해안
해안의 육지가 침강하거나 반대로 해수면이 상승하여 육지가 해수면 아래로 잠겨서 이루어진 것으로, 전자를 침강해안, 후자를 침수해안이라 하지만, 해안 지형의 특징이 같기 때문에 함께 쓰인다.

- ⓑ 영광 : 굴비, 마른새우, 양념젓갈세트
- ⓢ 완도 : 다시마, 김, 멸치, 돌미역, 양식전복
- ⓞ 진도 : 김, 멸치, 미역, 해산물세트
- ⓩ 흑산도 : 홍어
- ⓧ 연평도 : 조기

(3) 남해안
① 특 징
- ㉠ 다도해 형성 : 우리나라 섬의 2/3를 차지한다.
- ㉡ 리아스식 해안 : 서해안보다 더 복잡한 리아스식 해안을 이룬다.
- ㉢ 어족 풍부 : 연중 난류의 영향으로 어족이 풍부하다.
- ㉣ 해상 국립공원 : 경치가 뛰어난 한려해상과 다도해는 해상 국립공원으로 지정되어 보전되고 있다.
- ㉤ 암석해안이 많고 호남 지방에는 간석지가 분포한다.

② 남해안 지역의 특산물
- ㉠ 다도해 : 멸치
- ㉡ 목포 : 마른새우, 대하, 오징어
- ㉢ 여수 : 멸치, 돌산갓김치
- ㉣ 거제 : 멸치, 유자청
- ㉤ 기장 : 미역, 다시마
- ㉥ 통영 : 건멸치, 굴
- ㉦ 제주도 : 옥돔, 비단생갈치, 추자도 굴비, 자반고등어

4 공업 관광자원

1. 공업 관광자원의 구분

(1) 자유무역지역
① 자유무역지역은 산업단지, 공항, 항만, 유통단지 및 화물터미널 등에 제조 및 물류업 영위 기업을 유치하고 상호 연계를 통한 시너지 효과를 창출하기 위하여 지정한 지역이다.
② 투자업종 및 규모에 따라 국세 및 지방세 등의 감면 혜택이 주어지며, 자유무역지역 내로 반입하는 외국물품 및 특정 내국물품에 대하여 관세가 유보되고, 부가가치세 영세율 등이 적용된다.
③ 자유무역지역의 형태는 산업단지형과 공항·항만형으로 구분할 수 있으며, 물류단지 및 물류터미널도 지정할 수 있다.
- 산업단지형(7개소) : 마산, 군산, 대불, 동해, 율촌, 울산, 김제
- 공항·항만형(6개소) : 인천국제공항, 부산항, 포항항, 평택·당진항, 광양항, 인천항

▶ 리아스식 해안

만입이 깊고 물도 잔잔하여 선박의 대피에는 유리하지만, 배후지(背後地)가 좁기 때문에 큰 항만의 발달에는 불리하다. 그러나 수산물의 양식·양어에는 유리하다. 대표적인 리아스식 해안으로 미국 동부의 체서피크만(灣)과 한국의 다도해 해안·서해안이 있다.

▶ 익산보석박물관

익산에는 국내 유일의 귀금속 가공단지가 조성되어 120여 개 업체가 조업 가동 중이며, 많은 기능인이 다양한 종류의 보석을 가공 제작하여 수출하고 있다. 매년 10월에 보석을 주제로 축제가 열린다.

(2) 수출산업공업단지
정부기관과 산업공단이 함께 관리하는 지역으로 보세구역의 혜택이 있다.

(3) 지역공업단지
지방중소기업의 육성과 공업의 지방 분산화를 도모하기 위하여 중소도시에 입지하고 있는 공업단지이다.

(4) 민간공업단지
민간이 주체가 되어 업종별 집단화를 이루고 있는 지역이다.

(5) 중화학공업단지
중화학공업제품의 집중개발과 수출을 목표로 임해지역에 입지하고 있는 공업단지이다.

2. 공업 관광자원의 분포 중요

(1) 자유무역지역

명 칭	지 역	특 징
마산 자유무역지역	마 산	• 1970년 기공 • 한국 최초 개발 • 국내 최초 외국인 전용공단
군산 자유무역지역	군 산	• 2000년 기공 • 제조·물류·유통·무역 기능이 복합된 지역 • 신행정수도(세종시)의 관문
대불 자유무역지역	영 암	• 2002년 기공 • 서남권의 무역 진흥 및 지역개발 촉진 등을 목적으로 조성
동해 자유무역지역	동 해	• 2005년 기공 • 지리적으로 중국, 러시아와 일본을 잇는 동북아 환동해권의 중심지
율촌 자유무역지역	여 수	• 2005년 기공 • 아시아, 유럽, 북미 등 전 세계를 연결 • 해운항만, 철도, 고속도로, 공항 등 교통의 요지에 입지
울산 자유무역지역	울 산	• 2008년 기공 • 중화학공업, 첨산단업 중심의 무역지역
김제 자유무역지역	김 제	• 2008년 기공 • 군산국가산업단지, 새만금산업단지, 군산항과 연계하여 새만금 경제권의 핵심지역에 입지

(2) 국가산업단지

① **한국수출산업국가산업단지** : 1964년 수출산업의 획기적인 발전과 국제수지 향상을 도모하기 위해 한국수출산업공단이 설립되었다. 수출산업공업단지가 조성된 이래 지금까지 총 100만여 평에 이르는 6개 단지가 경인지구에 조성되었다.
  ㉠ 서울디지털산업단지 : 서울시 구로동
  ㉡ 부평국가산업단지 : 인천시 부평
  ㉢ 주안국가산업단지 : 인천시 주안

② **구미국가산업단지** : 우리나라 최대의 내륙공업단지이다. 전자공업의 집중적인 육성을 위한 전자공업단지와 일반단지로 구성된 1단지를 비롯하여 제5단지까지 있는 대단위 종합공업단지이다.

③ **익산국가산업단지** : 1976년 익산수출자유지역의 일부를 해체하고 지방공업단지를 흡수하여 국가산업단지로 지정·개발한 곳으로 단지 규모는 대략 40만여 평이다.

▶ 구미 수출산업단지

(3) 지역공업단지

① **광주 공업단지** : 호남지역의 공업발전과 제조업 성장을 목적으로 광주 일원에 조성된 공업단지이다.

② **전주 산업단지** : 제조업을 기반으로 한 전주지역의 독자적 생활권 형성을 목적으로 전주시 팔복사 일대에 조성된 도시계획형 중소기업공업단지이다.

③ **대구 산업단지** : 대구는 섬유공업이 중심이 되어 발전한 상공업도시로, 대부분의 섬유공업이 주거 및 상업지역에 산재하여 있었으나 이를 도시계획법에 의해 한 곳으로 이전·통합하여 시가지 재정비는 물론 공업의 직접개발 효과를 높이기 위하여 조성된 도시계획형 공업단지이다.

④ **인천 산업단지** : 인천지역에 산재한 여러 공업시설을 한 군데로 집적시켜 노동생산성을 높이고 공업의 집적 개발 효과를 증대시키기 위하여 경인고속도로 연변지구에 조성된 공업단지이다.

⑤ **춘천 산업단지** : 경제개발계획의 일환인 소양강 다목적댐 건설에 따른 수몰지구 이주민 대책사업으로서 춘천시 후평동 일대에 조성된 공업단지이다.

⑥ **대전 산업단지** : 대전시 도심지에 산재한 중심기업체 중 금융, 기계공업을 집단적으로 입주시켜 기업체 간 계열화 조성에 따른 생산성 향상과 도심지 산업공해를 방지할 목적으로 대전시 대화동 일대에 조성된 도시형 중소기업공업단지이다.

⑦ **청주 산업단지** : 수출기업들을 우선적으로 유치하여 수출증대를 통한 소득증진을 도모할 목적으로 조성된 공업단지이다.

▶ 광주 첨단산업단지

▶ 반월 국가산업단지

▶ 대불 산업공업단지

⑧ **목포 산업단지** : 농수산자원의 가공업과 수출산업을 위주로 입주시켜 소비형 도시에서 산업도시로의 전환을 도모할 목적으로 목포시 이로동 일대에 조성된 임해 공업형 중소기업공업단지이다.

⑨ **원주 산업단지** : 소비도시를 산업도시로 개발 전환하여 공업의 지방분산과 지역소득의 증대를 도모하기 위해 원주시 우산동 일대에 조성된 중소기업공업단지이다.

(4) 중화학공업단지

① **창원국가산업단지** : 기계공업의 전문계열화 및 국제수준의 공장 건설과 기술 집약화의 방안으로 창원 분지에 조성된 종합기계공업단지이다.

② **여수국가산업단지** : 제3차 경제개발계획을 계기로 격증하는 석유화학제품의 수요를 충족시키기 위해 국제규모의 종합화학공업단지로 조성된 곳이다.

③ **울산미포국가산업단지** : 처음에 정유, 기계, 비료, 화력발전의 4대 국가기간산업의 유치로서 국가 경제발전에 기여하게 할 목적으로 울산시 일대에 조성된 종합공업단지이다. 최근 정유, 비료, 석유화학, 조선, 전력, 자동차 등 기간산업의 유치로 국내 최대의 공업도시로 발전하였다.

④ **포스코** : 1981년 제4기 설비를 완공함으로써 명실 공히 단위 제철소로는 세계 11위의 대형 제철소가 되었고, 연간 철강생산량이 850만 톤 이상이나 되는 세계 굴지의 종합제철공장이다. 최근 산업체 관광코스로 인기를 끌고 있으며, 외국 바이어들도 큰 관심을 갖고 있는 곳이다.

▶ 창원 국가산업단지

▶ 포스코(포항제철)

02 사회적 관광자원

1 도시공원

1. 도시공원의 유래와 개념

(1) 도시공원의 유래

① 도시 속의 공공정원, 즉 도시공원의 연혁은 고대에까지 소급될 수 있다. 기원전 10세기경부터 서아시아의 왕들이 언덕에 나무를 심고 짐승을 사육하던 수렵원인 'Parc'가 오늘날 'Park'의 어원이 되었다고 볼 수 있으며, 이를 통해 그 당시부터 공원의 개념이 있었음을 알 수 있다.

② 오늘날과 같은 의미의 공원, 즉 'Public Park'는 산업혁명의 결과로 서구에서 시작되었다고 말할 수 있다.

(2) 도시공원의 개념

① 도시공원이란 환경보호를 통해 도시민의 건강·위락활동·교육·공공의 복리를 증진시키는 녹지공간의 일종으로 도시민이 용이하게 접근할 수 있는 최소한의 구조물과 자연물로 구성된 장소를 총칭하는 것으로 볼 수 있다.

② 도시공원의 유형별 개념
  ㉠ 위락적·위생적 측면을 강조하는 개념 : 공중의 위락·생산·교육 등의 목적을 위해 설치된 녹지공간으로 파악한다.
  ㉡ 문화적·생태적 측면을 강조하는 개념
    • 코플만(Koppelman) : "경관이 좋은 지역이나 생태적·역사적·지리적 원형을 보존할 가치가 있는 지역이 공원의 입지대상이 되며, 이곳에서 생태적 환경을 파괴하는 행위는 규제된다."
    • 골드(Gold) : "공원이란 문화적·경관적·교육적·위락적 용도로 유보된 공공용지를 의미한다."
  ㉢ 복지적 측면을 강조하는 개념 : "도시지역 안에서 도시자연경관의 보호와 시민의 건강·휴양 및 정서생활의 향상에 기여하기 위하여 「국토의 계획 및 이용에 관한 법률」 제2조 제6호 나목의 규정에 의하여 결정된 것을 말한다."

> **우리나라의 도시공원**
> 최초로 서울에 파고다공원이 조성된 이래 각 도시마다 도시계획으로 도시공원을 설치하였다.

> **탑골공원의 삼일문**
>
>
>
> 서울 종로구에 있는 한국 최초의 공원으로 탑공원·탑동공원·파고다공원이라고도 한다.

▶ **서울소재 주요 공원** 15 기출
- **효창공원** : 북쪽 높은 동산 위에는 백범 김구의 묘소가 자리 잡고 있으며, 그 동쪽 다른 동산에는 이봉창·윤봉길·백정기 세 의사의 묘가 있다.
- **구암공원** : 서울 강서구에 위치하며, 허준의 호인 '구암'을 따서 이름 지어진 공원이다.
- **도산공원** : 서울 강남구에 위치하며, 도산 안창호의 애국정신을 기리고자 조성된 공원이다.
- **낙성대공원** : 서울 관악구에 있는 공원으로 강감찬 장군을 기리기 위해 지어졌다.

▶ **안보관광자원** 20 24 기출
- **판문점** : 경기도 파주시 진서면에 위치하며, 널문리라고도 부른다. UN과 북한 측이 정전협정을 맺은 곳으로, 공동경비구역이다.
- **제4땅굴** : 강원도 양구군 해안면에 위치하며, 양구 동북방 26km 비무장지대 안에서 발견되었다. 북한군이 설치한 지뢰로 인해 산화된 군견을 기리는 묘와 충견비가 있다.
- **도라전망대** : 경기 파주시 장단면에 위치하며, 1987년 일반인에게 공개되었다. 우리나라 서부전선 최북단에 위치한 전망대로 북한 풍경을 볼 수 있는 곳이다.
- **임진각** : 경기도 파주시에 위치하고, 6·25전쟁의 비통한 한이 서려 있으며 망배단, 미얀마 아웅산 순국외교사절 위령탑 등이 설치되어 있다.
- **통일전망대** : 강원도 고성군에 위치하며, 우리나라 최동북단에 위치하고 있다.

▶ **남산공원**

2. 도시공원의 기능과 입지

(1) 도시공원의 기능

① **휴식·위락의 기능** : 운동, 휴양, 산책, 자연감상 등의 다양한 레크리에이션을 위하여 종류, 이용권역, 대상 연령 등에 따라 다양한 위락공간을 제공해 주고, 궁극적으로는 시민건강의 유지·증진과 시민 개개인이 자아를 재발견하고 재창조하는 효과를 준다.

② **사회·심리적 기능** : 도시공원은 고장의 문화유적을 보급하는 곳, 임시장터, 각종 축제마당으로 활용됨으로써 많은 사람들이 수시로 모여들기 때문에 정보를 교환하는 장소가 될 수 있다.

③ **환경보존의 기능** : 도시의 무절제한 개발을 통해 파괴되는 환경과 생태계를 보호하고 기후조절, 소음과 악취 완화, 일조량 확보, 도시미 향상, 쾌적성 향상 등 생활환경을 개선시키는 다양한 효과를 가지고 있다.

④ **방재적 기능** : 수목과 공한지의 확보에 의하여 도시의 안정성을 향상하는 시설로서 공공재해를 억제하거나 방지하는 효과와 재해 시에 안전한 피난지를 제공하는 효과가 있다.

⑤ **도시골격형성의 기능** : 간선도로, 대하천 등과 같이 도시형태의 골격을 구성하고 도시의 발전에 일정한 방향성을 부여하는 효과를 가지고 있다.

⑥ **기타** : 녹지공간의 규모, 특성, 형태, 입지 등이 현재나 미래의 도시개발에 중요한 요소로 작용하기 때문에 경제적으로 큰 영향을 미칠 수 있다는 측면에서 경제적 기능을 언급하기도 하며, 자연학습장으로서의 역할에 비추어 교육적 기능을 언급하기도 한다.

(2) 도시공원의 입지조건

① **접근성** : 공원의 효용은 오픈스페이스의 개방성(Openness)에 있으므로 공원의 입지에서 가장 중요한 조건은 접근성이다. 일상생활권에서 노약자가 보행을 통해 접근하는 어린이공원이나 근린공원은 특히 접근성이 매우 중요하다. 지구공원이나 대규모 공원은 대중교통수단으로 쉽게 접근할 수 있어야 하며, 승용차 보급이 확대됨에 따라 도로망, 주차시설 등이 확보되어야 한다.

② **안전성** : 공원으로 접근하는 과정에서 이용자들의 보행·자전거 통행 등이 차량통행으로부터 안전하게 보호되어야 하며, 공원 내의 시설이나 자연환경이 재해나 안전사고, 범죄 등을 유발하지 않도록 해야 한다.

③ **쾌적성** : 자연적인 환경조건이 양호하여 부담없이 즐겁게 공원을 이용할 수 있어야 한다.

④ **편익성** : 공원을 하나의 점적 시설로 보기보다는 일상생활과 밀접하게 연결된 오픈스페이스체계의 한 구성요소로 규정하고, 학교·슈퍼마켓·주민센터 등과 같은 일상 편익시설의 이용권 또는 이용경로와 긴밀한 관계를 맺도록 배치되어야 한다.

⑤ **시설적지성** : 공원의 입지가 공원에 도입할 활동과 공원시설을 받아들일 수 있는 조건을 갖추도록 해야 한다.

3. 도시공원의 유형 및 시설

(1) 도시공원의 유형

① **소공원** : 소규모 토지를 이용하여 도시민의 휴식 및 정서 함양을 도모하기 위하여 설치하는 공원이다.

② **어린이공원** : 어린이의 보건 및 정서생활의 향상에 이바지하기 위하여 설치하는 공원이다.

③ **근린공원** : 근린거주자 또는 근린생활권으로 구성된 지역생활권 거주자의 보건·휴양 및 정서생활의 향상에 이바지하기 위하여 설치하는 공원이다.

④ **묘지공원** : 묘지 이용자에게 휴식 등을 제공하기 위하여 일정한 구역에 묘지와 공원시설을 혼합하여 설치하는 공원이다.

⑤ **체육공원** : 주로 운동경기나 야외활동 등 체육활동을 통하여 건전한 신체와 정신을 배양함을 목적으로 설치하는 공원이다.

> **주제공원(Theme Park)**
> 일반적으로 놀이기구 위주로 구성된 위락공원(Amusement Park)이다. 도시계획구역권의 근린공원이나 광역권 근린공원 내의 한 구역에 따로 설치되거나 실제로는 유원지이면서 공원이라는 이름을 사용하기 때문에 종종 혼란이 일어난다.

(2) 도시공원의 시설

① 도로 또는 광장
② 화단, 분수, 조각 등 조경시설
③ 휴게소, 긴 의자 등 휴양시설
④ 그네, 미끄럼틀 등 유희시설
⑤ 테니스장, 수영장, 궁도장 등 운동시설
⑥ 식물원, 동물원, 수족관, 박물관, 야외음악당 등 교양시설
⑦ 주차장, 매점, 화장실 등 이용자를 위한 편익시설
⑧ 관리사무소, 출입문, 울타리, 담장 등 공원관리시설
⑨ 실습장, 체험장, 학습장, 농자재 보관창고 등 도시농업을 위한 시설
⑩ 내진성 저수조, 발전시설, 소화 및 급수시설, 비상용 화장실 등 재난관리시설
⑪ 그 밖에 도시공원의 효용을 다하기 위한 시설로서 국토교통부령으로 정하는 시설

▶ 경인고속도로

서울과 인천 사이에 급증하는 수송수요에 대비하여 건설된 한국 최초의 고속도로이다.

▶ 인천대교

인천국제공항과 인천 송도 국제도시를 연결하는 총연장 21.38km의 대한민국 대표 교량이다.

▶ 전동차

▶ 한국 고속철도 종류
KTX, KTX-산천, KTX-이음, KTX-청룡, SRT

2 교통 관광자원

1. 도로교통

(1) 의 의

도로교통은 국가의 혈맥과 같은 것으로 사람과 재화를 이동시키는 것을 말한다. 도로교통은 여러 교통수단 중에서 가장 기본적이고 그 역할이 크다고 할 수 있다.

(2) 도로교통의 발달과 관광자원성

① 1960년대부터 산업도로의 건설과 함께 자동차의 국내생산이 이루어짐에 따라 고가도로, 입체교차로, 고속도로 등이 건설되어 우리나라 도로교통에 일대 혁신과 발전을 가져왔다.
② 1968년에 경인 간에 처음으로 고속도로가 착공되었고 이후 경부고속도로, 88고속도로, 서해안고속도로 등 많은 고속도로가 개통되어 전국이 일일생활권에 들어가게 되었다.
③ 도로교통의 발달은 경제·사회·문화 등의 전반에 걸쳐 많은 파급효과를 가져왔고, 새로운 관광자원의 개발이나 관광지의 확대 등 관광산업의 발달에도 지대한 공헌을 하였다.

2. 철도교통

(1) 한국철도의 기원

① 우리나라 철도의 효시는 1899년 9월에 경인선의 노량진과 제물포 간에 33km가 개통된 것이다.
② 1905년 경부선 개통을 시작으로 1906년에는 경의선, 1914년에는 호남선과 경원선이 개통되었다.

(2) 철도교통의 특수성

① 장거리 운송일수록 운송비용이 저렴하다.
② 안전도가 높고 기후에 크게 영향을 받지 않는다.
③ 계획운행이 가능하다.
④ 전국적인 네트워크를 가지고 있다.
⑤ 유리한 운임 할인제도가 있다.

(3) 철도교통의 관광상 이점

① 국내교통 가운데 가장 오래된 교통수단으로서 국민관광과는 밀접한 관계가 있다. 다른 교통수단과는 비교할 수 없는 안전성과 쾌적한 분위기에서 경관을 감상할 수 있다는 등의 이점이 있기 때문에 운치를 좋아하는 많은 여행자들이 즐겨 이용하고 있다.
② 명승고적을 찾는 원거리 단체관광여행, 각 학교의 수학여행 등 대부분이 주로 철도나 버스를 이용해서 여행하고 있다.

(4) 철도교통이 국민관광에 미치는 역할
① 관광자원 교환의 역할
② 시장조절의 역할
③ 시간 조절의 역할
④ 시설의 평준화 역할
⑤ 대량관광의 역할

3. 항공교통

(1) 의 의
항공교통은 세계의 생활환경을 시간대 생활권으로 단축시키고, 국제·국내 관광산업의 진흥에 크게 기여하고 있다.

(2) 항공교통의 특징
① 안정성 : 교통기관 중에서 가장 중요시되는 안정성을 확보하고 있다.
② 고속성 : 타 교통기관과 현저하게 비교되는 특성으로 전 세계 주요도시 상호 간을 연결하는 항공노선망을 구축하여 세계를 시간대 생활권에 들게 한다.
③ 정시성 : 정시성의 여부는 해당 교통기관의 신뢰성을 좌우하는 것으로 공포된 시간표가 기준이 된다.
④ 쾌적성 : 여객의 쾌적성을 향상하는 요소로 객실 내의 시설, 기내 서비스 및 비행을 들 수 있고, 객실 내 쾌적성을 향상함으로써 서비스 경쟁의 우위를 차지할 수 있다.
⑤ 공공성 : 교통의 공공성은 일반적으로 국민 다수의 사회적 생활을 위하여 필요한 것으로 해석되며, 이것은 곧 공개성으로 표현된다.

(3) 주요 공항시설
① 인천국제공항
② 김포공항
③ 김해공항
④ 제주공항

▶ 한국 고속철도(KTX)

▶ 인천국제공항

21세기 수도권 항공운송의 수요를 분담하고 동북아시아의 허브(Hub)공항으로서의 역할을 담당하기 위해, 영종도와 용유도 사이를 매립하여 2001년 3월 29일 개항하였다.

4. 해상교통

(1) 해상교통의 현황
① 해상운송은 화물운송수단으로서뿐만 아니라 해안 도서지방의 관광은 물론 국제 간의 여객 운송수단으로서도 그 수요가 날로 증대하고 있다.
② 우리나라는 지리적으로 섬이 많아 경치가 수려한 해안 도서지방을 관광자원으로 개발할 필요가 있어 정부는 새로운 해상관광항로 개설과 운항선박의 쾌속화를 지속적으로 추진하고 있다.

▶ 제주항 카페리호

(2) 항만시설
① 부두 : 항만 내에서 화물의 하역과 승선 및 하선을 위한 여러 가지 구조물을 총칭하는 것으로, 안벽, 잔교 등이 포함된다.
② 안벽 : 화물의 하역이 직접 이루어지는 구조물로 해안선에 평행하게 축조된 석조 또는 콘크리트제 구조물로서 선박의 접안을 위하여 해저와 직교하게 만들어진 벽을 말한다.
③ 잔교 : 선박을 접안계류하여 화물의 하역과 여객의 승·하선을 용이하게 하기 위해 목재·철제 또는 콘크리트로 만든 교량형 구조물을 말한다.
④ 항만하역시설 : 부선(Barge), 해상기중기(Floating Crane), 고정식 또는 이동식의 육상기중기(Crane), 벨트 컨베이어(Belt Conveyor)를 비롯하여 여러 가지 하역기기를 총칭한다.

▶ 해상기중기

3 향토축제

1. 향토축제의 의의와 유형

(1) 의 의
향토축제란 향토색이 뚜렷하고 그 지방의 풍토에 따라 자연적으로 생겨나 지역별로 이루어지는 축제를 말한다. 우리나라의 향토축제는 각 시·도별로 그 지방의 향토성에 부합된 개성적인 상징성을 설정하면서 우리나라 전통문화 창조에 크게 기여해 왔다.

(2) 향토축제의 유형
① 토착화된 향토축제 : 독특한 문화로부터 자생된 축제, 고유한 문화의 일부가 만든 축제이다.
② 진화된 향토축제 : '토착화된 향토축제'와 유사하나 집단의 성원이 아닌 사람도 참여할 수 있다.

③ 상업성 향토축제 : 관광단체나 개인 기획자(프로모터)가 광범위한 관중을 동원하기 위한 상업성 향토축제이다. 이동하면서 축제를 벌이기 때문에 축제문화의 전파적 효과를 누릴 수 있다.
④ 비공동체 단일문화축제 : 문화구성원들의 지원 없이 개인적으로 만든 축제이다.
⑤ 다문화 민속예술축제 : 비교적 새로운 경향으로 나타나고 있는 현상으로서 많은 문화요소를 가미한 축제이다.
⑥ 지역특산물 축제 : 지역특산물의 홍보를 통하여 판매를 활성화 하는 데 의의가 있으며, 그 종류에는 광주 세계김치문화축제, 금산 인삼축제, 통영 나전칠기 축제, 하동 야생차문화축제 등이 있다.

2. 주요 향토축제

(1) 경기 향토축제

① 행주문화제 : 6월에 고양시에서 주최하는 축제로, 주요 행사는 행주대첩의 전승을 기념하는 내용이다.
② 수원 화성문화제 : 10월에 수원시에서 주최하는 축제로, 주요 행사로는 거둥행사, 이야기콘서트, 주제공연 등이 있다.
③ 이천 쌀문화축제 : 경기도 이천시에서 10월에 열리는 농경문화축제이다.
④ 이천 도자기축제 : 우수한 이천도자기를 전 세계에 널리 알리고, 우리 문화의 저변 확대와 지역 활성화를 위해 이천 도자기축제추진위원회 주관으로 열린다.
⑤ 인천 소래포구축제 : 수도권 대표 해양생태축제이며 볼거리와 먹거리를 함께 즐길 수 있다. 꽃게·대하 잡기 체험, 수산물 요리 경연대회, 야간경관 프로그램 등을 체험할 수 있다.
⑥ 연천 전곡리 구석기축제 : 전곡리 선사유적지 및 전곡읍 일원에서 구석기문화와 선사문화를 교육·놀이·체험 등을 통해 배우고 즐기는 축제이다.

(2) 강원도 향토축제

① 강릉단오제(국가무형유산) : 강릉시에서 주최하는 축제로, 주요 행사로는 민속행사, 관노가면극 등이 있다.
② 설악문화제(설악제) : 10월에 속초시에서 주최하는 행사로, 등산대회, 거리퍼레이드 등이 있다.
③ 소양강문화제(개나리문화제) : 9월에 열리며, 향토 문화와 예술의 진작, 시민의 체위 향상과 애향심·단결심의 배양, 관광지 개발 및 산업진흥 선전, 고유한 민속의 계승 등을 취지로 한다.

▶ 행주문화제

충장공 권율 도원수의 행주대첩을 기념하기 위한 제례행사

▶ 이천 도자기축제

▶ 단오굿

강릉단오제는 민간신앙이 결합된 우리나라에서 가장 역사가 깊은 고유의 향토축제이다.

④ 춘천 마임축제 : 마임을 통해 문화예술발전에 기여해 춘천마임축제가 세계적인 문화축제로 도약함을 목적으로 2002년 개최됐다.
⑤ 화천 산천어축제 : 강원도 화천군에서 1월 중에 열리는 겨울축제이다.
⑥ 횡성 한우축제 : 국태민안과 풍년을 기원하고, 국민의 평안을 기원하기 위해 매년 개최되던 '횡성 태풍문화제'의 명칭을 변경하여 2004년부터 새로운 목표와 주제를 가지고 개최하는 축제이다.
⑦ 인제 빙어축제 : 300만 평의 광활한 소양호 얼음벌을 배경으로 빙어낚시를 즐기는 강태공과 지역주민들의 참여로 자연스럽게 시작되었다. 이후 다양한 체험, 참여행사로 축제의 면모를 갖추면서 전국 제일의 겨울축제로 자리 잡았다.
⑧ 태백겨울축제 : 태백시는 산도 많고 눈도 많이 오는 탄광도시였지만 주수입원인 탄광이 수익성 때문에 점차 문을 닫게 되고 지역경제가 침체되기 시작하자 지역경제를 활성화하기 위해 기획되었다.
⑨ 대현율곡이선생제(율곡제) : 10월에 오죽헌에서 주최하는 행사로, 주요 행사로는 백일장, 휘호대회 등이 있다.

(3) 충청도 향토축제

① 우륵문화제 : 9월 말~10월 초에 충주에서 주최하는 축제로, 주요 행사로는 악성 우륵을 추모하는 행사와 민족예술공연 등이 열린다.
② 영동 난계국악축제 : 영동에서 주최하는 축제로, 주요 행사로는 악성 난계를 추모하는 행사와 민속예술 발표회 등이 열린다.
③ 백제문화제 : 10월에 부여와 공주에서 동시에 주최하는 축제로, 부여에서 33개 종목, 공주에서 26개 종목, 도합 59개 종목의 행사가 펼쳐진다.
④ 은산별신제(국가무형유산) : 부여군에서 주최하는 행사로, 주요 행사로는 백제장군과 병졸의 원혼을 위로하기 위한 위령제가 펼쳐진다.
⑤ 보령 머드축제 : 보령에서 생산되는 머드를 주제로 하는 관광객 체험형 이벤트로, 머드 마사지와 다양한 놀이를 즐길 수 있다.
⑥ 금산 인삼축제 : 금산 인삼을 선양하는 역할을 하며, 금산이 인삼의 종주로서의 면모를 일신하였으며, 전국 최고의 산업형문화관광축제로 자리잡았다.

▶ 백제문화제

성왕사비천도행렬, 성왕은 수도를 공주(웅진)에서 부여(사비)로 천도하여 백제의 새로운 출발을 시도하였다.

⑦ 천안 흥타령춤축제 : 우리나라의 대표 민요 흥타령의 춤·노래·의상을 주제로, 발상지인 천안삼거리에서 10월초 개최된다.
⑧ 논산 강경젓갈축제 : 1997년 경제 극복의 일환으로 지역경제 활성화 및 상인들의 소득증대 취지에서 강경 젓갈상인들의 뜻을 모아 시작한 축제가 해를 거듭할수록 규모가 커져 오늘에 이르고 있다.

(4) 전라도 향토축제

① 남원 춘향제 : 5월에 남원시에서 주최하는 축제로, 주요 행사로는 그네뛰기, 씨름, 경창, 궁술 등이 행해진다.
② 함평 나비대축제(함평 나비축제) : 매년 4월 말~5월 초 함평의 대자연 속에 살아 있는 나비와 자연을 소재로 펼치는 생태학습축제이다.
③ 김제 지평선축제 : 김제의 자연환경과 호남평야에서 생산되는 쌀을 널리 알리기 위해 열리는 축제이다.
④ 강진 청자축제(강진 청자문화제) : 고려청자의 우수성을 국내·외에 널리 알리기 위해, 고려의 관요 중 한 곳이었던 전라남도 강진군에서 열리는 축제이다.
⑤ 무주 반딧불축제 : 반딧불이 서식지인 전라북도 무주군에서 반딧불이를 소재로 다양한 행사를 치르는 축제이다.
⑥ 순창 장류축제 : 장수고을인 순창에서는 매해 순창고추장축제가 개최된다.
⑦ 추억의 충장축제 : 문화예술도시의 이미지와 지역특성을 반영한 타 자치단체와의 차별화된 문화축제로, 광주광역시 동구의 충장로, 황금로 등지에서 10월에 개최된다. 광주시는 동구가 가장 번창했던 1970~1980년대의 추억을 특화 마케팅하여 전국 규모의 문화축제로 육성하고, 테마가 있는 창조적 도시축제를 원칙으로 하되 지역 고유문화를 프로그램화하고 있다.
⑧ 담양 대나무축제 : 대나무라는 천혜의 자원을 특화하는 한편, 자연경관과 어우러진 대나무의 모든 맛과 멋을 통해 문화를 만끽할 수 있는 축제이다.

> **반딧불이**
> 수질오염이나 대기오염에 대한 저항력이 유난히 약해서 조금이라도 환경이 오염된 곳에서는 서식하기 힘들다. 반딧불이는 물과 땅과 주변식생이 일체된 종합적 환경으로 다양한 생태적 요소가 맞아야 서식할 수 있다. 따라서 반딧불이 축제가 열리는 전라북도 무주군 설천면 지역은 식생이 잘 조화된 청정지역임을 알 수 있다.

▶ 진주 개천예술제

▶ 진주 남강유등축제

1592년 10월 충무공 김시민 장군이 3,800여 명의 적은 병력으로 진주성을 침공한 2만 왜군을 크게 무찔러 민족의 자존을 드높인 '진주대첩'에서 지원군과의 군사신호로 풍등을 하늘에 올리며 횃불과 함께 남강에 등불을 띄워 왜군을 저지한 군사 전술에서 비롯되었다.

(5) 경상도 향토축제

① 신라문화제 : 신라 1,000년의 문화를 되새기려는 향토문화축제로, 10월 중순경에 경주시에서 개최되며, 신라가 남긴 찬란한 문화와 화랑, 원화 등의 설화를 재현하여 옛 조상들의 참된 얼을 되새기고 새 문화 창조에 그 목표를 두고 있는 종합예술제이다.

② 개천예술제 : 개천절을 전후해 경남 진주시 일원에서 개최되는 예술제로, 주요 행사로는 임진왜란의 순국 3장사와 논개의 애국충절을 추모하는 가장행렬뿐만 아니라 각종 문화행사가 펼쳐진다.

③ 안동 민속축제 : 9월 말~10월 초에 안동에서 개최하는 축제로, 주요행사로는 차전놀이, 안동놋다리밟기, 서제 등이 있다.

④ 진주 남강유등축제 : 경상남도 진주시에서 10월에 열리는 문화축제이다.

⑤ 문경 찻사발축제 : 경상북도 문경시 문경새재 일원에서 4월 말~5월 초에 열리는 도자기축제이다.

⑥ 통영 한산대첩축제 : 동양의 나폴리라 불리는 아름다운 고장 경남 통영시 한산면에서 열리는 문화제이다. 한산대첩은 이순신 장군이 적선 59척을 섬멸한 이후 부산포, 명량해전에서 일본 함대를 격파하고, 남해안 일대의 해상권을 확보하는 전기를 마련한 임진왜란 3대첩 중 하나이며, 세계 해전사에서 이름을 날린 충무공의 '학익진 전법'이 탄생된 전쟁터이기도 하다.

⑦ 김해 분청도자기축제 : 경기도 이천의 청자·백자나 전남 강진의 청자축제와 달리 한국도자기사상 가장 한국적인 미의 원형으로 평가받고 있는 분청사기축제이다.

⑧ 하동 야생차문화축제 : 경남 하동군 화개골 차시배지와 쌍계사 일원에서 5월에 펼쳐진다. 우리나라 차의 시배지, 야생차의 본고장으로서 정통성을 잇고 차문화의 국제적 교류를 확산하고자 마련되었다.

⑨ 광안리 어방축제 : 소규모로 개최되어 오던 남천활어축제, 민락활어축제, 남천벚꽃축제, 광안리해변축제를 2001년부터 통합하여 개최되고 있는 광안리 어방축제는 광안리해수욕장, 광안대교, 광안리해변 테마거리에서 펼쳐지는 부산을 대표하는 봄축제이다.

⑩ 대구 약령시 한방문화축제 : 10월 초 개최되는 축제로 조선 시대 약령시 개장행사를 현대적으로 승화시켜 1978년 제1회 달구벌 축제 행사의 일환으로 개장됐다.

⑪ 산청 한방약초축제 : 9월 말~10월 초, 가을에 열리는 행사로 2001년부터 개최되고 있다. 동의보감의 고장인 산청군이 전통한방과 약초의 본고장임을 알리기 위해 개최하게 되었다.

(6) 제주도 향토축제

① 성산일출축제 : 세계자연유산인 성산일출봉의 자연적 가치와 풍광을 재조명하고 이를 널리 알리는 자연축제로, 12월 마지막 날과 새해 첫날 개최한다.

② 제주 유채꽃축제(유채꽃 큰잔치) : 4월에 서귀포에서 주최하는 축제로, 주요 행사로는 가요경창대회, 사진촬영대회, 미인선발대회 등이 있다.

③ 최남단 방어축제(최남단 모슬포 방어축제) : 최남단 모슬포는 국내 최대의 방어 생산지로 거센 물살과 청정한 마라도 연안 지역으로, 매년 10월부터 2월 말까지 마라도를 중심으로 방어 어장이 형성된다. 이곳에서 잡히는 방어의 상품가치가 제일 높아, 방어의 상품성을 알리기 위해 11월에 축제가 개최된다.

④ 제주감귤박람회(제주 감귤축제) : 11월에 열리는 감귤축제는 감귤사생대회, 감귤요리경연대회 등 제주감귤의 진가를 빛내기 위해 개최되는 축제이다.

⑤ 제주올레 걷기축제 : 한국의 대표적인 휴양지 제주도에서 만들어지고 있는 세계에서 가장 아름다운 길, 제주올레(Jeju Olle)에서 펼쳐지는 세계인의 걷기 축제이다.

제주올레(Jeju Olle)

3. 문화체육관광부가 선정한 2024~2025 문화관광축제

구 분	축제명
부 산	광안리어방축제
대 구	대구치맥페스티벌
인 천	인천펜타포트음악축제, 부평풍물대축제
광 주	(추억의 충장축제)
울 산	울산옹기축제
경 기	수원화성문화제, 시흥갯골축제, 안성맞춤남사당바우덕이축제, 연천구석기축제, 화성뱃놀이축제
강 원	강릉커피축제, 정선아리랑제, 평창송어축제, (화천산천어축제, 평창효석문화제, 춘천마임축제)
충 북	음성품바축제, (영동난계국악축제)
충 남	한산모시문화제, (보령머드축제, 천안흥타령축제, 금산인삼축제)
전 북	순창장류축제, 임실N치즈축제, 진안홍삼축제, (김제지평선축제, 무주반딧불축제)
전 남	보성다향대축제, 영암왕인문화축제, 정남진장흥물축제, 목포항구축제, (진도신비의바닷길축제, 함평나비축제, 담양대나무축제)
경 북	포항국제불빛축제, 고령대가야축제, (안동탈춤축제, 문경찻사발축제, 영주풍기인삼축제)
경 남	밀양아리랑대축제, (진주유등축제, 하동야생차문화축제, 산청한방약초축제, 통영한산대첩축제)

※ ( )는 명예 문화관광축제
※ 출처 : 문화체육관광부, 2024년 2월 6일 기준

03 위락 관광자원

1 위락과 리조트

1. 관광과 위락

(1) 위락(Recreation)의 개념

인간이 일을 떠나서 놀이나 즐거운 행위 또는 휴식을 함으로써 몸과 마음, 정신을 총체적으로 회복시킨다는 개념이다. 다시 말해 위락은 여가시간에 일로부터 인간을 쉬게 하고, 일을 위해 인간이 다시 회복(재창조)될 수 있는 활동을 뜻한다.

(2) 위락활동의 종류

위락활동은 다종다양하기 때문에 옥내에서는 각종 위락시설이 필요할 뿐만 아니라 옥외의 활동공간과 관광자원 및 시설이 필요한 여가활동이다.

[위락활동의 종류]

1	산, 계곡, 폭포 등에서의 피크닉	16	유원지, 관광단지
2	명승지, 사찰탐방 또는 자연경관 감상	17	각종 놀이시설지(돈을 내고 이용하는 각종 어린이 유희시설이 설치되어 있는 곳)
3	등 산		
4	산 또는 계곡 등 산에서의 야영		
5	동굴구경	18	지역 내 공원 같은 곳에서 휴식
6	스 키	19	온천지 방문
7	수 렵	20	동물원, 식물원 가기
8	문화유적지 방문 (종교적 방문 제외)	21	드라이브 즐기기
9	민속촌, 박물관, 기념관 또는 전승공예지 방문	22	자전거 하이킹
		23	골 프
10	호수, 댐, 강변 등에서 피크닉 또는 야유회	24	테니스
11	강변, 호수 등 수변에서의 야영	25	사격, 활쏘기, 승마하기
12	낚시(바다낚시 포함)	26	축구, 야구, 배구 등 각종 운동 하기
13	해수욕		
14	요트타기, 윈드서핑, 스킨 또는 스쿠버다이빙	27	각종 운동경기 운동장에서의 관람
15	보트 또는 배타기		

▶ 위락의 종류
활동장소에 따라 실내위락과 야외위락으로 구분할 수 있다.

▶ 놀이의 특성
- 즐거움을 추구하는 참가자의 자발적인 의사에 따라 행하여지는 행위
- 일상생활과는 시간과 공간상으로 격리된 놀이(공간에서의 탈일상적인 행위)
- 전통화, 반복화라는 지속성을 가짐
- 질서 규칙이 놀이집단을 지배
- 놀이가 끝나면 그 놀이집단은 영구히 내집단(In-group)화 하는 특성을 가짐

▶ 래프팅(금강)

▶ 태능국제종합사격장

▶ 수렵장(제주 서귀포시)

2. 리조트

(1) 리조트의 개념
리조트(Resort)의 뜻은 '종종 어디로 가다', '어느 장소에 체재하다'인데, 이것을 관광에 부합하면 '반복을 환기하는 체재형 관광지'라는 의미가 된다. 별장이라든가 리조트 호텔이라는 장소가 이미지화된 것이다.

(2) 리조트의 의의
① 자신에게 충실한 여가를 보내는 장으로서의 리조트
② '있는 그대로'에 접하는 것이 가능한 장으로서의 리조트
③ 정신의 위기를 구원하는 것이 가능한 장으로서의 리조트
④ 다른 차원의 세계에 침투할 수 있는 리조트
⑤ 철저히 노는 것이 가능한 리조트

> **리조트의 의미**
> - 휴가 중에 보양과 레크리에이션을 위해 사람들이 방문하는 곳
> - 도움이나 지지를 받고 싶을 때 의지할 사람과 의지할 것

2 골프

1. 골프의 발달과 입지조건

(1) 골프의 유래 및 발달
① 골프의 유래
  ㉠ 골프는 네덜란드 지방에서 기원전 어린이들이 실내에서 하던 코르프(Kolf)라는 경기에서 비롯되었다는 설도 있고, 스코틀랜드 목동들의 민속놀이였다는 설도 있다.
  ㉡ 현존하는 가장 오래된 골프에 관한 기록은 1457년 스코틀랜드에서 있었던 골프금지령에 관한 것이다.
  ㉢ 골프코스가 18홀로 확립된 것은 1764년경이고, 영국의 '세인트앤드류스'가 시초이다.
② 골프의 발달
  ㉠ 골프는 19세기 말에 미국에서부터 대중화되기 시작해서 현재 전 세계 골프장 약 30,000여 개소 중 약 20,000개가 미국에 분포하고 있다.
  ㉡ 한국에는 1900년에 원산세관에서 영국인들에 의해(6홀 사용) 처음 선을 보였고, 1920년에는 조선철도국이 직영하던 조선호텔에서 판촉의 수단으로 골프장을 설치했었다.

> **골프금지령**
> 스코틀랜드에서는 국민들의 무술훈련에 방해가 된다는 이유로 1457, 1471, 1491년 세 차례에 걸쳐 골프금지령을 내렸었다. 1592년에는 일요일에 교회에 나오는 사람이 줄었다는 이유로 에든버러 시의회에서 일요일에 골프금지령을 내렸던 적도 있다.

▶ 골프리조트

▶ 골프장

(2) 골프장의 입지조건
① 골프장의 입지유형에 따른 구분
㉠ 해변형 : 1900년 최초로 개장되었던 원산, 1913년 구미골프장은 해변형으로 영국의 스코틀랜드와 유사한 입지형이다.
㉡ 평지형 : 1929년 군자리, 1956년 부산, 1964년 한양, 1968년 안양코스 등은 완경사의 평지형이다.
㉢ 산지형 : 1980년 후반부터 우리나라 골프장은 산지에 주로 입지하는 산지형의 경향이 두드러진다.
② 골프장의 입지조건
㉠ 접근성 : 골프장의 위치는 승용차로 60~90분 이내의 거리에서 이용객의 확보를 고려하는 편이 좋다.
㉡ 용지면적 : 부지면적이 골프장의 규모에 따라 충분히 확보될 수 있어야 한다.

[용지면적(18홀기준)]

구 분	평 지	구릉지	산 지	30~50% 정도 경사지
소요면적	20~22만 평	24~26만 평	27~30만 평	40만 평

㉢ 지형조건 : 정방형보다는 장방형 또는 다소 불규칙한 형, 부채꼴형이 좋으며, 용지의 구배가 8% 미만이고 고저의 차가 50m를 초과하지 않는 용지이다.
㉣ 용수조건 : 18홀 기준으로 했을 때 1,500t/일 정도의 관리용수가 필요하다.
㉤ 경관조건 : 골프운동에 적합한 조건뿐만 아니라 경치와 경기자의 심리상태 및 조경학적인 고려가 중요한 역할을 하므로 수목을 이용한 조경은 필수적이다.

2. 골프장의 현황과 시설

(1) 골프장의 현황
운영 중인 골프장의 지역적 실태로 수도권이 가장 많았으며, 다음으로는 영남권, 호남권, 충청권, 강원권, 제주권 순이다.

(2) 골프장의 시설규정

① 골프장에 관련된 행정 업무사항이 교통부에서 문화관광부(현 문화체육관광부)로 이관된 후 1990년「골프장 관리규정」을 제정·고시하고, 1994년에「체육시설의 설치·이용에 관한 법률」을 개정 공포하였다.
② 골프장은 회원제, 비회원제, 대중형으로 구분하여 각각에 대한 시설 및 설비기준을 규정하고 있다.

3 스 키

1. 스키의 발달과 입지

(1) 스키의 발달

① 스키의 발생
   ㉠ 스키의 발생은 B.C. 3000년경으로 추정되며 스칸디나비아지방과 러시아 동북부 알타이와 바이칼 지방이라고 하나 역사적 고증은 어렵고, 오슬로 홀멘클렌 박물관에 B.C. 2500년대의 스키유물이 진열되어 있을 뿐이다.
   ㉡ 1915년 스톡홀름의 국제회의에서 스키, 스케이트의 유물이 노르웨이 12개소, 스웨덴 46개소, 핀란드 60개소에서 출토된 것으로 보고되었다.

② 스키의 발달
   ㉠ 1924년 프랑스 샤모니에서 열린 제1회 동계올림픽에서 국제스키연맹이 결성되었고, 1936년 제4회 동계올림픽에서부터 스키경기가 채택되었다.
   ㉡ 우리나라 최초의 스키 강습회가 1927년 원산 송흥리에서 이루어졌는데, 이때를 국내 근대 스키의 시작으로 인정할 수 있다.
   ㉢ 우리나라에서 스키장이 본격적인 위락관광자원으로서 개발된 것은 1975년 용평스키장이 개발되면서부터이며, 1980년대에 들어서 알프스 스키장, 용인 스키장, 천마산 스키장, 베어스타운 스키장, 무주리조트 등이 개발되어 한국의 6대 스키장을 형성하였다.

> **스키의 어원**
> 스키(Ski)는 고대 유럽에서 사용된 '눈 위에서 신는 신발(설상화)'이란 뜻으로, 노르웨이어와 영어의 Skid, Skip, Skiff, Slide 및 Skate 등에서 그 어원을 찾을 수 있다.

> **우리나라 스키의 유래**
> 우리나라의 스키는 '썰매'의 형태에서 비롯된 것으로 볼 수 있다. 관북지방에서 "심산의 호랑이도 썰매꾼만 보면 운다"는 속담이 전해지고 있듯이, 북방의 적설량이 많은 곳에서는 교통수단과 수렵용으로 썰매가 이용되었음을 알 수 있다.

▶ 스키장의 구분
• 국제적 스키장
• 지역적 스키장
• 지방적 스키장

(2) 스키장의 입지조건과 구분
① 기상조건
㉠ 적설량 : 보통 1m 이상
㉡ 적설기간 : 90~100일 이상
㉢ 설질 : 분설이 바람직함
㉣ 기온 : -10~-5℃ 정도가 적설보존이나 활동에 좋음
㉤ 일조 : 쾌적한 조건이지만 직사광선은 설원 및 적설유지에 좋지 않음
㉥ 바람 : 15m/sec 이상이면 리프트 중지
② 지형조건
㉠ 경사도 : 활강코스 6~30°
㉡ 슬로프의 길이 및 폭
• 초급 : 20~50m, 넓은 곳이 좋음
• 중급 : 200~400m, 20~80m
• 고급 : 300~500m, 30~60m
㉢ 지모(수림) : 방풍, 방설, 설원보존, 악천후 시 코스의 판단, 스키어 활동선의 유도 및 분리, 경관보존을 위한 삼림
③ 사회조건
㉠ 자원입지형 : 초기단계에서 주로 채택
㉡ 시장입지형 : 최근에 선호, 대도시 주변에 초·중급 중심의 겔렌데(Gelande)를 조성하여 인공제설장치(SMS)를 활용함
④ 교통조건 : 철도입지형과 도로입지형으로 구분되는데, 최근에는 자가용 문화의 보급으로 인해 도로입지형이 선호된다.

▶ 베어스타운리조트

▶ 엘리시안 강촌리조트 스키장

(3) 스키의 의의
① **자연성** : 스키는 대자연과 친밀해지게 되고, 개인의 심신을 단련하는 효과를 지닌 야외 레크리에이션으로, 생활성이 강한 스포츠라고 할 수 있다.
② **계절성** : 스키는 눈이 있는 겨울 동안에 펼쳐지는 스포츠이다. 겨울은 심리적으로 위축되고 활동의 폭이 좁아 운동부족 현상이 나타나기 쉬운 계절이므로, 스키는 이러한 문제점을 개선할 수 있는 유익한 건강증진 스포츠이다.
③ **대중성** : 스키는 다른 레저 스포츠와는 달리 비교적 남녀노소 누구나 즐길 수 있는 대중스포츠이다.
④ **다양성** : 현대스키는 올림픽이나 월드컵에서 행해지는 경기에서부터 레저스키, 프리스타일 스키 또는 크로스컨트리 투어쇼에 이르기까지 경기범위가 매우 폭넓고 다양하다.
⑤ **활동성** : 활동성이 강한 스키는 인간이 내포한 관광동기 중에서 육체적·사회적·정신적 측면의 욕구를 모두 충족시켜 준다.

2. 스키장의 시설 및 현황

(1) 스키장 시설

① 스키장의 시설 및 설비기준 : 스키장은 눈, 잔디, 천연 또는 인공의 재료로 된 슬로프를 갖춘 것으로서 종합스키장, 일반스키장, 간이스키장으로 세분되며, 부지면적은 다음에 의하여 산출된 면적을 초과할 수 없다.

$$스키장 부지면적 = 전체슬로프 길이(m) \times 50m \times 4$$

② 스키장시설의 종류
- ㉠ 제설기 : 인공적으로 눈을 만드는 기계이다.
- ㉡ 리프트(Lift) : 스키어가 산(슬로프) 아래에서 정상까지 이동하기 위해 필요한 시설이다.
- ㉢ 슬로프(Slope) : **난이도와 경사도에 따라 초급, 중급, 상급자용**으로 나뉘며, 각 슬로프마다 고유의 슬로프 이름이 있다.
- ㉣ 피스테 머신(Pieste Machine) : 설면을 고르는 데 이용되는 장비이다.
- ㉤ 장비대여시설 : 스키활동에 필요한 플레이트, 폴, 부츠 등의 장비와 스키복 등을 다양하게 갖추고 있으며, 장비 보관 및 관리를 위한 기타 서비스시설도 갖추고 있다.
- ㉥ 안전시설 : 스키장에는 스키를 타다가 일어날 수 있는 상해에 신속히 대처할 수 있도록 응급처치원과 안전요원(Ski Patrol)이 배치되어 있다.
- ㉦ 부대시설 : 숙박시설, 카페테리아, 수영장, 골프장, 볼링장 등

(2) 스키장 유형과 현황

① 스키장의 유형
- ㉠ 운영방침
  - 당일이용형 : 청소년의 레포츠장, 소규모 스키장
  - 주말(숙박)형 : 주말여행 형태의 숙박형, 중규모 스키장
  - 리조트형 : 연휴 이용 장기 휴양형, 대규모 리조트 스키장
- ㉡ 용도(경기/레저)
  - 일반 스키장 : 레크리에이션적인 효용 → 겔렌데 스키장, 투어코스 스키장
  - 경기 스키장 : 스키 경기규칙에 의해 공인 → 알파인 경기장, 노르딕 경기장

▶ 알프스 스키장

▶ 무주덕유산리조트 스키장

▶ 눈썰매장

ⓒ 형태(Slope)
- 선형 스키장 : 대규모 스키장으로 주로 상급자용 장거리 코스 설치 → 코스 종류가 다양하고 경기 스키장으로 이용
- 면형 스키장 : 도시근교의 소규모 스키장 → 초보자와 중급자용으로 Hot Dog Trail이라고도 함

ⓔ 개발주체
- 민간 스키장 : 민간주도하에 개발되는 스키장
- 공공 스키장 : 공공단체에 의해 개발되는 스키장
- 제3섹터 스키장 : 공공단체의 주도하에 민자유치에 의해 합동개발되는 스키장

② 전국 스키장 현황 15 기출

스키장명(법인명)	위 치	최초등록년월일
용평리조트 (주)모나용평	강원 – 평창, 대관령	1975.12.21
무주덕유산리조트 (주)무주덕유산리조트	전북 – 무주, 설천	1990.12.20
비발디파크 (주)소노인터내셔널	강원 – 홍천, 서면	1993.12.24
휘닉스 스노우파크 휘닉스중앙(주)	강원 – 평창, 봉평	1995.12.15
웰리힐리파크 신안종합리조트(주)	강원 – 횡성, 둔내	1995.12.15
지산포레스트리조트 지산리조트(주)	경기 – 이천, 마장	1996.12.23
엘리시안 강촌 (주)지씨에스	강원 – 춘천, 남산	2002.12.07
오크밸리 에이치디씨리조트(주)	강원 – 원주, 지정	2006.11.27
하이원리조트 (주)강원랜드	강원 – 정선, 고한	2006.12.07
오투리조트 (주)오투리조트	강원 – 태백, 서학	2008.12.11
곤지암리조트 (주)디앤오	경기 – 광주, 도척	2008.12.17
알펜시아 (주)알펜시아	강원 – 평창, 대관령	2009.11.24

※ 출처 : 한국스키장경영협회

4 마리나

1. 마리나의 의미와 시설

(1) 마리나의 의미
① 요트(Pleasure Boat)를 위한 정박지 또는 중계항으로서 시설 및 관리체계를 갖춘 곳을 의미한다.
② 요트활동을 매체로 각종 서비스를 제공하는 동적 레크리에이션 항구이다.

(2) 마리나 시설
① 마리나는 요팅, 보팅, 수상스키 등 수상활동을 위한 기본시설로서 마리나도크를 비롯해서 육상계류장(동력, 무동력), 요트수선소, 요트클럽하우스, 요트렌탈클럽하우스, 해상 안전관리소, 유람선 터미널 등이 있다.
② 급유, 급수, 보관시설 등을 설치하고 관광객을 수용할 수 있는 호텔(요텔) 및 숙박시설 등 각종 위락시설과 부대시설이 입지한다.

2. 마리나의 분류 및 현황

(1) 마리나의 분류
① 입지유형
　㉠ 자연지형 이용형
　㉡ 매립형
　㉢ 굴착형
② 요트유형
　㉠ 소형 보트 중심 : 육상보관
　㉡ 소형 요트 중심 : 육상보관
　㉢ 중대형 보트 중심 : 수상·육상보관, 크루저 보트는 수상보관의 경향
　㉣ 중대형 요트 중심 : 수상·육상보관
③ 활동유형
　㉠ 커뮤니티형 : 모터보트 이용, 일반적인 활동을 대상
　㉡ 해양스포츠형 : 세일링 요트 등 스포츠 중심
　㉢ 리조트형 : 호텔, 레저시설을 갖춘 복합형 리조트 중심
④ 기능유형
　㉠ 단일형 : 보관, 체류, 수리 등 기본적 기능
　㉡ 복합형 : 기본시설 외에 레스토랑·숙박시설 등 각종 레저시설 복합

▶ 요트
어선이나 상선, 군함 등 특정한 목적으로 쓰이는 배가 아닌 순수한 놀이나 스포츠형의 배를 말한다. 이중에서도 엔진의 힘으로 달리는 것을 모터 요트라 하며, 엔진이 달린 배라도 선실이 없는 것은 모터보트로 구별된다. 또한, 돛만 달고 바람의 힘으로 항해하는 것을 세일링 요트라 하며, 돛을 달더라도 비교적 먼 바다에 나가거나 횡단할 수 있는 것은 크루저라고 한다.

▶ 올림픽 요트경기장

▶ 소호 요트장 19 기출

여수시 소호동에 위치, 1988년 서울올림픽 때 요트경기가 열렸다.

▶ 충무 마리나리조트

남해안 한려수도의 중심부에 위치한 우리나라 최초의 국제규모의 육·해상 종합리조트이다.

(2) 마리나의 현황과 사례

① 우리나라의 마리나 현황
  ㉠ 현재 우리나라에서 운영 중인 마리나는 약 37곳 정도로, 대부분이 해당 지방자치단체나 민간이 조성한 시설이다.
  ㉡ 계류시설 확보율은 약 18% 수준으로, 대부분의 마리나가 단순 계류 기능 위주로 운영되고 있으며, 국제 수준의 종합서비스를 갖춘 마리나 항만이 없어 한계를 보이고 있다.
② 해양수산부는 울진 후포, 안산 방아머리, 여수 웅천, 창원 진해명동, 부산 해운대에 이어 중국 국영기업과 당진 왜목 마리나항만 개발사업 실시협약을 체결함으로써 '6개 거점형 마리나항만 개발사업'을 본격화했다.

5 카지노

1. 카지노의 개념

(1) 일반적 개념

카지노(Casino)란 도박, 음악, 댄스, 쇼 등 여러 가지의 오락시설을 갖춘 연회장이라는 뜻의 이탈리어 '카자(Casa)'가 어원으로, 르네상스시대 귀족이 소유하였던 사교·오락용의 별관을 의미하였으나 지금은 해변·온천·휴양지 등에 있는 일반 실내 도박장을 말한다.

(2) 법률적 개념

① 카지노업이 관광외화획득뿐만 아니라 외국인관광객 유치에도 기여하는 바가 크므로 「사행행위 등 규제 및 처벌 특례법」에서 사행행위영업으로 규정하여 온 카지노업을 1994년 「관광진흥법」 개정에 의해 관광사업으로 새로이 규정하였다.
② 「관광진흥법」 제3조 제1항 제5호에 따라 카지노업은 전문 영업장을 갖추고 주사위·트럼프·슬롯머신 등 특정한 기구 등을 이용하여 우연의 결과에 따라 특정인에게 재산상의 이익을 주고 다른 참가자에게 손실을 주는 행위 등을 하는 업을 말한다.

2. 카지노산업의 발전과 특성 ⭐

(1) 카지노산업의 발전 16 18 23 기출

우리나라의 카지노는 1961년 11월 제정된 「복표발행·현상기타사행행위단속법」에 따라 설립 법적 근거가 마련되었으며, 1967년 국내 최초의 카지노인 인천 올림포스호텔 카지노가 개장하였다. 1995년 「폐광지역 개발 지원에 관한 특별법」 제정을 통해 내국인 출입 카지노 설립 법적 근거가 마련되었고, 폐광지역의 경제 활성화를 목적으로 2000년 10월 내국인 출입이 가능한 강원랜드가 개장하였다. 현재에는 총 18개의 카지노가 있는데, 이 중에서 외국인 전용 카지노 17개, 내국인 출입 카지노 1개가 운영되고 있다.

(2) 카지노산업의 특성 17 22 기출

① 높은 고용창출의 효과 : 카지노산업은 다른 산업에 비해 고용창출 효과가 크다. 일정한 시설만 갖추면 연중무휴 영업을 실시할 수 있는 순수 인적서비스 상품으로, 타 관광산업과 비교해도 3배 이상의 높은 고용효과가 있다.

② 높은 경제적 파급효과 : 카지노로 획득한 외화가 국내 경제에 투입되어 직·간접효과 및 유발효과로 발생되는 경제적 파급효과는 매우 크다. 연관 산업에 대한 생산 및 부가가치 창출효과, 지역주민에 대한 소득 및 고용창출효과, 중앙 및 지방자치단체에 대한 재정수입 창출효과 등 다양한 경제적 파급효과가 발생한다.

③ 호텔영업에 대한 높은 기여도 및 의존도 : 호텔영업에 대한 기여도 및 의존도가 높아 호텔의 객실, 식음료, 유흥시설, 기타 부대시설에 대한 추가적인 매출을 발생케 한다.

④ 인적서비스에 대한 높은 의존도 : 카지노의 상품은 무형의 인적서비스가 동시에 제공됨으로써 비로소 완전한 상품으로서의 기능을 다할 수 있게 된다. 또한 슬롯머신 등을 제외하고는 대부분 인간 대 인간의 상행위로, 사람에 중점을 둔 산업이다.

⑤ 관광객 체재기간 연장 및 관광객 경비 증대 : 카지노는 관광객에게 게임, 오락, 유흥을 제공하여 체재기간을 연장케 하고 관광객의 지출을 증대하는 관광산업의 주요한 사업 중 하나로 자리매김하고 있다.

강원랜드 카지노 21 기출

- 강원도 정선군 사북읍에 위치
- 내·외국인 대상 카지노(강원랜드 제외 카지노는 모두 외국인 전용)
- 2000년 10월 최초로 내국인 출입이 허용됨
- 국내 카지노 업체 중 매출액이 가장 높음 (2020년 기준)
- 건전한 투기성 오락을 즐길 수 있는 시설은 경마, 경륜, 경정에 국한됨
- 2045년까지 내국인 카지노 독점 사업권을 확보함

더 알아보기 | 국내 카지노업체 현황 14 기출

대 상	시·도	업체명(법인명)
외국인	서 울	• 파라다이스카지노 워커힐점 • 세븐럭카지노 강남코엑스점 • 세븐럭카지노 서울드래곤시티점
	부 산	• 세븐럭카지노 부산롯데점 • 파라다이스카지노 부산지점
	인 천	• 파라다이스카지노 • 인스파이어카지노
	강 원	알펜시아카지노
	대 구	호텔인터불고대구카지노
	제 주	• 공즈카지노 • 파라다이스카지노 제주지점 • 세븐스타카지노 • 제주오리엔탈카지노 • 드림타워카지노 • 제주썬카지노 • 랜딩카지노 • 메가럭카지노
내·외국인	강 원	강원랜드카지노

※ 문화체육관광부, 2025년 4월 기준

6 지정 관광단지

1. 지정 관광단지의 개념

「관광진흥법」에 따라 관광객의 다양한 관광 및 휴양을 위하여 각종 관광시설을 종합적으로 개발하는 관광 거점 지역으로서 지정·고시된 곳을 말한다.

2. 지정 관광단지의 현황

부 산	오시리아
인 천	강화종합리조트, 선미테마아일랜드
광 주	어등산
울 산	강동, 울산 알프스, 웨일즈코브 울산
경 기	안성 죽산, 평택호, 화성 국제테마파크
강 원	고성 델피노골프앤리조트, 고성 켄싱턴 설악밸리, 속초 설악한화리조트, 양양국제공항, 원주 오크밸리, 원주 더 네이처, 원주 루첸, 춘천 라비에벨, 춘천 신영, 평창 휘닉스파크, 평창 용평, 평창 대관령 알펜시아, 홍천 비발디파크, 홍천 샤인데일, 횡성 웰리힐리파크, 횡성 드림마운틴
경 북	경주 보문, 경주 감포해양, 경주 마우나오션, 북경주 웰니스, 김천 온천, 안동문화, 칠곡 웰빙-스테이 레포츠
경 남	거제 남부, 창원 구산해양, 창원 웅동복합레저
전 북	남원 드래곤
전 남	여수 화양, 여수경도 해양, 여수 챌린지파크, 진도 대명리조트, 해남 오시아노
충 북	증평 에듀팜 특구
충 남	부여 백제문화, 천안 골드힐카운티리조트, 보령 원산도 대명리조트

※ 2025년 5월 기준 55개소

05 핵심 실전 문제

※ 해설 부분을 가리고 문제를 푼 후, 해설을 통해 정답 혹은 오답의 이유를 확인해보세요.

해설
산업적 자원이란 한 나라의 산업시설과 그 기술수준을 보고, 또한 보이기 위한 산업적 대상을 말한다.

01 다음 중 산업적 관광자원으로만 묶인 것은?
① 도로, 운하, 항만, 철도
② 농장, 사적, 기념품, 산악
③ 산악, 계곡, 항만, 도로
④ 통신, 유물, 기념품, 풍속

해설
쌀보리는 전국 생산량의 2/3, 전남이 65% 생산 → 논의 그루갈이로 재배

02 남서부지방에서 논의 그루갈이로 재배되는 대표적인 작물은?
① 쌀보리
② 고구마
③ 두 류
④ 채 소

해설
① 호남평야, ③ 논산평야, ④ 예당평야

03 다음 중 우리나라 남서지역의 하천과 유역에 발달한 평야의 연결이 바른 것은?
① 동진강 – 논산평야
② 영산강 – 나주평야
③ 금강 – 예당평야
④ 삽교천 – 안성평야

정답 01 ① 02 ① 03 ②

04 다음 중 낙동강 유역 지방의 농업 특색으로 올바른 것은?

① 낙농 위주의 농업
② 높은 그루갈이 비율
③ 농가 1호당 넓은 경지 면적
④ 기계화된 조방적인 농업

해설

낙동강 유역의 농업 특색
- 높은 논의 비율(경지 면적의 60%)
- 높은 그루갈이 비율
- 원교 및 근교 농업의 발달

05 지역과 축제의 연결이 옳지 않은 것은?

① 함평 – 나비대축제
② 여주 – 청자축제
③ 진도 – 신비의 바닷길축제
④ 문경 – 찻사발축제

해설

청자축제가 열리는 곳은 강진이다. 여주에서는 도자기, 남한강, 쌀고구마 축제 등이 열린다.

06 수도권 지역에서 근교 농업이 발달하게 된 이유와 거리가 먼 것은?

① 교통의 발달
② 재배기술의 발달
③ 이촌 향도 현상으로 노동력 부족
④ 생활수준의 향상

해설

수도권 지역은 노동력이 풍부하다.

07 다음은 어느 지역의 특산물인가?

- 산나물
- 오징어
- 호박엿

① 울릉도 ② 홍 도
③ 제주도 ④ 강화도

해설

울릉도는 각종 산나물, 오징어, 호박엿, 섬더덕, 울릉약소, 돌미역, 돌김 등이 특산물로 유명하다.

정답 04 ② 05 ② 06 ③ 07 ①

해설
① 경작지 임대형 : 임대농원, 임대과수원
② 농산물 채취형 : 관광객에게 농산물을 직접 채취하게 하는 형태
③ 장소 제공형 : 입장료를 받고 견학·감상하도록 하는 형태

08 관광농원의 유형 중 지방 특유의 농산물을 관광객들에게 직·간접적으로 판매하는 형태는?

① 경작지 임대형
② 농산물 채취형
③ 장소 제공형
④ 농산물 판매형

해설
고랭지 농업
고도가 높은 곳에서 서늘한 기후를 이용하여 채소 등을 재배하는 농업으로, 평지의 채소 공급이 단절되는 7~9월에 배추, 무 등을 출하하여 고소득을 올리고 있다.

09 태백산 지역의 고랭지에서 가장 많이 재배되는 농작물은 다음 중 어느 것인가?

① 배추, 보리   ② 배추, 무
③ 감자, 밀   ④ 무, 사과

해설
대관령 주변의 관광지는 오대산 국립공원을 비롯하여 용평스키장, 양떼 목장, 고랭지 채소단지 등이 있다. 쌍계사는 경남 하동군에 위치한다.

10 다음 중 대관령 주변의 관광지가 아닌 것은?

① 고랭지 채소단지
② 양떼 목장
③ 쌍계사
④ 용평스키장

해설
보성을 중심으로 대단위 차 재배 단지가 조성되어 국내 소비뿐 아니라 해외 수출까지 하고 있다.

11 특용 작물과 주요 재배 지역의 연결로 옳은 것은?

① 차 – 보성
② 홉 – 서천 한산
③ 모시 – 전남 해안
④ 인삼 – 광주

정답 08 ④ 09 ② 10 ③ 11 ①

12 수도권에서 낙농업 발달이 가장 현저한 지역은?

① 경원선 주변
② 경의선 주변
③ 경부선 주변
④ 경인선 주변

해설
낙농업의 분포 지역은 서울 근교의 소규모 젖소 사육에서 도로망을 따라 방사상으로 이천, 용인, 화성, 평택, 안성 등지로 확산되면서 기업적 낙농업으로 발달하였다.

13 수도권의 농업 특색을 잘못 설명한 것은?

① 곡물 농업 중심에서 상업적 농업으로 전환되고 있다.
② 근교형 낙농업이 발달하고 있다.
③ 벼의 그루갈이가 널리 행해진다.
④ 농가 호수는 감소하는 추세이다.

해설
벼의 그루갈이는 동일한 농장에 두 종류의 농작물을 1년 중 서로 다른 시기에 재배하는 것으로 비교적 따뜻한 남부지방에서 행해진다.

14 영동지방의 수산업과 관계가 없는 것은?

① 계절별로 어로기가 뚜렷하다.
② 수산 양식업과 천일제염이 발달했다.
③ 중심 어항은 속초, 주문진, 묵호항이다.
④ 겨울철에 명태, 여름철에 오징어가 많이 잡힌다.

해설
천일제염은 서해안에 발달했다.

15 지역과 향토주의 연결이 옳은 것은?

① 경주 – 교동법주
② 전주 – 문배주
③ 대구 – 소주
④ 청도 – 홍주

해설
우리나라의 대표적인 향토주
- 서울 문배주
- 한산 소곡주
- 면천 두견주
- 진도 홍주
- 경주 교동법주
- 안동 소주
- 김천 과하주
- 제주 오메기술 등

정답 12 ③ 13 ③ 14 ② 15 ①

해설
왕인문화축제
백제 때의 학자이자 일본으로 건너가 한문학을 일으킨 왕인의 탄생을 기념하고 업적을 기리기 위해 왕인의 고향인 전라남도 영암에서 펼쳐지는 축제이다.

해설
김은 전남의 완도, 고흥, 강진, 보성, 광양 등에서 생산된다.

해설
귀밝이술은 이명주(耳明酒)라고도 하는데, 일 년 내내 기쁜 소식만 전해 들으라는 의미가 담겨 있다.

해설
태백산지역의 주된 기능은 자원개발의 기능이다.

해설
한산(충남 서천)은 모시가 유명하다.

정답 16 ④ 17 ① 18 ②
      19 ③ 20 ④

---

16 다음 중 왕인문화축제가 열리는 고장은?
① 문 경
② 제 천
③ 전 주
④ 영 암

17 다음 내용과 관계있는 특산물은?

- 전남이 전국의 65%를 생산
- 완도 · 고흥 중심

① 김
② 굴
③ 멸 치
④ 조 기

18 정월보름에 귀가 밝아지길 기대하며 마시는 술은?
① 청명주
② 이명주
③ 두견주
④ 황금주

19 태백산지역의 개발 내용으로만 묶인 것은?
① 농지개발, 관계시설확충
② 교통망정비, 소비지개발
③ 지하자원개발, 공업개발
④ 도시개발, 공업용수개발

20 남서지역의 재래공업과 그 발달지가 잘못 연결된 것은?
① 전주 - 창호지
② 남원 - 목기
③ 담양 - 죽세공품
④ 한산 - 도자기

21 예로부터 널리 알려진 향토특산물과 지역의 연결이 옳지 않은 것은?

① 고추 – 영양
② 모시 – 한산
③ 목기 – 안성
④ 삼베 – 안동

해설
목기는 남원의 특산품이다. 안성의 특산품으로는 유기가 있다.

22 광양만의 유리한 공업입지조건에 해당되지 않는 것은?

① 항만발달
② 동력풍부
③ 풍부한 노동력
④ 풍부한 지하자원

해설
남서해안지역은 지하자원이 풍부하지 않다.

23 광양만 주변에서 발달한 공업만으로 나열된 것은?

① 제지, 섬유
② 기계, 섬유
③ 정유·석유화학, 비료
④ 고무, 양조

해설
① 전주, ② 광주, ④ 군산

24 다음 중 남서지역 공업의 특징은?

① 처음부터 중화학공업 위주로 발달했다.
② 전통있는 재래공업이 아직도 성한다.
③ 중화학공업지대는 최근 내륙에 조성되고 있다.
④ 섬유공업이 이 지역의 가장 중요한 공업이다.

해설
② 담양의 죽세공품, 남원의 목기 등이 유명하다.

정답 21 ③ 22 ④ 23 ③ 24 ②

> **해설**
>
> **강릉단오제 행사**
> 신주빚기, 대관령산신제와 국사성황제, 대관령 국사성황 행차, 국사여성황사 봉안제, 영신제, 영신행차, 조전제, 단오굿과 강릉관노가면극, 환우굿, 소제 등

25 강릉단오제의 행사내용으로 옳은 것은?

① 별신굿탈놀이
② 수영야류
③ 관노가면극
④ 남사당놀이

> **해설**
>
> **원자력발전소**
> • 고리(1~4호기)
> • 월성(1~4호기)
> • 울진(1~6호기)
> • 영광(1~6호기)

26 다음 지역에서 나타나는 공통점은?

- 기장군 장안읍 고리
- 울진군 북면 부구리
- 영광군 홍농읍 계마리
- 경주시 양남면 나아리

① 수력발전 ② 원자력발전
③ 조력발전 ④ 화력발전

> **해설**
>
> 울산 공업단지는 최근 비료, 석유화학, 조선, 자동차 등 기간산업의 유치로 국내 최대의 공업도시로 발전하였다.

27 울산공업지역에 집적된 가장 대표적인 공업끼리 묶인 것은?

① 비료, 석유화학, 조선, 자동차
② 비료, 전자, 자동차, 섬유
③ 석유화학, 제철, 전자, 기계
④ 정유, 제철, 조선, 기계

> **해설**
>
> **원자력발전소의 입지조건**
> 풍부한 냉각용수, 견고한 지반, 공업단지에 가까운 곳

28 다음 지역의 공통점은?

- 부산 기장군 장안읍 고리
- 경북 경주시 양남면 나아리

① 원자력발전소 ② 석유화학공업
③ 어 항 ④ 조선소

정답 25 ③ 26 ② 27 ① 28 ①

29 다음은 낙동강 유역의 주요 지하자원과 그 산지를 연결한 것이다. 잘못 연결된 것은?

① 흑연 – 달성·옥방
② 철광석 – 물금·울산
③ 고령토 – 하동·산청
④ 구리 – 함안·고성

해설
• 흑연 : 경북(상주·문경)
• 텅스텐 : 달성·옥방

30 다음 중 서울·인천지역의 공업입지경향과 거리가 먼 것은?

① 교통지향
② 노동력지향
③ 자본·기술지향
④ 원료지향

해설
수도권지역에서 공업원료로 공급되는 것은 거의 없다.

31 다음 중 송광사가 위치하는 관광권은?

① 지리산권
② 내장산권
③ 부여권
④ 속리무주권

해설
지리산권에는 송광사, 화엄사, 조계산, 남원지역 등이 포함된다.

32 수도권이 속해 있는 중부지방과 남부지방의 경계를 이루는 산맥은?

① 멸악산맥
② 차령산맥
③ 광주산맥
④ 소백산맥

해설
차령산맥은 중부지방과 남부지방의 경계를 이루는 산맥이고, 멸악산맥은 북서부지방과 경계를 이루는 산맥이다.

33 지역특성화축제와 그 지역이 바르게 묶인 것은?

① 지평선축제 – 무주
② 반딧불축제 – 고성
③ 머드축제 – 보령
④ 난계국악축제 – 청주

해설
① 지평선축제 : 김제
② 반딧불축제 : 무주
④ 난계국악축제 : 영동

정답 29 ① 30 ④ 31 ①
32 ② 33 ③

해설
① 양수식, ③·④ 댐식

34 다음 중 수도권에 위치한 댐으로 저낙차 발전을 하는 곳은?
① 청평댐　　② 팔당댐
③ 의암댐　　④ 소양강댐

해설
충북 제천시에서 강원 태백시 백산역에 이르는 산업철도는 태백선이다.

35 다음 중 수도권을 지나는 철도가 아닌 것은?
① 경원선　　② 경의선
③ 경춘선　　④ 태백선

해설
가야문화축제
가야문화의 우수성을 알리기 위한 축제로 김해시에서 열린다.

36 다음 중 가야문화축제가 개최되는 도시는?
① 김 해　　② 전 주
③ 진 주　　④ 대 구

해설
고위 평탄면은 융기 이전의 침식으로 준평원화된 평탄면이 융기 후에도 평탄하게 남아 있는 지형으로, 이러한 곳은 여름의 서늘한 기후를 이용하여 농업이나 목장지역으로 이용한다. 대관령 부근, 오대산, 태백산, 금오산, 개마고원에 분포한다.

37 태백산지역의 대관령 부근 일대에 목축업이 발달한 이유로 알맞은 것은?
① 목장개발에 유리한 넓은 고위 평탄면
② 목초재배에 가장 적합한 토양 분포
③ 목장경영을 위한 풍부한 자본과 발달된 기술
④ 겨울철에도 목초재배에 알맞은 기후

해설
1970년대 후반부터 서울의 공업분산책으로 수도권에서 서울의 공업비중이 낮아지고, 경기도 지역이 상대적으로 높아지고 있다.

38 경기도의 2차 산업비율이 높은 원인으로 가장 중요한 것은?
① 경인지방의 교통망확충
② 원료획득의 용이성
③ 서울의 공장신축억제정책과 주변 지역으로의 분산정책
④ 서울특별시의 행정관할권축소

정답 34 ② 35 ④ 36 ①
　　　 37 ① 38 ③

39 생태보전지역 중 우포늪에 대한 설명으로 옳지 않은 것은?

① 경상남도 창녕군 일대이다.
② 우포(소벌), 목포(나무벌), 사지포(모래벌), 쪽지벌로 구성되어 있다.
③ 국제습지조약 보존습지로 지정되었다.
④ 물장오리습지라고도 한다.

해설
물장오리습지는 제주특별자치도 제주시 봉개동의 물장오리에 있는 습지로서, 2008년 10월 13일 람사르 습지로 지정·등록되었다.

40 다음은 태백산지역의 도시와 주된 기능을 연결한 것이다. 바르게 연결되지 않은 것은?

① 속초 – 수산도시
② 태백 – 광산도시
③ 원주 – 군사도시
④ 춘천 – 공업도시

해설
춘천은 강원도의 행정·경제·문화의 중심지이자 호반관광도시이다.

41 다음과 같은 특징을 지닌 지하자원은?

- 조선계 지층에 매장되어 있다.
- 비금속자원이다.
- 카르스트지형과 관계된다.

① 철광석
② 석회석
③ 텅스텐
④ 석 탄

해설
석회석은 고생대 조선계 지층에 매장되어 있으며, 시멘트·카바이드 공업과 제철공업에 이용된다.

42 지역과 특산물의 연결이 옳은 것은?

① 흑산도 – 명태
② 한산 – 모시
③ 연평도 – 김
④ 금산 – 도자기

해설
충청남도 서천군 한산 지방에서 생산되는 모시는 예로부터 품질이 매우 우수한 것으로 알려진 특산물이다.

정답 39 ④ 40 ④ 41 ② 42 ②

해설
풍란은 홍도나 흑산도에서 자생한다.

43 풍란의 자생지역은 어디인가?
① 마라도, 제주도
② 홍도, 흑산도
③ 거문도, 거제도
④ 백령도, 울릉도

해설
태백산지역 공업입지조건의 장단점
- 장점: 지하자원, 동력자원, 수자원 풍부
- 단점: 소비시장의 원거리, 교통 불편, 지역자본 부족

44 태백산지역의 공업화에 유리한 조건은?
① 풍부한 지하자원과 포장수력
② 육상교통로의 발달
③ 항구건설에 유리한 해안지형
④ 풍부한 자본과 노동력

해설
태백산지역은 물, 임산, 수산, 지하, 동력 등 각종 자원이 풍부하여 시멘트·카바이드·화학 등 원료지향성공업이 발달하였다.

45 태백산지역에 발달한 공업의 입지유형은?
① 소비지지향성공업
② 동력지향성공업
③ 노동력지향성공업
④ 원료지향성공업

해설
농업 관광자원의 유형으로는 ①·②·③ 이외에 식품 공급형이 있다.

46 다음 중 농업 관광자원의 유형이 아닌 것은?
① 경작지 임대형
② 농산물 채취형
③ 장소 제공형
④ 농산물 대여형

해설
울산은 자동차, 석유화학, 비료, 조선이 발달한 도시이다.

47 우리나라 최대의 자동차 생산지는?
① 울산
② 포항
③ 부산
④ 마산

정답 43 ② 44 ① 45 ④
46 ④ 47 ①

48 다음 중 은산별신제의 설명으로 옳지 않은 것은?

① 3년에 1번씩 음력 1월 또는 2월에 열린다.
② 시·도 무형유산으로 지정되어 있다.
③ 충청남도 부여군에서 열린다.
④ 마을사람들은 장군과 병사들을 위로한다.

해설
은산별신제는 국가무형유산이다.

49 다음 중 호남권역에 위치한 자유무역지역끼리 묶인 것은?

① 율촌 – 대불
② 마산 – 김제
③ 인천항 – 마산
④ 동해 – 광양항

해설
호남권역에 위치한 자유무역지역에는 율촌 자유무역지역, 대불 자유무역지역, 김제 자유무역지역, 군산 자유무역지역, 광양항 자유무역지역이 있다.

50 다음 중 지역과 농산물의 연결이 잘못된 것은?

① 나주 – 배
② 평창 – 사과
③ 무등산 – 수박
④ 안양 – 포도

해설
평창은 옥수수가 유명하고, 사과는 대구가 유명하다.

51 다음 중 나전칠기의 주산지는?

① 통 영   ② 단 양
③ 이 천   ④ 여 주

해설
나전칠기의 주산지는 통영이다.

52 다음 중 도자기의 주요 산지가 아닌 곳은?

① 이 천   ② 여 주
③ 단 양   ④ 전 주

해설
도자기의 주요 산지는 이천, 여주, 단양, 양산, 김해 등이다.

정답 48 ② 49 ① 50 ②
51 ① 52 ④

해설
화문석은 왕골을 원료로 한 고려시대 이래의 강화도의 특산물이다.

53 다음 중 화문석으로 유명한 섬은?
① 홍도
② 거문도
③ 강화도
④ 울릉도

해설
안동은 삼베가 유명하다.

54 다음 중 인삼의 주요 산지가 아닌 곳은?
① 개성
② 풍기
③ 강화
④ 안동

해설
모시는 한산의 특산물이다.

55 다음 중 특산물과 지역의 연결이 어울리지 않는 것은?
① 쌀 – 이천
② 죽세품 – 담양
③ 모시 – 안동
④ 갓 – 통영

해설
영광은 굴비가 유명하고, 흑산도는 홍어가 유명하며, 횡성은 한우와 더덕이 유명하다. 옥돔은 제주도의 특산물이고, 마늘은 고흥, 의성, 단양, 태안 등이 유명하다.

56 다음 중 지역과 특산물이 옳게 연결된 것은?
① 안성 – 유기
② 영광 – 대추
③ 흑산도 – 옥돔
④ 횡성 – 마늘

해설
담뱃대는 용인이 유명하며, 통영은 갓이 유명하다.

57 다음 특산물과 지역의 연결로 옳지 않은 것은?
① 부채 – 전주
② 탈 – 이천, 안동
③ 담뱃대 – 통영
④ 궁시 – 마산, 예천

정답 53 ③ 54 ④ 55 ③
      56 ① 57 ③

58 다음 중 연결이 잘못된 것은?

① 대구 – 사과 ② 나주 – 배
③ 기장 – 미역 ④ 완도 – 감

해설
완도는 김이 유명하다.

59 다음 중 사회적 관광자원만으로 묶인 것은?

① 인정, 풍속, 학문
② 기념물, 산악, 기후
③ 명승, 사적, 민족성
④ 신앙, 계곡, 하천

해설
사회적 자원이란 그 나라의 국민성과 민족성을 이해하는 규범문화적인 자원이다.

60 다음 중 규범문화에 해당하지 않는 것은?

① 풍 속 ② 제 도
③ 민족성 ④ 종 교

해설
종교는 가치문화에 해당된다.

61 다음 중 강원도지방의 민속행사가 아닌 것은?

① 단오제
② 대현율곡이선생제
③ 설악문화제
④ 별신제

해설
별신제(별신굿)는 은산(부여)지방의 민속행사이다.

62 다음 중 함평에서 열리는 축제는?

① 나비대축제
② 신라문화제
③ 대현율곡이선생제
④ 한산대첩제

해설
나비대축제는 함평에서 매년 4월 말~5월 초에 열린다.

정답 58 ④ 59 ① 60 ④
61 ④ 62 ①

해설
우륵문화제는 충북 충주지방에서 9~10월에 열리는 민속축제이다.

63 다음 중 충남지방에서 열리는 문화제가 아닌 것은?
① 성웅이순신축제
② 백제문화제
③ 은산별신제
④ 우륵문화제

해설
단종문화제는 강원도 영월에서 열리는 문화축제로 4월 말에 개최된다.

64 다음 중 서울에서 열리는 문화축제가 아닌 것은?
① 남이장군사당제
② 단종문화제
③ 김장문화제
④ 국악축제

해설
5월쯤이면 춘향의 고장으로 이름난 남원시에서 춘향제가 열린다.

65 남원춘향제는 몇 월에 열리는가?
① 5월　　② 6월
③ 9월　　④ 10월

해설
처용문화제는 울산에서 열린다.

66 다음 중 연결이 잘못된 것은?
① 고양 – 행주문화제
② 충주 – 우륵문화제
③ 밀양 – 아리랑대축제
④ 여주 – 처용문화제

해설
삼성혈제는 제주지방의 세시풍속으로 12월에 삼성혈에서 행하는 제사의식이다.

67 다음 중 경기도지방의 축제가 아닌 것은?
① 구석기축제　　② 행주문화제
③ 화성문화제　　④ 삼성혈제

정답　63 ④　64 ②　65 ①
　　　66 ④　67 ④

68 다음 중 10월에 울산에서 열리는 향토축제는?

① 처용문화제　　② 단오제
③ 아리랑대축제　④ 춘향제

해설
처용문화제는 울산의 대표적인 문화예술 행사로 처용전승설화의 근원지인 처용암에서 열리는 처용제를 시작으로 각종 문화, 예술행사가 열린다.

69 다음 중 제주지방의 축제가 아닌 것은?

① 유채꽃축제　② 방어축제
③ 삼성혈제　　④ 개천예술제

해설
개천예술제는 10월 말~11월 초에 진주에서 열린다.

70 다음 중 전남지방의 향토축제로 유명한 것은?

① 고싸움놀이　② 풍남제
③ 서동축제　　④ 대사습놀이

해설
②・③・④ 전북지역의 향토축제이다.

71 김삿갓문화제는 언제, 어디에서 개최되는가?

① 4월, 영월　② 10월, 영월
③ 9월, 한산　④ 4월, 한산

해설
김삿갓문화제는 10월 영월에서 개최되며, 인절미 떡메치기, 해학의 길 걷기 등의 체험을 할 수 있다.

72 다음 중 개최지가 다른 도(道)에 속하는 것은?

① 국제불빛축제　② 갯골축제
③ 은어축제　　　④ 사과축제

해설
시흥갯골축제는 경기도에서 개최되는 축제이다.
① 국제불빛축제 - 경상북도 포항
③ 은어축제 - 경상북도 봉화
④ 사과축제 - 경상북도 청송

정답 68 ①　69 ④　70 ①
　　　71 ②　72 ②

해설
사회적 자원에는 풍속, 언어, 생활양식, 국민성 등이 있다.

73 수도권의 관광지역으로 사회적 자원의 관광개발이라 할 수 있는 것은?

① 용인의 민속촌
② 용인의 자연농원
③ 서울대공원
④ 천마산 스키장

해설
평상은 방 안에 놓고 잠을 자는 데 사용하거나 마당에 놓고 걸터앉는 데 사용하는 가구로, 통풍이 잘 되어 여름철에 적합하다.

74 다음 중 지역과 가옥의 특징으로 바르게 묶인 것이 아닌 것은?

① 울릉도 – 우데기
② 제주도 – 고팡
③ 함경도 – 정주간
④ 황해도 – 평상

해설
사회적 자원은 오랜 생활에 기인한 문화속성이다.

75 수도권지역의 관광자원으로 그 비중이 가장 적은 것은?

① 자연적 자원   ② 문화적 자원
③ 사회적 자원   ④ 산업적 자원

해설
삼성혈제는 고씨, 양씨, 부씨 삼신의 추모제이다.

76 다음 중 삼성혈과 관계없는 것은?

① 고 씨   ② 양 씨
③ 부 씨   ④ 석 씨

해설
남한산성문화제는 광주에서 개최되는 축제이다.

77 다음 중 남한산성문화제가 열리는 곳은?

① 광 주   ② 나 주
③ 경 주   ④ 목 포

정답 73 ① 74 ④ 75 ③
      76 ④ 77 ①

78 다음 중 경남지방의 향토축제가 아닌 것은?

① 밀양아리랑대축제
② 3·1 민속문화제
③ 개천예술제
④ 청자축제

해설
청자축제는 전남 강진에서 열린다.

79 다음 향토문화제 중 연결이 잘못된 것은?

① 부산 – 자갈치축제
② 진도 – 신비의 바닷길축제
③ 통영 – 한산대첩제
④ 영주 – 신라문화제

해설
영주에서는 소백문화제가 열리고, 신라문화제는 경주에서 열린다.

80 다음 중 군항제가 열리는 곳은?

① 진 해   ② 포 항
③ 부 산   ④ 대 구

해설
진해 군항제는 벚꽃놀이로 유명하다.

81 다음 중 강원도 춘천에서 열리는 향토축제는?

① 단오제
② 소양강문화제
③ 유채꽃축제
④ 논개제

해설
소양강문화제는 9월에 춘천에서 열린다.

82 다음 중 같은 해역에 있는 섬끼리 묶인 것으로 옳지 않은 것은?

① 죽도, 동백섬, 오륙도
② 백령도, 선유도, 안면도
③ 거문도, 추자도, 마라도
④ 청산도, 대청도, 독도

해설
④ 청산도는 남해안, 대청도는 서해안, 독도는 동해안에 위치한 섬이다.
① 동해안, ② 서해안, ③ 남해안에 위치한 섬들이다.

정답 78 ④ 79 ④ 80 ①
81 ② 82 ④

해설
지평선축제는 전북 김제에서 열리고, 보령은 머드축제가 열린다.

83 다음 향토문화제 중 연결이 잘못된 것은?

① 강릉 - 대현율곡이선생제
② 함평 - 나비대축제
③ 금산 - 인삼축제
④ 보령 - 지평선축제

해설
춘천에서는 소양강문화제가 열리고, 단오제는 강릉에서 열린다.

84 다음 향토문화제 중 연결이 잘못된 것은?

① 고양 - 행주문화제
② 강진 - 청자축제
③ 춘천 - 단오제
④ 영월 - 단종문화제

해설
김포 - 수삼, 쌀

85 향토특산물의 연결이 옳지 않은 것은?

① 이천 - 쌀, 도자기
② 순창 - 고추장, 감식초
③ 김포 - 포도, 더덕
④ 대구 - 사과, 모직물

해설
박물관은 문화적 자원이다.

86 다음 중 사회적 자원이 아닌 것은?

① 국회의사당
② 김포국제공항
③ 경부고속도로
④ 국립박물관

정답 83 ④ 84 ③ 85 ③ 86 ④

87 무명천에 떫은 감물을 이용해 물을 들이는 제주도 특산품은?

① 갈 옷 ② 명주옷
③ 황토옷 ④ 무명옷

해설
갈옷은 감즙으로 염색한 옷을 말한다. 갈옷은 종류에 따라 갈등지게, 갈적삼, 갈잠뱅이, 갈중이 등으로 불린다.

88 다음 중 '어리굴젓'으로 유명한 곳은?

① 서 산 ② 진 해
③ 완 도 ④ 거 제

해설
바다의 우유라고도 하는 굴로 담근 어리굴젓은 서산이 유명하다.

89 다음 중 비빔밥으로 널리 알려진 곳은?

① 하 동 ② 전 주
③ 통 영 ④ 울 산

해설
전주비빔밥에는 갖가지 나물류와 콩나물, 육회 등 20여 가지의 재료가 들어간다.

90 다음 중 연결이 잘못된 것은?

① 횡성 – 더덕
② 강화 – 화문석
③ 서산 – 어리굴젓
④ 보성 – 머드

해설
보성은 녹차가 유명하고, 머드는 보령이 유명하다.

91 매년 11월경 방어축제로 유명한 곳은?

① 흑산도 ② 울 산
③ 모슬포 ④ 안면도

해설
제주도 최남단 모슬포는 국내 최대의 방어 생산지로, 매년 11월경 방어의 상품성을 알리기 위해 축제를 개최한다.

정답 87 ① 88 ① 89 ②
90 ④ 91 ③

해설
두루치기는 철 냄비에 김치와 돼지고기를 포함한 여러 가지 재료를 넣어 익혀 먹는 경남과 경북의 향토음식으로, 경남지방의 두루치기와 경북지방의 두루치기는 조리방법이 약간씩 다르다.

92 다음 중 춘천지방의 먹거리가 아닌 것은?
① 막국수 ② 닭갈비
③ 쏘가리탕 ④ 두루치기

해설
영덕은 대게가 유명하며, 가락국수는 청주가 유명하다.

93 다음 중 연결이 잘못된 것은?
① 호박엿 - 울릉도
② 충무김밥 - 통영
③ 아귀찜 - 마산
④ 가락국수 - 영덕

해설
리아스식 해안은 서해와 남해의 특징이다.

94 우리나라의 해안과 그 특징을 짝지은 것으로 옳지 않은 것은?
① 동해 - 단조로운 해안선, 조경수역
② 서해 - 큰 조차, 넓은 간석지
③ 남해 - 리아스식 해안, 암석해안
④ 동해 - 리아스식 해안, 해분

해설
② 월드컵 : 국제축구연맹(FIFA)이 올림픽 중간 연도를 택해 4년마다 한 번씩 개최하는 세계선수권대회

95 단일종목으로서 세계 최대의 이벤트이며 또한 관광이벤트로서 많은 효과를 얻은 것은?
① 올림픽게임
② 월드컵축구
③ 윔블던테니스
④ 아카데미영화제

해설
21세기 성장산업에는 관광산업, 환경산업, 정보산업이 해당된다.

96 다음 중 21세기 최고의 성장산업으로 3대 산업에 속하지 않는 것은?
① 관광산업 ② 환경산업
③ 정보산업 ④ 서비스산업

정답 92 ④ 93 ④ 94 ④
95 ② 96 ④

97 다음 중 레크리에이션용 선박(유람선, 보트)들이 정박하는 항만의 명칭은?

① 수중유원지　② 부 두
③ 수중터널　④ 마리나

해설
마리나는 요트, 보트, 유람선 등을 위한 정박지 또는 중계항으로서 시설 및 관리체계를 갖춘 곳을 의미하며, 요트활동을 매체로 각종 서비스를 제공하는 동적인 레크리에이션 항구이다.

98 다음 중 전주지방의 명물이 아닌 것은?

① 수 박　② 비빔밥
③ 합죽선　④ 한 지

해설
수박은 광주의 무등산이 유명하다.

99 다음 중 밀양 아랑의 전설이 깃든 누각은?

① 촉석루　② 영남루
③ 경회루　④ 부벽루

해설
영남루는 아랑설화의 배경이다.

100 관광지 무릉계곡의 유래와 관련된 이는?

① 최치원　② 양사언
③ 김홍도　④ 이 황

해설
양사언은 조선 시대의 문인, 서예가로, 무릉계곡 내에는 바위에 새겨진 양사언의 글씨가 있다.

101 제주도의 3보란 무엇인가?

① 식물, 바다, 언어
② 바람, 여자, 돌
③ 바다, 돌, 귤
④ 소송, 언어, 밀감

해설
제주도는 3보, 3려의 섬으로 불리는데, 3보란 언어, 수중자원, 식물보고를 말하고, 3려란 제주가 자랑하는 세 가지 아름다움으로, 아름다운 인심, 자연, 열매를 의미한다.

정답 97 ④　98 ①　99 ②
100 ②　101 ①

해설
경인선은 서울과 인천을 잇는 한국 최초의 철도이다.

102 다음 중 우리나라에서 가장 먼저 개설된 철도는?
① 호남선　　　② 경부선
③ 경인선　　　④ 태백선

해설
- 국가무형유산 향토주 : 서울 문배주, 당진 면천두견주, 경주 교동법주
- 시도무형유산 향토주 : 제주 오메기술, 김천 과하주, 진도 홍주, 안동 소주, 한산 소곡주 등

103 우리나라 전통 민속주 중 무형유산이 아닌 것은?
① 경주 교동법주　　　② 안동 소주
③ 제주 막걸리　　　　④ 한산 소곡주

해설
우리나라 전체 골프장의 1/3 가까이가 경기도에 분포되어 있다.

104 우리나라에서 골프장이 가장 많이 분포하는 지역은?
① 제주도　　　② 경기도
③ 강원도　　　④ 전라도

해설
보성은 녹차 재배가 유명하며 간척지를 개발한 해안평야가 발달해 있다.

105 간척지를 개발한 해안평야가 발달해 있고, 차 재배가 활발한 지역은?
① 보 성　　　② 목 포
③ 남 해　　　④ 통 영

해설
통영해저터널은 1927년부터 1932년까지 5년 6개월에 걸쳐 만들어진 동양 최초의 바다 밑 터널이다.

106 다음 중 해저터널이 있는 곳은?
① 통영시　　　② 진해시
③ 서귀포시　　④ 여수시

정답 102 ③　103 ③　104 ②
　　　　105 ①　106 ①

107 다음 중 제주도의 축제가 아닌 것은?

① 성산일출축제
② 지평선축제
③ 최남단방어축제
④ 올레걷기축제

해설
지평선축제는 김제의 향토축제이다.

108 다음 중 성질이 다른 하나는?

① 향토축제   ② 마리나
③ 카지노   ④ 리조트

해설
① 사회적 관광자원, ②·③·④ 위락적 관광자원

109 다음 중 관광자원개발의 목적에 해당하지 않는 것은?

① 가치창조   ② 환경육성
③ 효과증대   ④ 자원보호

해설
자원보호는 개발목적이 아니라 개발행위에 해당한다.

110 다음 관광자원개발의 목표 중 관광자의 효과가 아닌 것은?

① 심신회복   ② 외화획득
③ 문화교류   ④ 지식확대

해설
외화획득은 개발자의 효과에 해당한다.

111 다음 관광자원개발의 목표 중 개발자의 효과에 해당하는 것은?

① 이윤획득   ② 자기계발
③ 국제친선   ④ 심신회복

해설
②·③·④ 모두 관광자의 효과이다.

정답 107 ② 108 ① 109 ④
     110 ② 111 ①

해설
국가, 지방자치단체, 민간기업의 3가지가 독립된 주체로서 관광개발을 추진하는 것이 일반적이다.

112 다음 중 개발주체에 따른 일반적인 개발형태가 아닌 것은?
① 국가에 의한 개발
② 지방자치단체에 의한 개발
③ 민간기업에 의한 개발
④ 관광자에 의한 개발

해설
스키장시설에는 제설기, 리프트, 슬로프, 피스테 머신, 장비대여시설, 안전시설, 부대시설 등이 있다.

113 다음 중 스키장의 시설이 아닌 것은?
① 안전시설
② 제설기
③ 장비대여시설
④ 중장비시설

해설
④ 지역적 개발에 해당한다.

114 다음 중 국지적 개발에 해당하지 않는 것은?
① 제주의 만장굴 개발
② 대천해수욕장 개발
③ 대관령스키장 개발
④ 제주특별자치도 중문관광단지 개발

해설
지역적 개발은 관광권 단위의 100만 명 이하의 권역개발을 가리킨다.

115 다음 중 지역적 개발에 해당하는 것은?
① 한려수도 개발
② 울진 성류굴 개발
③ 용평스키장 개발
④ 대천해수욕장 개발

정답 112 ④ 113 ④ 114 ④ 115 ①

116 다음 중 스키의 특성으로 옳지 않은 것은?
① 자연성
② 비대중성
③ 계절성
④ 다양성

해설
스키는 다른 레저 스포츠와는 달리 비교적 남녀노소 누구나 즐길 수 있는 대중스포츠이다.

117 다음 중 공주, 계룡산 등은 무슨 권에 해당하는가?
① 경주권
② 부여권
③ 지리산권
④ 속리산권

해설
부여권에는 부여, 공주, 계룡산, 유성온천 등이 포함된다.

118 다음 중 자연휴양림의 개발주체가 아닌 것은?
① 국가
② 공공단체
③ 개인기업
④ 관광자

해설
자연휴양림은 국민의 정서함양·보건휴양 및 산림교육 등을 위하여 조성한 산림으로 국가, 공공단체, 기업 등이 개발주체가 된다.

119 다음 중 관광자원 조사 시 가장 중요한 단계는?
① 조사항목 선정
② 목적지 분석
③ 국가정책
④ 물리적 조사

해설
관광자원 조사 시 제일 먼저 정립해야 할 것은 '조사의 목적과 대상 선정'이며, 무엇보다 목적지 분석이 가장 중요하다.

120 다음 중 관광농원의 유형이 아닌 것은?
① 농지 민박형
② 농산물 채취형
③ 장소 제공형
④ 농산물 판매형

해설
관광농원의 유형에는 경작지 임대형, 농산물 채취형, 장소 제공형, 농산물 판매형이 있다.

정답 116 ② 117 ② 118 ④ 119 ② 120 ①

해설

자연보호헌장
국민에게 자연환경윤리관을 심어주기 위하여 정부가 선포한 한국의 자연보호에 관한 헌장으로, 1978년 10월 5일에 선포되었다.

121 우리나라 자연보호헌장의 선포연도는?
① 1978년　　② 1980년
③ 1986년　　④ 1992년

해설

관광자원 조사절차의 5단계
- 제1단계 : 문제의 정립
- 제2단계 : 조사계획 수립
- 제3단계 : 자료 수집
- 제4단계 : 자료 분석
- 제5단계 : 리포트 작성

122 다음 관광자원 조사의 절차 중 제1단계에 해당하는 것은?
① 조사계획 수립
② 문제의 정립
③ 자료 분석
④ 자료 수집

해설

역사적 고찰이나 배경 등은 개발 목적과 거리가 멀다.

123 다음 중 지역의 관광자원 개발 목적과 거리가 먼 것은?
① 관광시설 제공
② 문화적 일치
③ 경제적 이득
④ 역사적 고찰

해설

독일은 1961년 자연보호에 관한 녹색헌장을 공포하였다.

124 녹색헌장을 최초로 공포한 국가는?
① 한 국　　② 프랑스
③ 영 국　　④ 독 일

해설

1955년 유엔총회가 '국제연합기념묘지'로 지명한 세계에서 하나밖에 없는 묘지이며, 부산의 아픈 역사를 보여준다.

125 세계유일의 유엔묘지(재한유엔기념공원)가 소재하는 곳은?
① 대 구　　② 부 산
③ 인 천　　④ 경 주

정답 121 ①　122 ②　123 ④
　　　 124 ④　125 ②

126 다음 중 배경지역과 민요가 옳게 연결된 것이 아닌 것은?

① 강원도 – 정선아리랑
② 전라도 – 진도아리랑
③ 경상도 – 밀양아리랑
④ 충청도 – 육자배기

해설
육자배기는 전라도지방을 중심으로 한 남도잡가이다.

127 관광레저형 기업도시로만 묶인 것은?

① 태 안
② 태안, 영암·해남
③ 태안, 무주
④ 태안, 무주, 영암·해남

해설
② 무주는 시범사업 지역으로 선정되었으나, 개발구역 지정 해제되어 현재는 관광레저형 기업도시에 속하지 않는다.

128 다음 중 10대 관광권에 해당하지 않는 것은?

① 수도권   ② 부산권
③ 경주권   ④ 울산권

해설
10대 관광권
수도권, 부산권, 경주권, 설악산권, 부여권, 제주권, 한려수도권, 속리무주권, 지리산권, 내장산권

129 다음 도시 중 성격이 다른 하나는?

① 강 릉   ② 목 포
③ 부 산   ④ 안 동

해설
부산은 국제관광거점도시에 해당한다.
①·②·④ 지역관광거점도시이다.

130 지역별 가옥구조의 특징에 대한 설명 중 옳은 것은?

① 남부지방은 ㄱ자형이다.
② 중부지방은 田자형이다.
③ 울릉도에는 우데기가 있다.
④ 북부지방은 ㄴ자형이다.

해설
① 남부지방은 一자형이다.
② 중부지방은 ㄱ, ㄴ자형이다.
④ 북부지방은 ㅁ자형이다.

정답 126 ④ 127 ② 128 ④
129 ③ 130 ③

해설

태백 석탄박물관
한국 석탄 산업의 변천사와 석탄의 역사적 사실들을 한 데 모아 놓은 세계 최대의 석탄 전문 박물관이다.

131 다음 중 강원도 태백에 있는 테마박물관은?
① 스키박물관
② 역사박물관
③ 석탄박물관
④ 카지노박물관

해설

가야산은 경주흡인권에 해당된다.

132 다음 중 태백흡인권에 속하지 않는 것은?
① 설악산
② 치악산
③ 오대산
④ 가야산

해설

지리산권에는 화엄사, 조계사, 송광사, 남원지역 등이 포함된다.

133 남원지역은 어느 권역에 속하는가?
① 지리산권
② 속리무주권
③ 내장산권
④ 한려수도권

해설

태종대는 부산권에 해당된다.

134 다음 중 제주권에 속하지 않는 것은?
① 천제연
② 만장굴
③ 정방폭포
④ 태종대

해설

8대 이용권
수도권, 중부권, 태백권, 호남권, 영남권, 한려해상권, 다도해해상권, 제주권

135 다음 중 8대 이용권에 해당하지 않는 것은?
① 태백권
② 영남권
③ 설악권
④ 제주권

정답 131 ③ 132 ④ 133 ①
134 ④ 135 ③

136 다음 8대 이용권 중 하나인 한려해상권에 해당하는 것은?

① 여 수
② 가야산
③ 다도해
④ 대흥사

해설
한려해상권에는 통영, 여수, 부산권이 포함된다.

137 다음 중 경주흡인권에 속하지 않는 것은?

① 경주권
② 가야산권
③ 주왕산권
④ 공주권

해설
공주권은 중부흡인권에 해당한다.

138 다음 중 5대 관광권이 아닌 것은?

① 중부관광권
② 남부관광권
③ 충청관광권
④ 제주관광권

해설
5대 관광권
중부관광권, 충청관광권, 서남관광권, 동남관광권, 제주관광권

139 같은 도(道)에 속한 곳끼리 묶인 것으로 옳지 않은 것은?

① 고창, 의령
② 증평, 음성
③ 단양, 담양
④ 장흥, 장성

해설
③ 단양은 충청북도, 담양은 전라남도에 속한 지역이다.
① 경상남도, ② 충청북도, ④ 전라남도에 속한 지역이다.

140 다음 중 해금강, 통영시, 오동도 등이 속하는 관광권은?

① 속리무주권
② 한려수도권
③ 경주권
④ 지리산권

해설
한려수도권에는 통영, 해금강, 사천시, 노량, 오동도, 금산 등이 포함된다.

정답 136 ① 137 ④ 138 ②
139 ③ 140 ②

해설

내장산권에는 내장산, 백양사, 무등산지역이 포함되고, 화엄사는 지리산권에 해당된다.

141 다음 중 연결이 잘못된 것은?

① 경주권 – 불국사
② 설악권 – 대관령
③ 부여권 – 계룡산
④ 내장산권 – 화엄사

해설

북부관광권의 개발소권
서울근교권, 인천해안권, 춘천권, 치악산권, 설악산권, 동해삼척권

142 다음 중 북부관광권의 개발소권이 아닌 것은?

① 인천해안권
② 춘천권
③ 치악산권
④ 충추호권

해설

① 행주문화제 : 경기도 고양시 덕양구 행주산성에서 열리는 제전이다.
③ 개천예술제 : 경상남도 진주시에서 정부수립을 기리고 예술문화의 발전을 위해 개최하는 예술제이다.
④ 소양강문화제 : 강원도 춘천시에서 열리는 향토축제이다.

143 다음 중 향토축제의 이름과 지역이 바르게 묶인 것은?

① 행주문화제 – 부여
② 난계국악축제 – 영동
③ 개천예술제 – 광주
④ 소양강문화제 – 강릉

해설

개천예술제
경상남도 진주시에서 정부수립을 기리고 예술문화의 발전을 위해 개최하는 예술제로 우리나라 향토축제의 효시라 할 수 있다.

144 우리나라 향토축제의 효시라 할 수 있는 축제는?

① 개천예술제
② 왕인축제
③ 소양강축제
④ 머드축제

정답 141 ④ 142 ④ 143 ② 144 ①

145 다음 중 지정 관광단지가 아닌 것은?

① 중문관광단지 ② 보문관광단지
③ 감포관광단지 ④ 수원관광단지

해설
수원은 수원 화성이 관광특구로 지정되어 있다.

146 관광두레에 대한 설명으로 옳지 않은 것은?

① 2013년에 시작하여 2024년 3월 기준 52개 지역을 지원하고 있다.
② 지역을 방문하는 관광객을 대상으로 숙박, 여행알선 등의 관광사업체를 창업하고 자립·발전하도록 지원한다.
③ 관광두레사업은 문화체육관광부, 한국관광공사, 지방자치단체, 관광두레PD가 추진한다.
④ 지방자치단체는 관광두레PD의 활동 지원과 관리, 주민사업체의 발굴과 육성하는 역할을 한다.

해설
추진 주체별 역할
- 문화체육관광부 : 기본계획 수립, 재정 지원
- 한국관광공사 : 관광두레PD 활동 지원 및 관리, 주민사업체 발굴 및 육성, 사업 모니터링, 평가
- 지방자치단체 : 관광두레사랑방 제공, 지역자원 연계 지원
- 관광두레PD : 중간지원 역할(관광두레사업단 – 주민, 지자체 – 주민, 고객 – 주민, 주민 – 주민)

정답 145 ④ 146 ④

계속 갈망하라. 언제나 우직하게.

– 스티브 잡스 –

2026 관광통역안내사 필기 2과목 관광자원해설

5개년 실제 기출문제

01	2021년 실제 기출문제
02	2022년 실제 기출문제
03	2023년 실제 기출문제
04	2024년 실제 기출문제
05	2025년 실제 기출문제

※ 국가유산청에서 국가유산 지정번호를 폐지하였습니다. 보기를 제외한 시험의 선지에서 지정번호를 묻는 문제는 출제되지 않을 것으로 예상됩니다.

끝까지 책임진다! 시대에듀!

QR코드를 통해 도서 출간 이후 발견된 오류나 개정법령, 변경된 시험 정보, 최신기출문제, 도서 업데이트 자료 등이 있는지 확인해 보세요! **시대에듀 합격 스마트 앱**을 통해서도 알려 드리고 있으니 구글 플레이나 앱 스토어에서 다운받아 사용하세요. 또한, 파본 도서인 경우에는 구입하신 곳에서 교환해 드립니다.

CHAPTER 01 2021년 실제 기출문제

※ 본 내용은 2021년 9월 시행된 관광통역안내사의 실제 기출문제입니다.

01 관광자원해설 기법 중 매체이용해설에 관한 설명으로 옳지 않은 것은?

① 모형기법, 시청각기법을 활용한다.
② 최신장비 도입을 통해 관람객 관심 유도가 가능하다.
③ 매체 관리유지를 위한 정기적 보수가 필요하다.
④ 역사적 사실 재현에는 효과성이 낮은 방법이다.

해설
매체이용해설
- 재현에 특히 효과적인 해설 유형
- 최신장비 도입을 통해 관람객에게 호기심, 신비감을 주어 장시간 관심 유도 가능
- 고장에 대비하고 관리유지를 위해 정기적 보수가 필요함
- 모형기법, 실물기법, 청각기법, 시청각기법, 멀티미디어 재현시설기법, 시뮬레이션 기법 등이 있음

02 관광자원의 특성으로 옳지 않은 것은?

① 보존과 보호를 필요로 한다.
② 관광동기를 유발하는 매력성을 지닌다.
③ 관광자원의 가치는 변하지 않는 속성을 갖는다.
④ 관광자원의 범위는 다양하다.

해설
③ 가치의 변화에 대한 설명으로, 관광자원은 시대·사회구조에 따라서 그 가치를 달리한다.
① 보존과 보호의 필요성에 대한 설명이다.
② 매력성에 대한 설명이다.
④ 범위의 다양성에 대한 설명이다.

03 우리나라 국가지질공원에 관한 설명으로 옳지 않은 것은?

① 지구과학적으로 중요하고 경관이 우수한 지역이다.
② 인증기간은 고시일로부터 4년이다.
③ 교육·관광사업으로 활용한다.
④ 부산 7개 자치구가 최초 지정된 곳이다.

해설
부산 7개 자치 구는 3번째로 지정된 곳이다. 최초로 지정된 곳은 울릉도·독도, 제주도이다.

04 호수관광자원에 관한 설명으로 옳은 것은?

① 우각호는 해안지역에 토사의 퇴적으로 생긴 호수이다.
② 석호는 하천의 곡류천에 이루어진 호수이다.
③ 충청북도 충주호, 강원도 소양호는 인공호이다.
④ 백두산 천지, 한라산 백록담은 칼데라호이다.

해설
③ 인공호는 충청북도 충주호, 강원도 소양호 외에 경기도 시화호가 있다.
① 해안지역에 토사의 퇴적으로 생긴 호수는 석호이다.
② 하천의 곡류천에 이루어진 호수는 우각호이다.
④ 백두산 천지는 칼데라호, 한라산 백록담은 화구호이다.

정답 01 ④ 02 ③ 03 ④ 04 ③

05 다음이 설명하는 코리아 둘레길은?

> • 부산 오륙도에서 강원 고성 통일전망대까지 이르는 탐방로
> • 동해안의 해변길, 숲길, 마을길을 잇는 탐방로

① 해파랑길
② 남파랑길
③ 서해랑길
④ DMZ 평화의 길

해설
코리아 둘레길
• 동해안(해파랑길) : 강원 고성~부산 오륙도 해맞이 공원
• 서해안(서해랑길) : 전라남도 해남군 땅끝~인천 강화
• 남해안(남파랑길) : 부산 오륙도 해맞이 공원~전라남도 해남군 땅끝
• DMZ 평화의 길 : 인천 강화~강원 고성

06 우리나라 도립공원에 관한 설명으로 옳은 것은?

① 전라북도 모악산 도립공원이 최초로 지정되었다.
② 마이산은 경상북도에 위치한 도립공원이다.
③ 전라남도의 월출산은 도립공원에서 국립공원으로 승격되었다.
④ 문경새재는 경상남도에 위치한 도립공원이다.

해설
① 경상북도 금오산 도립공원이 최초로 지정되었다.
② 마이산은 전라북도에 위치한 도립공원이다.
④ 문경새재는 경상북도에 위치한 도립공원이다.

07 지역과 관광단지 연결이 옳은 것은?

① 강원도 – 오시아노 관광단지
② 경상북도 – 감포해양 관광단지
③ 전라남도 – 마우나오션 관광단지
④ 경기도 – 구산해양 관광단지

해설
① 전라남도 해남 – 오시아노 관광단지
③ 경상북도 경주 – 마우나오션 관광단지
④ 경상남도 창원 – 구산해양 관광단지

08 우리나라 지역별 민속주가 아닌 것은?

① 한산의 소곡주
② 진도의 진양주
③ 면천의 두견주
④ 안동의 소주

해설
우리나라의 지역별 민속주
• 한산 소곡주
• 진도 홍주
• 면천 두견주
• 안동 소주
• 서울 문배주
• 경주 교동법주
• 김천 과하주
• 제주 오메기술

05 ① 06 ③ 07 ② 08 ② **정답**

09 강원랜드 카지노에 관한 설명으로 옳은 것은?

① 2003년 최초로 내국인 출입이 허용된 카지노이다.
② 2045년까지 내국인 출입이 허용 운영될 예정이다.
③ 강원도의 유일한 카지노이다.
④ 2020년 기준 국내 카지노 업체 중 매출액이 두 번째로 높다.

> 해설
> ① 2000년 10월 최초로 내국인 출입이 허용된 카지노이다.
> ③ 강원랜드 카지노 외에 외국인을 대상으로 하는 알펜시아 카지노가 있다.
> ④ 2020년 기준 국내 카지노 업체 중 매출액이 첫 번째로 높다.

10 관광레저형 기업도시에 관한 설명으로 옳지 않은 것은?

① 자족적 생활공간 기능을 갖추도록 한다.
② 전남 무주에서 시범사업중이다.
③ 국민 모두가 함께 누리는 관광휴양 도시를 추구한다.
④ 다양한 관광레저시설의 유기적 배치를 계획한다.

> 해설
> 관광레저형 기업도시 시범사업 지역은 무주, 태안, 영암·해남이 선정되었으나, 무주는 사업을 포기하여 개발구역 지정 해제되었다. 따라서 현재는 태안, 영암·해남만이 관광레저형 기업도시에 속한다.

11 관광두레에 관한 설명으로 옳지 않은 것은?

① 하드웨어 중심적 지역관광 활성화가 주요 목적이다.
② 관광두레PD는 주민사업체의 육성 및 창업을 현장에서 지원한다.
③ 주민사업체별 최대 5년간 지원이 가능한 사업이다.
④ 주민사업체는 매년 진단평가를 받는다.

> 해설
> ① 소프트웨어 중심적 지역관광 활성화가 주요 목적이다.
>
> **관광두레**
> 관광과 두레의 합성어이며, 주민공동체 기반으로 지역 고유의 특색을 지닌 숙박·식음·여행·체험·레저·기념품 등을 생산·판매하는 관광사업체를 창업하고 경영할 수 있도록 지원하는 사업

12 2020년 선정된 지역관광거점도시에 해당하는 것을 모두 고른 것은?

ㄱ. 강원 강릉시	ㄴ. 경북 안동시
ㄷ. 충남 부여시	ㄹ. 전남 목포시
ㅁ. 전북 전주시	ㅂ. 충남 제천시

① ㄱ, ㄴ, ㄷ, ㅁ
② ㄱ, ㄴ, ㄹ, ㅁ
③ ㄴ, ㄷ, ㄹ, ㅂ
④ ㄷ, ㄹ, ㅁ, ㅂ

> 해설
> • 국제관광거점도시 : 부산
> • 지역관광거점도시 : 강릉, 목포, 안동, 전주

정답 09 ② 10 ② 11 ① 12 ②

13 하회별신굿탈놀이에 관한 설명으로 옳은 것을 모두 고른 것은?

> ㄱ. 안동 하회동과 병산동에서 전승되는 탈놀이에 해당된다.
> ㄴ. 마을의 안녕과 풍년을 기원하는 마을 굿에서 유래되었다.
> ㄷ. 가면극으로 사회풍자와 비판내용을 담고 있다.

① ㄱ ② ㄱ, ㄴ
③ ㄴ, ㄷ ④ ㄱ, ㄴ, ㄷ

해설
하회별신굿탈놀이(국가무형유산)
3·5년 혹은 10년마다 마을의 수호신 성황(서낭)님에게 마을의 평화와 농사의 풍년을 기원하는 굿으로 우리나라 가면극의 발생이나 기원을 밝히는 데 중요한 자료가 되고 있다.

14 다음이 설명하는 성곽의 유형은?

> 왕궁과 종묘사직, 의정부가 위치한 도읍을 방어하기 위해 축조한 성곽이다.

① 도 성 ② 읍 성
③ 산 성 ④ 장 성

해설
② 지방행정관서가 있는 고을에 축성되는 것으로, 관아와 민가를 함께 수용하는 성
③ 산의 지세를 활용하여 평야를 앞에 둔 산에 쌓은 성
④ 국경의 변방에 외적을 막기 위해 쌓은 성

15 경상북도에 있는 조선 시대 서원이 아닌 것은?

① 소수서원
② 도산서원
③ 병산서원
④ 심곡서원

해설
심곡서원은 경기도에 위치한 조선 시대 서원이다.

16 조선왕조실록에 관한 설명으로 옳지 않은 것은?

① 1997년 유네스코 세계기록유산에 등재되었다.
② 태조부터 25대 철종까지 472년 간의 조선 왕조 역사를 기록하였다.
③ 실록의 기술과 간행을 담당했던 사관의 독립성과 비밀을 제도적으로 보장하여 사실성과 신빙성을 확보하였다.
④ 국왕이 국정운영 내용을 매일 일기형식으로 기록한 공식기록물이다.

해설
국왕이 국정운영 내용을 매일 일기형식으로 기록한 공식기록물은 일성록이다. 조선왕조실록은 조선 태조부터 철종까지의 역사를 연·월·일의 순서에 따라 편년체로 기록한 책이다.

13 ④ 14 ① 15 ④ 16 ④ **정답**

17 백제에서 조성한 불탑은?

① 익산 미륵사지 석탑
② 황룡사 9층 목탑
③ 불국사 석가탑
④ 중원 탑평리 7층 석탑

해설
② 신라, ③·④ 통일신라에 조성되었다.

18 유네스코 세계문화유산으로 등록된 조선 시대 궁궐은?

① 창덕궁
② 경복궁
③ 창경궁
④ 경희궁

해설
1997년 12월 창덕궁이 유네스코 세계문화유산으로 등록되었다.

19 유형문화유산 중 국보가 아닌 것은?

① 익산 미륵사지 석탑
② 부여 정림사지 5층 석탑
③ 경주 불국사 다보탑
④ 보은 법주사 사천왕 석등

해설
④ 보물에 해당하며, 보은 법주사 쌍사자 석등이 국보에 해당한다.

20 다음이 설명하는 세시풍속은?

- 부녀자들은 그네뛰기를 하며, 남자들은 씨름을 즐겼다.
- 머리를 윤기 있게 만들기 위해 창포를 삶은 물에 머리를 감는다.
- 음력 5월 5일에 모내기를 끝내고 풍년을 기원하는 풍속이다.

① 추 석
② 설 날
③ 단 오
④ 정월 대보름

해설
① 음력 8월 15일로, 한가위, 가배일, 중추절이라고도 부른다. 추석의 풍속으로는 벌초, 차례, 강강술래 등이 있다.
② 새해의 첫 날로, 신정, 신일이라고도 부른다. 설의 풍속으로는 설빔, 차례, 세배, 성묘 등이 있다.
④ 음력 1월 15일로, 상원이라고도 부른다. 정월 대보름의 풍속으로는 줄다리기, 부럼깨기, 달맞이, 지신밟기 등이 있다.

21 다음이 설명하는 우리나라 전통마을은?

- 2010년 세계문화유산에 등재되었다.
- 여강 이씨와 월성 손씨의 집성촌으로 조선 시대의 생활문화를 잘 보여준다.
- 주요 건축물인 무첨당, 향단, 관가정 등 보물들과, 서백당, 이향정, 심수정 등의 국가민속문화유산이 있다.

① 왕곡마을
② 외암마을
③ 무섬마을
④ 양동마을

정답 17 ① 18 ① 19 ④ 20 ③ 21 ④

해설
① 국가민속문화유산으로, 강릉 함씨와 강릉 최씨, 용궁 김씨의 집성촌이다.
② 국가민속문화유산으로, 강씨와 목씨 등이 정착하여 마을을 이루었으며 조선 시대부터 예안 이씨가 대대로 살기 시작한 곳이다.
③ 국가민속문화유산으로, 반남 박씨와 선성 김씨의 집성촌이다.

22 유네스코에 등재된 세계기록유산이 아닌 것은?

① 훈민정음
② 직지심체요절
③ 판소리
④ 조선왕조 의궤

해설
판소리는 국가무형유산이다.

23 전통건축양식에서 주심포공포양식으로 지어진 건축물이 아닌 것은?

① 경복궁 근정전
② 봉정사 극락전
③ 부석사 무량수전
④ 수덕사 대웅전

해설
경복궁 근정전은 다포양식으로 지어진 건축물이다.
- 주심포양식 : 봉정사 극락전, 부석사 무량수전, 수덕사 대웅전, 성불사 극락전 등
- 다포양식 : 남대문, 동대문, 경복궁 근정전, 창덕궁 인정전, 창경궁 명전전 등

24 우리나라 종묘에 관한 설명으로 옳지 않은 것은?

① 조선 시대 역대의 왕과 왕비 및 추존된 왕과 왕비의 신주를 모신 왕가의 사당이다.
② 문묘제향을 봉행하는 관학으로서 지방유학기관이다.
③ 종묘의 정전에는 19개의 신실에 조선 역대 왕 19명과 왕비 30명 등 49위의 신주를 모셨다.
④ 유교사당의 전형으로 건축이 간결하면서도 전체적으로 대칭을 이루는 구조이다.

해설
문묘제향을 봉행하는 관학으로서 지방유학기관은 향교이다.

25 경기도에 소재한 왕릉은?

① 광 릉   ② 태 릉
③ 정 릉   ④ 헌 릉

해설
① 경기도 남양주시에 위치하고 있다.
② 서울 노원구에 위치하고 있다.
③ 서울 성북구, 강남구에 위치하고 있다.
④ 서울 서초구에 위치하고 있다.

정답 22 ③ 23 ① 24 ② 25 ①

CHAPTER 02 2022년 실제 기출문제

※ 본 내용은 2022년 9월 시행된 관광통역안내사의 실제 기출문제입니다.

01 관광자원의 개념적 특성으로 옳지 않은 것은?

① 매력성과 유인성
② 유한성과 보존성
③ 이동성과 소모성
④ 다양성과 복합성

해설
관광자원은 비이동성과 비소모성의 특성을 지닌다.

02 관광자원해설기법 중 인적서비스기법이 아닌 것은?

① 담 화
② 재 현
③ 자기안내
④ 동 행

해설
관광자원해설기법
- 인적 해설 : 담화해설기법, 동행해설기법(거점식, 이동식), 재현기법
- 비인적 해설 : 자기안내해설기법(해설판, 해설센터, 전시판), 전자장치 이용기법(전자전시판, 멀티미디어시스템, 무인정보안내소)

03 호수와 지명의 연결로 옳은 것은?

① 화진포 – 강원도 고성군
② 송지호 – 강원도 원주시
③ 경포호 – 강원도 속초시
④ 영랑호 – 강원도 춘천시

해설
② 송지호 : 강원도 고성군
③ 경포호 : 강원도 강릉시
④ 영랑호 : 강원도 속초시

04 동굴관광자원 중 용암동굴이 아닌 것은?

① 고수굴
② 김녕굴
③ 만장굴
④ 협재굴

해설
동굴의 종류
- 석회동굴 : 고수굴, 고씨굴, 초당굴, 환선굴, 도담굴, 용담굴, 비룡굴 등
- 용암동굴 : 만장굴, 김녕사굴, 빌레못굴, 협재굴, 황금굴, 쌍용굴 등
- 해식동굴 : 금산굴, 산방굴, 용굴, 오동도굴, 정방굴 등

05 강원도 지역에 있는 국립공원에 해당하는 것을 모두 고른 것은?

ㄱ. 설악산	ㄴ. 소백산
ㄷ. 태백산	ㄹ. 오대산
ㅁ. 치악산	ㅂ. 덕유산

① ㄱ, ㄴ, ㄷ, ㄹ
② ㄱ, ㄷ, ㄹ, ㅁ
③ ㄴ, ㄷ, ㅁ, ㅂ
④ ㄴ, ㄹ, ㅁ, ㅂ

해설
ㄴ. 충북·경북 지역에 위치하고 있다.
ㅂ. 전북·경남 지역에 위치하고 있다.

정답 01 ③ 02 ③ 03 ① 04 ① 05 ②

06 우리나라 최초로 지정된 도립공원은?

① 마이산 도립공원
② 금오산 도립공원
③ 팔공산 도립공원
④ 선운산 도립공원

해설
1970년 금오산이 우리나라 최초의 도립공원으로 지정되었다.

07 농촌관광의 경제적 기대효과가 아닌 것은?

① 농촌 지역경제의 활성화
② 농촌 지역주민의 소득증대
③ 유휴자원의 소득자원화
④ 농촌과 도시와의 상호교류 촉진

해설
농촌관광의 기대효과
- 경제적 효과 : 농촌 지역의 활성화, 농촌 지역주민의 소득증대, 유휴자원의 소득증대
- 사회적 효과 : 농촌과 도시의 상호교류 촉진, 지역의 미래 인재 확보, 인구유입을 통한 인적네트워크 확대
- 환경적 효과 : 농촌환경 보전의 재원 확보 및 자극제 역할 담당, 환경문제 교육을 위한 장 제공

08 지역과 특산물의 연결로 옳지 않은 것은?

① 담양 – 죽세공품
② 안동 – 한천
③ 강화 – 화문석
④ 금산 – 인삼

해설
안동의 특산물로는 고춧가루, 대추, 산마가루, 하회탈, 한우, 풍산한지, 삼베 등이 있다. 한천은 밀양의 특산물에 해당한다.

09 북한 지역에 위치한 관동 8경은?

① 삼척의 죽서루
② 평해의 월송정
③ 양양의 낙산사
④ 고성의 삼일포

해설
관동 8경
- 통천의 총석정
- 고성의 삼일포
- 간(고)성의 청간정
- 양양의 낙산사
- 강릉의 경포대
- 삼척의 죽서루
- 울진의 망양정
- 평해의 월송정(혹은 흡곡 시중대)

10 지역과 축제명의 연결로 옳은 것은?

① 양양 – 산천어축제
② 진도 – 영등제
③ 무주 – 빙어축제
④ 안동 – 머드축제

해설
① 화천 : 산천어축제
③ 인제 : 빙어축제
④ 보령 : 머드축제

11 유네스코 세계문화유산에 등재된 민속마을은?

① 안동 하회마을
② 북촌 한옥마을
③ 전주 한옥마을
④ 한국 민속촌

해설
안동 하회마을은 2010년 '한국의 역사마을 : 하회와 양동'이라는 명칭으로 유네스코 세계문화유산에 등재되었다.

정답 06 ② 07 ④ 08 ② 09 ④ 10 ② 11 ①

12 카지노에 관한 설명으로 옳은 것은?

① 호텔업에 대한 의존도가 낮다.
② 강원랜드는 외국인만 출입 가능하다.
③ 주변국가의 정치·경제·사회 등의 영향을 받지 않는다.
④ 외화획득이 높은 서비스 산업이다.

해설
① 호텔영업에 대한 기여도와 의존도가 높다.
② 강원랜드는 내·외국인을 대상으로 하는 카지노이다.
③ 카지노는 관광산업에 해당하므로 주변국가의 정치·경제·사회 등에 따라 직접적인 영향을 받는다.

13 다목적댐에 해당하는 것은?

① 평화의 댐   ② 수어댐
③ 광동댐   ④ 임하댐

해설
다목적댐
- 한강 유역 : 소양강, 충주, 횡성
- 낙동강 유역 : 안동, 임하, 합천, 남강, 밀양 등
- 금강 유역 : 용담, 대청
- 섬진강 유역 : 섬진강, 주암
- 기타 : 부안, 보령, 장흥

14 다음 설명에 해당하는 것은?

- 탈을 쓰고 벌이는 전통 가면극이다.
- 주로 산신제와 함께 벌어지며 국가무형유산 제43호로 지정되어 있다.
- 문둥이마당, 양반마당, 영노마당, 할미마당 등으로 구성되어 있다.

① 양주별산대놀이
② 처용무
③ 남사당놀이
④ 수영야류

해설
① 춤·무언극·덕담·익살이 어우러진 민중놀이로, 서울·경기 지방에서 즐겼던 산대도감극의 한 갈래이다.
② 국가무형유산과 유네스코 인류무형문화유산으로 등재된 궁중무용이다. 궁중무용에서 사람 가면을 쓰고 추는 유일한 춤이다.
③ 서민들을 위한 놀이로, 꼭두쇠를 비롯하여 최소 40명에 이르는 남자들로 구성된 남사당패가 농·어촌을 돌며 행하는 놀이이다.
※ 수영야류는 문둥이마당이 없는 것이 특징이므로 보기의 설명에 오류가 있어 전항 정답 처리되었다.

15 유네스코 등재 인류무형문화유산이 아닌 것은?

① 택견   ② 줄타기
③ 은산별신제 ④ 영산재

해설
유네스코 등재 인류무형문화유산
- 종묘제례 및 종묘제례악(2001)
- 판소리(2003)
- 강릉단오제(2005)
- 강강술래(2009)
- 남사당놀이(2009)
- 영산재(2009)
- 처용무(2009)
- 제주칠머리당영등굿(2009)
- 가곡(2010)
- 대목장(2010)
- 매사냥(2010)
- 택견(2011)
- 줄타기(2011)
- 한산모시짜기(2011)
- 아리랑(2012)
- 김장문화(2013)
- 농악(2014)
- 줄다리기(2015)
- 제주해녀문화(2016)
- 씨름(2018)
- 연등회, 한국의 등불 축제(2020)
- 한국의 탈춤(2022)

정답 12 ④ 13 ④ 14 해설참고 15 ③

16 한국의 전통 지붕에 관한 설명으로 옳은 것은?

① 모임지붕은 책을 엎어 놓은 것과 같은 형태로 고려 이전에 주로 사용되었다.
② 맞배지붕은 지붕면이 4면으로 되어 있어 숭례문과 같은 도성의 문에 사용되었다.
③ 우진각지붕은 하나의 꼭짓점에서 지붕골이 만나는 형태이다.
④ 팔작지붕은 경복궁 근정전, 부석사 무량수전과 같이 권위적인 건축에 많이 사용되었다.

> **해설**
> ① 모임지붕은 하나의 꼭짓점에서 지붕골이 만나는 형태로 주로 정자에 사용된다.
> ② 맞배지붕은 책을 엎어 놓은 것과 같은 형태로 고려 이전에 주로 사용되었다.
> ③ 우진각지붕은 지붕면이 4면으로 되어 있어 숭례문과 같은 도성의 문에 사용되었다.

17 경복궁 내 건축물이 아닌 것은?

① 인정전 ② 자경전
③ 사정전 ④ 강녕전

> **해설**
> 인정전은 창덕궁의 건물에 해당한다.

18 불교의 수인에 관한 설명으로 옳지 않은 것은?

① 지권인은 진리는 하나라는 것을 의미한다.
② 전법륜인은 두려움을 없애주고 평정을 주는 힘을 가진다는 것을 의미한다.
③ 선정인은 참선할 때 짓는 수인이다.
④ 항마촉지인은 깨달음을 얻는 모습을 형상화한 것이다.

> **해설**
> ② 두려움을 없애 주고 평정을 주는 힘을 가진다는 것을 의미하는 수인은 시무외인이다. 전법륜인은 설법할 때 짓는 수인이다.

19 불교 사찰의 입구에 있는 문으로 기둥이 일렬로 서있다는 뜻을 가진 문은?

① 천왕문 ② 일주문
③ 금강문 ④ 해탈문

> **해설**
> ① 사천왕문이라고도 하며, 불법을 수호하는 사천왕이 있는 문이다. 금강문의 역할을 대신하기도 한다.
> ③ 일주문 다음으로 위치하는 문이며, 속세의 더러움을 씻어내는 곳이다.
> ④ 모든 번뇌를 벗어버리는 곳이다.

20 다음의 석탑 중 국보로 지정된 가장 오래된 석탑은?

① 미륵사지 석탑
② 불국사 다보탑
③ 원각사지 십층석탑
④ 월정사 팔각구층석탑

> **해설**
> 미륵사지 석탑은 목탑 양식을 모방한 것으로 우리나라 최고(最古)의 석탑이다.

16 ④ 17 ① 18 ② 19 ② 20 ① **정답**

21 다음 설명에 해당하는 서원은?

- 사적 제55호로 지정되어 있다.
- 경북 영주시에 위치하고 있다.
- 임금이 현판을 하사한 최초의 서원(사액서원)이다.

① 필암서원
② 도동서원
③ 소수서원
④ 도산서원

해설
① 김인후를 추모하기 위해 세운 서원으로 전남 장성군에 위치하고 있다. 윤봉구(청절당 처마 밑), 송준길(대청마루), 송시열(확연루)이 쓴 현판이 걸려 있다.
② 김굉필을 추모하기 위해 세운 서원으로 대구 달성군에 위치하고 있다. 강당·사당 등은 보물로 지정되었으며, 신도비·은행나무 등을 포함한 서원 전역은 사적으로 지정되었다.
④ 퇴계 이황을 추모하기 위해 세운 서원으로 경북 안동시에 위치하고 있다. 선조 8년 국왕에게 이름을 받아 사액서원으로 자리잡았다.

22 다음 설명에 해당하는 민요는?

- 국가무형유산 제57호로 지정되어 있다.
- 태평가, 늴리리야, 도라지타령 등이 있다.
- 평조가락이 많아 부드럽고 서정적이며 경쾌하다.

① 경기민요
② 남도민요
③ 동부민요
④ 서도민요

해설
서울·경기 지방의 민요로 아리랑·경복궁타령·군밤타령·늴리리야·도라지타령 등이 있다.

23 백자의 종류 중 진사백자에 관한 설명으로 옳은 것은?

① 코발트계 청색 안료로 그림을 그리고 구워낸 백자이다.
② 표면에 음각으로 문양을 새기고 자토로 메워 검은색으로 나타낸 백자이다.
③ 철분 안료로 문양을 그려 다갈색으로 나타낸 백자이다.
④ 산화동으로 문양을 그려 붉은색으로 나타낸 백자이다.

해설
① 청화백자에 대한 설명이다.
② 상감백자에 대한 설명이다.
③ 철화백자에 대한 설명이다.

24 두견주에 관한 설명으로 옳은 것은?

① 지방무형유산으로 지정되어 있다.
② 경주 최씨 문중에서 전승되어 온 청주이다.
③ 충남 면천지역에서 전승되어 온 진달래향의 청주이다.
④ 함경도 토속주로 문배나무 과일향이 나는 특징이 있다.

해설
① 두견주는 국가무형유산에 해당한다.
② 국가무형유산인 경주 교동법주에 대한 설명이다.
④ 국가무형유산인 서울 문배주에 대한 설명이다.

정답 21 ③ 22 ① 23 ④ 24 ③

25 조선의 왕릉 중 서삼릉이 아닌 것은?

① 희릉 ② 예릉
③ 익릉 ④ 효릉

해설
서삼릉은 경기도 고양시에 위치한 왕릉으로, 희릉·효릉·예릉이 있다.

03 2023년 실제 기출문제

※ 본 내용은 2023년 9월 시행된 관광통역안내사의 실제 기출문제입니다.

01 관광자원의 가치결정요인으로 옳지 않은 것은?

① 접근성 ② 관광객
③ 매력성 ④ 관광시설

해설
관광자원의 가치결정요인에는 접근성, 매력성, 이미지, 관광시설, 하부구조가 있다.

02 관광자원의 일반적 특성으로 옳은 것은?

① 다양성 – 관광자원은 다양하게 개발되어야 한다.
② 불변화성 – 관광욕구의 패턴에 따라 관광대상은 변하지 않는다.
③ 절대성 – 관광자의 관심사가 주관적이기 때문에 모두를 충족시켜야 한다.
④ 비조화성 – 자연적 자원과 문화적 자원, 산업적 자원, 사회적 자원이 조화를 이룰 때 가치와 매력이 감소한다.

해설
② 가변성 : 시대상 및 사회상과 관광욕구의 패턴 등의 변화에 따라 그 가치와 매력이 변한다.
③ 상대성 : 관광자원에 대한 관광객의 만족 수준은 주관인 것이므로 절대적인 관광자원이란 존재할 수 없다.
④ 조화성 : 변화하는 있는 관광수요에 유연하게 대처할 수 있도록 관광자원과 다른 자원과의 상호작용해야 하며, 상호작용 시 각 자원이 조화를 이룰 때 가치와 매력이 향상된다.

03 람사르 지정 습지가 아닌 것은?

① 순천만·보성갯벌
② 우포늪
③ 무안갯벌
④ 보령갯벌

해설
① 순천만·보성 갯벌 : 2006.01.20.
② 우포늪 : 1998.03.02.
③ 무안갯벌 : 2008.01.14.

04 자연적 관광자원의 성격으로 옳은 것은?

① 이동성
② 저장성
③ 변화성
④ 단순성

해설
① 자연적 관광자원은 이동할 수 없으므로 '비이동성'을 띤다.
② 자연적 관광자원은 저장할 수 없으므로 '비저장성'을 띤다.
④ 자연적 관광자원은 다양한 자원과 상호작용하므로 '복잡성'을 띤다.

정답 01 ② 02 ① 03 ④ 04 ③

05 위락적 관광자원에 해당하지 않는 것은?

① 해양 관광시설
② 육지형 관광시설
③ 숙박 휴양시설
④ 자연동굴 관광지

해설
위락적 관광자원(= 위락 관광자원, 관광·레크리에이션 자원)에는 리조트(해양형·육지형), 테마파크(주제공원), 카지노, 스포츠(낚시·트레킹·카레이싱·설상 스포츠·스키·골프·항공 스포츠) 등이 있다.

06 산업적 관광자원에 해당하는 것은?

① 박물관
② 박람회
③ 왕 궁
④ 공 원

해설
산업적 관광자원
- 농업관광자원 : 관광농원, 농장, 목장, 어장, 임업 등
- 공업관광자원 : 공장시설, 기술, 생산 공정, 생산품, 후생시설 등
- 상업관광자원 : 시장, 박람회, 전시회, 백화점 등

07 관광권역 설정 기준으로 옳지 않은 것은?

① 관광자원의 가치와 대표성
② 산업시설 및 이용의 편리성
③ 거주자 수
④ 고층건물의 유무

해설
관광권역 설정 시 고층건물의 유무는 고려 대상이 아닙니다.

관광개발기본계획 등(「관광진흥법」 제49조 제2항)
시·도지사(특별자치도지사는 제외한다)는 기본계획에 따라 구분된 권역을 대상으로 다음의 사항을 포함하는 권역별 관광개발계획(이하 "권역계획"이라 한다)을 수립하여야 한다.
- 권역의 관광 여건과 관광 동향에 관한 사항 – ③ 거주자 수
- 권역의 관광 수요와 공급에 관한 사항
- 관광자원의 보호·개발·이용·관리 등에 관한 사항 – ① 관광자원의 가치와 대표성, ② 산업시설 및 이용의 편리성
- 관광지 및 관광단지의 조성·정비·보완 등에 관한 사항
- 관광지 및 관광단지의 실적 평가에 관한 사항
- 관광지 연계에 관한 사항
- 관광사업의 추진에 관한 사항
- 환경보전에 관한 사항
- 그 밖에 그 권역의 관광자원의 개발, 관리 및 평가를 위하여 필요한 사항

08 관광산업을 촉진하고 국내외 관광객의 다양한 관광휴양을 위하여 관광자원과 관광시설을 종합적으로 개발한 관광단지를 모두 고른 것은?

ㄱ. 보문관광단지
ㄴ. 중문관광단지
ㄷ. 화원관광단지
ㄹ. 용평관광단지

① ㄱ, ㄴ
② ㄴ, ㄷ
③ ㄱ, ㄷ, ㄹ
④ ㄱ, ㄴ, ㄷ, ㄹ

05 ④ 06 ② 07 ④ 08 ④ **정답**

> **해설**
>
> 관광단지는 「관광진흥법」 제2조 제7호에 따라 관광객의 다양한 관광 및 휴양을 위하여 각종 관광시설을 종합적으로 개발하는 관광 거점 지역으로서 지정된 곳인데, 보기의 네 곳 모두 지방자치단체 지정 관광단지이다.
> ㄱ. 보문관광단지 : 경상북도 경주시의 관광단지
> ㄴ. 중문관광단지 : 제주특별자치도 서귀포시의 관광단지
> ㄷ. 화원관광단지 : 대구광역시의 관광단지
> ㄹ. 용평관광단지 : 강원특별자치도 평창군의 관광단지
>
> **관광개발기본계획 등(「관광진흥법」 제52조 제1항)**
> 관광지 및 관광단지(이하 "관광지 등"이라 한다)는 문화체육관광부령으로 정하는 바에 따라 시장·군수·구청장의 신청에 의하여 시·도지사가 지정한다. 다만, 특별자치시 및 특별자치도의 경우에는 특별자치시장 및 특별자치도지사가 지정한다.

09 자연공원법으로 지정한 공원과 그 지정권자의 연결이 옳은 것은?

① 군립공원 - 도지사
② 도립공원 - 대통령
③ 국립공원 - 환경부 장관
④ 시립공원 - 문화체육관광부 장관

> **해설**
> ① 군립공원 : 군수(「자연공원법」 제4조의4 제1항)
> ② 도립공원 : 도지사(「자연공원법」 제4조의3 제1항)
> ④ 시립공원 : 시장(「자연공원법」 제4조의4 제1항)

10 관광자원해설의 목적과 효과로 옳은 것은?

① 관광자원의 형성과정과 특성, 장소성을 설명한다.
② 관광객의 흥미를 감소시켜 만족도를 줄인다.
③ 관광자원의 이용과 보전에 대한 편향적인 시각과 지역사회와의 편향된 관계형성을 유도한다.
④ 관광의 불지속성에 기여한다.

> **해설**
> ② 관광객이 방문하는 관광지에 대해 보다 예리한 인식·감상·이해능력을 갖게 해 주어 관광객의 흥미와 만족도를 증진케 한다.
> ③ 관광자원 관리당국자와 그들이 진행하는 프로그램에 대한 대중의 이해를 촉진하여 관광자원의 이용과 보전에 대한 폭넓은 시각과 지역사회와의 우호적인 관계형성을 유도한다.
> ④ 관광객이 해당 관광자원을 지속적으로 이용하게 하여 관광의 지속성을 유지케 한다.

11 관광자원해설사의 자질로 옳은 것은?

① 성급함
② 자만감
③ 불균형성
④ 침착성

> **해설**
> 관광자원해설사의 자질에는 열정, 유머감각 및 균형감각, 명료성, 자신감, 따뜻함, 침착성, 신뢰감, 즐거운 표정과 태도가 있다.

정답 09 ③ 10 ① 11 ④

12 국립공원에 관한 내용으로 옳지 않은 것은?

① 국립공원심의위원회의 심의를 거쳐 시·도지사가 지정한다.
② 자연의 원형보존 및 후손에게 물려주기 위함이다.
③ 학술적 연구를 통해 인류복지에 기여하기 위함이다.
④ 생태계의 균형을 유지하기 위함이다.

> **해설**
> 국립공원은 환경부장관이 지정하는 것이다.
> **국립공원의 지정 절차**(「자연공원법」 제4조의2 제1항)
> 환경부장관은 국립공원을 지정하려는 경우에는 조사 결과 등을 토대로 국립공원 지정에 필요한 서류를 작성하여 다음의 절차를 차례대로 거쳐야 한다. 국립공원의 지정을 해제하거나 구역 변경 등 대통령령으로 정하는 중요 사항을 변경하는 경우에도 또한 같다.
> • 주민설명회 및 공청회의 개최
> • 관할 특별시장·광역시장·특별자치시장·도지사 또는 특별자치도지사(이하 "시·도지사"라 한다) 및 시장·군수 또는 자치구의 구청장(이하 "군수"라 한다)의 의견 청취
> • 관계 중앙행정기관의 장과의 협의
> • 국립공원위원회의 심의

14 유네스코 세계문화유산으로 등록된 궁궐은?

① 경복궁   ② 덕수궁
③ 창경궁   ④ 창덕궁

> **해설**
> 유네스코 세계문화유산으로 등록된 궁궐은 창덕궁이다. 창덕궁은 1405년(태종 5년)에 경복궁의 이궁으로 지어진 궁궐로 1997년 유네스코 세계문화유산으로 등록되었다. 창덕궁은 경복궁·경희궁·덕수궁·창경궁과 더불어 조선의 5대 궁궐이며, 자유분방한 전각배치와 아름다운 후원으로 유명한 곳이다.

15 조선 궁궐들과 정전(正殿)의 연결이 옳지 않은 것은?

① 경복궁 – 근정전
② 덕수궁 – 중화전
③ 창경궁 – 숭정전
④ 창덕궁 – 인정전

> **해설**
> 창경궁의 정전은 명정전(明政殿)이고, 숭정전은 경희궁의 정전이다.

13 관광농업 유형 중 기능별 분류에 포함되지 않는 것은?

① 숙박 휴식형
② 주말 농원형
③ 농업 기술 전수형
④ 음식 판매형

> **해설**
> **관광농업의 유형 : 기능별 분류**
> • 자연 학습형
> • 주말 농원형
> • 심신 수련형
> • 숙박 휴식형
> • 음식 판매형

16 주심포 공포 양식의 건축물로 옳지 않은 것은?

① 부석사 무량수전
② 통도사 대웅전
③ 봉정사 극락전
④ 수덕사 대웅전

> **해설**
> 주심포 양식은 기둥 하나에 공포(지붕과 기둥을 잇는 구조물) 하나를 얹는 건축양식이다. 주심포 양식의 건축물에는 영주 부석사 무량수전, 안동 봉정사 극락전, 예산 수덕사 대웅전, 강진 무위사 극락전 등이 있다. 양산 통도사의 대웅전은 기둥 하나에 여러 개의 공포를 얹는 건축양식인 다포 양식이 적용된 건축물이다.

정답 12 ① 13 ③ 14 ④ 15 ③ 16 ②

17 다음 설명에 해당하는 것은?

> 목조건축물 등을 아름답게 장식하는 의장기법으로 청색, 적색, 황색, 백색, 흑색 등 다섯 가지 색을 기본으로 하여, 건축물에 여러 가지 무늬와 그림을 그려 구조물을 보호하는 동시에 외관상의 미를 돋보이게 하려는 것이다.

① 기 단 ② 공 포
③ 단 청 ④ 대들보

해설
단청(丹靑)은 목조 건축물 등을 아름답게 장식하는 의장기법으로 건축물의 종류와 위계에 따라 그 종류와 이름을 달리한다. 단청은 외관을 아름답게 하는 기능뿐만 아니라 목조 건축물의 부식을 막는 기능과 이것이 사용된 건물의 위계를 나타내는 기능을 하기도 한다.

18 다음 설명에 해당하는 성곽은?

> • 세계문화유산에 등재되었다.
> • 성곽을 따라 성문과 수문, 암문 등이 분포하는데 성문에는 반원형의 옹성을 쌓았다.
> • 정조의 효심과 당파정치 근절, 왕도정치 실현, 한양 남쪽의 국방요새, 정치, 행정, 상업이 망라된 종합기능의 성곽이다.

① 남한산성 ② 수원화성
③ 한양도성 ④ 낙안읍성

해설
① 남한산성 : 북한산성과 함께 한양을 지키는 큰 두 산성으로 삼전도의 굴욕·인조의 삼배구고두례·「산성일기」와 더불어 병자호란(1636)과 관련된 사적이다.
③ 한양도성(서울성곽) : 조선의 수도였던 한성(한양)의 주위를 둘러싼 성곽과 문으로, 태조 이성계가 한양으로 천도한 후 궁궐과 도시를 수방하기 위해 지었다.
④ 낙안읍성 : 여말선초 시기에 왜구의 침입을 막기 위해 쌓은 토성으로, 해미 읍성·고창읍성과 더불어 조선 시대 이후 지금까지도 원형이 잘 보존되어 있는 읍성이다.

19 조선 시대 세조와 정희왕후의 능으로 옳은 것은?

① 광 릉 ② 선 릉
③ 정 릉 ④ 태 릉

해설
② 선릉 : 조선 성종과 계비 정현왕후의 능
③ 정릉 : 조선 중종의 능
④ 태릉 : 조선 중종의 계비 문정 왕후의 능

20 부처의 진신 사리가 봉안된 적멸보궁 사찰로 옳지 않은 것은?

① 양산 통도사
② 속리산 법주사
③ 정선 정암사
④ 설악산 봉정암

해설
적멸보궁은 사찰에서 부처님의 진신사리를 봉안하는 불교 건축물이다. 우리나라의 5대 적멸보궁 사찰에는 양산 통도사, 정선 정암사, 설악산 봉정암, 오대산 중대, 영월 법흥사가 있다.

정답 17 ③ 18 ② 19 ① 20 ②

21 삼보사찰의 연결이 옳은 것은?

① 승보사찰 – 양산 통도사, 불보사찰 – 순천 송광사, 법보사찰 – 합천 해인사
② 승보사찰 – 합천 해인사, 불보사찰 – 양산 통도사, 법보사찰 – 순천 송광사
③ 승보사찰 – 순천 송광사, 불보사찰 – 합천 해인사, 법보사찰 – 양산 통도사
④ 승보사찰 – 순천 송광사, 불보사찰 – 양산 통도사, 법보사찰 – 합천 해인사

해설
삼보(三寶)사찰은 불교에서 말하는 3개의 보배가 있는 사찰이다. 승보(僧寶)는 부처님의 가르침을 배우고 수행하는 스님들, 불보(佛寶)는 부처님, 법보(法寶)는 불교의 경전을 뜻하는데 이들을 상징하는 사찰은 각각 순천 송광사, 양산 통도사, 합천 해인사이다.

22 종묘제례악의 설명으로 옳지 않은 것은?

① 조선 시대 역대 왕과 왕비의 신위를 모신 사당(종묘)에서 제사를 지낼 때 무용과 노래와 악기를 사용하여 연주하는 음악이다.
② 조선 시대의 기악연주와 노래, 춤이 어우러진 궁중음악의 정수로서 우리의 문화적 전통과 특성이 잘 나타나 있다.
③ 우리나라 고유의 정형시인 시조에 곡을 붙여 부르는 노래로 거문고・가야금・해금・대금・단소・장구 등 짜임새 있는 관현악 연주에 맞추어 부른다.
④ 유네스코 인류무형문화유산으로 등재되었다.

해설
우리나라 고유의 정형시인 시조에 곡을 붙여 부르는 노래는 '가곡(歌曲)'이다.

23 단오의 풍속으로 옳은 것을 모두 고른 것은?

ㄱ. 씨름
ㄴ. 창포로 머리 감기
ㄷ. 강강술래
ㄹ. 탑돌이
ㅁ. 그네뛰기

① ㄱ, ㄴ, ㄹ
② ㄱ, ㄴ, ㅁ
③ ㄴ, ㄷ, ㄹ
④ ㄷ, ㄹ, ㅁ

해설
ㄷ. 강강술래 : 정월 대보름이나 추석에 남부 지방에서 행하는 민속놀이이다.
ㄹ. 탑돌이 : 4월 초파일에 절에서 밤새도록 탑을 돌며 부처님의 공덕을 기리고 소원을 비는 행사로 본디 종교 의식이었으나 차츰 민속놀이로 변모하였다.

24 한국의 세계기록유산을 모두 고른 것은?

> ㄱ. 판소리　　ㄴ. 조선왕조실록
> ㄷ. 직지심체요절　ㄹ. 훈민정음
> ㅁ. 종묘제례　　ㅂ. 일성록

① ㄱ, ㄴ, ㄷ, ㅁ
② ㄱ, ㄷ, ㄹ, ㅁ
③ ㄴ, ㄷ, ㄹ, ㅂ
④ ㄴ, ㄹ, ㅁ, ㅂ

해설

한국의 세계기록유산

2000년대 이전	• 훈민정음(1997) • 조선왕조실록(1997)
2000년대	• 직지심체요절(2001) • 승정원일기(2001) • 조선왕조 의궤(2007) • 해인사 대장경판 및 제경판(2007) • 동의보감(2009)
2010년대	• 일성록(2011) • 5·18 민주화운동기록물(2011) • 난중일기(2013) • 새마을운동기록물(2013) • 한국의 유교책판(2015) • KBS특별생방송 '이산가족을 찾습니다' 기록물(2015) • 조선왕실 어보와 어책(2017) • 국채보상운동기록물(2017) • 조선통신사기록물(2017)
2020년대	• 4·19혁명기록물(2023) • 동학농민혁명기록물(2023) • 제주4·3기록물(2025) • 산림녹화기록물(2025)

25 다음 설명에 해당하는 서원은?

> • 퇴계 이황이 유생을 교육하며 학문을 쌓던 곳이다.
> • 2019년 유네스코 세계유산으로 등재되었다.
> • 임금에게 이름을 받아 사액서원이 되면서 영남지방 유학의 중심지가 되었다.

① 안동 도산서원
② 안동 병산서원
③ 달성 도동서원
④ 영주 소수서원

해설

② 안동 병산서원 : 유성룡을 기념하여 세운 서원이다. 2010년 7월 31일 '한국의 역사마을 – 하회와 양동'이라는 이름으로 유네스코 세계문화유산에 등재되었다.
③ 달성 도동서원 : 김굉필의 학문과 덕행을 추모하기 위하여 세운 서원이다. 병산서원·도산서원·옥산서원·소수서원과 더불어 우리나라의 5대 서원으로 꼽힌다.
④ 영주 소수서원 : 주세붕이 세운 우리나라 최초의 서원이다. 초기의 이름은 백운동 서원이었으나 명종 때 사액을 받아 오늘날의 소수서원이 되었다.

정답 24 ③ 25 ①

04 2024년 실제 기출문제

CHAPTER 5개년 실제 기출문제

※ 본 내용은 2024년 9월 시행된 관광통역안내사의 실제 기출문제입니다.

01 다음 설명에 해당하는 관광자원 해설기법은?

> 해설자의 도움이 없는 상태에서 독자적으로 관광대상을 찾아가면서 제시된 안내문에 따라 직접 그 내용을 이해하는 비인적 기법

① 이동식 해설기법
② 정지식 해설기법
③ 길잡이식 해설기법
④ 매체이용 해설기법

해설
① 이동식 해설기법은 넓은 지역을 이동하면서 그 지역에 관해 관광객에게 해설 서비스를 제공하거나 박물관에서 이동하며 전시물에 관한 해설을 하는 것이다.
② 정지식 해설기법은 동굴이나 관광객 안내소 및 박물관 등 관광객이 많은 곳에 자원 해설가가 고정 배치되어 해설 서비스를 제공하는 것이다.
④ 매체이용 해설기법은 인쇄물, 멀티미디어 등의 여러 장치를 이용하여 해설하는 것이다.

02 관광자원의 특성으로 옳지 않은 것은?

① 매력성
② 유인성
③ 다양성
④ 불변성

해설
관광자원은 관광객의 관광 동기 또는 욕구를 일으키는 매력성과 관광객의 관광 행동을 끌어들이는 유인성을 갖고 있으며 관광자원은 유·무형자원, 자연 및 인문자원 등 그 범위가 다양하다. 관광자원은 시대나 사회구조에 따라 그 가치를 달리하기 때문에 지속적으로 변화한다.

03 온천 - 동굴 - 해수욕장이 행정구역상 모두 같은 도(道)에 위치하는 것은?

① 도고온천 - 고씨굴 - 무창포해수욕장
② 백암온천 - 성류굴 - 구룡포해수욕장
③ 오색온천 - 고수동굴 - 주문진해수욕장
④ 부곡온천 - 만장굴 - 함덕해수욕장

해설
② 백암온천(경상북도) - 성류굴(경상북도) - 구룡포해수욕장(경상북도)
① 도고온천(충청남도) - 고씨굴(강원도) - 무창포해수욕장(충청남도)
③ 오색온천(강원도) - 고수동굴(충청북도) - 주문진해수욕장(강원도)
④ 부곡온천(경상남도) - 만장굴(제주도) - 함덕해수욕장(제주도)

04 소재지와 관광지의 연결이 옳지 않은 것은?

① 부안 - 변산반도국립공원
② 충주 - 세계무술박물관
③ 김해 - 이월드
④ 논산 - 선샤인랜드

해설
이월드는 대구시에 있는 테마파크이다.

정답 01 ③ 02 ④ 03 ② 04 ③

05 다음 설명에 해당하는 안보관광자원은?

> • 우리나라 전망대 중 가장 북쪽에 위치하고 있다.
> • 민통선 이북에서 최초로 개관한 전망대이다.

① 고성 통일전망대
② 철원 평화전망대
③ 파주 도라전망대
④ 파주 오두산 통일전망대

해설
② 철원군은 피의 500능선, 김일성고지 등의 전적지가 있는 곳이다. 철원 평화전망대는 이러한 지리적 특성으로 휴전선비무장지대를 전망할 수 있도록 하였다.
③ 도라전망대에서는 북한의 개성시와 송악산을 전망할 수 있다. 전망대 바로 옆에 제3땅굴이 있다.
④ 오두산 통일전망대에서는 개성 송악산과 서울의 63빌딩까지 전망할 수 있다.

06 우리나라 최초로 지정된 국립공원과 도립공원을 바르게 연결한 것은?

① 경주 - 남한산성
② 북한산 - 칠갑산
③ 한라산 - 대둔산
④ 지리산 - 금오산

해설
국립공원은 1967년 지리산이 최초로 지정되었으며 현재 23개소가 지정되어 있다. 도립공원은 1970년 금오산이 최초로 지정되었으며 현재 30개소가 지정되어 있다.

07 서울특별시에 소재한 관광지가 아닌 것은?

① 북악스카이웨이　② 조계사
③ 정릉　　　　　　④ 한국민속촌

해설
한국민속촌은 경기도 용인시에 소재한 관광지이다.

08 산업 관광의 유형 중 상업 관광의 예로 옳은 것을 모두 고른 것은?

> ㄱ. 서울 풍물시장
> ㄴ. 현대모터스튜디오 고양
> ㄷ. 대구 서문시장
> ㄹ. 함안 악양생태공원
> ㅁ. 인천 신포국제시장

① ㄱ, ㄴ, ㄹ　　② ㄱ, ㄷ, ㅁ
③ ㄴ, ㄷ, ㄹ　　④ ㄴ, ㄷ, ㅁ

해설
현대모터스튜디오와 같은 공장시설은 공업관광자원, 함안 악양생태공원과 같은 생태공원은 농업관광자원이다.

자원유형	내용
농업관광자원	관광농원, 농장, 목장, 어장, 임업 등
공업관광자원	공장시설, 기술, 생산공정, 생산품, 후생시설 등
상업관광자원	시장, 박람회, 전시회, 백화점 등

09 외암민속마을에 관한 설명으로 옳지 않은 것은?

① 설화산 남서쪽 자락에 자리 잡고 있다.
② 2010년 세계유산에 등재되었다.
③ 충남 아산에 있다.
④ 영암댁, 참판댁, 송화댁 등의 가옥이 있다.

해설
외암민속마을은 2000년 대한민국의 국가민속문화유산으로 지정된 바 있으나 세계유산으로는 아직 등재되지 않았다.

10 관동팔경에 속하지 않는 것은?

① 양양 낙산사
② 고성 삼일포
③ 철원 고석정
④ 평해 월송정

정답　05 ①　06 ④　07 ④　08 ②　09 ②　10 ③

> **해설**
>
> 관동팔경
> - 통천 총석정
> - 고성 삼일포
> - 고(간)성 청간정
> - 양양 낙산사
> - 강릉 경포대
> - 삼척 죽서루
> - 울진 망양정
> - 평해 월송정(혹은 흡곡 시중대)

11 개최지역과 문화관광축제의 연결이 옳지 않은 것은?

① 보령 – 머드축제
② 영암 – 왕인문화축제
③ 하동 – 한방약초축제
④ 음성 – 품바축제

> **해설**
> 한방약초축제는 경남 산청군에서 이뤄지고 있다.

12 슬로시티(Slow City)로 지정되지 않은 지역은?

① 전남 신안군 증도면
② 전남 담양군 창평면
③ 경북 의성군 구천면
④ 강원 영월군 김삿갓면

> **해설**
> 슬로시티는 전북 전주 한옥마을, 전남 완도군 청산면·신안군 증도면·담양군 창평면, 경남 하동군 악양면·김해시 봉하마을, 충남 예산군 대흥면·태안군 소원면·서천군 한산면, 경기 남양주시 조안면, 경북 상주시 함창읍, 이안면, 공검면·청송군 부동면, 파천면·영양군 석보면, 충북 제천시 수산면, 강원 영월군 김삿갓면 등이 있다.

13 서리가 시작되는 절기는?

① 한 로
② 상 강
③ 입 동
④ 백 로

> **해설**
> ① 한로는 이슬이 찬 공기와 만나 서리로 변하기 직전의 시기이다.
> ③ 입동은 겨울에 들어가는 시기이다.
> ④ 백로는 일교차가 커지고 이슬이 맺히기 시작하는 시기이다.

14 우리나라의 국가무형유산이 아닌 것은?

① 남사당놀이
② 택 견
③ 판소리
④ 덕온공주 당의

> **해설**
> 덕온공주 당의는 국가민속유산에 속한다.

15 유네스코 등재 세계유산(문화유산)을 모두 고른 것은?

ㄱ. 남한산성	ㄴ. 흥인지문
ㄷ. 조선왕릉	ㄹ. 창경궁
ㅁ. 화 성	ㅂ. 가야고분군

① ㄱ, ㄴ, ㄷ, ㄹ
② ㄱ, ㄷ, ㄹ, ㅁ
③ ㄱ, ㄷ, ㅁ, ㅂ
④ ㄴ, ㄹ, ㅁ, ㅂ

> **해설**
> ㄴ. 흥인지문은 한국의 보물로 지정되어 있다.
> ㄹ. 창경궁은 한국의 사적으로, 창경궁 대온실은 국가등록문화유산으로 지정되어 있다.

정답 11 ③ 12 ③ 13 ② 14 ④ 15 ③

16 다음 설명에 해당하는 국가무형유산은?

> - 시조시(한국 고유의 정형시)에 곡을 붙여서 관현악 반주에 맞추어 부르는 우리나라 전통음악이다.
> - 유네스코 인류무형문화유산으로 등재되었다.

① 가사   ② 가곡
③ 산조   ④ 농악

해설
① 가사는 우리나라 전통 성악곡의 한 갈래이다.
③ 산조는 장구반주에 맞추어 악기를 연주하는 것을 말한다.
④ 농악은 농부들이 일을 할 때나 잔치에서 흥을 돋우기 위해 연주하는 음악을 말한다.

17 국가유산 중 국보에 해당하는 것은?

① 서울 숭례문
② 서울 독립문
③ 서울 몽촌토성
④ 서울 암사동 유적

해설
서울 숭례문은 1962년에 국보로 지정되었다.

18 8만여 장의 대장경판을 보관하고 있는 건물은?

① 보은 법주사 팔상전
② 순천 송광사 국사전
③ 영주 부석사 조사당
④ 합천 해인사 장경판전

해설
④ 해인사 장경판전은 세계 유일의 대장경판 보관용 건물이며, 1995년 12월 유네스코 세계문화유산으로 등재되었다.
① 법주사 팔상전은 우리나라에 남아 있는 유일한 5층 목조탑으로 지금까지 남아 있는 우리나라의 탑 중 가장 높은 건축물이자 하나뿐인 목조탑이다.
② 송광사 국사전은 조선시대 16국사 초상화를 모신 사찰건물이다.
③ 부석사 조사당은 부석사의 창건주인 의상스님의 상을 봉안하고 있다. 본래 벽면에 6폭의 부석사조사당 벽화가 있었으나 지금은 유물전시관인 보장각에 전시하고 있다.

19 다음 설명에 해당하는 성(城)의 구성은?

> 성곽 주위로 물을 채워서 적의 침입을 막는 시설

① 여장
② 해자
③ 옹성
④ 암문

해설
성곽의 부속시설
- 여장 : 공격과 방어에 유용하게 사용되는 성벽 위에 설치하는 낮은 철(凸)자형의 담장으로, 적으로부터 몸을 보호하고 적을 효과적으로 공격하기 위한 구조물
- 해자 : 성 주위에 둘러 판 못. 하천을 이용하거나 성벽의 주변에 인공적으로 도랑을 파서 만든 성의 방어물
- 옹성 : 성문을 보호하고 성을 지키기 위해 성문 밖에 쌓은 작은 성
- 암문 : 성곽의 후미진 곳이나 깊숙한 곳에 적이 알지 못하게 만드는 비밀 출입구
- 적대 : 적의 정세를 살피는 망대(望臺). 성문 양옆에 돌출시켜 옹성과 성문을 적으로부터 지키는 대
- 현안 : 성벽에 가까이 다가온 적을 공격하기 위해 성벽 외벽 면을 수직에 가깝게 뚫은 것
- 치(성) : 성벽의 일부를 돌출해 적의 동태를 살피거나 공격하고 성벽을 타고 오르는 적병을 측면에서 공격할 수 있는 시설
- 노대 : 산성과 같은 높은 곳에서 화살을 쏠 수 있는 시설

정답 16 ② 17 ① 18 ④ 19 ②

20 국가무형유산의 설명으로 옳지 않은 것은?

① 처용무는 처용가면을 쓰고 추는 궁중무용이다.
② 승무는 승복을 입고 추는 춤이다.
③ 종묘제례는 49재(사람이 죽은 지 49일째 되는 날에 지내는 제사)의 한 형태로, 영혼이 불교를 믿고 의지함으로써 극락왕생하게 하는 의식이다.
④ 나전장은 나무로 짠 가구나 기물 위에 무늬가 아름다운 전복이나 조개껍질을 갈고 문양을 오려서 옻칠로 붙이는 기술이다.

해설
③은 영산재에 대한 내용이다. 종묘제례는 조선시대 역대 왕과 왕비의 신위를 모셔 놓은 사당(종묘)에서 지내는 제사이다.

21 다음 설명에 해당하는 세계기록유산은?

- 유교적 원리에 입각한 국가 의례를 중심으로 국가의 중요 행사를 행사진행 시점에서 당시 사용된 문서를 정해진 격식에 의해 정리하여 작성한 기록물이다.
- 주요의식을 방대한 양의 그림과 글로 체계적으로 담고 있다.

① 승정원일기
② 일성록
③ 난중일기
④ 조선왕조 의궤

해설
① 승정원일기는 조선왕조에 관한 방대한 규모의 사실적 역사기록과 국가의 기밀을 담고 있다. 국보로 지정되어 있으며 2001년 유네스코 세계기록유산으로도 등재되었다.
② 일성록은 영조 36년(1760년)부터 1910년 8월까지 주로 국왕의 동정과 국정 운영을 기록한 책이다.
③ 난중일기는 이순신 장군이 임진왜란 중에 쓴 7년간의 진중일기로 7책 205장으로 구성되어 있다.

22 전통건축양식에서 배흘림기둥 형태로 지어진 것을 모두 고른 것은?

> ㄱ. 구례 화엄사 각황전
> ㄴ. 영주 부석사 무량수전
> ㄷ. 안동 봉정사 극락전
> ㄹ. 예산 수덕사 대웅전

① ㄱ, ㄴ, ㄷ
② ㄱ, ㄴ, ㄹ
③ ㄱ, ㄷ, ㄹ
④ ㄴ, ㄷ, ㄹ

해설
배흘림기둥은 기둥의 중심부가 상하부에 비해 더 굵어 중심부에서 위아래로 갈수록 얇아지는 형태의 기둥이다. 우리나라에서는 부석사 무량수전, 봉정사 극락전, 수덕사 대웅전 등에 사용되었다.

23 다음 설명에 해당하는 석탑은?

- 조선시대의 석탑
- 대리석으로 만들어짐
- 탑을 받쳐주는 기단(基壇)은 3단으로 되어있음

① 익산 미륵사지 석탑
② 서울 원각사지 십층석탑
③ 부여 정림사지 오층석탑
④ 충주 탑평리 칠층석탑

해설
① 익산 미륵사지 석탑은 삼국시대 백제에서 만든 탑으로 목탑 양식에 따라 만들어진 탑이다.
③ 부여 정림사지 오층석탑은 미륵사지 석탑과 같이 삼국시대 백제에서 만든 탑으로 목탑을 따랐으나 곳곳에 예술적 변형을 하였다.
④ 충주 탑평리 칠층석탑은 통일신라의 불탑으로 통일신라시대의 석탑 중 가장 규모가 크다.

24 유네스코에 등재된 무형문화유산을 모두 고른 것은?

> ㄱ. 강릉단오제
> ㄴ. 영산재
> ㄷ. 줄다리기
> ㄹ. 제주해녀문화
> ㅁ. 한국의 탈춤
> ㅂ. 갓 일

① ㄱ, ㅁ, ㅂ
② ㄴ, ㄷ, ㅂ
③ ㄱ, ㄴ, ㄷ, ㄹ, ㅁ
④ ㄱ, ㄴ, ㄷ, ㄹ, ㅂ

해설
ㅂ. 갓일은 국가무형유산으로 등재되어 있다.
한국의 유네스코 무형문화유산
종묘제례 및 종묘제례악(2001), 판소리(2003), 강릉단오제(2005), 강강술래(2009), 남사당놀이(2009), 영산재(2009), 제주칠머리당 영등굿(2009), 처용무(2009), 가곡(2010), 대목장(2010), 매사냥(2010), 줄타기(2011), 택견(2011), 한산모시짜기(2011), 아리랑(2012), 김장문화(2013), 농악(2014), 줄다리기(2015), 제주해녀문화(2016), 씨름(2018), 연등회, 한국의 등불 축제(2020), 한국의 탈춤(2022)

25 창덕궁 내 건축물이 아닌 것은?

① 희정당
② 인정전
③ 선정전
④ 근정전

해설
근정전은 경복궁에 있는 건물이다.

정답 24 ③ 25 ④

CHAPTER 05 2025년 실제 기출문제

※ 본 내용은 2025년 9월에 시행된 관광통역안내사의 실제 기출문제입니다.

01 관광자원의 분류 유형에서 입지적 관광시장 특성에 따른 관광자원이 아닌 것은?

① 이용자 중심형 관광자원
② 중간형 관광자원
③ 자원 중심형 관광자원
④ 체류형 관광자원

해설
④ 체류형 관광자원은 관광객 행동패턴에 따른 분류에 해당한다.

02 다음 설명에 해당하는 것은?

- 외국인관광객 유치 촉진
- 관광활동과 관련된 법령에서 적용 배제 또는 완화
- 관광활동과 관련된 서비스·안내체계 등 관광여건을 집중 조성할 필요가 있음

① 관광지   ② 관광단지
③ 관광특구 ④ 국립공원

해설
보기는 관광특구에 대한 설명이다.
① 관광지 : 자연적 또는 문화적 관광자원을 갖추고 관광객을 위한 기본적인 편의시설을 설치하는 지역으로서 이 법에 따라 지정된 곳을 말한다(관광진흥법 제2조).
② 관광단지 : 관광객의 다양한 관광 및 휴양을 위하여 각종 관광시설을 종합적으로 개발하는 관광 거점 지역으로서 이 법에 따라 지정된 곳을 말한다(관광진흥법 제2조).
④ 국립공원 : 자연경관과 사적지, 희귀 동식물을 보호하고 국민의 보건·휴양·정서생활 향상에 기여하기 위해 지정된 우리나라 대표 자연풍경지이다.

03 관광자원의 분류 유형과 구성요소의 연결이 옳은 것은?

① 문화관광자원 – 산악
② 사회관광자원 – 풍속
③ 산업관광자원 – 놀이시설
④ 위락관광자원 – 생활

해설
관광자원의 분류
- 문화관광자원 : 문화유산관광(국가유산, 유적지, 고분 등), 예술관광(미술관, 문화센터 등)
- 사회관광자원 : 민속, 풍습, 생활양식 등
- 산업관광자원 : 농업관광(농원, 목장, 어장 등), 공업관광(공장 견학, 생산기술 습득 등), 상업관광(백화점, 쇼핑 등)
- 위락관광자원 : 카지노, 리조트, 스키, 골프 등

04 사회적 관광자원의 범주와 구성요소의 연결이 옳은 것은?

① 환대·생활양식·풍속 – 문화센터
② 전통예술·종교·민간신앙·신화·전설 – 쇼핑센터
③ 문화·교육·사회시설 – 도시공원
④ 민족성·국민성 – 부채춤

해설
① 문화센터는 문화관광자원의 예술관광 범주에 속한다.
② 쇼핑센터는 산업관광자원의 상업관광 범주에 속한다.
④ 부채춤은 문화관광자원의 국가유산 범주에 속한다.

정답 01 ④ 02 ③ 03 ② 04 ③

05 테마파크(주제공원)에 관한 설명으로 옳지 않은 것은?

① 역사나 문화적 배경을 주제로 할 수 있다.
② 시간을 주제로 과거와 미래의 세계를 설정할 수 없다.
③ 예술 감상을 주목적으로 각 예술분야별로 전시·공연·참여의 장을 마련할 수 있다.
④ 교육목적별 형태를 띤 주제설정이 가능하다.

> **해설**
> ② 테마파크는 특정 주제를 바탕으로 비일상적 공간을 창조해 즐기는 오락공원이다. 가상과 허구의 세계를 체험할 수 있어, 과거부터 미래까지 시간의 제약 없이 다양한 세계를 설정할 수 있다.

06 자연관광자원의 특성에 해당하는 것은?

① 이동성
② 비계절성
③ 다양성
④ 저장가능성

> **해설**
> **자연관광자원의 특성**
> 비이동성, 비저장성, 비소모성, 계절성, 다양성, 가변성, 공공재적 성격, 비계량적 성격

07 관광자원해설의 목적이 아닌 것은?

① 방문객이 방문지에 대하여 인식능력, 감상능력, 이해능력을 갖도록 도와주는 데 있다.
② 자원관리의 목표를 달성하는 데 있다.
③ 관광자원 관리당국자와 그들이 진행하고 있는 프로그램에 대한 대중의 이해를 촉진시키는 데 있다.
④ 지역사회의 수익을 최대한 많이 올리는 데 있다.

> **해설**
> **관광자원해설의 목적**
> - 방문자 만족 : 관광지에 대해 인식능력·감상능력·이해능력을 갖게 도와줌
> - 자원관리 목표 달성 : 관광지에서 적절한 행동 교육 및 안내, 관광자원에 대한 인간의 영향을 최소화
> - 이미지 개선 : 관광자원 관리당국자와 진행 프로그램에 대한 대중의 이해를 촉진

08 산업관광 유형과 이에 따른 설명으로 옳은 것은?

① 일반관광형 - 비즈니스와 연결된 거래처와 신구고객 등에게 설명하고 자사제품의 PR의 장으로 활용
② 리쿠르트형 - 널리 관광객을 수용하여 상품과 기업의 PR 및 판매 식음료시설로 관광사업을 전개
③ 산지진흥형 - 취업을 목적으로 하는 학생들을 다상으로 기업에 대한 관심을 높이고 기업이 요구하는 인재를 확보하는 것을 목적으로 함
④ 기술인재 육성형 - 초중고 학생들의 견학 등 수용지역과 사회로의 공헌을 지향

> **해설**
> ① 비즈니스형, ② 일반관광형, ③ 리쿠르트형 유형이다.

정답 05 ② 06 ③ 07 ④ 08 ④

09 다음 설명에 해당하는 관광코스(경로) 유형은?

> 관광객이 거주지에서 한 지점의 목적지에 직행하여 관광하고, 다른 목적지까지 직행하여 관광하는 형태를 반복하면서 거주지로 되돌아가는 경로형태

① 텀블린형
② 스푼형
③ 안전핀형
④ 피스톤형

해설
① 텀블린형 : 관광객이 한 지점에 직행하여 관광한 뒤 다른 목적지에 직행하여 관광하는 것을 반복한 후 거주지로 돌아오는 형태이다. 시간과 경제적 여유가 있으며 관광 목적지가 여러 곳에 있을 때 선택된다.
② 스푼형 : 관광객이 목적지에 도착하여 관광활동을 한 뒤 근거리의 두 곳 이상의 관광지를 방문하고 동일한 교통로를 따라 돌아가는 형태이다. 당일 여행과 같이 짧은 일정인 경우가 많다.
③ 안전핀형 : 관광객이 목적지에 도착하여 관광활동을 한 뒤 인접 지역 일대를 관광한 후 새로운 교통로를 이용하여 돌아오는 형태이다.
④ 피스톤형 : 관광객이 목적지에 도착해 관광활동을 한 뒤 동일한 교통로로 돌아오는 형태이다.

10 해안경관을 중심으로 지정된 도립공원이 아닌 것은?

① 성산일출해양 도립공원
② 제주곶자왈 도립공원
③ 신안갯벌 도립공원
④ 마라도해양 도립공원

해설
② 제주곶자왈은 화살활동 중 분출한 용암류가 만든 암괴지대이다. 북방계와 남방계 식물이 공존하는 난대림 지대이다.

11 자연관광자원의 속성이 아닌 것은?

① 관광객의 욕구를 충족시켜줄 수 있는 자연적인 대상이어야 한다.
② 산수, 풍경 등 경관미를 갖추어야 한다.
③ 레크레이션 기능을 갖추어야 한다.
④ 인간집단의 생활양식 또는 한 사회의 구성원들 간의 찾아볼 수 있는 관습적인 행위 및 행위의 산물이어야 한다.

해설
④ 사회적 관광자원에 대한 설명이다.

12 농촌관광의 사업 운영형태에 의한 분류에 해당하는 것을 모두 고른 것은?

> ㄱ. 생산수단 임대(대여)형
> ㄴ. 농산물 채취형
> ㄷ. 농산물 판매형

① ㄱ, ㄴ
② ㄱ, ㄷ
③ ㄴ, ㄷ
④ ㄱ, ㄴ, ㄷ

해설
농촌관광의 운영형태에 의한 분류
생산수단 대여형, 이용장소 제공형, 농산물 채취형, 농산물 판매형

13 농촌관광의 사회적·경제적 효과로 옳지 않은 것은?

① 농어촌 지역의 삶의 질 향상
② 농촌 지역경제의 활성화 및 지방재정기반의 강화
③ 농촌과 도시의 상호단절로 농촌의 몰락
④ 농촌 지역주민의 소득증대

> 해설
> ③ 농촌관광으로 농촌과 도시의 상호교류를 촉진할 수 있다.

14 개최지역과 문화관광축제의 연결이 옳지 않은 것은?

① 금산 - 홍삼축제
② 평창 - 송어축제
③ 산청 - 한방약초축제
④ 연천 - 구석기축제

> 해설
> ① 홍삼축제는 진안에서 개최된다. 금산에서는 인삼축제가 개최된다.

15 국가유산기본법에 명시된 국가유산이 아닌 것은?

① 복합유산
② 문화유산
③ 자연유산
④ 무형유산

> 해설
> 정의(「국가유산기본법」 제3조)
> "국가유산"이란 인위적이거나 자연적으로 형성된 국가적·민족적 또는 세계적 유산으로서 역사적·예술적·학술적 또는 경관적 가치가 큰 문화유산·자연유산·무형유산을 말한다.

16 문화유산에 해당하는 것을 모두 고른 것은?

| ㄱ. 유형문화유산 |
| ㄴ. 기념물 |
| ㄷ. 민속문화유산 |

① ㄱ, ㄴ
② ㄱ, ㄷ
③ ㄴ, ㄷ
④ ㄱ, ㄴ, ㄷ

> 해설
> **문화유산의 분류**
> • 유형문화유산 : 건조물, 전적, 서적, 고문서, 회화, 조각, 공예품 등
> • 기념물 : 졸터, 옛무덤, 조개무덤, 성터, 궁터, 가마터, 유물포함층 등의 사적지와 기념이 될 만한 시설물
> • 민속문화유산 : 의식주, 생업, 신앙, 연중행사 등에 관한 풍속이나 관습에 사용되는 의복, 기구, 가옥 등

정답 13 ③ 14 ① 15 ① 16 ④

17 무형유산에 해당하는 것을 모두 고른 것은?

> ㄱ. 전통적 공연·예술
> ㄴ. 공예, 미술 등에 관한 전통기술
> ㄷ. 전통적 놀이·축제 및 기예·무예
> ㄹ. 풍속이나 관습에 사용되는 의복, 기구, 가옥

① ㄱ, ㄹ
② ㄱ, ㄴ, ㄷ
③ ㄴ, ㄷ, ㄹ
④ ㄱ, ㄴ, ㄷ, ㄹ

해설
무형유산의 종류
전통적 공연·예술, 공예·미술 등에 관한 전통기술, 한의약 및 농경·어로 등에 관한 전통지식, 구전 전통 및 표현, 의식주 등 전통적 생활관습, 민간신앙 등 사회적 의식, 전통적 놀이·축제 및 기예·무예

18 세계유산으로 등재된 고인돌 유적지가 아닌 곳은?

① 전북 고창
② 충남 논산
③ 전남 화순
④ 인천 강화

해설
② 충남 논산 관촉사에는 석조미륵보살입상(국보)이 있다.

19 세계기록유산 「의궤(儀軌)」가 작성된 시기는?

① 삼국시대
② 고려 전기
③ 고려 후기
④ 조선시대

해설
의궤는 조선시대에 작성된 것으로 2007년 세계기록유산에 등재되었다.

20 한산모시짜기에 관한 설명으로 옳은 것은?

① 충남 서산군에서 만들어지는 모시이다.
② 속옷에 한정된 의류 제작이 되고 있다.
③ 남성이 이끄는 가내 수공업 형태로 전승되고 있다.
④ 세대에 걸쳐 기술과 경험을 전수하고 있다.

해설
① 충남 서천군에서 전승되었다.
② 여름철 겉옷 등으로 폭넓게 사용되었다.
③ 모시짜기는 전통적으로 여성이 이끄는 가내 작업이다.

정답 17 ② 18 ② 19 ④ 20 ④

21 무등산권 지질공원이 분포된 지역이 아닌 것은?

① 광주광역시
② 전라남도 담양군
③ 전라남도 장성군
④ 전라남도 화순군

> **해설**
> 무등산권 지질공원은 광주광역시, 전남 화순군, 전남 담양군에 분포되어 있으며 2014년 국가지질공원으로 인증받았다.
> ③ 전남 장성군에는 장성댐이 있다.

22 종묘에 관한 설명으로 옳은 것을 모두 고른 것은?

> ㄱ. 의례와 음악과 무용이 잘 조화된 전통의식과 행사가 이어짐
> ㄴ. 건축 양식은 궁전이나 불사의 건축과 같이 화려함
> ㄷ. 1995년 유네스코 세계유산으로 등재됨

① ㄱ, ㄴ
② ㄱ, ㄷ
③ ㄴ, ㄷ
④ ㄱ, ㄴ, ㄷ

> **해설**
> 종묘는 조선시대 역대 왕과 왕비의 위패를 모신 사당으로 1995년 세계문화유산으로 등록되었다. 종묘에서는 무용과 노래, 악기를 사용한 종묘제례를 지낸다.

23 단청(丹靑)에서 사용하는 기본 다섯 가지 색에 해당하지 않는 것은?

① 청색
② 적색
③ 녹색
④ 백색

> **해설**
> 단청은 청(靑)·적(赤)·황(黃)·백(白)·흑(黑)의 5색을 써서 건축물을 장엄하게 하거나 조상(造像)·공예품(工藝品) 등을 채화하여 장식하는 것을 말한다.

24 세계유산으로 지정된 한국 갯벌에 관한 설명으로 옳은 것을 모두 고른 것은?

> ㄱ. 지구 생물 다양성의 보전을 위해 전 지구적으로 가장 중요하고 의미 있는 서식지 중 하나이다.
> ㄴ. 갯벌 지역의 지형지질학, 해양학, 기후학적인 조건들은 복합적으로 조합되어 철새들을 포함한 갯벌 생물들의 다양한 서식지를 발전시켰다.
> ㄷ. 자연환경에 의존하는 인간활동과 문화 다양성을 보여주고 있다.

① ㄱ, ㄴ
② ㄱ, ㄷ
③ ㄴ, ㄷ
④ ㄱ, ㄴ, ㄷ

> **해설**
> **한국의 갯벌(2021년 등재)**
> • 지구 생물 다양성의 보전을 위해 전 지구적으로 가장 중요하고 의미 있는 서식지 중 하나이다.
> • 고유종과 멸종위기 해양 무척추동물과 국제적 위협 또는 준위협 상태의 이동성 물새 종을 부양하고 있다.
> • 지질 다양성과 생물 다양성 사이의 연관성을 보여주며, 자연환경에 의존하는 인간활동과 문화 다양성을 보여주고 있다.
> ※ 출처 : 국가유산청(khs.go.kr)

정답 21 ③ 22 ② 23 ③ 24 ④

25 다음 유산 중 지정권자가 동일한 유산으로 묶인 것은?

> ㄱ. 천연기념물
> ㄴ. 명 승
> ㄷ. 자연유산자료

① ㄱ, ㄴ
② ㄱ, ㄷ
③ ㄴ, ㄷ
④ ㄱ, ㄴ, ㄷ

해설

천연기념물의 지정(자연유산법 제11조 및 제12조)
국가유산청장은 자연유산 중 역사적·경관적·학술적 가치가 높은 것으로 보존의 필요성이 있는 것을 천연기념물 또는 명승으로 지정할 수 있다.

시·도자연유산 또는 자연유산자료의 지정(「자연유산법」제40조)
시·도지사는 천연기념물 또는 명승으로 지정되지 아니한 자연유산 중 향토자연보존상 필요하다고 인정하는 것을 자연유산자료로 지정할 수 있다.

참고도서

- 김병문, 「관광자원학」, 백산출판사, 2000
- 김진섭, 「관광학원론」, 대왕사, 2004
- 김홍운·김사영, 「관광학원론」, 형설출판사, 1999
- 김홍철, 「관광학원론」, 기문사, 2010
- 이광원, 「관광자원론」, 기문사, 2012
- 이선희·김근종·지진호, 「현대관광의 이해」, 대왕사, 2002
- 이후석, 「관광자원의 이해」, 백산출판사, 1999
- 임주환·권오준·이영우·임봉구, 「관광지개발론」, 백산출판사, 1998
- 서철현·김영경·장경수, 「관광자원해설론」, 대왕사, 2002
- 서태양, 「관광자원론」, 대왕사, 2005
- 정석중·김용상·이봉석 外, 「관광학」, 백산출판사, 2011
- 채서묵, 「관광사업개론」, 백산출판사, 1997
- 하현국·이종호, 「관광사업론」, 학문사, 1998

참고사이트

- 국가지질공원, www.koreageoparks.kr
- 국립공원관리공단, www.knps.or.kr
- 관광두레, tourdure.mcst.go.kr
- 관광지식정보시스템, www.tour.go.kr
- 농림축산식품부, www.mafra.go.kr
- 문화체육관광부, www.mcst.go.kr
- 국가유산청, www.khs.go.kr
- 유네스코 세계유산, http://whc.unesco.org
- 유네스코와 유산, heritage.unesco.or.kr
- 한국관광공사, www.visitkorea.or.kr
- 한국문화대백과사전, encykorea.aks.ac.kr
- 한국슬로시티본부, http://www.cittaslow.kr
- 환경부, www.me.go.kr
- 법제처 국가법령정보센터, https://www.law.go.kr/LSW/main.html
- 한국민족문화대백과사전, https://encykorea.aks.ac.kr/
- 한국민속대백과사전, https://folkency.nfm.go.kr/
- 각 시·도 누리집

진실은 반드시 따르는 자가 있고, 정의는 반드시 이루는 날이 있다.

– 안창호 –

2026 시대에듀 관광통역안내사 필기 2과목 관광자원해설 한권으로 끝내기

개정23판1쇄 발행	2026년 01월 05일 (인쇄 2025년 10월 24일)
초 판 발 행	2004년 06월 10일 (인쇄 2004년 04월 05일)
발 행 인	박영일
책 임 편 집	이해욱
저 자	시대관광교육연구소
편 집 진 행	윤승일 · 장민영
표지디자인	현수빈
편집디자인	유가영 · 임창규
발 행 처	(주)시대고시기획
출 판 등 록	제10-1521호
주 소	서울시 마포구 큰우물로 75 [도화동 538 성지 B/D] 9F
전 화	1600-3600
팩 스	02-701-8823
홈 페 이 지	www.sdedu.co.kr
I S B N	979-11-434-0149-6 (13320)
정 가	25,000원

※ 이 책은 저작권법의 보호를 받는 저작물이므로 동영상 제작 및 무단전재와 배포를 금합니다.
※ 잘못된 책은 구입하신 서점에서 바꾸어 드립니다.

풍성한 여행을 도와줄 국내여행안내사!
필기부터 면접까지 한 권으로!

국내여행안내사
필기+면접 기출문제집

시대관광교육연구소 | 27,000원

▶ 10개년(2015~2024) 필기+면접 기출문제 수록
▶ 2차 면접 주제별 출제 예상 문제 제공
▶ '핵심 키워드 200+新경향 키워드 35+유네스크 등재유산'까지 담은 핵심 키워드 노트 제공

※ 도서의 구성 및 이미지는 변경될 수 있습니다.

2026 관광종사원
합격 공략 시리즈 도서

관광종사원 도서 시리즈 전종

2025년 최신 기출문제 1회분
무료 해설강의 제공

최신기출 1회분
바로가기

관광종사원의 첫 시작!
핵심이론만 꼭꼭 눌러 담았다! 기본서 4종

온라인 동영상 강의

관광국사   관광자원해설   관광법규   관광학개론

이론 학습 후 실력점검엔, 기출이 답이다

기출이 답이다 관광통역안내사 1차 필기합격

※ 도서의 구성 및 이미지는 변경될 수 있습니다.

취향에 맞게! 목적에 맞게!
전략적인 선택이 합격을 좌우합니다!

관광통역안내사를 준비하기 전 Warm-up! 단행본 2종

관광통역안내사 용어상식사전

워너비(Wanna be) 관광통역안내사 – 이론에서 실무까지

합격까지 한 Q에! 단기 완성

관광통역안내사 단기완성 (1권 + 2권)

면접에서 최종합격까지! 면접 대비 도서 2종

관광통역안내사 2차 면접 핵심기출 문제집

50일 만에 끝내는 중국어 관광통역안내사 2차 면접

※ 도서의 구성 및 이미지는 변경될 수 있습니다.

대한민국
모든 시험 일정 및
최신 출제 경향·신유형 문제

꼭 필요한 자격증·시험 일정과 최신 출제 경향·신유형 문제를 확인하세요!

◀ **시험 일정 안내 / 최신 출제 경향·신유형 문제** ▶

- 한국산업인력공단 국가기술자격 검정 일정
- 자격증 시험 일정
- 공무원·공기업·대기업 시험 일정

합격의 공식 시대에듀